이주와 로컬리티의 재구성

|필자|

장세용 張世龍, Jang, Se-yong 부산대학교 한국민족문화연구소 HK교수
이영민 李永閔, Lee, Young-min 이화여자대학교 사회과교육과 교수
박규택 朴奎澤, Park, Kyu-taeg 부산대학교 한국민족문화연구소 HK교수
신명직 申明直, Shin, Myoung-jik 구마모토가쿠엔대학 동아시아학과 교수
박정희 朴貞姬, Bark, Jeong-hee 부산대학교 한국민족문화연구소 전 HK전임연구원
조명기 曺鳴基, Cho, Myung-ki 부산대학교 한국민족문화연구소 HK교수
이상봉 李尙峰, Lee, Sang-bong 부산대학교 한국민족문화연구소 HK교수
문재원 文載媛, Mun, Jae-won 부산대학교 한국민족문화연구소 HK교수
박수경 朴修鏡, Park, Su-kyung 부산대학교 한국민족문화연구소 HK교수
김명혜 金明蕙, Kim, Myoung-hye 동의대학교 신문방송학과 교수

부산대학교 한국민족문화연구소 로컬리티 연구총서 12

이주와 로컬리티의 재구성

초판인쇄 2013년 5월 10일 **초판발행** 2013년 5월 20일
엮은이 부산대학교 한국민족문화연구소
펴낸이 박성모 **펴낸곳** 소명출판 **출판등록** 제13-522호
주소 서울시 서초구 서초동 1621-18 란빌딩 1층
전화 02-585-7840 **팩스** 02-585-7848 **전자우편** somyong@korea.com **홈페이지** www.somyong.co.kr

값 26,000원 ⓒ 부산대학교 한국민족문화연구소, 2013
ISBN 978-89-5626-879-8 94300
ISBN 978-89-5626-802-6 (세트)

이 저서는 2007년 정부(교육과학기술부)의 재원으로 한국연구재단의 지원을 받아 연구되었음(NRF-2007-361-AL0001)

부산대학교 한국민족문화연구소
로컬리티 연구총서 12

이주와
로컬리티의
재구성

Migration and Reconstruction of Locality

부산대학교 한국민족문화연구소 엮음

 소명출판

트랜스로컬적 경계넘기

아파두라이는 로컬리티가 '양적이나 (물리적)공간적인 것이 아니라 근본적으로 상관적이고 맥락적인 것이며 사회적 현안에 대한 감각과 상호작용의 기술, 문맥들 간의 상호의존성들이 만들어내는 일련의 관계로 구성되는 복잡한 현상학적 성질'이라면서 초국가적 실천을 통해 새롭게 탄생되는 트랜스로컬리티translocality에 주목해야 한다고 했다.

오늘날 국경을 넘는 이주로 인해 기존의 중심 / 주변의 관계 구도는 다극화되고 분산되는 한편, 주변부는 그 자체로 내적 차이를 발생시켰다. 이제 로컬과 글로벌이 직접 대면함으로써 여러 가지 새로운 형태의 횡단적, 혼종적 문화 현상을 만들어낸다. 그러므로 이주의 문제는 단순한 공간이동만의 문제가 아니라, 제도, 정치, 사회, 문화, 네트워크 등 다양한 내외적 연결망들이 복합적으로 작용하고 있다. 그러므로 로컬의 다양한 양상과 속성으로 형성된 로컬리티와 새로 나타나는 전지구적 속성과 양상으로 형성된 글로벌리티의 상호관계를 이해하는 데 이주와 이동성 문제는 매우 유용한 시금석이다.

초국적 이주로 재편되고 있는 지구화 안의 로컬은 정체성, 행위, 그리고 공동체를 구성하는 확립된 단위가 아니라, 전 세계의 영향이 관통하고, 유동성의 흐름을 통해 새로이 성립되는 생성적 공간이다. 이러한 변화는 로컬이 세계에 대한 저항의 지점으로 제시되곤 하던 고유의 장소에서 벗어나 글로벌-네이션-로컬의 층위들이 충돌하면서 보다 복잡하게 중층적 공간으로 재편되고 있는 로컬의 현실을 보여준다.

이주와 정착의 과정에서 새로운 경제적 흐름과 문화적 침투는 기존 상징적 공동체의 성격을 변화시키고 재규정한다. 그러므로 국가 경계 넘기의 다양한 현상들이 만들어내는 새로운 관계의 장소, 즉 동질성과 이질성이 교차하며 다양한 차이가 생산되는 장소와 정체성에 주목함으로써 로컬리티의 변화를 고찰할 수 있을 것이다. 이러한 점을 전제로 이 책은 이주와 로컬리티에 대한 이론적·방법론적 고찰, 이주 공간의 변형, 이주민의 정체성이라는 세 측면에서 로컬리티의 문제를 살펴본다.

1부에서는 이주와 로컬리티연구의 접점을 어떻게 모색할까. 그 방법론적 전유와 이론틀에 관한 연구를 시도했다. 여기에서는 특히 기존의 이주연구들이 방법론적 국가주의에서 이주의 틀을 만들어내고 있다는 점을 비판적으로 고찰하면서 행위자-네트워크나 트랜스로컬리티의 가능성을 타진했다.

「공간과 이동성, 이동성의 연결망 : 행위자-연결망 이론과 연관시켜」에서는 이동성의 현상을 구성하는 물질성의 사회적 관계를 기호학적으로 전제하고, 이동행위자가 창조적으로 형성하고 유지하는 리좀 rhizome형식의 시공간 연결망이 복합적으로 작용하는 장소와 공간의 로컬리티에 주목하고 있다. 그리고 이를 설명하는 방법론으로서 인간(사회)과 비-인간(물질)을 통합적으로 이해하며 과학적 지식 형성에서 문화적 공간의 역할을 강조한 브뤼노 라투르의 '행위자-연결망 이론'을 원용하여 '이동성의 공간과 로컬리티' 연구에 전유 가능성을 시론한다.

「글로벌 시대의 트랜스이주와 장소의 재구성」은 트랜스이주에 따라 장소가 어떻게 변하는지를 살펴보고, 나아가 트랜스이주와 장소 변화를 파악하기 위해 어떤 관점과 어떤 방법이 적실성을 갖는지를 논하고 있다. 이주자들에 의해 형성되고 또한 그들에게 영향을 미치는 초국가적 네트워크가 여러 장소들을 연결시켜 주면서 독특한 로컬리티를 만들어간다는 점을 밝혀낸다. 이때 트랜스네트워크와 로컬(리티)가 결합된 트랜스로컬리티 개념은 방법론적 국가주의를 보완하여 특정 지점의 장소성과 문화혼성성을 밝히는 데에 적절하게 활용될 수 있음을 피력한다.

2부에서는 이주로 인한 공간적 변형에 주목했다. 국가 경계 넘기의 다양한 현상들이 만들어내는 새로운 관계의 장소, 동질성과 이질성이 끊임없이 교차하며 다양한 차이가 생산되는 장소에 주목하면서 로컬의 지형변화를 고찰할 수 있다. 이러한 지형변화는 로컬리티의 재구성에 적극적으로 개입한다. 이러한 양상을 살펴보기 위해 초국적 이주의 오랜 시간이 누적된 오사카, 옌볜에 주목하고 한편으로는 국내의 초국적 공간들을 주시하였다.

「전이공간의 관점으로 본 부산화교 터전과 삶의 변화」는 '전이성 liminality'의 개념을 부산 화교의 중심지이자 삶의 터전인 '상해거리'에 적용한다. 6·25전쟁 이후 로컬화한 '청관거리'는 탈로컬적 성격을 띤 '텍사스촌'이 이웃에 형성됨에 따라 어느 곳에도 속하지 않는 전이공간으로 변모하였다. 이후 쇠퇴해 간 이곳을 부산광역시는 관광과 도심재생 차원에서 중국풍 건축, 상징물 등을 세우고, 명칭도 '상해거리'로 변경하였다. 지방자치단체의 이러한 인식과 실천은 오히려 '청관거리' 자체를 탈로컬화시켰다. 이러한 경로를 추적하면서 기존 질서와 권위의 전복, 구조와 제도로부터 자유 등을 추구하려는 흔적을 찾기 어렵다는 진단을 내린다.

현재 조선족 집거지로 변화된 가리봉 공간을 주목한 「가리봉을 둘러싼 탈영토화와 재영토화」는 영토화-탈영토화-재영토화의 맥락에서 공간변화를 읽어낸다. 국가층위에서의 가리봉의 영토화란 산업화 시기 구로수출공단으로 이주해 온 노동자들에 의해, 1987년 이후 가리봉의 탈영토화는 이들이 가리봉으로부터 벗어나 지방이나 해외로 벗어나면서(로컬 층위), 재영토화는 이들 자리를 대신하여 중국 조선족을 비롯한 이주노동자들이 들어오기 시작하면서 시작되었다(초국가 층위)는 점을 분석한다. 또한 이때 각각의 층위는 상호작용을 하며 각 단계별 탈영토화와 재영토화를 추진해왔다는 점을 지적하고 있다.

「옌볜조선족자치주의 공간 변화와 상상력」은 각종 상상력의 개입에 의한 옌볜 공간의 변화 양상을 살핀다. 이 글은 옌볜 공간에 대한 한국인의 접근방식은 상상적이었는데 공간과 조선족을 분리시키고 민족성의 자본화를 유발하여 조선족의 이주를 촉진시켰다고 주장한다. 이로 인해 중국 정부는 텅 빈 옌볜 공간을 각종 경제개발계획을 통해 재편할 기회를 수월하게 얻게 되었다는 것이다. 조선족 지식인의 상상력은 디아스포라와 제3의 정체성 등으로 대응하려 하지만 물리적 토대를 갖추치 못해 국가 이데올로기로 귀속될 가능성이 높다고 주장한다.

「오사카 조선시장의 공간정치 : 글로벌화와 장소성의 변용」은 재일코리안 집주지역에 자리한 조선시장을 사례로 장소정체성의 형성과 변화를 둘러싼 현지인과 이주민 간의 경합을 공간정치의 관점에서 다룬다. 구체적으로는 디아스포라적 공간인 조선시장을 자본의 힘이 로컬공간들을 소비해 가는 이른바 '공간의 상품화'의 흐름과 이에 대항하여 로컬의 장소정체성을 지켜가려는 노력이 충돌하는 공간정치의 장으로 파악하며, 이주민인 재일코리안이 현지 일본인의 차별에 부딪히면서 만들어내는 공생의 경험을 통해 디아스포라적 공간의 의미를 읽어내고자 한다.

3부에서는 이주민의 정체성에 초점을 맞추었다. 이주민의 정체성은 고정된 것도, 미리 주어진 것도 아니다. 이주의 여정이 젠더, 인종, 계급, 종교, 언어, 그리고 세대 등의 다양하고 복합적 기준들 틈에서 살아가는 것을 의미하며 동시에 그런 지표들을 통해 나타나는 것이다. 이는 일상적 경험과 생활세계, 실천과 의미화 그리고 주체 형성의 과정을 통해 만들어지는 의식의 변화 등의 측면들이 복합적으로 고려되어야 함을 의미한다. 여기에서는 특히 문학, 영화, 텔레비전 등 대중매체에 재현된 이주민 정체성을 고찰하여 주류사회의 재현체계에 대한 비판과 여기에 틈을 내는 이주민 자기서사가 충돌하고 있는 지점을 드러내었다.

「디아스포라 소설의 정체성 수립 양상과 공간인식의 층위」는 디아스포라의 공간인식 층위를 관계적 공간감과 일상적 장소감의 접맥이라는 관점에서 추적한다. 이 글은, 디아스포라의 고통은 두 감각의 부조화에서 발생하는데 디아스포라 소설들은 부조화를 조화의 상태로 되돌리려는 다양한 시도를 보여준다고 말한다. 그리고 각 시도들의 한계를 관계적 공간감과 국가-가족주의의 절대적인 우위와 결합에서 찾으면서, 로컬적 차원의 결합 가능성에서 그 해결책을 모색한다.

「'이카이노' 재현과 디아스포라 정체성 정치」는 세계질서의 변화와 다문화 공생 안에서 관광으로 호출되는 이카이노의 재현이나 배제의 공간에 배치하고자 하는 근대 주체의 욕망 안에서, 이카이노 작가들의 문학적 기록의 의미를 재고했다. 국가의 집단적 기록에 대항하는 대항 기억, 즉, 하위의 서사들인 셈이다. 이카이노의 역사와 사람들을 기억하고 재현하고자 하는 재일코리안 작가들의 작업은 결국 현재 이쿠노 쿠生野區의 공간 재배치와 장소성의 문제로 연결되며, 이를 통해 '특별한' 재일코리안 디아스포라 공간을 구성해 내고자 의지의 발현으로 볼 수 있다고 결론 맺는다.

「한국 텔레비전의 글로벌 로컬리티 재현 : 〈러브 인 아시아〉와 〈지구촌 네트워크 한국인〉의 초국적 이주를 중심으로」에서는 '이주민 정체성 재현'을 통해 대중 매체가 재현하는 글로벌 로컬리티의 문화정치학적 의미를 살피고 있다. 한국으로 유입된 이주인들의 출신지와 한국인이 활약하는 글로벌한 장소를 교차시면서 이 장소와 매개한 이주민들의 표상체계를 비판적으로 고찰한다. 미디어와 결합된 이주표상은 글로벌 로컬리티에 대한 이해와 협력보다는 타자성 재생산과 동일성 강화의 도구로 이용되고 있음을 밝혀내고 있다. 이러한 지점은 오늘날 유행처럼 번진 '트랜스(이주)'의 역설을 확인하는 자리가 된다.

이 책에서는 트랜스로컬의 주체들에 대해 '탈장소화된 주체의 트랜스국가적인 거침없는 경계넘기에 주목하는 것이 아니라, 장소화된 주체의 다중적인 소속감과 감정이 새겨진 트랜스로컬적인 경계넘기'에 주목할 것을 환기하면서, 이주와 로컬리티의 상관성을 탐문하였다.

이주에 대한 관점이나 기존의 연구들은 대부분 트랜스내셔널리티 transnationality에 바탕을 두고 있다면, 본 기획은 트랜스국가적 네트워크를 포함한 중층적 사회세계들과 정체성들, 그리고 공동체들이 계속해서 재협상되는 사회적 실재의 상호작용적 구성물로 개념화될 수 있는 트랜스로컬리티의 패러다임을 주시했다. 그래서 초국적 이주의 트랜스내셔널적 실천과 행위들이 로컬적 상황에 착근되어 진행되고 있다는 점을 주목하고 트랜스내셔널의 국가에 편중된 분석단위를 '로컬'로 이동시켜 나갔다. 이 과정에서 트랜스이주자들을 포함한 일반 로컬 주민들은 자신들이 처한 로컬적 상황과 맥락 속에서 구조화된 정치적 저항, 경제적 전략들, 그리고 문화적 혼종성을 일상적으로 실천하며, 이러한 반복적 수행은 로컬리티를 재구성한다는 점을 관찰했다. 이 과정에서 트랜스국가적 실천이 로컬에 착종되면서 어떻게 트랜스로컬의 성격을 형성해 나가는가를 놓치지 않으려 했다. 이러한 논의가 확장되면서 트랜스로컬리티에 대한 논의들이 심화되기를 기대한다.

2013년 5월
부산대학교 한국민족문화연구소
로컬리티의인문학연구단

차례

책머리에 3

1부 – 이동성, 이주, 로컬리티

공간과 이동성, 이동성의 연결망   장세용
　행위자-연결망 이론과 연관시켜
1. 이동성으로의 전환 17
2. 이동성 공간의 연결망 22
3. 행위자-연결망 이론에서 로컬리티 생성 30
4. 운송수단과 이동성의 실천 38
5. 이동성의 정치 48

글로벌 시대의 트랜스이주와 장소의 재구성   이영민
1. 글로벌 이주 연구의 장소적 전환 55
2. 장소와 이주 : 문화적 질서와 지리적 경계의 재구성 60
3. 장소를 구성하는 글로벌과 로컬의 변증법적 관계 66
4. 트랜스이주와 로컬리티 연구 : '방법론적 국가주의' 비판 73
5. 트랜스로컬리티와 혼종적 정체성 : 장소로의 회귀 79
6. 이주와 장소의 트랜스로컬적 이해 85

2부 – 이주와 공간의 변형

전이공간의 관점으로 본 부산화교 터전과 삶의 변화   박규택
1. 부산화교의 터전과 삶을 보는 시각 95
2. 경계에 위치한 부산화교의 터전 99
3. 지방자치제에 의한 부산화교 터전의 변화 106
4. 전이 공간에서 화교의 삶 116

가리봉을 둘러싼 탈영토화와 재영토화   신명직
1. 가리봉, 이국적 풍경지 127
2. 탈영토화와 영토화/재영토화 130
3. 1987년 이후 가리봉의 재영토화 145
4. 가리봉의 영토주권 168

옌벤조선족자치주의 공간 변화와 상상력   박정희 · 조명기
1. 옌벤 공간의 특수성 178
2. 옌벤 공간에 대한 외부의 상상 방식 187
3. 중국 정부의 상상력과 옌벤 공간의 재편 194
4. 이주와 제3의 정체성 202
5. 공간의 재영토화를 향한 국가의 욕망 208

오사카 조선시장의 공간정치 　　　　　　　　　　　　　　　이상봉
　　글로벌화와 장소성의 변용
　　1. 글로벌화와 장소정체성　214
　　2. 조선시장과 코리아타운 : 장소성의 획득과 변용　221
　　3. 디아스포라적 공간의 혼종성　236
　　4. 다문화 공생의 공간 만들기　242

3부 ─ 이주와 정체성의 재현

디아스포라 소설의 정체성 수립 양상과 공간인식의 층위 　　　조명기
　　1. 디아스포라 소설과 공간인식　253
　　2. 장소감의 부재와 국가 경계　257
　　3. 아비 부정·아비 찾기와 순혈주의 혹은 명랑　264
　　4. 대안 공간으로서의 로컬　274

'이카이노' 재현과 디아스포라 정체성 정치 　　　　　　문재원·박수경
　　1. 디아스포라 공간과 로컬리티　283
　　2. '공간적 뿌리내림'과 '보이지 않는 동네'의 역설 : 이카이노　286
　　3. 드러나는 공생, 은폐되는 식민　291
　　4. 이카이노의 기억과 재현　302
　　5. 전시되는 에스닉을 넘어　319

한국 텔레비전의 글로벌 로컬리티 재현 김명혜
〈러브 인 아시아〉와 〈지구촌 네트워크 한국인〉의 초국적 이주를 중심으로

1. 미디어정경과 로컬리티의 재편 325
2. (글로벌) 로컬리티 대두와 재현관행 327
3. 초국적 이주 재현의 미디어 공간과 방식 337
4. 한국 텔레비전의 글로벌 로컬리티 재현 342
5. 타자화된 이주민 표상을 넘어 360

필자소개 368

1부

이동성, 이주, 로컬리티

장세용 공간과 이동성, 이동성의 연결망
행위자-연결망 이론과 연관시켜

이영민 글로벌 시대의 트랜스이주와 장소의 재구성

공간과 이동성, 이동성의 연결망[*]

행위자-연결망 이론과 연관시켜

장세용

1. 이동성으로의 전환

인간은 생존에 적합한 정주공간을 찾아서 끊임없이 이동해왔다. '이동성mobility'은 인간 삶에 편재하는 것ubiquitous이고 역사의 본질적 현상이다. 이동성이란 무엇인가? 그것은 사람, 물자, 정보가 일상의 시공간에서 더 국지적인 운송과정뿐 아니라, 전지구적 '시공간 압축'의 조건에서 대규모로 움직이는 유동성과 노마디즘을 말한다.[1] 현재 여행과 관광은 세계에서 가장 규모가 크고 활발하게 작동하는 산업이며

---

[*] 이 글은 「공간과 이동성, 이동성의 연결망」(『역사와 경계』 84, 2012.9)을 수정 · 보완한 것이다.

[1] David Harvey, 구동회 · 박영민 역, 『포스트모더니티의 조건』, 한울, 1995, 186 · 282 · 310면; Barney Warf, *Time-Space Compression : Historical Geographies*, Routledge, 2008, p.172; John Urry, *Sociology Beyond Societies : Mobilities for the Twenty-First Century*, Routledge, 2001, p.1. 여기서 노마디즘은 들뢰즈와 가타리가 말한 의미보다는 더 일반적인 용어로 사용한 것이다.

2006년 기준으로 6.5조 달러에 직간접으로 세계고용인구의 8.7%, 세계 GDP의 10.3%를 차지한다.[2] 육상, 해양, 항공운송에 인터넷 가상운송까지 운송과 이동통신기술의 발전이 세계산업의 중추역할을 감당한다고 말해도 결코 과언이 아니다. 이제 이동성이야말로 현대 세계의 사회경제적 삶을 지탱하는 토대로서 강고한 위상을 확보했고, 끊임없이 창출되는 새로운 유동성이 인간 삶의 본질이 되고 말았다.[3] 이동성과 관련된 다양한 탐색이 학문의 새로운 주제로서 부각되는 것은 이런 현실과 맞물려 있다. 이동과 관련되는 문화연구, 이주연구, 과학과 기술공학, 관광과 순례, 물류운송 연구 등이 바로 특별히 전지구화 시대 새로운 지식을 표상하는 부호code가 되었다. 이동의 시공간성, 운송과 의사소통 기술, 지속가능하고 대안적인 이동성, 새로운 사회적 관계망과 이동하는 미디어, 운송 관련 의사소통 기술, 관광 여행 및 성지순례 이동성, 이동의 권리와 이동의 위험, 비이동성과 사회적 배제, 이주와 디아스포라, 복잡계complex systems에서 이행, 심지어 추방과 망명 등 온갖 쟁점들이 넘쳐나는 영역이 이동성 연구이다.

현대에 이동성을 연구한 역사가로는 통로route를 연결시키는 특정한 장소들을 연구한 제임스 클리퍼드를 들 수 있지만, 사회학자 게오르그 짐멜은 인간의 의지가 도시에서 이동성을 만족시키는 템포tempo와 정

---

2   Urry, *Mobilities*, Polity, 2007, p.4.
3   이동성 자본mobility capital 및 연결망 자본network capital과 연계시켜 검토할 필요가 있지만 여기서는 깊이 거론하지 않는다. Vincent Kaufman, Manfred Max Bergman and Dominique Joye, "Mobility : mobility as capital", *International Journal of Urban and Regional Research* 28(4), 2004, pp.745~756. 이것은 Robert D. Putnam의 '사회적 자본social capital' 개념과 비슷한 측면이 많다. Putnam, 장훈 외역, 『사회적 자본과 민주주의 : 이탈리아의 지방자치와 시민적 전통』, 박영사, 2000.

확성뿐 아니라 그것과의 연관관계를 확인한[4] 이동성 연구의 선구자로 평가 받는다. 한편 마르크 오제가 공항이나 고속도로처럼 이동성이 지속적으로 이행되는 과정과 일시성으로 특징 지워지는 곳을 '비-장소 non-place'의 인류학이라는 명제로 접근하고, 매뉴얼 카스텔이 '흐름들의 공간'이 '장소들의 공간'을 능가했다고 지적한 것은 이동성에 관한 성찰을 풍성하게 만들 실마리를 제공했다.[5] 이동성 연구는 현재 주로 랭카스터 학파Lancaster School로 알려진 영국 사회학자들이 이론화에 집중하는 분위기이다. 존 어리, 미미 쉘러, 피터 아데이, 팀 에덴서, 데이비드 비셀, 팀 크레스웰 등은 대표적인 연구자이다. 그렇다고 이동성을 주제로 삼는 연구자들이 모두 '새로운 이동성 패러다임new mobility paradigm'에 주목하거나 '이동성으로 전환mobility turn'을 전적으로 수용했다는 말은 아니다.

현실에서 이동주체로서 인간, 그리고 이동대상으로서 물류 및 지식 정보가 운송도구와 결합하여 연결망으로 작동되는 양상은 지극히 복잡하다. 그러므로 이동성 연구는 개별 사례 연구가 설득력이 더 있지만 한편으로는 그것이 일반화의 전망을 놓치기 쉬우므로 이론적 방법론을 지침으로 삼고 결합하는 것이 이해의 심화에 도움이 될 것으로 판단한다. 물론 이동성은 질 들뢰즈와 펠릭스 가타리, 미셸 드 세르토, 미하

---

4 George Simmel, Mark Ritter tr., "Bridge and door(Bruke und tur)"(1909) *Theory, Culture and Society* 11(1), 1994, p.5, "The metropolis and mental life"(1903) in Gary Bridge and Sophie Watson eds., *The Blackwell City Reader*, Wiley-Blackwell, 2002, pp.11~19.

5 James Cliford, *Routes : Travel and Translation in the Late Twentieth Century*, Cambridge, MA : Harvard Univ. Pr., 1997; Manuel Castells, 김묵한 · 박행웅 · 오은주 역, 『네트워크 사회의 도래』, 한울아카데미, 2008.

일 바흐친 등의 노마드 이론이나 이동하는 장소성 이론 등과 연관시켜서 검토할 수 있다. 그러나 필자는 브뤼노 라투르(1947~현재)의 '행위자-연결망 이론Actor-Network Theory'의 방법론적 유용성을 기대한다. 본래 과학철학에서 과학적 지식의 본성을 탐색하면서 출발한 행위자-연결망 이론은 '관계적 존재론'을 발전시켜 기존의 자연 / 사회 이분법을 혁신적으로 극복하려는 시도로서 주목을 받는다.[6] 자연의 내재적 질서를 특권화하는 실재론적인 전통적 과학주의와 환경결정론을 비판하며 출발하는 행위자-연결망 이론은, 거기에서 그치지 않고 과학적 지식을 사회, 정치, 전문적 및 개인적인 이해관계의 산물로 보는 사회구성주의적 과학지식사회학의 상대주의적 과학관까지도 실재론에 불과하다고 비판한다. 그러면 라투르는 반실재론자인가? 놀랍게도 라투르는 포스트모더니즘의 극단적 상대주의 반실재론도 역시 수용할 수 없다고[7] 비판하는 개념의 곡예를 거듭한다. 행위자-연결망 이론은 사회를 선험적 실재가 아니라 끊임없는 '협상'과 '번역'의 산물이며 이종적 행위자들의 일상적 '실천' 곧 행위자인 행위소actant의 행위성agency은 주관성, 의도성, 도덕성을 가진 '번역' 행동으로 본다. 그리하여 과학적 사실이 구성되는 양상으로서, 지저분하고도 선명하지 못한 불순한 잡종성과 유동성과 흐름으로 '생성중의 과학science-in-making'을 추적하기를 요청했다. 이것은 과학적 지식을 문화의 산물로 이해하는 과학사의 '문화적

6 　미시적인 분석으로는 Bruno Latour and Steve Woolgar, *Laboratory Life : The Construction of Scientific Facts* 1979, Princeton Univ. Pr., 1986, p.49
7 　Bruno Latour entretiens avec François Ewald, *Un monde pluriel mais commun*, l'Aubé, 2003, p.26.

전환'과도 연결된다.

그러나 논리 전개의 출발이 쉽지는 않다. 브뤼노 라투르 자신이 거듭해서 반反이론과 반反방법론적 태도를 표방하기 때문이다. 그럼에도 라투르의 견해에 정통하다는 평판을 받는 미셸 칼롱이 연결망으로서 시장의 관계성을 검토하였고, 존 로우가 과학과 기술공학 방법론의 사회학적 전유를 시도한 이래로 행위자-연결망 이론은 생태학, 경영학, 정치학 등 실제 연구에서 다양하게 원용되었다.[8] 이 연구는 이동성이 생성하는 로컬리티의 현상을 행위자-연결망 이론과 연관시켜서 설명하는 것이 가능한지 여부를 시론하면서 이동성의 주체와 도구가 트랜스로컬translocal 또는 복합로컬multi-local한 장소의 연결망을 생성하며 만들어내는 관계를 검토한다. 그러한 관계를 통해서 다양한 잡종적 이동성의 체계가 상호작용하며 생성시키는 로컬리티를 설명하는 이론 틀을 모색하는 것이 이 연구의 목표이다.

---

8 Michel Callon "An essay on framing and overflowing : economic externalities revisited by sociology", in M. Callon ed., *The Laws of the Markets*, Blackwell, 1998, pp.244~269. Callon and B. Latour, "Unscrewing the big Leviathan : How actors macrostructure reality and how sociologists help them to do so", in K. Knorr-Cetina and A. V. Cicourel eds., *Advances in Social Theory and Methodology : Towards an Integration of Macro-Mociologies*, Routledge and Kegan Paul, 1981, pp.277~303. Callon, John Law and A. Rip, *Mapping the Dynamics of Science and Technology : Sociology of Science in the Real World*, Basingstoke UK : Macmillan, 1986; 심재헌·이희연, 「네트워크 공간의존성과 외부효과를 고려한 인구이동 흐름모델 구축 및 실증분석」, 『지역연구』 27(3), 한국지역학회, 2011.9, 81~99면.

2. 이동성 공간의 연결망

'이동성'은 사실 역사학에서 전쟁과 교역의 문제와 더불어 가장 오랜 주제 가운데 하나이다. 하지만 현재는 인문학과 사회과학의 학문경계를 넘어서 '새로운 이동성 패러다임'이라고 불리는 복합적 지적 체계를 형성하는 과정에 있다. 그 결과 1990년대를 거치면서 개인과 사회에서 이동의 역사적이고 현재적 중요성에 주목하는 분위기가 '이동성으로 전환'이란 말을 부각시킬 정도이다.[9] '이동성으로 전환'은 1980년대에 출현한 '공간적 전환spatial turn'의 확장으로 평가할 수 있다. 그동안 세계에 대한 해석에서 시간과 역사(인간 삶의 역사성), 사회와 사회적 관계(인간 삶의 사회성)에 전통적으로 부여해온 비판적 통찰과 해석적 힘을 인간 삶의 실제 공간과 공간성에서도 발견하는 것이 가능하다는 자각은 이 전환의 인식론적 토대이다. 전환의 결정적 계기는 자동화된 이동도구를 통한 이동성이 고도로 증가하면서 사회, 경제, 정치 각 분야에서 신체가 컴퓨터와 모바일폰 같은 정보 이동성의 패턴과 부단히 결합하며 새로운 형식의 이동성으로 변화가 추동된 데 있다. 이동성 패러다임에 관심은 '권력의 성좌의 중심, 정체성의 창조와 일상의 미시지리학'에[10] 놓여 있는 쟁점들을 새롭게 이론화하는 방식과 결합되어 있다. 곧 그동안 사소하고 정태적이면서도, 해독이 어려운 블랙박스로 치부해온, 노동과

---

9 Mimi Sheller and John Urry, "The new mobility paradigm", *Environment and Planning A* 38, 2006, pp. 207~226.

10 Tim Cresswell, "Mobilities Ⅰ : Catching Up", *Progress in Human Geography* 35(4), 2010, pp. 550~558.

가족의 삶, 여가와 놀이, 정치와 저항에서 겪는 산발적이거나 체계적인 이동의 중요성을 소홀히 한 것을 반성한다. 그것은 또한 현대의 삶이 탈영토화deterritorialization를 지향하면서도 정주성sedentarism을 포기하지 않는 모순을 자각하고 비판적으로 검토하는 분위기와 맞물린다.

이동성의 패턴은 어떤 방식으로 이해하는 것이 바람직한가? 그것은 탐구 방식에서 이동 현상을 '관찰'하느냐 아니면 자신이 직접 '참여'하느냐에 따라서 분석과 평가가 달라진다. 그러므로 '참여 관찰'은 이동성 연구자에게 가장 유용한 방법으로 권고할 수 있다. 그러면 이것을 로컬리티 연구와 어떻게 연관시킬 수 있는가? 역사적으로 이동성을 구현하는 보행, 기마, 승선 또는 수레와 같은 운송의 도구의 이동통로에 자리 잡은 마을이나 역참과 선착장으로 구성된 교통 환경이 끊임없이 변화하는 로컬리티를 생성시켰고 그것이 지금도 진행 중인 것은 잘 알려진 사실이다. 특히 19세기 이후 새로운 속도 개념을 탑재한 철도의 부설과 열차 운송은 이동성과 로컬리티의 생성 관계에 괄목할 만한 직접적인 영향을 끼쳤다. 통로를 따라서 보급과 환승을 제공하는 마을과 도시를 비롯하여 비슷한 공간적 성격을 가진 로컬이 생성되는 지리학적 공간규모 고정scale fix이 나타났고, 일부 지리적 영역에서는 급속한 공간규모 확장이 질적 변화를 수반하여 공간규모 도약scale jumping이 발생했기 때문이다. 비록 곧 이어서 자동차와 항공기가 나타났지만 현대 역사에서 이동성이 새로운 로컬리티 관계를 생성시킨 사례 검토에서 사용되는 중심 용어나 관점들은 열차의 출현이 이미 선구적으로 제공했다고 말해도 과언은 아니다. 그러므로 자동차나 항공기의 출현은 공간 성격의 변화를 확장한 것은 사실이지만 로컬리티 생성이라는 측면에서는 기시감de ja vue을 느끼게 했다고 말할 수 있다.[11] 이런 점에서 이동성에 관심은 로컬리티 생성 문제를 거시적 차원에서 사유하는 방법론적 태도와 직결된다.

이러한 이동성을 사유하는 이론적 출발점은 무엇인가? 첫째 그것은 포스트모던 공간성 개념, 곧 부단히 움직이고 유동하면서 지속적으로 모이고 재형성되는 장소들이란 공간성 개념에서 비롯한다. 심지어 그것은 이동 수단에서 장소와 운동을 감각하고, 그것과 결합하여 정서적 지리학을 구성하는 수단으로 육체적 신체에 다시 관심을 집중시킨다. 둘째로는 이미 게오르그 짐멜이 말한 대로 연관관계를 맺으려는 인간의 의지에서 출발하여, 이동성과 물질성 사이에 연관관계를 제공하면서 출발한다. 그 결과 이동성이 주도하는 삶이 사회경제 및 사회하부구조뿐 아니라 명확한 시간과 장소가 거주자의 심리적 형성까지도 추동하는 템포에 주목한다. 그 이유는 복잡한 관계성 체계의 출현을 목격하기 때문이다. 셋째 인간과 비인간non-human의 요소로 구성된 잡종의 이동mobile 사회기술 체계를 탐색하는 과학기술학과 결합한다. 요컨대 자동차, 철도, 항공 운송 체계는 사회에 영향을 끼치는 동시에 사회로부터 영향을 받는 복잡한 관계망을 포함한다.[12] 이들 관계망은 역동적이고 지속적인 부분을 가질 수 있다. 한편 이동을 제약하는 비-운송적 정보 또한 물리적 이동성을 장려하거나 혹은 억압하는데 미처 예견하지 못한 효과를 가질 수 있다. 복잡하고 유동적인 운송체계에 대한 분

---

11 Tim Cresswell, *On the Move*, Routledge, 2006, p.6.
12 ANT가 이러한 이동성의 행위를 추동하는 힘power을 인간과 비-인간요소의 결합에서 끌어낸다면, 그보다는 비-인간적 대상의 메커니즘이 아니라 인간이 소유한 메커니즘에 있다는 행위자로서 인간의 역할을 강조하는 것이 필요하다는 비판도 지속적으로 제기된다. Dave Elder-Vass, "Searching for realism, structure and agency in Actor-Network Theory", The *British Journal of Sociology* 59(3), 2008, p.469.

석이 필요한 이유가 여기 있다. 넷째, 사회적 연결망의 위상학topology
이 어떻게 복잡한 형식의 패턴과 그것의 변화와 연관되는가를 검토할
필요가 있다. 현대의 정보기술과 삶의 양식은 기존의 관점과 충돌한다.
예컨대 시공간을 넘어서 만나거나 접촉할 기회가 적어질수록, 도구적
인 연결망 연계관계가 증가하는 역설적인 사회적 삶을 보여준다. 그러
므로 이동성의 도구가 증대할수록 연결의 폭은 넓어지지만 결합의 강
도는 약해지며 리좀 형식으로 사회적 연계와 결속을 가지는 새로운 삶
의 방식, 다시 말하면 연결망 사회성network sociality을 가져온다.[13]

> 연결망 사회성은 그것이 통신기술공학, 교통운송 기술공학과 관계를 운
> 영하는 기술공학에 깊이 자리 잡은 한에서는 기술공학적 사회성이다. 그
> 것은 자동차, 열차, 버스와 지하철, 비행기, 택시와 호텔에 바탕을 두는 사
> 회성이고, 전화, 팩스, 답신기, 음성메일, 비디오화상회의, 모바일폰, 이메
> 일, 채팅방, 토론방, 전자우편 목록mailing list과 웹 사이트에 바탕을 두는 사
> 회성이다. 교통운송과 통신기술공학은 이동하고 있는 사람과 사회에 하부
> 구조를 제공 한다.[14]

결국 이동성 연결망은 크게 대면face-to-face 접촉과 기술공학적 교통
운송을 꼽을 수 있지만 그것도 결국은 기술공학 및 전자기술 통신 연
결망으로 형성된다. 다시 말하면 그것은 경험적 사회성을 넘어서 정보
에 바탕을 둔 연결망 사회성으로 이행하는 것이다.

---

13 Sheller and Urry, "The new mobility paradigm", pp. 215~217.
14 A. Wittel, "Toward a network sociality", *Theory, Culture & Society* 18(6), 2001, p. 51.

그렇다면 이와 같이 여전히 근대성에 바탕을 두면서도 탈근대적 전망을 내포한 이동성의 사회적 관계 연결망을 제안하면서도 탈근대의 반실재론을 거부하는 라투르의 행위자-연결망 이론 개념을 어떻게 성찰하고 전유하는 것이 가능할까? 그것을 성찰하기에 앞서 먼저 전제로 삼는 것은 지금까지 인간에게만 존재한다고 여겨진 행위능력이 이종적이고 상호작용하는 부분들로 이루어진 연결망의 관계적 효과로 말미암아 재구성된다고 보는 것이다.[15] 그 결과 행위자-연결망 이론은 비-인간non-human 요소도 행위자로 인정하여 그것이 재구성을 작동시키는 한편 구조란 것도 끊임없이 변형되는 연결망의 한 지점에 불과하다고 본다. 필자가 행위자-연결망 이론이 이동성과 연결시킬 수 있다고 보는 실마리도 여기서 비롯한다. 인간과 비-인간의 이질적 집합체에 초점을 두는 행위자-연결망 이론은 사회구성체를 정치, 기술, 시장, 가치, 윤리, 사실들과 같은 것들이 뒤섞인 이상한 잡종물로 보며, 인간과 과학 기술이 서로 깊이 스며들며 연관된 우리 시대 구체적 삶의 복잡한 현장을 실천적으로 이해하기를 요청한다.[16] 사실 이러한 이론적 복잡성과 깊이에 비한다면 일반적인 이동성 이론은 현상설명에 지나지 않는다는 비판을 받을 여지가 없지 않다. 여기서 필자가 분명히 말하고

---

15 Barny Warf, "From spaces to networks", Warf ed., *The Spatial Turn : Interdisciplinary Perspectives*, Routledge, 2009, pp.66~67.
16 여기서 ANT가 실재론이나 물질론으로 귀결된다고 볼 수도 있지만 그것은 라투르가 지향한 목표가 아니다. Graham Harman, *Prince of Networks : Bruno Latour and Metaphysics*, re.press, 2009, p.74. 그럼에도 불구하고 ANT는 그 내용이 불분명하다는 한계가 있다. 한때 라투르는 ANT를 폐기한다고 말했다가 다시 인정한다고 선언하는 우여곡절까지 내보였다. 가장 최근 저술에서는 ANT 숫자만큼 많은 ANT가 있다고도 언급하여 독자를 무척 당혹하게 만든다. Bruno Latour, *Reassembling the Social : An Introduction to Actor : Network Theory*, Oxford Univ. Pr., 2005, p.9.

싶은 것은 이동성 현상을 설명하는데 행위자-연결망 이론을 연결시키는 것은 이동성 현상과 이론에 깊이를 부여하려는 하나의 '시론적 발상'이지 이론이 현실에 반드시 부합된다는 말은 결코 아니란 것이다. 여기서는 먼저 행위자-연결망 이론의 중심 개념을 먼저 제시하고 그것을 이동성 개념과 어떻게 연관시킬 수 있는지 검토하는 방향을 선택한다.

질문은 이것이다. 이동성을 로컬리티 연구의 주제 가운데 하나로 유도할 때 행위자-연결망 이론은 어떤 방식으로 '전유'하는 것이 바람직한가? 본래 행위자-연결망 이론의 우선적인 관심사는 과학적 지식의 형성에서 출발하여 인간지식 형성에서 다양한 문화적 공간의 역할에 주목하는 방향으로 전개 되었다. 그것이 시공간에서 사회적 관계를 기호학적인 동시에 물질적이라고 가정하고, 과학적 지식을 탐색하는 행위자가 창조적으로 형성하고 유지하는 시공간의 리좀적 복합성을 강조하며 공간과 장소에 주목한 이유가 여기 있다. 브뤼노 라투르는 과학적 지식의 발견 과정을 탐색하는 과학사가는 과학자의 평범한 일상적 실천, 사회 경제 및 지적 연결망, 과학자 연구실의 물질적 조건 사이에 복잡한 사회적 관계를 먼저 이해할 것을 요청한다.

그것은 첫째 일찍이 거시-사회적인 것과 관련된다고 알려진 것의 재기술이고… 한 '사회'를 가리키는 것이 전혀 아니고 국지적local 상호관계를 이해하는 Big Animal (…중략…) 익명의 힘의 분야를 가리키지 않으며 매우 국지적이고 매우 실천적이며 매우 작은 장소locus로 다양한 종류의 도구장치, 새겨진 명문, 형식과 공식을 통해 상호작용하는 것의 '요약'인 전혀 다른 무엇을 언급한다.[17]

행위자-연결망 이론에서 행위자 곧 행위소actant의 행위성agency은 무엇을 '해야할 지'가 중심과제가 아니다. 오히려 그들이 주관성, 의도성, 도덕성을 가진 행동으로 행위소에 무엇을 '제공'하는지 여부와 연관된다. 다시 말하면 행위자actor와 행위소actant 개념에서 행위자는 세계에 어떤 변화를 가져오는 인간과 비-인간의 결합으로서 실체를 말하고, 그 실체는 본래 존재하는 것이 아니라, 여러 번의 시도trials를 거쳐 행위자가 수행하는 것으로부터 능력과 본질이 정의된다.[18] 그것은 공간 차원에서 관심의 연속적인 변화에 주목하는 것이므로 이동성을 구성하는 요소의 부단한 변화와 연결시킬 수 있을 것이다.

사회적이든 물리적이든 막론하고 현재 이동성 문제는 일반적으로 세계시민적인 글로벌한 전망에 토대를 두고 논의가 전개되는 모습을 볼 수 있다.[19] 그 결과 이동성에 관심은 지리적으로 가까운propinquitous 공동체 공간과 장소를 검토해온 경향을 벗어날 전망을 제공 한다. 기술공학적 발전과 전지구화의 진행으로 가속화되는 이동성은 공간의 맥락을 확장시키도록 자극한다. 그러나 여기서 궁금증이 생긴다. 그렇게 되면 일정한 거리(원거리)를 상정하는 교통운송이나 통신체계의 이동성 공간은 결국은 이동장소mobile place와 연관된 특정 위치location로만 남고 고유한 로컬과 로컬리티 공간이 존재할 가능성을 위축시키지

---

17 Bruno Latour, "On recalling ANT", John Law and John Hassard eds., *Actor Network Theory and After*, Oxford : Blackwell, 1999, p.18.

18 Bruno Latour, *Science in Action : How to Follow Scientists and Engineers through Society*, Cambridge Mass : Harvard Univ. Pr., 1986, pp.84~89.

19 Ulrich Beck, "Mobility and the cosmopolitan perspective", in Weert Canzler, Vincent Kaufmann and Sven Kesselring eds., *Tracing Mobilities : Towards a Cosmopolitan Perspective*, Ashgate, 2008, pp.25~36.

는 않을까? 로컬리티 연구가 이동성을 끌어들여 이동성 자체에만 주목한다면 결국은 끊임없이 비-장소non-place를 만들어 내면서 로컬 공간을 단순화시켜 오직 출발지이면서 도착지인 장소나 위치location로만 남아버리지는 않을까? 거기에다 인적·물적 이동성이 가속화되는 현실은 로컬의 고유한 리듬이나 문화적 고유성을 파괴하고 국가 중심부 혹은 세계화의 중심부로 인적·물적 요소의 무자비한 흡입을 오히려 더욱 가속화시키지는 않을까?[20] 필자는 행위자-연결망 이론을 이동성 논의의 준거로 삼으면 기본적으로 글로벌 차원에서 제기되는 운동학적kinematic 문제는 '로컬'에서 출발하여 로컬 차원의 해결책을 모색하는 과정을 거친다고 판단한다. 그 결과 다른 측면에서 보면 거리의 현존에도 불구하고 서로 다른 상호의존적 이동 과정 — 예컨대, 신체이동, 물자이동, 상상적 이동, 가상이동, 의사소통 — 을 통해서 장소와 공간들이 글로컬glocal하게 연관되는 사회를 구성한다고 판단한다.[21] 이러한 글로컬한 이동에는 여러 종류의 도구(자동차공학, 기술공학, 전자공학적 도구)가 이용되고, 이동성에 고정된 도구는 없다.[22] 다만 사회적 관계는 다양한 수준의 '순환하는 실체들circulating entities'로 구성되므로 이동 수단과 방법에 따라서 로컬리티도 달라진다고 상정한다.

---

20 John Tomlinson, *The Culture of Speed : The Comming of Immediacy,* SAGE, 2007, pp.14~43.
21 Urry, *Mobilities*, p.47.
22 Bruno Latour, *Aramis, ou l'amour des techniques*, La Découverte, 1992; *Aramis, Or the Love of Technology*, C. Porter tr., Harvard Univ. Pr., 1996, p.33. Aramis는 너무 복잡하고 비용이 많이 들어서1987년에 폐기된 파리 교통안내체계이다.

3. 행위자-연결망 이론에서 로컬리티 생성

문제는 과연 행위자-연결망 이론에서 로컬과 로컬리티라는 영역을 끌어낼 수 있는가 하는 것이다. 이것은 불가피하게 행위자-연결망 이론에 관한 요약된 설명을 제시하고 난 다음에 연관성을 시론하기를 요청한다. 브뤼노 라투르가 행위자-연결망 이론에서 처음에 강조한 것은 연구실과 실험실에서 과학적 관념을 물질적 형식으로 변환시킬 때의 문제였다. 특히 ① 행위자인 행위소actant의 행위성agency 개념은 행위자가 과학적 연구결과물의 보고서 작성과 복사작업이 과학적 '사실들'의 생산에서 수행하는 중심적 역할에 주목한다. ② 그리고 과학논쟁에서 자연적인 것과 사회적인 것 사이에 어느 것에도 우선성을 부여하지 않고 대칭성symmetry을 강조하며[23] 인간과 비-인간non-human 모두를 행위자로 인식한다. ③ 나아가 인간적 요소와 비-인간적 요소들을 연결하는 중개자intermediary 혹은 매개자mediator가 이질적 요소를 결합하여 구성한 연결망의 크기에 따라서 과학적 지식이 결정된다고 본다.[24] ④ 이러한 이질적 요소들의 연결망 구축은 번역translation과 정화 purification과정으로 설명된다. 번역은 어떤 행위가 일어나려면 매개자 행위를 수행하는 다른 행위자들을 통하여 전위displacement가 발생하는 것을 말한다. 번역은 정화purification 개념과 연결되어 있는데 '정화'가

---

23 Bruno Latour, *Science in Action*, p.188; 브뤼노 라투르 외, 홍성욱 편, 『인간 · 사물 · 동맹 : 행위자 네트워크 이론과 테크노사이언스』, 이음, 2010 참조.
24 여기서 중개자intemediary는 한 행위자와 다른 행위자의 연결을 아무런 힘의 변형 없이 중개하는 사물을 가리킨다면, 매개자mediator는 연결과정에서 자기 나름대로의 창조적 변역으로 힘의 변형을 가져오는 일종의 행위자 역할을 하는 것을 말한다.

완전히 구분되는 순수한 존재론적 영역을 창출하는 행위라면 '번역'은 새로운 유형 곧 자연과 사회 간의 '잡종'들을 창출하는 행위이다. ⑤ 그 것의 가장 핵심적인 개념은 그 안에 있는 어떤 요소도 고정된 형태를 띠지 않으며 계속 관계를 맺고 실천practice에서 결합과 탈각의 과정을 거쳐 변형됨을 의미한다. ⑥ 이러한 '번역' 개념은 자연 / 사회 이분법 만이 아니라 서구 사상에 깊이 내재된 몸 / 마음, 객체 / 주체, 행위자 / 구조라는 너무나 오랫동안 익숙한 이분법적 논리를 해체하는 시도의 일환으로서 비근대주의nonmodernism 개념과 결합한다.[25]

　행위자-연결망 이론에서 가장 중심축은 '연결망' 개념이다. 그것은 아직 결정되지 않은 실체들 사이의 비구체화된 관계들의 집합을 말하 며, 인간(사람과 사회)과 비-인간(사물, 자연 및 인공물)을 결합하는 역할을 말한다. 여기서 행위자와 연결망은 서로 지속적으로 규정하고 재규정 되는 과정을 겪으면서 서로 의존한다. 독특한 것은, 연결망이란 측면 에서 보면 거시 행위자(국가)와 미시행위자(개인) 사이에, 또는 주요한 사회제도나 평범한 사물 사이에 구조적인 차이는 없다고 말하는 것이 다. 차이가 있다면 오직 행위자가 목표에 따라서 동원가능한 연결망의 규모 곧 연결망의 개수에나 있을 뿐이다.[26] 중요한 것은 이들의 다종 다기한 연결망을 '번역translation'하는 개념이다. 기존의 과학사나 과학

25　다음의 저술을 참조, Bruno Latour, 홍철기 역, 『우리는 결코 근대인이었던 적이 없다 : 대 칭적 인류학을 위하여』, 갈무리, 2009, 42・129면. 근대주의가 사회계약론이나 자연법 개념처럼 자연에 준거한 또는 과학이나 이성에 근거한 정치질서를 구상하고, 그에 반해 탈근대적 사고가 이성에 대한 확신을 포기했다면 비근대주의는 자연과 사회의 이분법을 집합개념으로 대체한다.
26　이 때 연결망의 규모 또는 연결망의 개수는 행위자가 자신의 연결망에 결합되어 동원할 수 있는 이질적 행위자들의 수를 말한다.

사회학에서는 지식의 내용과 행위자들이 수행하는 맥락의 대립을 상정했지만, 행위자-연결망 이론은 오직 행위자들이 자신의 다양하고 모순된 이해관계를 수정하고 치환하며 위임하는 '번역'의 연쇄만이 끊임없이 존재한다고 본다.[27] 라투르는 근대인이 순수한 인간영역인 사회와 순수한 비-인간 곧 자연의 영역을 분리하고 대립시켜서 사고하는 '정화'에 몰입하고 있지만, 사실은 무의식적으로 '번역' 과정을 통해서 점점 더 많은 잡종들과 연결망을 대량생산하고 있다고 폭로한다. 여기서 실천practice은 여러 과학을 집합적으로 생산하는 매개자들을 밝히는 과정이다. 사실 행위자-연결망 이론의 목적은 과학을 사회적으로 확장시켜 설명하는데 있다기 보다는, 여러 과학이 어떤 개인이나 소집단의 '국지적, 물질적, 일상적 장소'들에서 맥락의존적이고 수사적으로 실천되는 세계를 진술하는 것이다.[28] 필자는 비록 행위자-연결망 이론이 공간규모의 차이를 크게 중시하지는 않는다고 해도 '실천'의 관점은 구체적 장소에서 생산되는 잡종적 연결망의 구축에 출발점으로 삼을 수 있다고 본다.

그러면 행위자-연결망 이론을 로컬리티 공간 생성 이론과 어떻게 연관시킬 수 있는가? 사실 행위자-연결망 이론은 리좀rhyzome적 연결

---

27 라투르는 처음에는 행위자-연결망 이론을 '번역의 사회학'이라고 불렀다. Michel Callon, "Some elements of a sociology of translation : domestication of the scallops and the fishermen of St Brieuc Bay", in John Law ed., *Power, Action and Belie : A New Sociology of Knowledge?*, Routledge, 1986, pp.196~233. '번역' 개념은, 과학은 권위에 바탕을 둔 것이 아니라고 평가하는 설명들 사이의 '번역'에서 나온다는 미셸 세르의 과학철학에서 끌어온 것이다. Michel Serres, *Hermès II, La traduction,* Minuit, 1974.

28 Bruno Latour, *Pandora's Hope : Essays on the Reality of Science Studies,* Cambridge : MA, Harvard Univ. Pr., 1999, pp.267~268.

을 강조하는 보편이론으로서 전지구화와 세계시민주의와 연계시키는 것이 더 타당해 보인다.[29] "지금부터 우리가 행위자를 말할 때 그것이 행동하도록 만드는 큰 연결망에 부착되어야한다"는[30] 말을 들어보라. 그 결과 로컬리티 연구에 원용하여 이론적 생산성을 기대하는 작업은 혹시 견강부회나 과잉진술이 아닐지 매우 조심스럽다. 그러나 필자는 그것이 로컬리티 생성 과정을 밝히고 작동과정을 설명하는데 유용하며, 최소한 '발견적heuristic' 역할을 수행할 가능성도 적지 않다고 판단한다. 그 이유는 행위자-연결망 이론이 특히 소규모 장소에서 생성되는 문화와 과학기술지식의 생산관계에서 출발하여, 지식의 소통 문제를 해명하는데 관심을 표명하며 '국지적' 장소로서 '로컬local'에 주목하기 때문이다. 라투르는 지속적으로 '글로벌을 로컬화'할 것과 그 로컬조차도 끊임없이 재분산 시킬 것을 요구한다.[31]

대부분의 상황에서, 행동들은 이미 동일한 로컬적 현존을 가지지 않으며, 동일한 시간에서 나오지 않으며, 동시에 가시적이지 않는 이종적 실재들로부터 간섭을 받는다.[32]

이것은 로컬에서 글로벌에 이르기까지 사회적 및 물리적 근접성이 서로 다른 수준에서 작용하는 것을 표현하는 동심원의 원을 그리는 것

---

29 Jonas Larsen, J. Urry and Kay Axhausen, *Mobilities, Networks, Geographies*, Ashgate, 2006, p.22.
30 Latour, *Reassembling the Social*, pp.217~218.
31 라투르, 『우리는 근대인이었던 적이 없다』, 290면; *Reassembling the Social*, p.173 · 191.
32 Latour, *Reassembling the Social*, p.202.

은 실제로는 불가능하다는 말이다. 곧 글로벌과 로컬은 관계적으로 상호작용 한다. 그러므로 연결망의 로컬리티는 다른 로컬리티들과 내부적인 연관관계를 내포하고 있다는 의미에서 초국가적transnational이거나 글로벌하다기보다는 차라리 글로컬glocal한 것이다. 이 연관 관계를 추적하면 우리는 낯선 타자의 로컬리티를 만날 수 있고 이들의 트랜스로컬translocal한 연관관계를 통해서 우리 로컬리티의 바깥 타자들의 삶에 (좋든 나쁘든) 영향을 끼치거나 또는 영향을 받는다. 그러므로 현실에서 로컬은 새로운 의미를 내포한 집합적 결집체assemblage 형식으로 상호작용한다.

> 시공간 어디서든 분산되어 있는 모든 다른 로컬이 상호작용한 집합적 결
> 집체assemblage이다.[33]

다시 말하면, 우리가 '로컬들'이라고 부르는 것은 그들의 일상이 로컬 경계선과 국민국가적 경계선을 건너서 다른 사람들의 활동과 내부적으로 연결시키므로 글로컬'들'한 것이다. 이런 의미에서 행위자-연결망 이론의 전망에서 세계시민주의라고 보이는 것은 우리의 특정한 공동체로부터 초연한 것이 아니라, 다수의 특정 공동체들을 가로질러 사람과 대상에 부착된 것을 통해서 작용하는 것에 관한 탐색을 시도하는데서 비롯된 것일 뿐이다.[34]

---

33 *Iibid.*, p.194.
34 Hiro Saito, "Actor-network theory of cosmopolitan education", *Journal of Curriculum Studies* 42(3), 2010, pp.333~351.

이 경우 글로컬하게 전개되는 사회적 관계는 사람과 담론뿐 아니라 기술과 물리적 세계를 포함한다. 이 때 인간의 역할은 결정적 요소가 아니라 항상 잠정적 존재로서 선택을 수행한다. 행위자-연결망 이론은 인간 행위자가 지식, 기술공학, 화폐, 동식물, 농장 등 비-인간 행위자와 다양한 질적 편차를 가지고 상호작용하는 연결망의 건설에 관심을 가진다. 곧, 한 행위자의 이해나 의도를 다른 행위자의 언어로 치환하는 프레임을 만드는 행위로서 '번역'하는 잡종적 결합의 관계망 공간에 주목하도록 이끈다. 그러나 행위자-연결망 이론이 그 자체에 내포한 문제점이 없는 것은 아니다. 예컨대 인간과 비-인간을 결합시켜서 리좀 형식의 공간을 사고하는 것은 인간의 실천을 장소의 연결망 차원에서 검토하는데는 유용한 것은 인정한다. 그러나 인간과 비-인간이란 두 요소 사이에서는 결국은 훨씬 더 강고한 지속성을 가진 후자가 주도하는 경우가 더 많게 되므로 비대칭적이라고 보아야한다.[35] 특히 강조할 것은 시공간 인식에 관한 논란의 여지가 적지 않다. 그것은 첫째 발생genetic의 측면을 소홀히 하고 시간을 지속적으로 현재화하여 역사성을 소홀히 하는 측면은 역사학자로서는 선뜻 수용하기에는 크게 망서려지는 측면이다. 둘째 비록 끊임없이 경계선 위에서 이종적 관계망의 확장을 시도하지만 공간의 위계적 요소들을 수평화 시켜서 이해와 설명을 시도하는 측면이 있다. 무엇보다 행위자-연결망 이론의 관계적 존재론은 사회의 수직적 질서와 위계관계에는 별로 관심을 두지

---

35 Ben Fine, "From actor-network theory to political economy", *Capitalism, Nature, Socialism* 16(4), 2005, p.93.

않는다. 로컬에서 글로벌 차원으로, 글로벌 차원에서 로컬 관계로 전위시켜 수평적으로 사고하는 경우에는 이론적 설명에 매우 유연한 모습을 보이지만, 사회적 영역에서 공간규모의 변화와 충돌과 재구성에는 그다지 주목하지 않는 측면을 보인다.[36] 그러다보니 공간의 모순과 중층성을 탐색하기 보다는 현상을 설명하는데 주력하는 측면도 보인다.

이런 문제점에도 불구하고 행위자-연결망 이론이 그동안 현대사상이 인식론에 매몰되면서 소홀히 다루어온 존재론을 복권시킨 측면은 재평가 받아야한다. 문제는 그 결과 이 '존재론적 공간론'이 공간이해에서 수평적 공간 곧 개별 행위자와 장소만이 부단한 연결망의 연쇄로 변화하며 존재하는 평평한flat 공간에 그치는 것이[37] 아닌가 우려되는 것이다. 이것은 본래 이동성에 관심이 '장소'로부터 출발하지만 결국은 그것을 벗어나는 생성적 사유의 전개를 지향하는 것과는 출발점이 어긋나는 것은 아닐까? 그 이유는 거시적 행위자와 미시적 행위자 사이에, 어떤 주요 사회제도나 평범한 사물 사이에도 구조적 차이가 없다면, 제도와 사물의 질적 모순과 차이를 간과하고 평평하기만 하고 깊이라곤 없는 공간을 만들어 내기 십상이라는 생각이 들기 때문이다.[38] 이런 비판에 맞서 브뤼노 라투르는 구조적 차이가 없다는 것이 결코 동일하다는 의미는 아니고, 어떤 특정한 목적을 수행하면서 행위자가 만들어 내는 연결망의 규모, 다시 말하면 동원가능한 행위자들의

36 John Law, "After ANT : complexity, naming and topology", *op cit.*, pp.1~14.
37 John Paul Jones III, Keith Woodward and Sallie A. Marston, "Situating Flatness", *Transactions of the Institute of British Geographers* 32, 2007, pp.264~276 : "Of eagles and flies : orientations towards the site", *Area* 42, 2010, pp.271~280.
38 Elder-Vass, "Searching for realism, structure and agency in Actor-Network Theory", p.465.

수에 따라서 차이가 나타난다고 대답한다. 그러나 라투르의 해명에도 불구하고 의문은 좀처럼 해소 되지 않는다. 이런 상황에서 행위자-연결망 이론의 실체가 불분명하고 과학논쟁의 수사학에 불과하다는 비판도 제기되고 있다.[39]

좀 더 신중하게 접근한 나이겔 쓰리프트 역시 행위자-연결망 이론을 수용하여 공간과 정체성, 주체성과 수행성의 상호작용 문제를 연결시키면서 물리적 공간이 어떻게 하여 지속적으로 만들어지고 부숴지며 재형성되는지를 탐색하였다. 그러나 그는 행위자-연결망 이론이 어떤 중개적인 효과를 발휘 하는 곳에서는 제법 유용하지만 예상하지 못한 사건에 직면했을 때는 취약한 면을 보이므로 그것이 역동성을 강하게 표방하는 것과는 달리 실제로는 도리어 '실천에서 행해진 질서라기보다는 질서지우는 사회학'으로 사용되는 정태성을 가진다고 비판적으로 평가한다.[40] 필자는 이것 역시 행위자-연결망 이론의 존재론적 공간론이 모순을 내포한 역동적 생성에는 관심을 소홀히 할 가능성을 지적한 것으로 판단한다. 그리고 행위자-연결망 이론이 강조하는 리좀적 연결망이 실제로는 개별 장소들을 잡종과 대칭적 균형이라는 이름으로 차이를 획일화시켜서, 공간의 고유한 가치와 상상력, 내부의 정치적 동학을 소홀히 다룰 가능성을 우려한다.

---

[39] Richard D. Besel, "Opening the 'Black Box' of climate change science : Actor-Network Theory and rhetorical practice in scientific controversies", *Southern Communicational Journal* 76(2), 2011, p.125.

[40] Nigel Thrift, *Non-Representational Theory : Space, Politics, Affect,* Routledge, 2008, pp.110~112.

4. 운송수단과 이동성의 실천

그럼에도 행위자-연결망 이론이 여러 과학이 실천되는 국지적, 물질적, 일상적 장소들을 강조하는 측면은 이동성의 양상을 일상과 사건을 결합시켜 이해하도록 이끈다. 특히 그 무엇보다 먼저 다양한 종류의 시간성을 가진 물리적 운동의 문제로 접근하는 것이 가능하도록 만든다. 곧 서있기, 서성거리기, 걷기, 오르기, 춤추기, 자전거, 버스, 자동차, 기차, 선박, 비행기타기(심지어 휠체어와 목발도 이동성의 도구) 등을 들 수 있다. 이것은 구체적으로 ① 이동도구 이동 — 자전거, 자동차, 비행기, 선박 등과 이들에 적재한 인간과 재화의 물질적 이동 ② 여행이동 — 관광 여행과, 업무상 여행, 친지 방문여행, 체험여행, 의료여행 ③ 노동력 이동 — 이주와 이민, 서비스 노동자의 이동 ④ 군사적 이동 — 군대, 군용기, 장갑차, 탱크, 헬리콥터 등 군사장비 이동성을 들 수 있다. 본래 이동mobile이란 말은 무질서한 군중mob이라는 단어에서 나왔다. 이것을 추상화하면 크게 첫째, 인간과 사물의 속성인 움직이고 운동하는 물리적 이동physical movement 특히 현대 기술공학이 기계도구를 이용하여 사람과 물자를 일시적으로 움직이는 것과 연관된 이동을 말한다. 둘째, 주류사회학의 주요 관심사인 사회적 이동social mobility과 연관되는 단기적, 중기적, 장기적 혹은 반영구적 이주migration로 나눌 수 있다.[41] 물론 여기에 신기술공학이 가져온 정보통신 이동을 포함할 수 있

---

41 Aharon Kellerman, *Personal Mobilities,* Routledge, 2006, pp.58~66; Anthony Elliot and John Urry, *Mobile Live,* Routledge, 2010, p.17. 사회연결망 서비스SNS나 가상이동virtual mobilities 도 중요하지만 여기서는 다루지 않는다.

지만[42] 이 주제의 논의를 뒤로 미루어도, 복합적 이동성의 양상은 라투르가 강조하는 현대사회의 잡종성을 잘 표상한다. 그러나 실제로는 잡종성이란 개념도 그것이 '실체substance'를 가리키는지 아니면 '해석'을 말하는지 따라서 의미가 달라질 수 있다.[43] 라투르에게는 그것이 혼돈되어 있으며 끊임없이 이해와 전유 방식에서 긴장을 불러 일으킨다.

존 어리를 비롯한 많은 이동성 연구자들은 이동성의 체계를 전 세계적으로 생산, 소비, 여행, 의사소통을 조직하는 강력하고 독립적인 지식기반 체계의 부분집합이며 현대의 불가피한 현상으로 받아들인다.[44] 이들은 기본적으로 이동성의 가속화 과정을 자유와 역사 진보의 과정으로 진단하고[45] 여행은 창조적 활동과 판타지를 자극할 뿐 아니라 공간의 장벽을 제거하여 더 이상 제한된 공간은 존재하지 못하게 만드는 '새로운 이동성의 패러다임'을 형성한다고 일단 긍정적으로 평가한다. 이동성을 과연 긍정적인 현상으로만 평가할지 여부는 사회정치적으로 다양한 구체적 현장 분석이 필요한 명제이다. 하지만 적어도 이동의 기술공학은 경제 및 사회적 삶의 많은 양상들을 변화시키고 이동의 세계에서는 물리적 여행과 의사소통 양식 사이에 광범하고 복잡한 연계관계가 작용하며 이들이 또 다시 새로운 유동성을 생성하는 현실이 작용하도록 이끄는 것은 분명하다. 그와 연관되는 것이 팀 크레

---

42 Anthony Elliot and John Urry, *Mobile Lives*, p.31.

43 이것이 너무 불확실 한 탓에, 도리어 라투르가 비판을 피해 가는데 이용한다는 평가를 보라. Simon Cooper, "Regulating hybrid monsters? The limits of Latour and Actor-Network Theory", *Arena Journal* 29(30), 2008, p.310.

44 Urry, *Mobilities*, p.5 · 273.

45 Malene Freudendal-Pedersen, *Mobility in Daily Life : Between Freedom and Unfreedom*, Ashgate, 2009, p.59.

스웰의 진술이다. 곧 물리적 이동은 사회적 이동을 포함하며 '이동성은 정치적인 것'이라는 단언이다. 이 말은 이동의 양상은 물리적인 것만이 아니라 사회적이고 문화적인 것을 포함하고(물적 운동, 표현방식 표상, 이동성의 구현으로서 실천 등) 비록 내부적으로 다양한 차이는 있지만 권력과 지배관계의 생산을 포함하는 정치적인 것이므로 '이동성의 정치'를 작동시킨다는 지적이다.

이러한 이동성(걷기, 운전하기 등)의 형식들과 이들 이동성의 양상들(운동, 표상, 및 실천)은 정치적이다. — 그들은 권력의 생산과 지배관계에 포함된다.[46]

그러면 인간과 물자와 지식 이동성의 패러다임에서 중심역할을 하는 것은 무엇인가? 미미 쉘러와 존 어리는 이동성의 출현, 그것의 이론적 토대와 방법론을 검토하면서 자동차automobility를 가장 중요한 요소로 초점을 맞추고 그것의 역할을 다음과 같이 설명한다.

(그것은) 로컬의 공적 공간들과 그것들이 출현할 기회뿐 아니라, 젠더화된 주체성들, 가족 및 사회적 네트워크, 공간적으로 분리된 도시이웃, 국민적 심상, 근대성에 대한 열망, 초국가적 이주에서 테러와 석유 전쟁에 이르기까지 글로벌 차원의 형성에 충격을 주는 사회-기술공학적으로 가장 중요한 체계이다.[47]

---

46 Tim, Cresswell, "Towards a politics of mobility", *Environment and Planning D : Society and Space* 28, 2010, p.20.
47 John Urry, "The system' of Automobility", in Mike Featherstone, Nigel Thrift and John Urry

그러나 여기에 반론도 있다. 현실에서 자동차의 중요성은 충분히 인정되지만 전지구적 이동성 문제에서 항공기와 항공이동성aeromobility 문제는 훨씬 더 첨단의 기술공학적 내용과 문제를 내포한다는 반론이 그것이다. 그런 점에서 그것의 사회-기술공학적 체계를 이해하는 것이 이동성의 본질에 더욱 근접하도록 만든다는 평가도[48] 설득력이 있다. 그러나 필자는 자동차가 가지는 일상성과 침투성을 더 인정하고 중요성을 부여한다. 이동성에서 사회-기술공학적 체계가 강조되는 이유는 그것을 실천하는 과정에서 계선설비moorings를 구축하기 때문이다. 곧 항공기는 관제소와 계류장, 자동차는 주차장과 주유소, 선박은 접안시설이란 장소를 필요로 하는 관련 질서를 만들면서 확장되고 이들 공간은 이동성의 방향을 지시하거나 제한하는 자신의 독자적 문법을 형성하고 변용하기 때문이다.[49] 여기서 자동차 관련 계선설비는 일상적 삶에 더욱 영향을 끼친다. 이와 같이 이동성과 비-이동성의 관련성은 전형적인 복잡성을 형성한다. 만일 확장된 비-이동성의 체계가 없으면 유동성의 증가는 제한되거나 심지어 없어지기조차 한다. 그것은 항공기와 공항의 경우에 가장 잘 드러난다.[50] 필자는 이것을 행위자-연결망 이론 가운데서 중개자intemediary 개념을 넘어서 매개자mediator 개념, 곧 행위자들을 연결망에 연계시키고 해당 연결망 자체를

eds., *Automobilitie*, SAGE, 2005, pp.25~40; *Mobilities*, p.118.

48 Peter Adey, *Aerial Life : Spaces, Mobilities, Affects*, Wiley-Blackwell, 2010, pp.6~7.

49 K. Hannam, M. Sheller and J. Urry, "Mobilities, immobilities and moorings", *Mobilities* 1, 2006, pp.1~22; Peter Adey and Paul Bevan, "Between the physical and virtual : connected mobilities?", in Mimi Sheller and John Urry eds., *Mobile Technologies of the City*, Routledge, 2006, pp.55~57.

50 John Urry, *Global Complexity,* Polity, 2003, p.125.

규정하는 고리 역할을 하여 연결망을 형성한다는 개념과 연관시킬 가
능성을 긍정한다. 이것은 이동성의 실천이 공간, 장소, 풍경을 재구성
할 뿐 아니라[51] 이동성의 위험요소까지도 포함 하면서 이질적이면서
도 안정적인 연결망의 공간을 생산하고 배치하는 양상에 주목하도록
이끈다. 그뿐 아니라, 이동성의 연결망이 사회체계와 밀접한 연관관계
로서 생성과 변화를 겪는데 역시 주목하도록 이끈다.

　이동성의 문제에서 주목할 것은 그것이 외면상 안정된 구조와 체계
를 유지하는 듯 보이지만 사실은 가속화된 속도가 이동성의 기본 속성
이기 때문에 항상 위험성을 내포한 연결망의 복잡계라는 것이다.[52] 가
장 일반적인 이동성 도구로서 자동차를 넘어서 항공이동성은 이동성의
위험성과 복잡계를 가장 잘 표상하는 요소로 평가할 수 있다.[53] 그 결과
이동성은 그것이 비록 계선설비의 공간을 구성하는 구체적 측면에도
불구하고 막상 가속도라는 기본속성 때문에 '추상공간', '장소 없음' 및
'비장소성' 같은 개념과 결합하는 공간을 만들어 낸다.[54] 존 어리와 크
레스웰이 마르크 오제의 비장소non-place 개념을 수용하여 이동성이 높
은 장소는 비-장소 혹은 장소 없는placeless 초연한 이탈 영역을 나타낸

51　Casey D. Allen, "On Actor-network Theory and landscape", *Area* 43(3), 2011, p.278.

52　Urry, *Global Complexity*, pp.17~38.

53　Sven Kesselring, "The mobile risk society", Canzler, Kaufmann and Kesselring, eds., *Tracing Mobilities : Towards a Cosmopolitan Perspective*, pp.77~104; "Global transfer points : the making of airports in the mobile risk society", in Saulo Cwerner, Sven Kesselrng and John Urry eds., *Aeromobilities*, Routledge, 2009, pp.39~60. 이동성은 울리히 벡이 말하는 '위험사회' 개념과 친화성이 있다. 그러나 라투르는 위험사회는 항상 존재했던 것이지 새로운 형상은 아니라고 반론한다. Latour, "Whose cosmos, which cosmopolitics? Comments on the peace terms of Ulrich Beck", *Common Knowledge* 10(3), 2004, pp.450~462.

54　Tim Cresswell and Peter Merriman, *Geographies of Mobilities : Practices, Spaces, Subject*, Ashgate, 2011, p.7.

다고 지적한 이유도 거기에 있다.[55] 그러면 위험성, 복잡계, 비-장소 같은 용어들은 이동성의 연결망을 존립 불가능하게 만들지는 않을까? 이 주제를 행위자 연결망 이론과 연관시켜서 보면 '번역' 과정에서 행위자들을 끊임없이 주체 / 대상, 미시 / 거시, 사실 / 가치, 구조 / 행위자 등을 수렴과 분산을 거듭하며 연결망이 움직일 수 있는 서로 다른 방향을 가리키면서 안정되는 방향과 그것을 역전시키는 방향을 동시에 전개한다는 관점에 주목하도록 이끈다. 특히 그 결과 이동성 내부에 상호 이종성과 잡종성이 존재함에도 불구하고 다른 행위자들과 얽히어들고 결합하여 존재하면서 안정화를 이루는 것은, 이동성의 체계가 위험과 안전, 분산과 수렴을 내포하며 반복되는 것과 비슷하다고 판단한다.[56]

이동성의 실천은 장소 감각과도 연관된다. 보행을 비롯하여 자전거, 자동차, 열차, 비행기 같은 이동수단에 따라서 이동통로가 달라지면 일상이 전개되는 장소의 감각과 양상도 달라진다. 그 배경에는 이동성이 이동수단과 속도, 이동통로와 반복되는 리듬 그리고 그것을 '보고' '감각'하면서 '이동'이 생성되는 것과 연관이 있다. 하지만 그것이 반드시 장소를 미리 구상화하거나 목표를 설정한다고 볼 수는 없고, 운동과 속도와 흐름들로 말미암아 끊임없는 재구성을 지속한다고 말할 수 있다.[57] 예컨대 현대 기술공학의 급속한 발달로 말미암아 가능해진 매일 반복하는 장거리 이동노동 형식인 '통근'은 '이동장소 감각'을 만들

---

55 Cresswell, *On the Move*, pp.244~245; Marc Augé, *Non-Places : Introduction to an Anthropology of Supermodernity*, Verso, 1995.

56 Peter Adey, *Mobility*, Routledge, 2010, pp.105~116.

57 Adey, *Mobility*, pp.150~172.

어 내기도 한다. 그 결과 습관적으로 반복되는 여행의 속도, 이동의 리듬과 속도pace 및 주기성은 철도, 도로의 형태 및 이동도구의 성질들과 연관된 일정한 독자적 '장소감각'을 형성하고 그것이 일정한 로컬리티를 형성한다. 이와 같은 이동성의 장소감각뿐 아니라 이동성 자체는 인간과 도구의 결합의 연쇄로 생성되는 것이기에 행위자-연결망 이론의 인간과 비-인간의 결합관계로 설명할 수 있을 것이다. 곧 자연과 기술공학, 기술공학과 인간의 결합으로 이종성의 공간을 만들어 내는 것을 이동성의 중요한 결과로 꼽을 수 있을 것이다.[58] 이것은 결국 인간과 대상이 시간과 공간을 통해서 결집과 재결집을 거듭하며 새로운 사회구성 곧 새로운 로컬리티를 생성하는 것으로 볼 수 있다.

재미있는 것은 존 어리와 미미 쉘러가, 정기적으로 운행되는 열차는 물론 자동차 내부가 제공하는 정서적 친숙성조차도 고유한 '장소'로 규정한 내용이다. 이것은 항공과 고속철도 같은 가속도 이동성만이 아니라 통근열차와 지하철 그리고 통근버스 같은 친숙한 이동성과 계선설비 공간이 제공하는 심리적 감각까지도 심리지리적으로 포괄적으로 검토할 것을 요청한 것이다. 그 이유는 여행을 진행할 때 이동수단과 여행자 사이에는 복잡한 감각적 연관성이 존재하고, 그것이 제공하는 감각의 지리학은 개인 신체에만 위치하지 않고 특정한 만화경적 풍경과 더불어 친숙한 공간, 이웃, 지역, 국민적 문화와 여가 공간으로까지 확장된다고 보기 때문이다[59] 예컨대 통근 과정에는 터널, 신호등, 표

---

58 라투르, 『우리는 결코 근대인이었던 적이 없다』, 331면.
59 Sheller and Urry, "The new mobility paradigm", p. 216.

지판 같은 친숙한 설비나 시설들의 예견가능한 통과를 경험한다. 또한 물질적 설비의 조건에 친숙해지면서 승차자들 사이에 감각의 공유로 사교적인 관계가 가능해지면서 '이동 안에서 정주'를 구현하는 '신이동성' 개념도 가능하다는 진단이다.[60] 이것은 이동성이 인간과 비-인간을 결합시킨 새로운 형식의 사회적 삶을 조정하고 통제하는 특징적인 사회공간을 만들어 낼 수 있다는 지적인 셈이다.

한편 이렇게 물을 수 있다. 인간과 대상(인간과 비-인간)이 결합한 이동도 그것은 결국 시공간에서 사람과 사람들의 활동 그리고 물자를 배분하는 하나의 정교한 구조적 '체계'의 작동으로 전개되는 것이 아닌가? 사실 이동성은 근대성을 구현하는 보행체계, 도로체계, 철도체계, 비행 체계, 관제체계, 선박운항체계는 물론이고 이주민은 영사, 검역, 세관 등의 이주체계migration system의 산물이라고 볼 수 있다. 그 이유는 다양한 이동성 체계와 통로가 장기간에 걸쳐 강력한 공간적 고정성fixity을 가지는 것과 연관이 있다.

> '이동하지 않는' 물질세계의 상호의존적 체계, 특히 예외적으로 부동의 플랫폼(전달장치, 도로, 창고, 정거장, 항공기, 공항, 선착장 등)과 같은 구조 이동성은 복잡한 적응체계를 통하여 경험하고, 계열체계와 연결체계 사이에 중요한 구분이 만들어 진다.[61]

---

60 Urry, *Mobilities*, p.105.
61 *Ibid*, p.272.

여기서 의문이 생긴다. 이동성 문제에서 근대적인 구조와 체계가 강조되면 행위자-연결망 이론의 핵심 개념이 비록 행위적 상호관계와 기능적 상호관계를 포괄하는 체계의 개념이라고 말할 수는 있지만, 그것이 지향하는 잡종적 질서와는 거리가 멀어지고 '행위자-연결망' 개념의 생산적 설명력이 떨어지는 것 아닌가? 연결망 개념은 이 '체계'의 작동을 설명하는 개념 또는 대안개념으로 여전히 유효한가? 필자는 이것을 사회가 복잡해지면 이동성의 체계도 범위가 확장되면서 이들 체계들 사이의 교차로에서 모순과 충돌이 급속도로 증가하는 현실문제와 연관시켜 검토할 필요를 자각한다. 곧 이동성 체계들의 위치와 이동성 체계에 지리적 배분과 경제적 접근이라는 현상적 조건에서 시작해서 이동성에 참여자들에 대한 차별의 구조화에 이르기까지, 이동성의 대상을 생산하고 소비하는 조건에서 장소와 사람들 사이에 매듭으로서 연결고리는 약화되고 근본적인 불균형이 발생하는 현상에 주목할 필요가 있다.[62] 그러므로 이동성의 체계는 전체적 차원에서는 다양한 공간 범위와 속도를 가지고 끊임없이 동요하는 불확실한 요소들의 중첩적인 집합으로 보아야한다.[63] 여기서 행위자-연결망 이론이 아직 결정되지 않은 실체들 사이의 비구체화된 관계들의 집합이며, 그것은 행위자인 인간(사람과 사회)과 비-인간(사물, 자연 및 인공물)을 결합하는 역할을 강조한 것은 온갖 다양하고 정교한 개별 이동체계들이 교차하면서 만드는 불확실한 이동성의 체계를 설명가능한 개념으로 주목할 만하

---

62 Elliot and Urry, *Mobile Lives*, p.48.
63 Urry, *Mobilities*, p.51.

다. 이동성의 '체계'는 불확실한 공간에서 행위자-연결망이 서로 지속적으로 개입하고 간섭하며 재규정하는 작용을 수행하면서 서로 의존하는 잡종적 질서를 만들어 내는데 기여하는 것으로 평가할 수 있다.[64]

문제는 또 있다. 행위자-연결망 이론에서 연결망의 측면에서는 거시적 행위자(국가)와 미시행위자(개인) 사이, 혹은 주요한 사회제도나 평범한 사물 사이에 구조적인 차이를 상정하지 않는다. 차이가 있다면 행위자가 목표에 따라 동원가능한 행위자-연결망의 규모 곧 행위자-연결망의 개수에 있다고 본다. 이것을 이동성의 차원에서 접근하면 이동 공간규모와 자극impact이 크면 클수록 '이동성 자본'의 중요성이 커지고 이동성의 부담도 그에 비례해서 커지며 다양한 종류의 강요된 이동과 같은 것이 존재하게 되는 것을 소홀히 취급한 것 아닌가? 그러나 사실 다양한 이동성의 체계 자체는 온갖 잡종적 양상에도 불구하고 강한 공간적 고정성을 가진다. 이동성은 글로벌 차원이든, 국가적 차원이든, 또는 로컬 차원이든 그 양상 자체 예컨대 보행, 자전거, 자동차, 기차, 비행기, 선박 및 이주를 막론하고 기본적으로 프랙탈fractal한 모습을 보이고, 다만 잡종성을 동원가능한 행위자-연결망의 개수에서 차이가 있을 뿐인데서 역시 같다고 본다. 이동성의 로컬리티 형성과 관련시켜서 마지막으로 주목할 것은 이동성의 주체든 대상이든 행위자들은 특히 도시이동성체계에서 복잡하고, 전자계산화되고 때로는

---

64 라투르가 잡종성을 무조건 긍정하는 것은 아니다. 도리어 통제되지 않는 잡종성의 괴물을 확산시킬 것을 두려워하는 모습도 보인다. 『우리는 결코 근대인이었던 적이 없다』, p.45. 그런 의미에서 ANT가 비근대를 전제로 삼지만 기본적으로는 계몽의 근대성 기획이라는 가장 최근의 평가를 보라. Anders Blok and Torben Elgaard Jensen, *Bruno Latour, Hybrid thoughts in a Hybrid World*, Routledge, 2011, pp.140~150.

위험을 겪는 매개자mediator 역할 하는 이동성의 관문 예컨대 공항, 여객터미널, 이주관련 기관agent을 반드시 거친다는 사실이다.[65] 이것은 행위자-연결망 이론에서 전략적 필수통과지점(OPP, obligatory passage point) 곧 행위자가 주어진 문제를 해결하는데 유리한 조건을 형성하고자 담론적 수단을 동원하여 특정 자원을 통제하며 자신의 목표를 달성하는 전략 지점으로 삼는 장소를 요청하는 것과 개념적 연결이 가능하다고 본다.[66] 이동성에서는 다양한 관문들이 작동하며 이동행위자들을 연결망에 연계시키고 규정하는 고리 역할로서 연결망을 형성한다. 이러한 전략적 필수통과지점을, 이동성의 주체가 담론적 수단을 동원하여 특정 자원을 통제하며 자신의 목표를 달성하는 전략 지점으로 삼는 매개자이며 장소라고 규정짓고 연관시킬 수 있을 것이다.

5. 이동성의 정치

이 글은 현재 많은 사회이론들이 인간을 특정 장소에 얽매인 정적인 실체나, 전지구화된 유목적 혹은 '장소 없는' 존재로 보는 양 극단에서 동요하는 현실에 착안하여, 사회분석의 새로운 패러다임으로 떠오른 이동성 문제를 검토할 방법론을 탐색하였다. 이동성에 관심은 정주와

---

65 Sheller and Urry, "Mobile cities, Urban mobilities", in Sheller and Urry, *Mobile Technologies of the City*, p.7.

66 19세기 말 프랑스에서 파스퇴르 연구소의 역할을 대표적 사례로 삼는다. Bruno Latour, *The Pasteurization of France*, Alan Sheridan and John Law tr., Harvard Univ. Pr., 1988; *Pandora's Hope*, p.132.

운동이 전지구적 미시구조에서 중층적으로 반복되는 교차로 말미암아 추동, 억압 혹은 생산되는 복잡성 가진 힘의 작용을 탐색하는 계기의 모색과 연관이 있다. 그동안 로컬리티 연구는 학문적 준거점을 찾고자 정주성을 중요한 전제로 삼고 변화와 유동성 인식에는 미처 관심을 두지 못하거나 실제로 접근하지를 못했다. 하이데거의 거주wohnen 개념이 자주 동원 되거나, 기술공학적 '연결망을 가진 개인주의'에 의지하여 삶의 장소 그 자체에만 의미를 부여하는 '위상학적 전환'이 관심을 끈 이유도 그런 현상과 연관 있을 것이다. 필자는 이동성 개념이 다양한 설명을 시도했지만 사회 현상을 좀 더 체계적으로 요약한 설명에 그치고 이론적 깊이가 부족하다는 느낌을 받아왔다. 브뤼노 라투르의 행위자-연결망 이론에 주목하며 이동성의 공간 곧 인간과 비-인간(물질)을 통합적하는 논리 전개가 이동성의 이해에 새로운 지평을 제공할 것으로 기대한 이유가 여기 있다. 특히 과학적 지식을 비롯한 인간지식 형성에서 문화적 공간의 역할에 주목한 것은 이동성의 로컬리티 연구에 유용성을 기대한다. 그것은 사회적 관계를 기호학적이며 물질적이라고 가정하고, 행위자가 창조적으로 형성하고 유지하는 리좀적인 시공간적 연결망이 복합적으로 작용하는 장소와 공간에 주목한다. 행위자-연결망 이론은 사회를 선험적 실재가 아니라 끊임없는 협상과 번역의 산물이며 이종적 행위자들의 일상적인 실천의 산물로 이해한다. 거기서 행위자 곧 행위소actant의 행위성agency은 주관성, 의도성, 도덕성을 가진 '번역' 행동으로 행위소에 무엇을 '제공'하는가 문제와 연관된다. 이 글은 이것을 물리적 이동성의 연속적 변화 현상 특히 교통운송 중심의 이동성 현상의 설명에 전유를 시도하였다. 그리고 '실천' 개념을 통해서 이동성이 가져오는 다양한 사회적 쟁점들을 비판적으로 검토했다.

　이동성은 결코 기술공학적 사회현상에 그치지 않고 팀 크로스웰이 말한 '이동성의 정치'와 연관된다. 그것은 공간적 이동성과 사회적 이동성으로 상호구성 되는 존재인 동시에 로컬리티와 글로벌리티의 글로컬한 관계적 상호작용과 직결된다. 공간적 이동성이 사회적(정치, 경제, 문화) 이동성을 포섭하며 그것이 구체적 로컬리티 공간에서 실천되는 것은, 공간 그 자체가 생성하는 의미의 영향력에 주목하도록 시야의 확장과, 현실에서 작동하는 인간과 물질의 결합 양상에 관심을 요청한다. 이것은 이동성을 추동하는 글로벌 경제, 이동성의 연결망 자본의 문제 등을 논의하며 그것이 로컬리티라는 한정된 주제와 연결되는 방식을 검토할 기초를 제공할 것으로 기대한다.

참고문헌

브뤼노 라투르 외, 홍성욱 편, 『인간·사물·동맹 : 행위자 네트워크 이론과 테크노사 이언스』, 이음, 2010.

심재헌·이희연, 「네트워크 공간의존성과 외부효과를 고려한 인구이동 흐름모델 구 축 및 실증분석」, 『지역연구』 27(3), 한국지역학회, 2011.9.

Adey, Peter, *Aerial Life : Spaces, Mobilities, Affects*, Wiley-Blackwell, 2010.

Allen, Casey D., "On Actor-Network Theory and landscape", *Area* 43(3), 2011.

Augé, Marc, *Non-Places : Introduction to an Anthropology of Supermodernity*, Verso, 1995.

Beck, Ulrich, "Mobility and the cosmopolitan perspective", in Weert Canzler, Vincent Kaufmann and Sven Kesselring eds., *Tracing Mobilities : Towards a Cosmopolitan Perspective*, Ashgate, 2008.

Besel, Richard D., "Opening the 'Black Box' of climate change science : Actor-Network Theory and rhetorical practice in scientific controversies", *Southern Communicational Journal* 76(2), 2011.

Blok, Anders, and Torben Elgaard Jensen, *Bruno Latour, Hybrid thoughts in a Hybrid World,* Routledge, 2011.

Callon, Michel, "Some elements of a sociology of translation : domestication of the scallops and the fishermen of St Brieuc Bay", in John Law ed., *Power, Action and Belief : A New Sociology of Knowledge?*, Routledge, 1986.

_____, "An essay on framing and overflowing : economic externalities revisited by sociology", in M. Callon ed., *The Laws of the Markets*, Blackwell, 1998.

Callon, M. and B. Latour, "Unscrewing the big Leviathan : How actors macrostructure reality and how sociologists help them to do so", in K. Knorr-Cetina and A. V. Cicourel eds., *Advances in Social Theory and Methodology : Towards an Integration of Macro-Mociologies*, Routledge and Kegan Paul, 1981.

Callon, M., John Law and A. Rip, *Mapping the Dynamics of Science and Technology : Sociology of Science in the Real World,* Basingstoke UK : Macmillan, 1986.

Canzler, Weert, Vincent Kaufmann and Sven Kesselring eds., *Tracing Mobilities : Towards a Cosmopolitan Perspective*, Ashgate, 2008.

Castells, Manuel, *The Rise of Network Society*, Blackwell, 1996(김묵한·박행웅·오은주 역, 『네트워크 사회의 도래』, 한울아카데미, 2008).

Cliford, James, *Routes : Travel and Translation in the Late Twentieth Century*, Cambridge, MA : Harvard U. P., 1997.

Cooper, Simon, "Regulating hybrid monsters? The limits of Latour and Actor-Network Theory", *Arena Journal* 29(30), 2008.

Cresswell, Tim, *On the Move*, Routledge, 2006.

―――――, "Towards a politics of mobility", *Environment and Planning D : Society and Space* 28, 2010.

―――――, "Mobilities I : Catching Up", *Progress in Human Geography* 35(4), 2010.

Cwerner, Saulo, Sven Kesselrng and John Urry eds., *Aeromobilities*, Routledge, 2009.

Elder-Vass, Dave, "Searching for realism, structure and agency in Actor Network Theory", The *British Journal of Sociology* 59(3), 2008.

Elliot, Anthony·John Urry, *Mobile Lives*, Routledge, 2010.

Featherstone, Mike·Nigel Thrift·John Urry eds., *Automobilities*, SAGE, 2005.

Fine, Ben, "From actor-network theory to political economy", *Capitalism, Nature, Socialism* 16(4), 2005.

Freudendal-Pedersen, Malene, *Mobility in Daily Life : Between Freedom and Unfreedom*, Ashgate, 2009.

Hannam, K., M. Sheller and J. Urry, "Mobilities, immobilities and moorings", *Mobilities* 1, 2006.

Harman, Graham, *Prince of Networks : Bruno Latour and Metaphysics*, re.press, 2009.

Harvey, David, *The Conditions of Postmodernity : An Enquiry into the Origin of Cultural Change*, Blackwell, 1989(구동회·박영민 역, 『포스트모더니티의 조건』, 한울, 1995).

Kaufman, Vincent·Manfred Max Bergman·Dominique Joye, "Mobility : mobility as capital", *International Journal of Urban and Regional Research* 28(4), 2004.

Kellerman, A., *Personal Mobilities*, Routledge, 2006.

Larsen, Jonas, J. Urry and Kay Axhausen, *Mobilities, Networks, Geographies*, Ashgate, 2006.

Law, John, ed., *Power, Action and Belief : A New Sociology of Knowledge?*, Routledge, 1986.

Latour, Bruno, *Science in Action : How to follow Scientists and Engineers through Society*, Cambridge Mass. Harvard Univ. Pr., 1986.

_____, *The Pasteurization of France*, Alan Sheridan and John Law tr, Harvard Univ. Pr., 1988.

_____, *Nous n'avons jamais été modernes,* La Découverte, 1991(홍철기 역, 『우리는 결코 근대인이었던 적이 없다 : 대칭적 인류학을 위하여』, 갈무리, 2009).

_____, *Aramis, ou l'amour des techniques*(La Découverte, 1992) *Aramis, Or the Love of Technology*, C. Porter tr. Harvard Univ. Pr., 1996.

_____, *Pandora's Hope : Essays on the Reality of Science Studies*, Cambridge : MA, Harvard Univ. Pr., 1999.

_____, "On recalling ANT", John Law and John Hassard eds., *Actor Network Theory and After*, Oxford : Blackwell, 1999.

_____, "Whose cosmos, which cosmopolitics? Comments on the peace terms of Ulrich Beck", *Common Knowledge* 10(3), 2004.

_____, *Reassembling the Social : An Introduction to Actor-Network Theory*, Oxford U. P., 2005.

Latour, Bruno and Steve Woolgar, *Laboratory Life : The Construction of Scientific Facts* 1979, Princeton U. P., 1986.

Latour, Bruno entretiens avec François Ewald, *Un monde pluriel mais commun*, l'Aubé, 2003.

Paul Jones III, John, Keith Woodward and Sallie A. Marston, "Situating Flatness", *Transactions of the Institute of British Geographers* 32, 2007.

_____, "Of eagles and flies : orientations towards the site", *Area* 42, 2010.

Putnam, Robert D., *Making Democracy Work : Civic Tradition in Modern Italy*, Princeton, 1994 (장훈 외역, 『사회적 자본과 민주주의 : 이탈리아의 지방자치와 시민적 전통』, 박영사, 2000).

Saito, Hiro, "Actor-network theory of cosmopolitan education", *Journal of Curriculum Studies* 42(3), 2010.

Serres, Michel, *Hermès II, La traduction*, Minuit, 1974.

Sheller, Mimi and John Urry eds., *Mobile Technologies of the City*, Routledge, 2006.

Sheller, Mimi and John Urry, "The new mobility paradigm", *Environment and Planning A* 38, 2006.

George Simmel, Mark Ritter tr., "Bridge and door(Bruke und tur)"(1909), *Theory, Culture and Society* 11(1), 1994.

George Simmel, "The metropolis and mental life"(1903), in Gary Bridge and Sophie
Watson eds., *The Blackwell City Reader*, Wiley-Blackwell, 2002.

Thrift, Nigel, *Non-Representational Theory : Space, Politics, Affect,* Routledge, 2008.

Tomlinson, John, *The Culture of Speed : The Comming of Immediacy,* SAGE, 2007.

Urry, John, *Sociology Beyond Societies : Mobilities for the Twenty-First Century*, Routledge, 2001.

_____, *Global Complexity,* Polity, 2003.

_____, *Mobilities,* Polity, 2007.

Warf, Barney, *Time-Space Compression : Historical Geographies*, Routledge, 2008.

Warf, B., "From spaces to networks", Warf ed., *The Spatial Turn : Interdisciplinary Perspectives,*
Routledge, 2009.

Wittel, A., "Toward a network sociality", *Theory, Culture & Society* 18(6), 2001.

글로벌 시대의 트랜스이주와 장소의 재구성 *

이영민

1. 글로벌 이주 연구의 장소적 전환

자본주의 경제의 글로벌화로[1] 지역 간 교류가 전례 없이 활발해 지면서, 경계 내에 고립되어 있는 실체로 규정되었던 장소의 의미가 새로운 관점에서 조명되고 있다. 전통적으로 본질주의적 장소관에 의하

---

* 이 글은 「글로벌 시대의 트랜스이주와 장소의 재구성 : 문화지리적 연구 관점과 방법의 재정립」(『문화역사지리』 25(1), 2013.4)을 수정한 것이다.
1 이 글에서는 'globalization'의 번역어로 흔히 사용되는 '세계화', '(전) 지구화' 대신에 영어 발음 그대로 '글로벌화'라는 용어를 쓰고 있다. 왜냐하면 '세계화'나 '전지구화'라는 용어 가 지구 곳곳의 장소와 문화의 변화와 재구성을 수반하는 과정이라는 필자의 논지를 온 전하게 담고 있지 않다는 판단 때문이다. '세계화'가 1990년대 이후 한국 경제의 대외 확 장이라는 본국 중심의 민족주의적 의미를 은연 중에 내포한 채 사용되기도 하고, '(전) 지 구화'는 지구 전체가 어떤 하나의 원리에 의해서 한 덩어리가 되어 가는, 그래서 공간의 축소와 획일화의 방향성을 시사하는 것으로 인식될 소지가 있기에 그 대체 용어로 '글로 벌화'를 쓰고 있다.

면, 장소는 그 자체로서 독립적이고 전체성을 지니며 고정적인 사회-공간적 실체로서 간주되었다. 따라서 그 속에 안착된 문화 역시 '경계가 뚜렷하고 무시간적timeless이며 장소에 뿌리내리고 있는 동질적인 것'으로 인식되었다.[2] 그러나 글로벌 시대의 장소는 뚜렷한 지리적 경계를 상정할 수 없는 다공질의 유연적 사회-공간으로 변모하고 있다. 장소에 속박되었던place-bounded 사람들의 활동과 사건들은 이제 경계 바깥으로 연결된 변수들과 전례없이 활발하게 상호 관련되면서 혼종성의 문화를 만들어내고 있다. 대중매체의 발전과 디아스포라의 확산으로 국가적 경계를 무력화하는 소위 '문화적 탈영토화' 현상이 확장되면서 각 지역의 문화는 급속도로 그 경계를 넘나들고 있다.[3] 이러한 탈영토화의 관점을 토대로 문화인류학을 위시한 여러 문화연구 분야에서 최근 탈영토화된 이주 주체들의 이동성 확대과정과 그 결과, 이주의 기원지와 정착지를 아우르는 문화적 특성과 실천들, 그에 따른 지역의 문화변동 등에 대한 많은 연구를 내놓고 있다.

그렇다면 글로벌화와 (후기) 근대화로 인해 경계가 지워진 장소는 특수성과 고유성을 완전히 상실한 편평한 공간으로 변한 것일까? 최근 탈영토화의 관점에서 모빌리티mobility의 확대, 초국가적 이주의 실천들, 그리고 지역의 문화변동에 대한 많은 연구들이 최근에 쏟아지고 있긴 하지만, 다른 한편으로 반드시 주목해야 할 점은 이주 주체들이 여전히 정착을 목적으로 이주를 단행하고 있으며, 또한 새로운 정착지를 일상

---

2 Bonisch-Brednich, B. and Trundle, C., *Local Lives : Migration and the Politics of Place*, Ashgate, 2010, p.5.
3 아르준 아파두라이, 차원연 외역, 『고삐 풀린 현대성』, 현실문화연구, 2004.

생활의 의미있는 지점으로 만들어가고 있다는 점이다.[4] 흔히 '시간에 의한 공간의 괴멸annihilation of space by time' 혹은 '시-공 압축time-space compression' 으로 표현되는 자본주의 경제의 글로벌화는, 세계가 더 작아지고 있고 그래서 각 지역의 문화가 빠르게 획일화되는 것처럼 인식되는 경향이 있지만, 이는 지나치게 단순화된 견해일 뿐이다. 문화지리학자 조앤 샤 프Joanne Sharp는 이와 관련하여 다음과 같이 문제를 제기한다.

　　지리학자로서 우리는, 단지 일부분만을 알고 있는 글로벌화 과정이 과연 진정으로 전지구적인 영향을 미칠 것인지, 이것이 과연 지구의 모든 부분 에 동일한 방식으로 영향을 미친다는 것을 의미하는지, 그리고 글로벌 과 정이 진실로 지구 곳곳을 더욱 더 유사하게 만들어 갈 것인지에 대해 질문 을 던지고자 한다. (…중략…) 우리는 문화를 단일하고 불변인 것으로 간주 해서는 안 된다. 만약 우리가 문화라는 것이 불변하는 혹은 무시간적인 것 이 아닌, 항상 만들어지고 또 다시 만들어지는 것이라고 생각한다면, 우리 는 문화적 병합의 결과로서 출현하는 새로운 문화와 실천을 그저 정상적인 문화적 과정의 일부로 간주할 수 있을 것이다.[5]

장소는 이제 특수성과 내구적인 고유성을 내재한 실체가 더 이상 아 니지만, 그렇다고 그러한 특수성과 고유성을 완전히 상실한 매끄러운

4　Ley, D., "Transnational spaces and everyday lives", *Transaction Institution of British Geographers* 29, 2004; Lee, Youngmin and Park, Kyonghwan, "Negotiation hybridity : transnational reconstruction of migrant subjectivity in Koreatown, Los Angeles", *Journal of Cultural Geography* 25(3), 2008.
5　이영민 · 박경환 역, 『포스트식민주의의 지리 : 권력과 재현의 공간』, 여의연, 2011, 175~176면.

공간으로 변한 것도 아니다. 글로벌화와 로컬화는 상호 구성적으로 조응하면서 지리적 이동성과 장소적 흡착의 복잡한 관계를 이끌어가고 있다. 즉, '장소화된다는 것이 반드시 고정된다는 것을 의미하는 것이 아니며, 또한 이동한다는 것이 반드시 장소로부터 분리된다는 것을 의미하는 것도 아니다'[6]라는 주장을 주목할 필요가 있다. 이러한 관점으로 글로벌 이주와 장소의 문제를 다루게 된다면, 사회네트워크의 탈국가적 확장에 따른 거시적이고 구조적인 동인들에 주목함과 동시에, 네트워크의 결절상에 위치하는 로컬과 장소, 그 자체에도 초점을 맞추어야 한다. 그 이유는 전술하였듯이, 특정의 장소가 단지 글로벌 네트워크상에서 작동하는 세계화의 동인에 영향 받는 수동적인 객체가 아니라, 그 결절로서의 로컬 혹은 장소가 그 위에 중첩적으로 걸쳐있는 다양한 사회네트워크의 복잡한 상호작용을 수용하여 독특한 로컬리티를 형성해 가고 있는 능동적인 실체로 기능하고 있기 때문이다. 글로벌화와 초국가적 이주의 시대에 이주 주체들의 이동과 정착은 상호 모순적이지만, 또한 상호 보완적이다. 즉, 글로벌과 로컬은 이원적인 대립의 개념이 아니며, 다공질의 유연한 경계선을 가진 상호 교차되고 혼성되는 동반적 개념이다. 장소는 이주주체들의 삶의 경험과 기억들을 엮어내는 구체적인 지점이며, 장소의 정치로 구현되는 이들의 정체성 경합과 혼성성은 상호 반영적 구성체로서의 장소를 만들어간다. 단언컨데, 장소는 여전히 중요한 것이다.

　이러한 견지에서 보았을 때, 글로벌 네트워크의 연결성이 증대되면

6　Ahmed, S., et.al., *Uprootings / Regroundings : Questions of Home and Migration,* BERG, 2003, p.1.

서 모든 장소들이 낯설고 즉흥적인, 그래서 정체성과 장소애를 담보하지 못하는 무장소non-place를[7] 향해 획일적으로 변해가고 있다는 주장은 재고되어야 하며, 오히려 글로벌-로컬local의 맥락이 서로 교차하는 가운데 로컬의 장소성이 새롭게 강화된다는 사실에 주목해야 한다. 역설적이게도 글로벌화가 진행되면서 로컬에 대한 관심이 오히려 더 증가하고 있고, 그 위상도 재평가되고 있다. 여기에 착안하여, 필자는 인문지리학에서 그동안 다루어온 장소와 공간의 개념을 글로벌-로컬의 변증법적 관계 속에서 재정립해보고, 경계를 가로지르는 이주의 문제를 통하여 글로벌화와 트랜스국가주의transnationalism의[8] 무장소성과 탈영토적 의미를 비판적으로 검토하고자 한다. 이에 더하여 그동안 광범위하게 적용되어 온 이주 연구의 '방법론적 국가주의methodological nationalism'의 한계를 짚어보고, 그 대안으로서의 장소적 전환 연구, 즉 이주 주체들의 구체적 삶의 현장에 주목하는 로컬리티locality와 트랜스로컬리티trnaslocality[9] 연구의 적실성에 대해 논해 보고자 한다.

---

7   Auge, M., *Non-places : Introduction to an Anthropology of Supermodernity,* London : Verso, 1996.
8   transnational(ism)을 한국에서는 초국가(주의), 초국적(주의) 등으로 번역하는 것이 일반적이다. 그런데 필자는 과연 이것을 '초超'라고 번역하는 것이 적절한지에 대해 의문을 가지고 있다. '초超'는 경계를 넘나든다는 의미와 아울러 '막강한', '광범위한' 등과 같은 권역에서 탈피되고 확장된다는 'super'의 의미도 내포하고 있기 때문이다. 같은 한자문화권인 중국에서는 타넘을 '跨(과)'를 붙여 '跨國'이라고 하고 있으며, 일본에서는 넘을 '越(월)'을 붙여, '越境'이라고 하거나, 혹은 원어 그대로 '트랜스내셔널'이라고 하고 있다. 이처럼 'transnational'에 대한 중국과 일본의 번역은 경계를 넘는다는 의미에 한정하여 사용하고 있다. 이에 따라 이 글에서는 학계에서 관례적으로 써오고 있는 초국가주의라는 용어를 그대로 사용하되, '경계 넘나들기'의 의미를 특별히 강조하고자 할 때는 'trans-'를 원어 그대로 '트랜스'로 표기하여 사용하고 있다.
9   영어의 'local'과 'locality'는 그 인문학적 의미를 오롯이 드러내줄 수 있는 한국어 용어를 찾기가 쉽지 않기에, 불필요한 개념적 오류를 피하고 다양한 의미를 가감없이 전달하고자 원어 그대로 '로컬'과 '로컬리티'로 번역하고 있다(김용규, 「로컬리티의 문화정치학과 비판적 로컬리티 연구」, 『한국민족문화』 32, 2008). 이와 관련하여 'translocal'과 'translocality'의

2. 장소와 이주: 문화적 질서와 지리적 경계의 재구성

"물고기는 물에 대해 말하지 않는다."[10]

인간의 삶은 언제나 시공간적 맥락 속에 위치한다. 공간과 장소를
통해 구성되는 지리적 맥락은 그 속에 살고 있는 사람들에게는 무척
일상적이고 익숙한 탓에 특별한 주목을 받지 못할 때가 많다. 이는 맥
락이 중요하지 않기 때문이 아니다. 너무 당연한 것이기에 새삼 의식
적으로 주목할 필요가 없기 때문이다. 마치 물고기처럼 일상의 삶 속
에서 지리적 맥락을 잊고 살아가는 사람들에게 지리학은 바로 그러한
맥락과 존재의 관계를 밝혀준다. 그런 의미에서 지리학자는 "우리가
'물' 속에 처해 있는 존재임을 깨달을 수 있도록 해주는 특이한 물고기"
이자 "맥락 속에서 헤엄치며 맥락을 탐구하는 물고기"인[11] 것이다. 장
소란 바로 이러한 지리적 맥락과 우리의 문화적 삶(활동)이 상호 교차
하면서 구체화되는 산물이다.[12]

경우도 마찬가지이다. 가령, 'transnational'의 경우 국가의 경계선이 명확하고, 그걸 뛰어넘
는 이동이기에 '초국', '과국', '월경' 등의 한자어를 붙일 수도 있겠으나, 로컬의 경우 개념적
특성상 가시적으로 획정된 경계선을 갖고 있지 않다. 따라서 트랜스로컬은 경계를 넘나드
는 이동성이 아니라 지리적으로 떨어져 있는 로컬들의 상호작용, 상호연결성에 초점을 맞
추는 개념이라고 할 수 있다. 그래서 '트랜스로컬'로 원어 그대로 적는 것이 좋을 듯하다.

10 Cresswell, T., "Falling down : resistance as diagnostic", In Sharp, J. et.al., eds., *Entanglements
of Power : Geographies of Domination / Resistance*, Routledge, 2000, p.264.
11 Anderson, J., *Understanding Cultural Geography : Places and Traces*, London : Routledge, 2010,
p.1(이영민 · 이종희 역, 『문화 · 장소 · 흔적 : 문화지리로 세상 읽기』, 한울, 2013 근간).
12 '발생하다'라는 뜻의 영어 어휘 'take place'는 개별 단어 그대로 번역하면 '장소를 점유하
다'이다. 사물, 관념, 실천, 감정 등 인간의 모든 문화 현상들은 반드시 장소를 취해야만 구
체화되는 것이다. 다시 말해, 문화적 활동은, 적극적으로 혹은 소극적으로, 의도적으로 혹
은 다른 방식으로, 한 장소를 점유하고 그 의미와 정체성을 만들어 가는데 기여한다.

지리적 맥락은 국가적 영역이나 정치적 영역, 혹은 자연경관이나 독특한 장소의 측면 등 다양한 방식으로 사유될 수 있다. 특정 장소에서 일어나는 활동을 이해하기 위해서는 서로 영향을 주고받으며 교차하는 다양한 스케일의 지리적 맥락을 고려할 필요가 있다. 가령, 거시적 스케일에서 우리는 지구라는 거대한 행성을, 미시적 스케일에서는 내 자신의 물질화된 신체를 하나의 맥락으로 상정하고, 그러한 맥락이 그 속에서 벌어지고 있는 활동에 어떻게 영향을 미치고 있으며, 또한 그 활동으로부터 어떻게 영향을 받고 있는지를 살펴볼 수 있다. 다양한 스케일로 펼쳐져 있는 지리적 맥락은 인간과 비인간 주체들이 처해 있는 모든 곳에 존재하고 있다. 그것을 확인하고, 그러한 맥락의 원천은 무엇인지, 그리고 그것이 어떤 효과를 야기하는 지를 밝혀내는 것이 맥락적 문화지리학 연구의 핵심이라 할 수 있다.

　문화현상은 바로 지리적 맥락을 무대로 생산된다. 여기서 문화현상이란, 인간이 (재)생산하고 매개하는, 때로는 저항하고 축하하고, 때로는 거부하거나 무시하는 물질적인 것들, 그리고 사회적 관념, 수행적 실천, 감정적 반응 등을 포괄적으로 의미한다. 문화는 인간들이 사고하고 행동하는 모든 것, 즉 인간 활동의 구성적 혼합물이라고 할 수 있다. 이처럼 문화는 사회, 정치, 혹은 경제로부터 분리되어 있기보다 이 모두를 아우르는 광범위한 인간생활의 스펙트럼으로서 그 모든 것들과 영향을 주고받게 된다. 문화지리학은 바로 이러한 문화(적 활동)들이 특별한 지리적 맥락들 속에서 독특한 방식으로 전개되는 이유와 과정 및 결과가 무엇인지에 관심을 두고 지리적 맥락과 문화(적 활동)의 상호교차에 대해 탐구한다. 이러한 탐구과정은 맥락과 문화 간의 상호교차

의 산물인 장소place를 확인함으로써 정교화된다.[13]

전통적으로 지리학에서는 장소 혹은 지역이라는 개념을 통해 인간의 삶을 연구해 왔다. 그러나 장소를 이해하는 방식은 지리학의 각 분과별, 시기별로 차이가 있다. 초창기 지리학은 본질주의적 장소관이[14] 우세하였다. 전통적 생계경제나 문화적 특성들은 장소에 애당초 주어져있던 자연 환경의 조건에 토대하여 발생하였고, 이를 근거로 장소를 고정적, 본원적 실체로 파악하는 경향이 바로 본질주의적 장소관이다. 이러한 장소관에 입각하여 전통 문화지리학을 중심으로 고유하고도 독특한 로컬의 장소성 혹은 지역성을 찾고자 하는 진부한 노력은 지금까지도 계속되고 있다. 또한 한편에서는 근대성 이념이 등장하고 이것이 제도화되는 과정에서 로컬 단위의 작은 장소가 지닌 고유한 특성보다는 그 위에 설정된 국민국가를 새로운 공간 단위로 상정하는 움직임이 생겨났다. 기능주의적 도시 · 경제지리학을 중심으로 한 분야에서는 지리공간을 '본질적으로 비어있는 캔버스'라 간주하고, 그것이 사회적 삶을 형성하는 데 능동적인 역할을 하기 보다는 사회적 관계들이 작동하는 단순한 표면에 불과할 뿐'이라는 공간과학적 지리관과 소위 논리실증주의적 방법론이 막강한 위세를 떨쳐 한 시대를 풍미하기도 했다.[15]

---

13 Anderson, J., *Understanding Cultural Geography : Places and Traces*, London : Routledge, 2010 (이영민 · 이종희 역, 『문화 · 장소 · 흔적 : 문화지리로 세상 읽기』, 한울, 2013 근간).

14 지리학에서 장소와 지역의 의미 및 그와 연관된 지역연구 방법론의 변화에 대해서는 최병두, 「장소의 역사와 비판적 공간이론」, 『로컬의 문화지형』(로컬리티 연구총서 4), 부산대 한국민족문화연구소 편, 혜안, 2010; 이희연 · 최재헌, 「지리학에서의 지역연구 방법론의 학문적 동향과 발전방향 모색」, 『대한지리학회지』 33(4), 대한지리학회, 1998; 크레스웰, 심승희역, 『장소(짧은 지리학 개론 시리즈)』, 시그마프레스, 2012을 참고할 것.

15 이영민 외역, 『현대문화지리학 : 주요 개념의 비판적 이해』, 논형, 2011, 98~99면(Atkinson, D., et.al., *Cultrual Geography : A Critical Dictionary of Key Concepts*, I. B. Tauris and Co Ltd, 2005).

자본주의 경제의 글로벌화, 시공간의 압축을 가능케 하는 정보화, 추상적 공간의 대두로 인해 여러 가지 장소관 중에서도 특히 본질주의적 장소관에 대한 회의적인 시각이 증가하고 있다. 본질주의적 장소관에 대한 비판은 크게 장소의 무장소성을 강조하는 입장과 사회적 구성물로서 장소를 강조하는 입장으로 구분된다. 먼저, 소위 무장소성에 주목하는 입장에서는 세계의 장소들이 기능적으로 연계되면서 장소가 단순히 글로벌 자본의 물적 조건이나 세계체계의 결절지점으로서의 역할을 수행하게 되었다고 설명한다. 간단히 말하자면, '장소상실 placelessness', '비장소non-places', '장소 없는 장소places without place' 등의 용어에서와 같이 자본의 글로벌화가 장소성의 상실로 이어진다고 보는 입장이다. 이러한 입장은 탈근대 공간의 재영역화가 국경을 뛰어넘는 전지구화와 더불어 로컬화를 수반한다는 점을 간과하였다는 점에서 한계가 있다. 후술하겠지만, 장소를 놓고 경합하는 글로벌화와 로컬화가 동전의 양면처럼 서로 밀착되어 상호 반영적으로 기능하고 있다는 점을 고려한다면, 장소가 로컬리티의 구성 과정에서 끊임없이 재생산되고 있다는 점에 주목할 필요가 있다.

　이에 반해 장소를 사회적 구성물로 이해하고자 하는 소위 구성주의적 장소관은 글로벌화의 확산으로 로컬-국가-지역-전지구로 이어지는 공간단위의 중첩화, 다원화가 진행되면서 로컬을 중심으로 공간질서의 구성방식과 운영원리가 이전과는 다르게 형성되고 있다는 점에 주목한다.[16] 따라서 이러한 입장은 로컬의 의미와 로컬 간의 차이에

16　이상봉, 「근대, 공간의 재영역화와 로컬 · 로컬리티」, 『한국민족문화』 32, 부산대 한국민

집중하는 태도를 보이는데, 이는 무장소성의 장소관과는 확연히 다르지만, 오히려 본질주의적 장소관과는 장소의 차이와 독특성에 주목한다는 점에서 유사성을 갖는다. 그러나 장소 특성의 근원은 무엇이고 그 형성과정은 어떠한가에 대한 논리는 완전히 상반되는데, 즉 결과로서의 장소에 토대하는가, 과정으로서의 장소에 주목하는가에 따라 확연히 구분된다.[17]

이러한 구성주의적 장소관에서 주목해야 할 부분은 스케일 개념이 무척 중요하게 다루어져야 한다는 점이다. 이는 국경을 넘나드는 이주와 삶의 현장에 흡착하는 로컬적 생활세계의 형성을 동시에 구현하는 이주자 주체들의 구체적인 사고와 행동을 고려해 보았을 때 쉽게 이해될 수 있다. 하지만 지금까지의 이주 연구에서, 심지어는 인문지리학에서의 이주 연구에서조차도, 스케일 개념은 거의 사용되지 않았었다.[18] 스케일 개념은 기껏해야 주로 정치적-경제적 과정의 공간(혹은 영역), 다시 말해 '로컬', '국가', '거시-지역', '글로벌' 등을 의미하는 정적이고 고정된 공간적 개념으로 사용되었다. 하지만 스케일 개념은 절대적 의미의 공간적 규모로서 만을 의미하는 것은 아니며, 다양한 스케일이 서

족문화연구소, 2008; Herod, A., *Scale,* London and New York : Routledge, 2011.

17 크레스웰은 장소 개념의 역사를 정리하면서 장소에 대한 접근을 기술적 접근, 사회구성주의 접근, 현상학적 접근 등 크게 3가지로 구분하였다. 기술적 접근은 장소를 고유하고 특정한 실체로 파악하는 것으로서 본질주의적 장소관과 유사하다. 사회구성주의 접근은 구성주의적 장소관에 해당하는 것으로서 장소의 고유한 특성에 주목한다는 점에서 기술적 접근과 유사하나, 장소를 객관적 실체가 아닌 사회적 과정으로 보고, 그 과정에 초점을 맞춘다는 점에서 차이가 있다. 이외에 현상학적 접근은 장소의 고유한 특성이나 장소 구성의 동인과 과정보다는 장소 내에 처해 있는 인간의 실존에 관심을 둔다. Cresswell, *op cit.*, 81~82면.

18 Glick-Schiller, N. and Caglar, A., eds., *The Location of Migration*, Ithaca, NY : Cornell University Press, 2010.

로 관계를 맺고 상호작용 할 때에만 존재하게 되는 관계적이고 유동적인 개념으로 보아야 한다는 주장이 제기되고 있다. 특히 이주 연구에서 그동안 스케일 개념의 적용 없이 이루어진 많은 연구들이 이주 주체들의 스케일적 사고와 행태, 그리고 장소적 로컬리티의 구성을 제대로 밝혀주지 못했다는 지적이 있었으며, 이는 향후 스케일 개념을 적용하는 새로운 연구 관점의 필요성을 환기시킨다.[19] 스케일은 시간의 흐름 상에서 사회적으로 구성되는 것이며, 어느 하나의 스케일이 다른 스케일보다 이미 더 우선하는 특권을 갖는 그런 개념이 아니다.[20]

이주 및 장소 문제와 관련하여 말하자면, 인간의 이주는 매우 다양한 스케일(영역)을 포함하고 그것들을 가로지르며, 결국 한 장소와 마주하고 그 곳에 닻을 내리게 된다. 이주자 주체의 생활세계에 영향을 미치는 다양한 스케일의 기제는 결국 한 장소에 누적되는 것이다. 인간의 이주가 중층적인 스케일들에 연루되어 있고, 글로벌, 국가, 지역, 로컬, 신체 등등의 중층적 스케일들이 인간의 이주를 규제하면서 상호 간 중첩되고 연관되어 있음에 유념하여, 이러한 다양한 스케일이 장소 상에 어떻게 중층적으로 혼재되고 이주자 주체들의 생활세계를 만들어 가는가에 관심을 둘 필요가 있다. 이처럼 구성주의적 장소관에 주목해야 하는 이유는 작금의 글로벌 이주 시대가 도래하면서 이주 주체들에 의한 경계 넘나들기가 실천적으로 상상적으로 활발해 지고 있으며, 이에 연동하여 글로벌 자본주의의 장소적 정박anchoring, 국가 및

---

19 Sammers, M., *Migration*, Routledge, 2010(이영민 외역, 『이주』, 푸른길, 2013 근간).
20 Mansfield, B., "Beyond re-scaling : reintegrating the 'national' as a dimension of scalar relations", *Progress in Human Geography* 29(4), 2005.

글로벌 시대의 트랜스이주와 장소의 재구성 65

지방 정부의 국경에 기반한 규제 정책, 그리고 이주 주체들의 능동적 장소만들기가 상호 부딪치고 혼종화되는 독특한 모습으로 전개되고 있기 때문이다.

3. 장소를 구성하는 글로벌과 로컬의 변증법적 관계

이념적으로 글로벌화는 흔히 단일한 목적을 향해 지구촌 곳곳이 통합됨으로써 균등한 발전을 이룩하게 된다는 원리에 기반한다고 주장되어 왔다. 그러나 현실의 글로벌화는 어떤 단일한 메커니즘을 갖고 추동되고 있지 않을 뿐더러 그 과정에서 매우 다양한 지역적 변이를 만들어 낸다. 지구적 연결성의 강화라는 것은 결코 어떤 하나의 전체적인 과정으로 통합되지도 않을뿐더러 그러한 연결의 과정을 이해할 수 있는 어떤 하나의 방법이 있는 것도 아니다.[21] 이러한 현상을 직시한 연구자들은, 초창기 연구에서 글로벌화의 동력으로 간주된 초국적 기업들의 초국가적 활동뿐만 아니라, 다양한 배경을 지닌 이주자들의 활발한 초국가적, 장소지향적 교환활동이 이루어 내는, 소위 '아래로부터의 세계화globalization from below'에 대한 논의들을 진행하고 있다.[22] 아래로부터의 세계화 개념

---

21 이영민 외역, 『현대문화지리학 : 주요 개념의 비판적 이해』, 논형, 2011(Atkinson, D., et.al. *Cultrual Geography : A Critical Dictionary of Key Concepts*, I.B.Tauris and Co Ltd, 2005, pp. 298~311).

22 Featherstone, D., et.al., "Introduction : spatialities of transnational networks", *Global Networks* 7(4), 2007; Washborne, N., "Globalisation / Globality", *Cultural Geography : A Critical Dictionary of Key Concepts*, I.B.Tauris, 2005; 라쉘 살라자르 파레냐스, 문현아 역, 『세계화의 하인들』, 여이연, 2009.

은, 글로벌화의 효과가 결코 세계 모든 지역에 동일한 방식으로 영향을 미치지 않고 있으며, 지구 전체를 더욱 더 유사한 방향으로 만들어가고 있지도 않다는 매시의 주장과도[23] 일맥상통한다. 그녀는 시-공 압축에의 공헌 여부와 공간적 이동성의 정도에 따라 지구촌의 여러 장소에 흩어져 존재하는 사람들을 아래와 같이 네 부류의 집단으로 구분하고, 세계 공간의 불균등한 발전에 따른 집단 간의 사회적 차이를 설명하면서 시-공 압축의 '권력-기하학power-geometry'이라는 개념을 제시하였다.

어떤 의미에서 (글로벌화의 상호 연결) 스펙트럼의 한쪽 끝에는 움직임과 소통을 모두 (자유롭게) 실천하고 있는 사람들, 그리고 그것과 관련된 업무를 조정하는 역할을 담당하는 사람들이 놓여있다. 제트족들jet-settlers, 팩스와 전자메일e-mail을 주고 받는 사람들, 국제회의에 초청받은 사람들, 영화 배급자들, 뉴스 정보를 다루고 가공하는 사람들, 투자와 국제 금융 거래를 조직하는 사람들이 바로 그들이다. 이들 엘리트 계층은 그야말로 시-공 압축을 담당하고 있는 집단들, 다시 말해 그것을 효과적으로 사용할 수 있고 유리한 방향으로 전환시킬 수 있는 능력을 갖춘 집단들이다. 그들의 권력과 영향력은 분명히 증가하고 있다. 아마도 이들 부류의 한 구석에는 꽤 많은 서구의 학자들도 자리잡고 있을 것이다.

그러나 비록 수많은 신체적 이동을 몸소 실행하고 있음에도 불구하고, 엘리트층과 같은 방식으로 그 (시-공 압축의) 과정에 '참여하지는' 못하고 있

---

23 Massey, D., "Power-geometry and a progressive sense of place", J. Bird, et.al. eds., *Mapping the Futures : local cultures, global changes*, London : Routledge, 1993.

는 집단들도 있다. 엘살바도르나 과테말라에서 온 피난민과 멕시코 미초아 칸Michoacan 주로부터 온 무등록undocumented 이주노동자들은 새로운 인생의 기회를 움켜잡기 위해 국경도시 티후아나Tijuana로 몰려들어 목숨을 걸고 미국으로의 월경을 필사적으로 감행한다. 여기에서 이동의 경험은, 그리고 실로 혼란스러운 복수의 문화들은, 완전히 다른 특성을 보인다. 그리고 인도, 파키스탄, 방글라데시, 카리브 국가들로부터 지구의 절반을 돌아 런던 히드로 공항에 도착했지만 불법이주조사국에 붙들려버린 사람들도 많이 있다.

다시금 시-공 압축의 영향권 내의 다른 한쪽 끝 지점에서 단순하게 살고 있는 사람들을 살펴보자. 영국의 노동계급이 좋아하는 피쉬 앤 칩스fish and chips를 테이크아웃 전문 중국음식점에서 가져와 먹고, 일본제 텔레비전으로 미국 영화를 시청하고, 일몰 뒤에는 대중교통이 끊겨져 감히 외출할 엄두를 내지 못하는, 영국의 도심지역 내 단칸 셋방에 살고 있는 연금 생활자가 바로 그들이다.

또 다른 부류의 집단도 (권력-기하학의) 복잡한 상황을 잘 보여준다. 리우데자네이루의 파벨라(빈민주거구역)에 사는 사람들을 생각해 보자. 그들은 지구촌 곳곳의 축구 상황을 잘 알고 있으며, 그들 중에는 간혹 세계적인 축구선수가 배출되기도 한다. 또한 그들은 파리와 런던의 클럽에서 울려 퍼지는 삼바와 람바다를 우리에게 알려주어 글로벌 뮤직의 확산에 기여하기도 한다. 하지만 그들은 (자기 동네를 벗어나) 리우데자네이루의 중심가에조차도 거의 나가본 적이 없다. 일면 그들은 (세계적인 축구선수를 배출하고, 삼바와 람바다를 우리에게 전해줌으로써) 소위 시-공 압축이라고 불리는 변화에 큰 기여를 해준 게 분명하다. 하지만 다른 측면에서 본다면 그들은 특정 장소에 갇혀있는 존재들일 뿐이다.[24]

인용문에서 확인할 수 있듯이, 선진국의 백인 중산층 남성으로 대표되는 엘리트 계층은 글로벌화의 시공간 축소를 말 그대로 몸소 실천하고 경험하고 있지만, 가난한 비백인 불법체류자, 그리고 많은 여성들로 구성된 하위 계층의 타자들에게 세계는 오히려 더 넓어졌고, 따라서 그것을 횡단하는 것은 더욱 어려워지고 있다. 글로벌화와 관련된 사회과정들은 이처럼 국가(단위)보다는 로컬의 맥락과 차이를 반영하면서 시공간의 권력 기하학을 만들어 낸다. 따라서 사회구성원들이 국가 간 경계를 넘나드는 현상, 그 자체에만 단순하게 주목할 것이 아니라, 복수의 로컬리티를 횡단하는 주체에 의해 그것들이 어떻게 서로 연결되고 있는지, 그래서 로컬로서 장소가 어떻게 관계적으로 재구성되고 있는지에 주목해야 하며, 실제로 그러한 논의가 점점 더 확대되고 있다.[25]

글로벌 시대의 로컬과 글로벌은 서로의 대척점에서 처해 있는 것이 아니라 마치 동전의 양면처럼 양분할 수 없는 관계 속에서 변증법적으로 구성되고 있다. 매시는 로컬-글로벌의 변증법적 관계 및 현실세계에서의 구현 특성을 설득력있게 주장하고 있는데,[26] 그녀는 글로벌한 것은 로컬한 것에서 발견될 수 있고 그것의 일부가 될 수 있다고 주장하면서, 글로벌한 것과 로컬한 것의 이원적 정립을 거부한다. 더불어 '로컬리티를 이해하기 위해서는 로컬이 그 경계 바깥의 어떤 것들과 연결되어 있음에 유념해야 하고, 로컬한 것의 형성 과정에 글로벌한 것

24 Massey(1993), op cit., pp. 61~62.
25 Painter, J., "Localization", Johnston, R.J., et.al., *The Dictionary of Human Geography,* Oxford : Blackwell, 2000; Crang, M., "Local-global", in Cloke, P.J., et. al., *Introducing Human Geographies,* London : Arnold, 1998.
26 Massey, D., *Space, place and gender*, Cambridge : Polity Press, 1994.

이 개입되어 있다'는 점을 강조하며, 소위 '글로벌 장소감global sense of place'이라는 개념을 제시하였다.[27] 이에 따르면, 로컬과 장소는 사회적으로 구성되며, 그 위에서 펼쳐지는 구체적인 사회적 관계와 사회적 과정의 교차와 상호작용이 독특한 모습으로 연계되어 나타나는 것이 바로 로컬리티이다. 다시 말해, 로컬로서 장소는 원인이나 결과가 아닌 과정이며, 그것을 정의하는 것은 내재적 특성이 아니라 외부적 관계 특성이라고 할 수 있다. 따라서 장소의 독특성은 로컬 그 자체에 배태되어 있는 것이 아니며, 오히려 그 장소 너머의 다른 장소들 및 사회적 과정들과 어떻게 상호작용하는가의 의해서 구성된다.

그동안 로컬과 글로벌은 다양한 스케일이 교차하고 있는 가운데 상호 구성되는 과정으로 이해되지 못하고, 이분법적 사고관에 입각하여 서로의 타자로서 이항 대립적으로 정의되어 왔다. 글로벌화의 동인이 지닌 막강한 힘에 대비되어, 그것의 타자로 상정된 로컬과 장소는 그 엄청난 위력에 휩쓸릴 위험과 동시에 저항과 투쟁의 보루로서의 가능성을 갖고 있는 실체로 인식되었다. 이처럼 글로벌과 로컬을 단순히 다른 스케일의 물리적 실체로서 파악하는 것은 공간물신론의 오류에 빠질 위험성을 내포하고 있다. 또한 로컬을, 흔히 개방성과 무한성, 그리고 불안정성의 속성을 지니고 있는 것으로 간주되는 글로벌의 대척점으로 단순히 이해할 경우, 로컬(적인 것)은 전통적인 지리학에서 경계 지워져 분리되어 있는, 협소한 공간적 규모를 지닌, 폐쇄되어 있고 고정적인 실체entities로 정의되는 본질주의적 장소관의 장소 개념과 유사한

---

27 *Ibid*., p.120.

것이 되어버리고 만다. 앞서 살펴본 것처럼 글로벌화 시대의 로컬(적인 것)과 장소는 그러한 폐쇄성, 고정성, 특수성을 벗어버린 활발한 이주와 교환에 의한 연동성과 상호관계성을 지니는 사회적 구성물임이 많은 경험연구에서 밝혀지고 있다. 이와 관련하여 박경환은 페미니스트들의 비판을 수용하면서, 글로벌과 로컬을 일종의 담론으로 인식하여 로컬리티와 장소 논의가 진행되어야 함을 다음과 같이 주장한다.[28]

> '로컬'은 어떤 정치적 대안도, 어떤 뚜렷한 존재론적 대상도, 어떤 새로운 인식론적 구조도 아니다. 다만, '로컬'은 자신을 낳은 '글로벌'의 이분법적 타자로서 '글로벌하지 않다고 여겨지는 모든 나머지를 지칭한다. 결국, '로컬'은 '글로벌'에 의해 생성된 사회적 구성물이자 지리적 상상이며, 소위 '글로벌'이라는 거대한 담론 혹은 유령이 생성되는 과정에서 '로컬'이라는 타자로서의 거울이 필요했다는 관점에서 접근될 수 있다. 따라서 '로컬이란 무엇인가'라는 질문은 본질주의적 오류를 일으키는 문제설정일 수 있으며, 오히려 '로컬이란 (글로벌의 타자로서) 어떻게 구성, 생산, 상상되어 왔는가'라는 질문에 보다 초점을 두어야 한다.

이처럼 '글로벌'과 '로컬'은 그 자체로서 구체적인 공간적 규모를 지니고 있는 어떤 대상things이 아니다. 즉, 상반된 혹은 포섭적 위치를 점유한 상호 반대적인 이분법적 개념이 아닌 것이다. 따라서 이는 고정

---

28 박경환, 「글로벌, 로컬, 스케일 : 공간과 장소를 둘러싼 정치」, 『로컬리티 인문학』 5, 부산대 한국민족문화연구소, 2011, 59~60면.

된 실체를 지닌 공간적 연구 대상이 아니며, 어떤 특정한 상황을 분석하기 위한 분석의 틀 정도로 이해되어야 한다. 장소를 중심으로 바라본다면, 보다 넓은 범위에 걸친 사회-공간적 관계라고 할 수 있는 '글로벌'과 보다 좁은 범위를 아우르는 사회-공간적 관계라고 할 수 있는 '로컬'은 장소라는 대상 위에서 서로 중첩되어 있고 밀접하게 상호작용하고 있는 것이다. 따라서 '글로벌'과 '로컬'은 사실상 장소상에서 같다는 인식이 가능하며, 그러한 맥락에서 '글로벌'이라는 용어보다는 '다중로컬적multi-local'이라는 용어가 좀 더 구체적인 분석 개념이 될 수 있을 것이고, '로컬'은 그러한 다중로컬적 사회관계의 공간적 네트워크 내에서의 특정 국면으로 이해될 수 있을 것이다. 이처럼 '글로벌'과 '로컬'은 구체적인 공간적 규모나 대상이 아닌 사회공간적 과정이라고 할 수 있으며, 그 과정이 중첩되는 장소의 특성은 끊임없이 혼성적으로 재구성되고 있다는 관점에서 접근할 수가 있다.[29]

글로벌 시대의 장소는 이제 더 이상 특수성과 내구적인 고유성을 내재하고 있는 실체가 아니다. 그러나 그렇다고 해서 그러한 특수성과 고유성을 완전히 상실한 매끄러운 공간으로 변한 것도 아니다. 글로벌화와 로컬화는 상호 구성적으로 조응하면서 지리적 이동성과 장소적 흡착의 복잡한 관계를 이끌어가고 있다. 즉, 아메드 등이 설파한 것처럼 "장소화된다는 것이 반드시 고정된다는 것을 의미하는 것이 아니며, 또한 이동한다는 것이 반드시 장소로부터 분리된다는 것을 의미하는 것

---

29 Herod, A., *Scale,* London and New York : Routledge, 2011, pp. 228~230(박경환, 앞의 글, 61면에서 재인용).

도 아니다."[30] 이러한 관점에 토대하여 글로벌 이주 문제를 다룰 때 사회 네트워크의 탈국가적 확장에 따른 거시적이고 구조적인 동인들에 주목함과 동시에, 네트워크의 결절상에 위치하는 로컬과 장소 그 자체에도 초점을 맞추는 것이 중요하다. 현대 글로벌 시대의 이주자들은 교통, 통신 기술의 급속한 발전에 힘입어 먼 거리를 뛰어 넘는 이주를 더욱 용이하게 실천하고 있으며, 여러 장소들에 동시적으로 귀속되는 특징을 보이고 있다. 더 이상 과거의 이민자처럼 "완전한 단절과 고국으로부터 뿌리뽑힘, 고유한 (문화)패턴의 포기, 새로운 문화와 언어 습득을 위한 고난(의 세월)"을[31] 감내하고 실천할 필요가 없는 새로운 특성의 이주자들이 등장한 것이다. 이들이 관여하게 되는 장소들이 결합되어 형성된 초국가적 네트워크transnational network의 영향을 받게 된 것이다.

4. 트랜스이주와 로컬리티 연구 : '방법론적 국가주의' 비판

현대의 트랜스이주자trans-migrants들은 과거의 이주자 혹은 이민자들과는 분명 다른 이주 목적과 과정을 지니고 있다. 과거의 이주자들은 기원지를 완전히 떠나 목적지에서의 성공적인 정착을 지향하는, 다시 말해 기원지와의 사회적 문화적 단절 및 목적지에서의 적응과 동화가

---

30 Ahmed, S., et.al., *Uprootings / Regroundings : Questions of Home and Migration,* BERG, 2003, p.1.

31 Glick-Schiller, N., et.al., "transnationalism : an new analytic framework for understanding migration" N. Glick Schiller, et.al. eds., *Towards a transnational perspective on migration : race, class, ethnicity and nationalism reconsidered,* New York : New York Academy of Sciences, 1992, p.1.

전제된 영구적 이민의 특성을 보여주었다. 이를 우리는 그저 단순하게 '국제이주international migration'라고 지칭하여 왔다. 하지만, 현재의 이주는, 비록 국경을 뛰어넘는 이동이기는 하나, 여러 생활공간에 동시에 소속되고 쌍방향 이동이 활발하게 전개되는 방식, 즉 트랜스이주가 새로운 이주의 특성으로 자리잡고 있다(표 1 참조).

〈표 1〉 과거의 이주와 현대 트랜스이주의 차이

과거의 이주	트랜스이주
·본국의 가족과 분리된 삶	·정착국가에서 본국의 가족, 전통, 제도 등과 강하게 결속됨
·본국과의 부분적인 연결로 연쇄이주를 자극	·본국과의 다양한 관계를 통해 글로벌화 확대
·본국과 분리된 일상생활	·본국 사회문제에 관심, 직·간접적 영향력 행사
·공간적으로 제한된 이주자 네트워크	·글로벌하게 확대된 이주자 네트워크
·이주자와 본국 정부 간 분리(단일 국적)	·이주자와 본국 정부 간 유연적인 연대(이중 국적)

※ 출처 : 이영민·이용균·이현욱, 「중국 조선족의 트랜스이주와 로컬리티의 변화 연구 : 서울 자양동 중국음식문화거리를 사례로」, 『한국도시지리학회지』 15(2), 2012, 105면.

새로운 방식의 이러한 이주는 '트랜스국가적 이주transnational migration', 혹은 그냥 간단하게 '트랜스이주transmigration'라고 명명된다. 글릭 실러 등에 의하면, 트랜스이주자란 국경을 횡단하는 이주자가 기원지와 목적지의 두 사회를 가족적, 경제적, 사회적, 종교적, 정치적 유대를 통해 연결하여 단일한 사회적 장으로 결합함으로써 자신의 삶을 영위해 가는 이주자라고 정의된다. 그들은 초국가성transnationality을 '이주자들이 자신의 기원국과 정착국 간을 연결하여 확장시킨 사회적 장social fields을 구축하는 과정'이라고 정의하면서, 그러한 사회적 장을 구축하는 이주자들을 트랜스이주자transmigrants라 명명하였다. 또한 커니는 초국가주의 개념을 글로벌화 개념과 구분하면서, 글로벌화 과정이 '하나의 국가'

에서 발원하여 '다차원적인 지구 공간'으로 이동하는 흐름을 의미하는 반면, 초국가적 이주는 '한 국가'의 국경을 넘어서 '다른 국가'로 이동하는, 그리고 쌍방향으로 국경을 넘나드는 이동으로 파악한다.[32] 확실히 최근의 다양한 글로벌 이주는, 초국가주의가, 보다 엄밀하게 말하자면 트랜스국가주의가, 이념적으로 개념화되어 광범위하게 유포되고 있는 현상으로 이어지고 있으며, 그것을 장소와 지역에 실천적으로 적용시켜 활발한 재구성의 과정으로도 이어지게 하고 있다. 이제 트랜스이주를 통해 기원지와 목적지는 더 이상 단절된 기억과 향수의 장소가 아니라, 실천적이며 상상적으로 구성되는 생활세계로 거듭나게 되었다. 국경의 이쪽과 저쪽의 장소들 모두가 삶의 현장이자 생활세계의 구성요소가 된 것이다.

그동안 인문지리학 분야에서는, 어떤 장소관에 입각하여 연구를 진행했는가에 있어서 차이는 있을 수 있으나, 장소의 동학과 구성에 초점을 두면서, 혹은 장소와의 관계에 주목하면서 이주 현상에 대한 많은 연구를 진행해 왔다. 1990년대 이후에는 인문지리학 분야를 넘어선 사회과학 전반에 걸쳐 소위 "공간적 전환" 혹은 "장소적 전환"이라는 새로운 패러다임이 확산되며, 장소와 로컬에 주목하는 연구들이 증가하고 있다. 초국가주의의 거대담론에서 벗어나 트랜스이주자들의 로컬과 로컬을 연결하는 주체성과 장소성을 강조한 노니니와 옹[33]의 연

---

32 Kearney, M., "The Local and the Global : The Anthropology of Globalization and Transnationalism", *Annual Review of Anthropology* 24(4), 1995.

33 Nonini, D.M. and Ong, A., *Ungrounded Empires : The Cultural Politics of Modern Chinese Transnationalism*, New York and London : Routledge, 1997.

구는 '디아스포라적 공간'이라는 개념을 제시하면서 글로벌화와 더불어 트랜스이주의 과정에서 로컬과 장소의 역할이 중요하다는 점을 환기시키고 있다. 그들은 디아스포라적 공간이 장소를 가로지르고 뛰어넘는 '비장소적인ungrounded' '탈영토화된deterritorialized' 경제 지배적인 구조라기보다는, 내부의 디아스포라적 맥락과 사건들과의 결합에 의해 유동적으로 변동될 수 있는, 다공질porous 경계들을 지닌, 네트워크에 기반한 장소 중심의 공간이라고 보고 있다. 같은 맥락에서 인류학, 사회학 분야에서는 최근 로컬과 장소에 주목하는 연구들이 양산되고 있다. 가령, 전통적인 탈영토화의 문화기술지 연구로부터 탈피하여 글로벌화 이론들의 장소 토착화에 관한 경험적 연구들이 축적되고 있으며, 이는 "장소적 이론grounded theory"[34]이라 분류될 수 있다. 그리고 "글로벌 문화기술지global ethnography",[35] "다지점 문화기술지multi-sited ethnography"[36]라고 분류되는 트랜스문화적transcultural이고 트랜스로컬적인 비교 연구들도 그 예이다. 글로벌화를 초국적 이주자들에 의한 탈영토화의 진행으로 보던 종전의 비장소적 연구로부터 벗어나, 로컬과 장소에 착근되고, 그것을 변용시켜나가는 재영토화의 진행으로 보는 연구들이 미시적 장소들에 초점을 맞추어 축적되고 있는 것이다. 이러한 관점 변화의 중심에는, 트랜스국가적 네트워크를 포함한 중층

---

34 Strauss, A.L. and Corbin, J.M., *Basics of Qualitative Research : Techniques and Procedures for Developing Grounded Theory*, Sage Publications, 1998.

35 Burawoy, M, *Global Ethnography : Forces, Connections and Imaginations in a Postmodern World*, Berkeley : University of California Press, 2000.

36 Marcus, G.E., "Ethnography in / of the world system : the emergence of multi-sited ethnography", *Annual Review of Anthropology* 24, 1995.

적 사회세계들과 정체성들, 그리고 공동체들이 계속해서 재협상되는 사회적 실재의 상호작용적 구성물로 개념화될 수 있는 트랜스로컬리티translocality의 패러다임이 자리잡고 있다.[37]

트랜스로컬리티는 단순히 경계 넘기의 차원에 국한된 개념이 아니라, 경험과 행위가 교차되는 관계적 공간, 즉 절대적으로 존재하는 것이 아니라 이동하는 많은 것들(사람, 아이디어, 물건 등)의 상호연결성에 의해 창조되는 일종의 관계적 공간과 관련된 개념이다. 트랜스로컬리티 개념을 통해 우리는 이주의 행위주체성을 중심으로agency-oriented 한 연구 관점에 있어서,[38] 장소화되었던 공동체 구성원이 지리적 이동을 통해 기존에 지니고 있던 기원지 공동체에의 소속감과 특성을 상실하지 않고 이를 유지시켜가면서 기원지와 목적지의 맥락들을 가로질러 새로운 맥락을 만들어가는 과정에 주목할 수 있다. 즉, 초국가적 네트워크는 다양하게 로컬화된 맥락 속에서 유지되고 절충되며, 따라서 이주의 과정에서 국가 대 국가의 연결을 통해 기능한다기 보다는 로컬 대 로컬의 연결을 통해 기능한다고 볼 수 있다.[39] 트랜스로컬리티는 트랜스국가적으로 형성되는 사회적 관계의 탈영토화된 네트워크가 이주자 행위주체성을 통하여 다양한 현장들과의 연결을 기반으로 구

---

37 Lachenmann, G., "Transnationalisation, Translocal Spaces, Gender and Development : Methodological Challenges", Remus Gabriel Anghel, et.al. eds., *The Making of World Society : Perspectives from Transnational Research*, Transcript Verlag, 2009.

38 Brickell, K. and Datta, A., eds., *Translocal Geographies : Spaces, Places, Connections,* Ashgate, 2011.

39 Conradson, D. and McKay, D., "Translocal Subjectivities : Mobility, Connection, Emotion", *Mobilities* 2(2), 2007; Gielis, R., "A global sense of migrant places : towards a place perspective in the study of migrant transnationalism", *Global Networks* 9(2), 2009; Mandaville, P.G., "Territory and Translocality : Discrepant Idioms of Political Identity", *Journal of International Studies* 28(3), 1999.

체적인 형태를 갖게 되는 공간이라고 할 수 있다. 요컨대, 일종의 '장소화된 트랜스국가주의grounded transnationalism'라고 볼 수 있는 것이다.

이러한 트랜스로컬리티 개념은 기존의 초국가주의 연구 및 초국적 이주 연구가 갖고 있는 방법론적 문제점을 극복하는 데에도 도움을 준다. 글로벌 동인의 지구적 확산과 탈체된 주체들의 거침없는 이동에 주안점을 둔 초국적주의 관련 담론의 소위 '지구적 논의'에서는 이주 주체의 다양한 로컬적 적응 양태와 관계적 요인들의 상호작용을 통한 독특한 로컬리티의 특성을 온전하게 담아내지 못한다는 한계가 분명하게 존재한다.[40] 왜냐하면 이주자들의 특성은 획일화된 국민국가 구성원의 스케일로 환원되어 지나치게 일반화된 채 논의되었고, 공간적 스케일에 있어서도 이주자들의 미시적 생활세계에 대한 과정적 논의가 아닌 국가 단위의 거시적이고 관념적인 결정론적 논의가 주류를 이루었기 때문이다. 더군다나 특정 이주자를 그가 속한 민족집단의 일원으로서 획일화하여 동질적인 특성을 갖는 주체로 인식해 버리는 오류를 범했을 뿐만 아니라, 더 나아가 그 민족집단의 단순화된 특성을 다양한 민족집단으로 구성된 전체 이주자 집단의 특성으로 등치시켜 버리는 오류를 범하기도 했다. 이 같은 소위 '방법론적 국가주의'로 인하여 국가 혹은 민족은 획일화된 사회적 규범의 주체로 규정되었고, 모든 관련 트랜스이주 현상들은 그러한 국가 혹은 민족을 분석단위로 한

---

[40] Amelina, A., et.al. eds., *Beyond Methodological Nationalism : Research Methodologies for Cross-Border Studies*, Routledge, 2012; Glick-Schiller, N. and Caglar, A., "Towards a comparative theory of locality in migration studies : migrant incorporation and city scale", *Journal of Ethnic and Migration Studies* 35(2), 2009.

연구방법으로 조명되었던 것이다. 이러할진대, 인종, 계급, 종교, 젠더 등 이주자가 지니고 있는 독특한 특성은 고려 대상이 되지 못하며, 따라서 이주자의 주체성과 로컬리티 및 트랜스로컬리티가 지닌 특성과 그 맥락은 간과될 수밖에 없다. 그러므로 방법론적 국가주의를 극복하기 위해서, 이주자 주체성에 좀 더 주목하고, 트랜스로컬리티의 장소적 착근에 주목하는 좀 더 미시적인 접근이 요망된다. 요컨대, 결국 그 대안은 연구방법론에 있어서의 장소적 복귀라고 할 수 있을 것이다.

5. 트랜스로컬리티와 혼종적 정체성 : 장소로의 회귀

이주에 대한 학계의 전통적인 연구는 경제적인 목적 달성을 위해 이주자들이 어떻게 국경을 넘는 이주를 감행하고 있으며(가령, 배출-흡인 요인 같은 이주의 원인과 과정 등), 이들의 이주가 정착국에 미치는 영향은 무엇인가(가령, 노동시장의 변화나 다문화주의의 형성 등), 기원국에 미치는 영향은 무엇인가(가령, 불균등 발전의 완화 혹은 심화, 송금을 통한 지역 발전 등), 이들이 정착국 주류사회에 어떻게 적응하고 동화되는가 등과 같이 이주의 기원지와 목적지 각각에서 벌어지는 문제들을 중심으로 진행되었었다. 그러나 최근의 연구는 기원국과 정착국 사이의 지속적인 연결성을 탐구하고, 이러한 연결성에 토대하여 양쪽의 공간이 어떻게 상호 (재)구성되는가에 대해 주목한다. 특히 트랜스국가적인 이주를 통해 형성되어 정치적, 경제적 조직을 재생산해 나가는 '트랜스이주자들의 사회적 네트워크'는 트랜스이주의 결과물이자 또한 과정으로서 중요한 연구대상이자 방법으로 부상하고 있다.

그런데 이러한 네트워크는 트랜스이주자들의 일련의 트랜스국가적 실천과 행위들을 통해 지역 커뮤니티 등의 "로컬적 상황"에 착근되어 진행되고 있기 때문에 '지리적으로' 큰 의미를 내포하게 된다. 트랜스이주자 주체들에 의해 형성된 트랜스네트워크는 이주자들의 일상생활에 깊숙이 관여하는 물적 조건이 되고 있다. 또한 트랜스이주자들은 새로운 정착지에서 자신들이 속해있는 트랜스국가적 네트워크 이외에도 로컬에 펼쳐져 있는 다양한 집단과 제도들로 구성된 다양한 로컬적 네트워크에 중첩적으로 영향을 받는다. 그러므로 트랜스이주자들의 속해 있는 다양한 사회네트워크들이 그들의 로컬 일상생활 속에서 어떻게 부딪치고 영향을 주고받으며 상호 관련을 맺게 되는지를 파악하는 것이 중요하다.[41] 유감스럽게도 이주 주체의 일상생활이 복합적인 사회네트워크와 어떻게 연루되고 영향을 주고받고 있는지, 특히 트랜스국가적 사회네트워크가 어떤 영향을 발휘하고 있는지를 밝히기 위한 적절한 방법론은 아직 완전히 정립되지 못하였다. 그런 가운데 기엘리스[42]가 제시한 '장소 렌즈'의 개념은 장소에 기반한 네트워크 연구의 방향성을 제시한다. 그는 특정 네트워크를 선택하여 전체 네트워크 흐름을 파악하는 '네트워크 렌즈'는 네트워크의 내부적 복합성 연구에만 적실하다면서, 공간을 토대로 네트워크 간의 중첩성과 상호연결

---

41 Gielis, R., "A global sense of migrant places : towards a place perspective in the study of migrant transnationalism", *Global Networks* 9(2), 2009.

42 Gielis, R., "A global sense of migrant places : towards a place perspective in the study of migrant transnationalism", *Global Networks* 9(2), 2009.

성을 파악해 보는 소위 '장소 렌즈'를 적용할 것을 주장한다. 즉, 상호 관련된 사회네트워크들이 장소상에서 어떻게 가시화되는가를 보여주는 것이 트랜스국가적 네트워크의 외부적 복합성과 상호작용을 이해하는 데 효과적이라는 것이다.

이주 및 네트워크 연구에서 로컬 및 장소에 대한 강조는 다른 연구자들을 통해서도 여실히 드러난다. 조우와 쳉[43]에 의하면, 인구와 자본, 정보 등의 복잡한 흐름을 구성하는 트랜스국가적 네트워크는 분명히 특정의 지점에 '정박하여anchoring' 작동한다. 따라서 트랜스이주자들은 국경을 뛰어 넘으면서도 '로컬화'를 통해서 트랜스국가적인 네트워크를 형성 및 유지하려는 미묘하고도 중요한 전략을 취한다. 여기서 여러 개의 생활공간을 동시에 향유하는 "트랜스로컬리티translocality"의 특성이 지역과 지역 사이에서(지역을 가로지르며) 나타나게 된다. 여 등[44]은 국경을 넘는 이주가 로컬 중요성을 소멸시키는 것이 아니라, 분산을 통해 오히려 국가의 경계와 트랜스로컬리티의 중요성과 마주하게 됨을 밝히고 있다. 즉, 시공압축에 의한 글로벌화나 트랜스국가주의가 무장소성을 이끌어내어 탈영토화를 야기하기보다는 장소적 특성들을 재배치하고 재구조화시키는 재영토화reterritorialization를 유도하고 있는 것이다.[45] 스미스[46] 역시 한때 인문사회과학계에서 유행한 탈영토화의 개념을 부

---

43 Zhou, Y., and Tseng, Y., "Regrounding the 'Ungrounded Empires' : localization as the geographical catalyst for transnationalism", *Global Networks* 1(2), 2001.

44 Yeoh, B., et.al, "Transnationalizing the 'Asian' family : imaginaries, intimacies and strategic intents", *Global Networks* 5(4), 2005.

45 이영민, 「로스엔젤레스 한인타운의 지방노동시장 특성과 지역정체성 탐색 : 한인 불법 노동자의 활동을 중심으로」, 『문화역사지리』 19(3), 문화역사지리학회, 2007.

46 Smith, M.P., "Transnational urbanism revisited", *Journal of Ethnic and Migration Studies* 31(2),

정하면서 트랜스국가적 실천이 '제3의 공간the third space'에서 실천되는 듯 보이지만, 실상은 특정한 장소에 '착근embeddedness'되어 로컬적 지점에서 번성하고 있음을 밝히고 있다. 이처럼 글로벌화와 트랜스국가주의는 탈영토적인 양상으로 전개되는 것이 아니라 로컬과 로컬리티와의 상호반영적인 양상으로 전개되면서 재영토화를 생성해내고 있다.

트랜스이주자들에 의해 형성되고 있는, 국경을 넘나드는 새로운 형태의 공동체는 '트랜스국가적 공동체transnational communities',[47] '트랜스국가적 마을transnational villages',[48] '트랜스국가적 네트워크transnational networks',[49] '트랜스국가적 사회적 장transnational social fields'[50] 등의 유사하지만 차별화된 개념으로 표현되고 있다. 이러한 개념들은 이주 주체들이 국경을 뛰어넘는 트랜스국가적 네트워크상에서 어떻게 사고하고 실행하는지에 초점을 둔 새로운 방법론으로서 의미가 깊다. 트랜스국가적 이주자들은 기원지로부터의 이탈과 순환, 그리고 국경을 뛰어넘어 확장된 사회 네트워크를 통하여 새로운 주체성을 형성하게 된다. 인간의 정체성은 타인, 사건, 사물 등과 맺고 있는 중층적 연결로부터 생성된 관계적 성취물relational achievement이기 때문이다. 관계를 맺는 타인, 사건, 사물 등은 지리적으로 근접되어 있을 수도 있고 멀리 떨어져 있을 수도 있으며, 시간적으로 현재의 일일 수도 있고 과거의 일일

2005.

47 Vertovec, S., "Conceiving and researching transnationalism", *Ethnic and Racial Studies* 22(2), 1999, pp.47~62.

48 Levitt, P., *The transnational villagers,* Los Angeles : University of California Press, 2001.

49 Hannerz, U., *Transnational connections : culture, people, places*, London : Routledge, 1996.

50 Faist, T., "Transnationalization in international migration : Implications for the study of citizenship and culture", *Ethnic and Racial Studies* 23(2), 2000.

수도 있다. 이처럼 수많은 타자들은 신체적인 접촉과 내면화를 통해 다양한 방식으로 상호교류하게 되며, 그러한 가운데 혼종적 성취물 hybrid achievement로서 자아를 형성해 나간다. 여기서 자아의식을 형성하는 많은 사건들과 공동체가 특정한 장소에 연결되어 있다는 평범한 사실을 새삼 인식할 필요가 있다. 즉, 다양한 사회적 관계와 사회성의 형태들은 일련의 뚜렷한 위치와 연결되어 있으며, 이는 정체성의 지속적인 (재)형성에 큰 역할을 수행한다.

장소는 이처럼 수많은 사회적, 물질적, 자연적 실체들을 상대적으로 안정된 상태로 표상하고 있기 때문에, 트랜스이주자의 지리적 이동은 그들로 하여금 표상된 실체들에 대한 새로운 경험의 기회를 제공함으로써 주체성의 변화에 지대한 영향을 미치게 된다. 이렇듯 지리적 이동은 장소화된 수많은 사람 및 사건들과 우리가 맺고 있는 관계를 필연적으로 변화시켜 나간다.[51] 이러한 논리에 입각하여 생각해 보면, 트랜스국가적 이주자들에게 지리적 이동이란 곧 새로운 형태의 주체성을 생성하는 기회를 의미하는 것이라고 볼 수 있다. 콘라드슨과 맥케이[52]의 표현을 빌리자면, 트랜스이주자들의 소위 '트랜스로컬 주체성translocal subjectivity'의 형성은 국경을 넘는 지리적 이동성의 실천과 더불어 로컬에의 정착을 통한 지속적인 장소화를 통해 이루어진다. 트랜스이주를 탈체된 주체disembodied subjects들의 거침없는 이동으로 설

---

51 Conradson, D., "Freedom, space and perspective : moving encounters with other ecologies", Davidson, J., et.al. eds., *Emotional Geographies*, Aldershot : Ashgate, 2005.

52 Conradson, D. and McKay, D., "Translocal Subjectivities : Mobility, Connection, Emotion", *Mobilities* 2(2), 2007.

명하는 방식에서 탈피하여, 트랜스로컬 주체성 개념은 대부분의 트랜스이주자들이 특정한 입지 상의 친척, 친구, 공동체와 지속적인 감정적 교류를 하고 있음에 초점을 맞춘다. 여기서 이러한 트랜스이주자들의 자아 형성이 민족국가 그 자체보다는 국가 내의 로컬리티에 좀 더 밀착되어 이루어지고 있다는 점에 주목할 필요가 있다. 트랜스국가적 공동체에 속하게 된 트랜스이주자들에게 근대국가의 시민성은 오히려 정체성 형성의 부차적인 틀을 제공하는 데 그친다는 사실이 여러 경험적 연구를 통해서 밝혀진 바 있다.[53] 즉, 일상생활의 경험적 차원에서 트랜스이주자들은 트랜스국가적이기 보다는 트랜스로컬적 주체로 적응하고 생활하는 것이다.

글로벌화와 트랜스국가주의를 주창하고 실천하는 것은 단지 다국적 기관이나 기업만이 아니며, 트랜스국가적 장소에 연결되어 있는 트랜스이주자들에 의해서도 이루어진다. 트랜스이주자를 포함한 일반 로컬 주민들은 자신들이 처한 로컬적 상황과 맥락 속에서 구조화된 정치적 저항, 경제적 전략들, 그리고 문화적 혼종성을 일상적으로 실천하곤 한다.[54] 그러므로 독특한 지리적 역사적 맥락 속에 처한 로컬 주

---

53 Norris가 수행한 영토적 정체성에 의한 자아 정의에 관한 연구에 의하면, 자신들의 1차적 영토정체성으로 대륙이나 세계를 지목한 사람은 15%, 국가를 지목한 사람은 38%에 불과하며, 나머지 대부분은 로컬 수준이라고 부를 수 있는 지역이나 지방을 지목하였다고 한다. 물론 청년층과 부유층에서 대륙이나 세계를 지목한 사람의 비율은 점차 증가 추세에 있어 코스모폴리타니즘이 확산되고 있다고 볼 수도 있다. 하지만 글로벌화의 혜택을 받지 못하고, 배제된 사람들에게는 여전히 로컬과 종교와 강하게 연계된 자아 의식이 여전히 영토적 정체성의 1차적 원천으로 자리잡고 있는 것이다. 이들의 트랜스이주 과정과 특성에 주목하는 '아래로부터의 세계화'에 관한 연구에서 글로벌과 로컬이 상호반영적으로 구성된 트랜스로컬리티는 여전히 매우 중요한 사회적 맥락을 구성한다. Norris, P., "Global Governance and Cosmopolitan Citizens", J.S. Nye and J.D. Donahue, eds., *Governance in a Globalizing World*, Washington, D.C. : Brookings Institution Press, 2000.

민들은 자신들에게 부여된 기회와 제약들을 통해 트랜스국가주의를 로컬리티로서 승화시키고 구체화시키게 된다. 즉, 로컬적 구체성은 트랜스국가주의의 외부적 영향들과 결합되어 트랜스로컬리티로 재구성되고 있다. 트랜스로컬리티의 차이점들은 트랜스이주자들의 유연하고 혼종적인 정체성들과 연결되어 있으며, 국가적으로 경계 지어진 문화들을 가로지르는 혼종적 경험들로 이어진다. 그 결과 트랜스국가적 실천들은 트랜스국가적 사회네트워크가 교차하고, 그것들이 로컬 공동체의 네트워크 속에도 뿌리를 내리는 로컬적 상황에 깊게 착근된다.

6. 이주와 장소의 트랜스로컬적 이해

전통적 지리학이 견지하였던 본질주의적 장소관은 뚜렷한 경계와 내재되어 있는 본원적 속성을 가정한다. 이는 특정 사회와 공동체가 뚜렷한 경계 내에 묶여져 단단하게 내부적 질서를 유지하고 있음을 전제하는, 요컨대, 고정된 지리적 경계와 고착화된 문화적 질서를 전제한 장소와 문화에 대한 연구전통이라고 할 수 있다. 그러나 근대화를 넘어 후기근대화가 국가단위로 진행되면서, 이에 더해 자본주의 경제의 글로벌화의 물결이 초국가적으로 거세게 몰아닥치면서, 견고한 경계와 안정된 질서는 와해되기 시작했다. 애당초 과거의 지리(적 경계)와 문화(적 질서) 역시 다공질의 유연하고 혼종적인 성격을 지니고 있었을 터인즉,

---

54 Lee, Youngmin and Park, Kyonghwan, "Negotiation hybridity : transnational reconstruction of migrant subjectivity in Koreatown, Los Angeles", *Journal of Cultural Geography* 25(3), 2008.

(초)국가적 차원의 외부적 동인들이 그 와해를 좀 더 가속화시키면서 새로운 경계와 질서를 구성하고 있다고 보는 것이 정확한 진단일 것이다.

이 글에서 소개한 '로컬(리티)' 개념은 '글로벌'로부터 타자화된 개념으로서, 장소 개념과 유사하지만 글로벌에 의해 생성된 담론적 구성물이자 지리적 상상으로서 상이한 방법론적 특성을 갖고 있으며 최근 문화와 장소 연구에 널리 확산되고 있다. 사실 '로컬(리티)' 개념은 1980년대 영국이 당면한 글로벌화의 과정 속에서 각 로컬의 장소가 어떤 변이를 보이면서 재정립되는지를 살펴보기 위해 등장한 개념이었다.[55] 따라서 이 개념의 핵심은 기본적으로 로컬이 그 경계 바깥의 어떤 것들과 연결되어 있음을 전제한다는 점이다. 이러한 로컬적 장소관에서는 장소가 원인이나 결과가 아닌 과정이며, 그 장소를 정의하는 것은 어떤 내재적이고 본원적인 특성이 아니라 외부적 관계의 특성인 것다.

이러한 로컬(리티)의 새로운 전제는 전례 없이 활발해진 글로벌 이주와 상품의 교환을 매개로 한 글로벌 동인의 전지구적 영향력의 확대와 맞물려 독특한 모습으로 차별화되고 끊임없이 변해가는 관계적 공간을 양산하고 있다. 트랜스국가적 이주와 교환활동은 글로벌한 네트워크상에서 활발하게 이루어지고 있으며 다양한 로컬의 지점들이 이에 포섭되어 변해가고 있다. 소위 트랜스네트워크가 형성되고 그 위에서 글로벌 동인에 의한 트랜스국가적 실천이 이루어질 때 기존의 특정한 로컬적 장소는 그 본래의 특성 위에 트랜스국가적 실천의 뿌리내림

---

55 구동회, 「로컬리티 연구에 관한 방법론적 논쟁」, 『국토지리학회지』 44(4), 국토지리학회, 2010.

embeddedness을 수용하여 독특한 변이를 보이게 되는 것이다. 그런데 사실상 트랜스이주 주체들의 네트워크는 엄밀히 말해 추상성이 강한 국가와 국가 간을 묶어주는 네트워크라기보다는 일상생활의 영역에서 국경 너머의 로컬(리티)과 로컬(리티)을 묶어주는 구체적인 네트워크, 요컨대 트랜스로컬리티의 네트워크라고 보는 것이 적절하다. 따라서 트랜스네트워크와 로컬(리티)이 결합된 개념으로 트랜스로컬리티가 특정 지점의 장소성과 문화혼성성을 밝히는 데 매우 적절하다고 판단된다. 특히 트랜스네트워크상에서 국경을 넘는 이주를 감행했지만 제한된 이동성으로 공간에 갇힌 채 일상생활을 영위해야 하는 아래로부터의 세계화의 주체들의 경우, 그 지리적 맥락과 혼종적 문화는 장소의 트랜스로컬적 이해의 방법으로 더욱 분명하게 파악될 수 있을 것이다.

참고문헌

구동회, 「로컬리티 연구에 관한 방법론적 논쟁」, 『국토지리학회지』 44(4), 국토지리
　　학회, 2010.

김용규, 「로컬리티의 문화정치학과 비판적 로컬리티 연구」, 『한국민족문화』 32, 부산
　　대 한국민족문화연구소, 2008.

박경환, 「글로벌, 로컬, 스케일 : 공간과 장소를 둘러싼 정치」, 『로컬리티 인문학』 5,
　　부산대 한국민족문화연구소, 2011.

박규택, 「로컬리티 연구의 동향과 주요 쟁점」, 『로컬리티 인문학』 창간호, 부산대 한
　　국민족문화연구소, 2009.

이상봉, 「근대, 공간의 재영역화와 로컬 · 로컬리티」, 『한국민족문화』 32, 부산대 한
　　국민족문화연구소, 2008.

＿＿＿, 「인문학의 새로운 지평으로서 '로컬리티 인문학'연구의 전망」, 『로컬리티 인
　　문학』 창간호, 부산대 한국민족문화연구소, 2009.

이영민, 「로스엔젤레스 한인타운의 지방노동시장 특성과 지역정체성 탐색 : 한인 불
　　법노동자의 활동을 중심으로」, 『문화역사지리』 19(3), 한국문화역사지리학회,
　　2007.

이영민 · 유희연, 「조기유학을 통해 본 교육이민의 초국가적 네트워크와 상징자본화
　　연구」, 『한국도시지리학회지』 11(2), 한국도시지리학회, 2008.

이영민 · 이용균 · 이현욱, 「중국 조선족의 트랜스이주와 로컬리티의 변화 연구 : 서울
　　자양동 중국음식문화거리를 사례로」, 『한국도시지리학회지』 15(2), 한국도시
　　지리학회, 2012.

이창남, 「글로벌 시대의 로컬리티 인문학 : 개념과 과제를 중심으로」, 『로컬리티 인
　　문학』 창간호, 부산대 한국민족문화연구소, 2009.

이희연 · 최재헌, 「지리학에서의 지역연구 방법론의 학문적 동향과 발전방향 모색」,
　　『대한지리학회지』 33(4), 대한지리학회, 1998.

임승연 · 이영민, 「오사카 한인타운의 장소성과 재일한인 정체성의 관계적 특성 연
　　구」, 『로컬리티 인문학』 5, 대구대 다문화사회정책연구소, 2011.

최병두, 「장소의 역사와 비판적 공간이론」, 『로컬의 문화지형』(로컬리티 연구총서
　　4), 부산대 한국민족문화연구소 편, 혜안, 2010.

최병두·신혜란, 「초국적 이주와 다문화사회의 지리학 : 연구 동향과 주요 주제」, 『현대사회와 다문화』 1(1), 2011.

데이비드 앳킨슨 외, 이영민 외역, 『현대문화지리학 : 주요 개념의 비판적 이해』, 논형, 2011(Atkinson, D., et.al. 2005, *Cultrual Geography : A Critical Dictionary of Key Concepts*, I.B.Tauris and Co Ltd).
라셀 살라자르 파레냐스, 문현아 역, 『세계화의 하인들』, 여이연, 2009.
마누엘 카스텔, 정병순 역, 『정체성 권력The Power of Identity』, 한울, 2008.
미즈우치 도시오 편, 심정보 역, 『공간의 정치지리』, 푸른길, 2010.
아르준 아파두라이, 차원연 외역, 『고삐풀린 현대성』, 현실문화연구, 2004.
조앤 샤프, 이영민·박경환 역, 『포스트식민주의의 지리 : 권력과 재현의 공간』, 여의연, 2011(Sharp, J.P., *Geographies of Postcolonialism : Space of Power and Representation*, London : SAGE, 2009).
팀 크레스웰, 심승희 역, 『장소(짧은 지리학 개론 시리즈)』, 시그마프레스, 2012(Cresswell, T., *Place : A Short Introduction*, Oxford : Blackwell Publishing Ltd, 2004).

Ahmed, S. et.al., *Uprootings / Regroundings : Questions of Home and Migration*, BERG, 2003.
Amelina, A. et.al., eds., *Beyond Methodological Nationalism : Research Methodologies for Cross-Border Studies*, Routledge, 2012.
Anderson, J., *Understanding Cultural Geography : Places and Traces*, London : Routledge, 2010 (이영민·이종희 역, 『문화·장소·흔적 : 문화지리로 세상 읽기』, 한울, 2013 근간).
Appadurai, A., "The production of locality", R. Fardon ed., *Counterworks : Managing the Diversity of Knowledge*, London : Routledge, 1995.
_____, *Modernity at Large : Cultural Dimensions of Globalisation*, Minneapolis : University of Minnesota Press, 1996.
Auge, M., *Non-places : Introduction to an Anthropology of Supermodernity,* London : Verso, 1996.
Bonisch-Brednich, B. and Trundle, C., *Local Lives : Migration and the Politics of Place*, Ashgate, 2010.
Brickell, K. and Datta, A., *Translocal Geographies : Spaces, Places, Connections*, Ashgate, 2011.
Burawoy, M, *Global Ethnography : Forces, Connections and Imaginations in a Postmodern World,*

Berkeley : University of California Press, 2000.

Collins, P. and Coleman, S., *Locating the Field : Space, Place and Context in Anthropology,* Berg Publishers, 2007.

Conradson, D. and McKay D., "Translocal Subjectivities : Mobility, Connection, Emotion", *Mobilities* 2(2), 2007.

Conradson, D., "Freedom, space and perspective : moving encounters with other ecologies", Davidson, J., et.al. eds., *Emotional Geographies,* Aldershot : Ashgate, 2005.

Crang, M., "Local-global", Cloke, P.J., et. al., *Introducing Human Geographies,* London : Arnold, 1998.

Cresswell, T., "Falling down : resistance as diagnostic", Sharp, J. et.al. eds., *Entanglements of Power : Geographies of Domination / Resistance*, Routledge, 2000.

Faist, T., "Transnationalization in international migration : Implications for the study of citizenship and culture", *Ethnic and Racial Studies* 23(2), 2000.

Featherstone, D., et.al., "Introduction : spatialities of transnational networks", *Global Networks* 7(4), 2007.

Gielis, R., "A global sense of migrant places : towards a place perspective in the study of migrant transnationalism", *Global Networks* 9(2), 2009.

Glick-Schiller, N. and Caglar, A., "Towards a comparative theory of locality in migration stduies : migrant incorporation and city scale", *Journal of Ethnic and Migration Studies* 35(2), 2009.

Glick-Schiller, N. and Caglar, A., eds., *The Location of Migration.* Ithaca, NY : Cornell University Press, 2010.

Glick-Schiller, N., et.al., "ransnationalism : an new analytic framework for understanding migration", N. Glick Schiller, et.al. eds., *Towards a transnational perspective on migration : race, class, ethnicity and nationalism reconsidered,* New York : New York Academy of Sciences, 1992.

Hannerz, U., *Transnational connections : culture, people, places*, London : Routledge, 1996.

Herod, A., *Scale,* London and New York : Routledge, 2011.

Kearney, M., "The Local and the Global : The Anthropology of Globalization and Transnationalism", *Annual Review of Anthropology* 24(4), 1995.

Lachenmann, G., "Transnationalisation, Translocal Spaces, Gender and Development :

Methodological Challenges", Remus Gabriel Anghel, et.al. eds., *The Making of World Society Perspectives from Transnational Research*, Transcript Verlag, 2009.

Larsen, J., Axhausen, K. W. and Urry, J., "Geographies of social networks : Meetings, travel and communications", *Mobilities* 1(2), 2006.

Lee, Youngmin and Park, Kyonghwan, "Negotiation hybridity : transnational reconstruction of migrant subjectivity in Koreatown, Los Angeles", *Journal of Cultural Geography* 25(3), 2008.

Leitner, H. and Miller, B., "Scale and the limitations of ontological debate : a commentary on Marston, Jones and Woodward", *Transactions of the Institute of British Geographers* 32(1), 2007.

Levitt, P., *The transnational villagers,* Los Angeles : University of California Press, 2001.

Ley, D., "Transnational spaces and everyday lives", *Transaction Institution of British Geographers* 29, 2004.

Ma, E.K., "Translocal spatiality", *International Journal of Cultural Studies* 5(2), 2002.

Mandaville, P.G., "Territory and Translocality : Discrepant Idioms of Political Identity", *Journal of International Studies* 28(3), 1999.

Mansfield, B., "Beyond re-scaling : reintegrating the 'national' as a dimension of scalar relations", *Progress in Human Geography* 29(4), 2005.

Marcus, G.E., "Ethnography in / of the world system : the emergence of multi-sited ethnography", *Annual Review of Anthropology* 24, 1995.

Massey, D., "Power-geometry and a progressive sense of plac", J. Bird, et.al. eds., *Mapping the Futures : local cultures, global changes,* London : Routledge, 1993.

_____, *Space, place and gender*, Cambridge : Polity Press, 1994.

McKay, D. and Brady, C., "Practices of place-making : Globalisation and locality in the Philippines", *Asia Pacific Viewpoint* 46(2), 2005.

Murray, W.E., *Geographies of Globalization*, London · New York : Routledge, 2006.

Nonini, D.M. and A. Ong, *Ungrounded Empires : The Cultural Politics of Modern Chinese Transnationalism,* New York · London : Routledge, 1997.

Norris, P., "Global Governance and Cosmopolitan Citizens", J.S. Nye and J.D. Donahue, eds., *Governance in a Globalizing World*, Washington, D.C. : Brookings Institution Press, 2000.

Painter, J., "Localization", Johnston, R.J., et.al., *The Dictionary of Human Geography,* Oxford : Blackwell, 2000.

Portes, A., et.al., "The study of transnationalism : pitfalls and promise of an emergent research field", *Ethnic and Racial Studies* 22(2), 1999.

Sammers, M., *Migration*, Routledge, 2010(이영민 외역, 『이주』, 푸른길, 2013 근간).

Smart, A. and Lin, G.C.S., "Local Capitalisms, Local Citizenship and Translocality : Rescaling from Below in the Pearl River Delta Region, China", *International Journal of Urban and Regional Research* 31(2), 2007.

Smith, M.P., "Transnational urbanism revisited", *Journal of Ethnic and Migration Studies* 31(2), 2005.

_____, *Transnational urbanism : locating globalization*, Blackwell Publishers, 2001.

Smith, M.P., and Guarnizo, L., "The location of transnationalism", Smith, M. and Guarnizo, L., eds., *Transnationalism from below*, New Brunswick : Transaction Publishers, 1998.

Strauss, A.L. and Corbin, J.M., *Basics of Qualitative Research : Techniques and Procedures for Developing Grounded Theory*, Sage Publications, 1998.

Vertovec, S., "Conceiving and researching transnationalism", *Ethnic and Racial Studies* 22(2), 1999.

Washborne, N., "Globalisation / Globality", *Cultural Geography : A Critical Dictionary of Key Concepts*, I.B.Tauris, 2005.

Yeoh, B., Huang, S., and Lam, T., "Transnationalizing the 'Asian' family : imaginaries, intimacies and strategic intents", *Global Networks* 5(4), 2005.

Zhou, Y., and Tseng, Y., "Regrounding the 'Ungrounded Empires' : localization as the geographical catalyst for transnationalism", *Global Networks* 1(2), 2001.

2부

이주와 공간의 변형

박규택 전이공간의 관점으로 본 부산화교 터전과 삶의 변화

신명직 가리봉을 둘러싼 탈영토화와 재영토화

박정희·조명기 옌벤조선족자치주의 공간 변화와 상상력

이상봉 오사카 조선시장의 공간정치
글로벌화와 장소성의 변용

전이공간의 관점으로 본 부산화교 터전과 삶의 변화 *

박규택

1. 부산화교의 터전과 삶을 보는 시각

1990년대 이후 '지금, 여기'는 다양한 요인들, 즉 자본의 세계화, 신자유주의, 정보 · 통신기술, 특히 인터넷의 발달, 신사회운동, 인종갈등, 초국적 이주 등에 의해 유동적 · 불확정적 특성을 보이며, '지금, 여기'와 아닌 것들 사이에 경계가 모호해 지고 있다. 따라서 유동적이고 불확정적인 '지금, 여기'의 로컬리티를 이해할 수 있는 새로운 틀의 수립과 이에 토대한 경험적 연구가 필요하다. 이 글의 개념적 틀인 전이공간 liminal space은 경계border or boundary 혹은 사이in-between에 위치한 로컬리티(혹은 도시, 지역)를 연구하는 데 도움이 될 것이다. 전이공간은 국가와

---

* 이 글은 「전이공간으로서 차이나타운: 부산광역시 상해거리의 사례」(『한국도시지리학회지』 16(1), 2013)를 수정 · 보완한 것이다.

지방, 도시와 농촌, 이곳과 저곳, 현재와 과거 등을 이분법적으로 사고하지 않고 서로 다른 조직, 제도, 이념, 권력 등이 부닥치는 과정에 초점을 두고 있다. 그리고 전이공간은 물리적 실체(건조환경, 자연)와 이에 연관된 이념, 의미, 상징 등을 포함하고 있으며, 이는 추상적 논리 혹은 선험성이 아닌 개인 혹은 집단의 경험을 통해 파악되어 진다. 부산 화교의 삶의 터전이자 100년의 역사성을 간직하고 있는 부산광역시 동구에 위치한 상해거리(옛 청관거리)를 전이공간의 관점으로 고찰한다. 청관거리는 부산 화교의 역사성을 지니고 있지만 1990년대 이후에 상해거리로 이름을 바꾼 뒤 새로운 변화의 국면으로 접어들었다.

전이성liminality, 轉移性은[1] 한계지점 혹은 문지방threshold의 뜻을 지닌 라틴어의 'limen'에 기원을 둔 용어로 상이한 이념 · 제도 · 조직 · 권력 · 현상 등의 사이에 혹은 경계에 위치한 존재들의 의식적 혹은 무의식적 상태를 의미한다. 이 용어는 '상황과 조건들 사이in-between situations and conditions'를 언급하기 위해 사용되었으며, 사이는 기존 구조로부터 단절, 기존 질서의 전복, 위험성, 불확실성 등의 특성을 지니고 있다. 인류학에서 전이성은 통과의례passages of ritual의 3단계 절차, 분리separation, 전이limen, 재통합re-aggregation 가운데 중간 과정을 분석하기 위한 수단으로 발전되었지만 현재는 인문학, 사회과학 등 다양한 학문 분야에서 이론적 · 경험적 측면에서 논의되고 있다.

전이성의 공간적 차원, 즉 전이공간은 좁은 장소, 지역, 국가 등을 포

---

1   이 용어는 반겐넵van Gennep과 터너Turner에 의해 의례의 인류학적 이론을 정립하는데 사용되었고, 이후 여러 학문분야에서 다양하게 활용되어 왔다.

함한다. 구체적으로 경계지, 국경, 분쟁지역, 공항, 호텔, 항구 등이 전이공간으로 분류될 수 있다. 전이공간의 예로 산의 정상을 들 수 있다. 여기는 하늘과 땅의 경계에 위치하여 상이한 두 가지 성질의 시작과 끝을 동시에 포함하거나 어느 현상에도 포함되어 있지 않는 장소이기 때문에 전이공간으로 볼 수 있다. 전통사회에서 사람들은 산의 정상에서 의례(기우제, 기청제)를 수행하였고, 이곳에 다양한 상징적 의미를 부여하였다.

전이성의 시간적 차원은 순간, 기간(한 주, 달, 년), 시대(세대, 세기) 등을 포함한다. 해가 뜨고 지는 순간은 낮(밝음)과 밤(어둠)이 혼재되어 있기 때문에 낮과 밤 모두에 속함과 동시에 두 순간의 어느 곳에도 속하는 않는 특성을 지니고 있으며, 또한 경이롭고 새로운 체험을 하는 전이적 시간liminal time으로 이해되고 있다.

> 반겐넵은 그의 체계(통과의례)를 자연 현상과 관련된 주기적 변화의 분석에 적용하고 있다. 해·계절·달의 변화를 보장하고 이에 수반하여 나타나는 의식도 통과의례이다. 신년新年을 위한 의식은 겨울의 추방과 봄의 통합을 위한 의례를 포함한다. 하나는 사라지고 하나는 부활한다. 그는 또한 계절적 변화들이 인간의 경제 활동에 영향을 미칠 때만 인간의 관심을 끈다고 지적하고 있다.[2]

정연우는 무허가 주거지의 변화를 하층민의 삶과 법이 접촉하는 경계지점, 즉 전이공간으로 이해하였다.[3]

---

2   van Gennep, A., 전경수 역, 『통과의례』, 을유문화사, 1985.
3   정연우, 「무허가 주거지의 성격과 의미 변화에 대한 연구 : 서울 송파구 개미 마을의 사례」, 『한국문화인류학』 43(3), 한국문화인류학회, 2010.

무허가 주거지는 사회 질서를 위협하는 무질서한 공간이기도 하였지만, 역으로 사회 구조를 재현할 수 있는 가능성을 내포한 공간도 될 수 있었음이 밝혀졌다. 주민들이 개미 마을을 둘러싸고 다양한 생존전략을 펼칠 수 있었던 것도 바로 이곳이 '모호하고 모순된 의미의 중첩이 제공하는 가능성 영역이 강하게 남아 있는 전이적 공간이었기 때문이다. 이곳은 불확정성의 토대 위에서 주민들이 만들어 낸 의미와 공적인 영역이 부여하는 사회적 규정들이 충돌하는 곳이었고, 그 상호작용의 과정 속에서 새롭게 정의 내려지는 진행형의 공간이었다.[4]

전이공간에 관한 기존의 논의들은 대부분 좁은 범위의 공간에 초점을 두고 있다. 예를 들면, 해안은 전의공간으로 가장 많이 연구되는 사례로, 바다와 육지가 만나는 물리적 경계가 아닌 물질을 토대로 한 의미와 상징 등이 결부된 경계의 공간으로 해석되고 있다. 호텔도 머무름과 이동이 맞닿는 전이공간으로 이해되고 있다. 여행, 관광, 휴가, 업무 등으로 잠시 호텔에 머무는 사람들은 일상적 삶의 터전, 즉 일상적 거주 및 활동 공간을 벗어나 불확실하고 미지의 공간인 호텔에서 낯선 물건, 음식, 사람, 언어, 풍경 등과 접촉하면서 새로운 경험을 하게 된다. 그러나 관광객은 호텔에 정주할 수 없기 때문에 거주지로 돌아와 일상에 복귀한다. 그리고 호텔에서의 다양한 경험은 복귀한 일상에 긍정적 혹은 부정적 영향을 미칠 수 있다. 지역적 혹은 국가적 규모에서 전이성을 다룬 연구들도 있다.

---

4 위의 글, 125~160면.

2. 경계에 위치한 부산화교의 터전

1890년대 후반 서양인이 묘사한 부산항 전면 풍경은 현재 부산화교 중학교에 청관이 처음으로 자리 잡을 때의 모습일 것이다. "초가지붕을 한 조선 사람의 작은 오두막들이 저지대를 따라 길게 늘어서서 마을을 형성하고 있었으나, 사람 사는 흔적이 없는 언덕과 산이 그 뒤에 솟아 있었는데 나무도 없고 또 개간된 흔적도 보이지 않았다."[5] 이로부터 100년 후 1990년대 후반에 부산역 주변의 상점가를 조사한 김원경은 부산역 서쪽에 위치한 차이나타운을 두 개의 공간으로 구분하였다.[6]

이 지대(부산역 앞 상가)에는 '부산의 명물' 중 두 개가 위치하고 있다. 그 하나는 '차이나타운'이라고 부르는 청국관淸國館 거리인데, 중국인들의 집단 거류지가 형성되어 있다. 화교학교와 만두집, 중국음식점, 중국한의원 등이 즐비하여 독특한 도시경관을 이루고 있다. (…중략…) 그러나 과거에 비해서 서서히 쇠퇴해 가고 있다.[7]

또 하나의 명물은 '청국관 거리'와 북쪽으로 연속되어 있는 가로에 위치하고 있는 '텍사스타운'이다. 과거에는 주한미군들과 외국선원들이 즐겨 찾았던 유흥가였다. 지금도 이 가로의 입구에는 '미성년자 출입금지'라는 경고문이 붙어있다. 그러나 1990년대에 들어서면서부터, 러시아의 '보따

---

5 황용수 역, 『구한말 40여 년의 풍경』, 대구대 출판부, 2006, 118면,
6 김원경, 「부산역 상점가의 패턴 I」, 『한국지역지리학회지』 5(1), 한국지역지리학회, 1999.
7 위의 글, 26면.

리 장사'들이 이 가로를 누비고 있다. 과거의 화려한 네온사인의 술집은 없어지고, 이들 상인들을 고객으로 하는 저급의 옷, 가방, 신발, 생활용구를 파는 상점들이 집적되어 있다.[8]

1) 해방과 6 · 25전쟁

19세기 후반에 화교 1세대는 일본인 전관 거류지(현재 광복동, 남포동, 중앙동 일대)에서 동래로 가는 길목, '청관[9]이라 명명된 장소 주변에 뿌리를 내린 뒤 일제 식민지 체재하에서 첫 번째 전환기를 맞이하였다. 해방 이후 부산 화교는 미 · 소 냉전체제의 수립과 6 · 25전쟁 그리고 대한민국의 수립에 의해 식민지 지배 체제와는 전혀 다른 이념과 제도 하에서 삶을 살았다. 6 · 25전쟁은 전국에서 몰려든 피난민에 의해 부산 화교가 양적으로 팽창하는[10] 원동력으로 작동했을 뿐만 아니라 화교촌의 건설과 화교협회 · 화교학교 수립에 의해 로컬에 뿌리를 내리는

---

8   위의 책, 26 ~ 28면.
9   청국인들의 권익을 보호하기 위하여 1884년 청국정부의 부산상무서가 현재의 초량 1동 화교학교 위치에 설치되고, 그 주변에 점포를 겸한 청국인들의 건물이 지어지면서 점차 정관거리가 형성되었다. 한동수 · 박철만, 「부산 청국조계지의 필지구조와 특성에 관한 연구」, 『중국학보』 64, 한국중국학회, 2011, 271면.
10   6 · 25전쟁을 계기로 부산화교가 기하급수적으로 증가했다. 전국의 화교 피난민들이 전화를 피해 부산으로 몰렸던 것이다. 이들이 처음에는 모두 초량동 중화가로 몰렸는데, 수용능력을 크게 넘어서자, 한국정부와 대만대사관 임시판공처는 부산에 세 곳의 전시 화교촌을 설치해서 이들을 수용했다. 먼저 화교상회 소유의 초량 중화가 뒤편의 영주동 공동묘지 자리 약 1,300평이 충효촌을 두어 1,000세대 이상의 화교 피난민이 판잣집을 짓고 생활했다. 장세훈, 「부산 속의 아시아, 부산 초량동 중화가의 사회생태학적 연구」, 『경제와 사회』 81, 한국산업사회학회, 2009, 315면.

계기로 작동하였다. 이에
반해 미군 중심의 연합군
이 부산항을 거점으로 활
동함에 따라 이들의 일탈
적 행위가 이루어지는 탈
로컬화delocalization[11]된 텍
사스촌이 청관거리와 맞
닿아 곳에 생성되었다. 따

〈그림 1〉상해(옛 청관)거리에 위치한 부산화교협회

라서 부산화교 삶의 터전은 로컬에 뿌리를 둔 청관거리와 탈로컬화된
텍사스촌이[12] 서로 교차하면서 어느 한 쪽에도 속하지 않으면서 두 개
의 힘이 지속적으로 만나는 전이 공간liminal space으로 변화하였다.

옛 부산역 앞 중앙동에 위치한 텍사스촌도 부산역의 이전과 함께 청관거
리 옆으로 옮겨왔다. 텍사스촌은 본래 미군을 상대하다가 점차, 외항선원
으로 그 범위를 넓히며 이들 대상의 면제 주점을 운영하는 유흥업소들이
몰려 있었다. (…중략…) 외화가 흘러나오는 환락가였던 탓에, 텍사스촌은
인근 중화가의 경제적 활력에 힘을 더해줬다.[13]

---

11 정주에 의해 사람들 사이에 어느정도 안정적 관계가 이루어지는 장소가 아니라 유동적
   이고 불안정하고 낯선 사람들끼리 접촉함에 있어 내부의 힘보다 외부의 힘이 더욱 강하
   게 영향을 미치는 공간을 의미한다.
12 한국전쟁 이후 새로운 적선지역으로 등장한 곳이 텍사스촌이다. (…중략…) 한국 내에
   있으면서도 한국인을 상대하지 않고, 한국인이 경영하면서도 한국어 간판을 달지 않는,
   한국 여인이면서도 한국 남성 아닌 외국 남성만을 반기는 텍사스촌은 국내보다는 외국
   에 널리 알려진 환락가였다. 부산경남역사연구소, 『시민을 위한 부산의 역사』, 늘함께,
   1999, 305면.
13 장세훈, 「부산 속의 아시아, 부산 초량동 중화가의 사회생태학적 연구」, 『경제와 사회』

2) 권위주의 정부와 발전지상주의

1960년대부터 1970년대 후반까지 부산화교는 중앙집권적 · 권위주의적인 박정희 정부가 경제발전이라는 명분하에 한반도에 정착한 유일한 타인종인 화교의 경제력 집중을 막기 위해 여러 가지 법을 제정하여 집행함에[14] 따라 위축되었다. "해방 직후 미군정은 아직 조직적 통치를 못하고 외국인에 대한 규제에 손을 대지 못하고 있었으므로 한국시장은 화교에게는 억압도 경쟁자도 없는 독무대였다."[15] 따라서 1948년 대한민국 국가가 수립된 이후 한민족 중심의 경제건설에 화교의 경제력은 경계의 대상이었고, 민족자본을 확립해야 한다는 것이 당시의 주된 여론이었다.[16] 그러나 한국화교의 경제력은 1950년 봄 한국정부의 창고 봉쇄령, 6 · 25전쟁의 피해, 1949년 중국 본토의 공산화로 인한 화교의 중국무역 단절 등에 의해 급속하게 약화되었다.

1950년 봄에 실시하였던 창고 봉쇄 조치, 그리고 외국인 무역업을 할 경우 상공부 장관의 허가를 받아야 하는 조치, 이러한 조치들로 인해 한국화

81, 한국산업사회학회, 2009, 316면.

14 한국의 근대 국가 형성 시기부터 화교는 줄곧 외국인 거류민에 대한 국가적 차별의 주요 대상이었다. 박정희 정권은 이러한 외국인 차별 정책의 극치를 보여주었다. 재일 한국인보다 한국 체류 중국인은 국가의 제도화된 폭력의 피해자로서 결코 덜하지 않다. 한국 근대 국가가 얼마나 강력한 배타주의에 기반하고 있는지를 엿볼 수 있다. 화교의 경제권 장악을 견제하려는 이러한 차별정책은 대단히 성공적이었다. 김진호, 「화교, 그 은폐되고 잊혀진 '타인'들」, 『당대비평』, 생각의나무, 2002, 234면.

15 박은경, 「화교의 정착과 이동」, 이화여대 박사논문, 1981, 119면.

16 왕은미, 「미군정기의 한국화교사회 : 미군정 · 중화민국정보 · 한국인과의 관계를 중심으로」, 『현대중국연구』 7(1), 현대중국학회, 2005.

교들은 한국에서 경제활동을 하기가 매우 어려웠다. (…중략…) 또한 한국 정부가 1968년 제정한 토지법에서는 외국인이 한국에서 주거를 목적으로 하는 2백 평 이하의 토지를 소유할 수 있으며, 영업이나 기타의 목적으로 그 이상의 토지를 소유하는 것은 불법으로 규정하였다. 이러한 규제 때문에 한국화교들은 원래 소유하고 있었던 토지를 매우 헐값에 팔아야 했다. 이러한 일련의 규제들 때문에 한국화교들이 한국에 대해 거리감을 느끼기 시작하면서 1970년대부터는 자녀의 진학 또는 친척 방문 등의 방식으로 대만이나 일본, 미국으로 다시 이주하는 현상이 출현하였다.[17]

그리고 1970년대 중반 월남전의 종식과 미군의 철수는 번창하던 텍사스촌도 쇠퇴하기 시작하였다. 따라서 이 시기는 청관거리와 텍사스촌의 전이적 공간 특성이 약화되었다고 볼 수 있다.

청관 중화가의 파트너였던 텍사촌이 쇠락하기 시작한 것이다. 텍사스촌의 주요 고객인 부산 주둔 미군이 격감하고, 외항 선원의 출입도 줄었다. 그 결과 전성기에 20여 곳에 달하던 주점들이 불경기로 몇 곳을 제외하고는 모두 문을 닫을 지경이었다. (…중략…) 이에 1980년대 후반 내국인 출입 규제가 해제되면서, 외국인 전용 주점가로서의 텍사스촌은 사실상 사라졌다. 그 과정에서 텍사스촌 지역의 슬럼화가 급속도로 진행되어, 일반 주점가로서도 명맥을 유지하기도 어려워졌다.[18]

---

17 박태화, 『역사교과서를 통해서 본 한국화교의 국가정체성, 1949~2007』, 제52회 전국역사학대회, 2009, 302면.
18 장세훈, 「부산 속의 아시아, 부산 초량동 중화가의 사회생태학적 연구」, 『경제와 사회』

3) 냉전체제의 붕괴와 자본의 세계화

1990년대 이후 세계적 · 국가적 차원에서 큰 변화가 일어났고, 이는 부산시와 부산화교에도 영향을 미쳤다. 이러한 변화는 냉전체제의 종식, 자본의 세계화, 적대 국가 간 국교정상화, 국가의 금융위기 등에 의해 일어났으며, 부산 화교의 삶의 터전에도 영향을 미쳤다. 즉 '청관거리'와 '텍사스촌'이 '상해거리'와 '외국인상가거리'로 변모되었다. 상가 간판, 서비스업 종사자들, 관광객 등을 보면, 상해거리는 더 이상 화교 중심의 거리가 아닌 한국, 러시아, 필리핀, 베트남 등 여러 인종과 언어가 혼재된 공간임을 알 수 있다. 대부분 상가의 간판은 다국적 언어, 중국어, 한국어, 영어, 러시아어 등으로 표기되어 있고, 외국인 고객 중심의 유흥업소, 발마사지업소, 국제전화카드 판매소 등은 화교가 아닌 한국인과 외국인, 특히 조선족, 한국계 러시아인, 러시아인에 의해서 실질적으로 운영되고 있다.

1990년대 이후 국내외적 상황 변화에 의해서 부산화교의 생활 근거지인 '상해거리'가 더 이상 화교들의 활동에 의해서 유지될 수 없게 되었다. '상해거리'는 화교에 의해 혹은 타 인종에 의해 지배되는 공간이 아닐 뿐만 아니라 지속적으로 변화하는 전이공간으로[19] 이해할 수 있다. 전이공간으로서 상해거리는 다양한 인종들이 언어, 상품, 음식 등

81, 한국산업사회학회, 2009, 320면.

19 부산 동구 차이나타운은 1990년대 말 이후 국가전략적 차원에서 국가주의적 정책 수행이 중국풍이라는 일률적인 도시 공간 구성을 전제로 제시되고 있지만, 실제 차이나타운 지역이 가진 현실은 이미 오래 전부터 러시아 및 동남아시아 등 다른 지역의 외국인들이 자주 드나들고 소통하는 공간으로 등장하여 하나의 종족성이나 국민성으로 표현할 수 없는 다문화성을 내포하고 있는 공간으로 나타나고 있다. 김나영, 「부산 차이나타운의 가로에서 나타나는 다문화성과 국가주의 간의 길항」, 『역사와 경계』 78, 한국산업사학회, 2011, 59면.

을 매개로 로컬을 초월하는 일상적 활동이 일어나고 있다. 예를 들면, 상해거리를 방문한 외국인들은 한국인이 운영하는 국제전화 카드 판매 상점에서 종업원으로 일하고 있는 한국계 러시아인으로부터 카드를 구입한 후 상해거리에 설치된 공중전화를 이용해 자국의 가족 혹은 친구와 통화를 하는 경우이다.

지구화globalization와 로컬화localization를 분리시켜 전자의 특성은 유동적 · 보편적이고 후자는 정체적 · 편협적인 특성으로 인식하는 것은 서로 얽혀 있는 두 개의 힘을 구분지어 단순화시킨 결과이다.[20] 1990년대 이후 신자유주의에 토대한 지구화와 정보 · 통신 기술의 발달로 인해 지구적 규모에서 자본, 상품, 지식, 문화 등의 교환이 일상적으로 이루어짐에 따라 상이한 공간 규모들이 동시적으로 혹은 초월적으로 작동하는 데 초점을 둔 관계적 접근법relational approach이 대두되었다. 관계적 접근에 의하면, 지구화 또는 지방화는 경계를 갖는 영토로 혹은 특정한 규모들의 계층적 관점이 아닌 탈(재)영토적 · 유동적 · 혼성적 관계성으로[21] 이해된다.

---

20 Ley, D., "Transnational spaces and everyday lives", *Transactions of the Institute of British Geographers* 29(2), 2004, p.151.
21 공간의 관계적 관점은 한정된 물리적 영토를 기반으로 긍정적 혹은 부정적 권력을 행사하고 이를 제도화(혹은 구조화)시키려는 정치적 · 사회적 실체를 파악하는 데 한계가 있다. 예를 들면, 국가 혹은 지방자치단체는 내부와 외부의 수많은 요인들과 지속적으로 관계를 맺으면서 성격이 변화하고 있지만 한정된 물리적 영토를 존재의 필수 조건으로 하고 있다. 연속적 혹은 불연속적 물리적 영토와 이에 기반을 둔 체제(혹은 제도)의 영속성을 갖지 않는 국가 혹은 지방자치단체는 부정적이든 긍정적이든 자신들이 원하는 권력(혹은 정책)을 수립하고 집행하는 것이 불가능하다. 신자유주의 하에서 세계화된 금융자본이 탈영토적 · 유동적 관점으로 설명이 가능하지만 지속적으로 잉여가치를 생산하기 위해서는 특정 공간에 위치한 인적 · 물적 자원을 필수적으로 활용하여야 한다. 선진국 혹은 개발도상국에서 풍족하게 소비(혹은 낭비)하고 있는 수많은 상품들의 대부분은 소위 후진국 혹은 제3세계의 영토에 속한 자연 자원과 헐벗은 노동자들이 생산한 것이다.

3. 지방자치제에 의한 부산화교 터전의 변화

　1990년대 이후에 부산의 청관거리는 전혀 다른 모습으로 바뀌었다. 이것은 부산화교의 사회 · 경제 활동 공간, 즉 화교 음식점이 집중되어 있는 '청관거리'의 물질적 · 시각적 변화를 통해 할 수 있다. 1990년대 이후 청관거리의 변화는 두 단계, 상해거리의 형성과 차이나타운 특구 지정으로 나누어 고찰한다. 현재 차이나타운 특구를 공간적으로 확대하면서 상해거리와 외국인거리가 포함되며, 부산시와 동구청은 거리 이름에 부합하는 조형물, 그림, 상업 활동 등을 증가시키려고 노력하고 있다. 그러나 차이나타운 특구의 공간 확대와 이와 관련된 활동의 다양화는 '부산화교 사회 · 문화 · 경제의 확대 재생산에 기여하고자 하는지?' 혹은 '다양한 민족(한국인, 화교, 러시아인, 조선족, 필리핀인 등)의 문화와 활동이 혼재되어 있는 차이나타운 특구의 현실적 상황을 부정적으로 판단하여 이를 개선하기 위함인지?' 대단히 모호하고 불확실하다. 부산시와 동구청, 지방 엘리트, 상가 협회 등이 중심이 되어 계획된 차이나타운 특구의 발전 전략과 한국계 러시아인, 러시아인, 조선족, 동남아시아인 등 다양한 외국인의 일상적 활동이 이루어지고 있는 현실 사이에는 차이가 존재한다.

1) 중국풍의 상해거리 생성

　부산화교의 전통적 활동 공간인 '청관거리'는 상해거리로 이름이 변

〈그림 2〉 부산 차이나타운의 표시물

경되었고, 이에 적합한 중국풍 거리를 만들기 위해 4대문 건립, 도로정비, 상징물의 설치, 안내지도의 설치, 벽화 등의 사업이 추진되었다. 청관거리 대신에 상해거리로 이름을 바꾸고 새로운 모습으로 변모시키려는 노력은 1990년대 시대 상황과 밀접하게 관계되어 있다. 대외적으로 미·소의 냉전체제가 종식됨에 따라 1992년 8월에 한국과 중국 간에 국교 정상화가 이루어진 반면에 우방의 관계를 유지해 오던 대만과 국교를 단절하게 되었다. 그리고 1990년대 이후 미국 중심의 서구자본주의 국가들은 신자유주의에 토대를 둔 자본의 세계화를 추구함에 따라 한국 경제도 영향을 받게 되었다. 대내적으로 한국 경제구조가 제조업에서 지식·정보 중심으로의 재구조화되고, 지방자치제의 활성화가 이루어지기 시작하였다. 이러한 시대적 변화의 상황 속에서 1993년에 부산시는 상해시와 자매 결연을 맺게 되었다. 이후 한국경제가 IMF의 구제금융을 받기 시작한 다음 해인 1998년에 부산시와 상해시는 각각의 도시에 '상해거리'와 '부산거리'를 조성하기로 합의를 하였고,[22] 이에 따라 부산시와 동구청은 1999년에 초량동 청관거리 일대를 상해거리로 지정한 뒤 중국풍의 건축물과 상징물 건설, 도로 확장 등이 이루어졌다.[23] 문화·역사적 의미가 내포된 지명 혹은 거리 이름을 변경시키는 작업은 단순히 이름을 교체하는 차원이 아닌 장소 정치 혹은 권력 의지를 구체적으로 실천하는 것으로 이해될 수 있다. 즉, 부산시와 상해시가 한 약속을 이행한다는 명분하에 부산화교의 역사적 전통을 간직한 '청관거리'는 '상해거리'로 이름이 변경[24]되었을 뿐만 아니라 부산화교와 관련성이 없는 중국풍의 여러 건축물과 상징물을 세웠다.[25] 부산시와 중구청이

22　김태만, 「내안의 타자他者, 부산 차이니스 디아스포라」, 부산발전연구원, 2009, 128면.
23　『부산일보』, 2010.1.16, 1992년 한중수교 이후, 특히 1997년 말부터 IMF 구제금융을 받기 시작한 이후 한국의 지방자치단체(시)는 중국의 다양한 시와 자매결연을 맺은 뒤 중국(혹은 화교) 자본 혹은 관광객 유치 목적으로 '차이나타운 건설'의 명분 하에 대다수 지역 주민과는 무관한 지역개발 혹은 도심재생 전략을 경쟁적으로 추구했다고 볼 수 있다. 인천의 사례를 보면, "인천시 및 중구청의 경우 외환위기 이후인 1998년 이후 송도개발 및 차이나타운의 관광자원화 정책을 내세우기 시작했고 그 방안의 일환으로 중국의 도시들과 우호도시 관계를 맺어 나가면서 투자 및 관광객 유치를 확대해 나가기 시작했다." 이창호, 「한국 화교사회의 정치적 조직과 역동성 : 인천 차이나타운을 중심으로」, 『중앙사론』33, 한국중앙사학회, 2011, 59면.
24　초량동 차이나타운은 1884년 청나라가 지금의 초량화교학교 자리에 영사관을 설치한 뒤 중국인 점포와 주택이 하나둘 생겨나면서 '청관 거리'로 불리다가 상해시가 1993년 부산시와 자매 결연을 맺은 것을 기념해 상해 거리로 명명됐다. 『부산일보』, 2008.5.15.
25　장세훈은 청관거리에 상해거리 조성을 다음과 같이 평가하였다. "부산시는 청관거리로서 상징적 의미가 강한 초량동 571번지 일대를 상해거리로 지정하고, 상해문 건립, 거리 미관 개선 및 도시기발시설 조성 등을 단행함으로써, 낡고 허름한 중화가의 경관을 깔끔한 관광지 이미지로 바꿔놓았다. 장세훈, 「부산 속의 아시아, 부산 초량동 중화가의 사회생태학적 연구」, 『경제와 사회』81, 한국산업사회학회, 2009, 323면.

〈그림 3〉 상해거리 입구에 위치한 상해문

중심이 되어 부산화교의 생활 근거지이자 상징적 의미를 간직한 '청관거
리'를 탈맥락화(탈장소화)시킨 일련의 작업은 한·중 수교에 따른 중국 관
광객의 증가와 이들을 유치하기 위한 도심 재생 전략으로 실천되었다.

    1990년대 이후 부산을 포함한 한국 대도시의 도심은 일반적으로 부유층
과 제조업이 외곽지역으로 이동함에 따라 쇠퇴하는 경향성을 보였다. 다
양한 역사적 조건에 의해 발전한 대도시들 간에 어느 정도 차이는 있지만
청관거리가 위치한 부산시 중구 초량동도 예외는 아니었다. 따라서 중구
청은 쇠퇴하는 중구를 개발시킬 필요성이 대두되었고, 이를 실천하기 위해
부산광역시와 협력하여 전통적 청관거리를 변화시켰다.[26]

---

26 박규택·하용삼·변광석, 「이질적 인식과 실천의 장으로서의 로컬, 부산 차이나타운」, 『한

인천을 사례로 차이나타운의 재개발을 연구한 이창호(2008)는 여러 난점에도 불구하고 차이나타운 건설을 지속적으로 추진한 것은 한국의 지방자치제 시행과 관련이 있다고 보았다. "한·중 간의 교류 확대로 중국에 대한 일반인들의 관심이 증가하고 있는 가운데 차이나타운 건설을 통한 '투자 유치'라는 명분은 각 지방자치단체에게 낙후된 지역경제를 살릴 수 있는 일종의 처방전으로 인식되었다."[27] 뉴욕타임즈는 인천의 차이나타운 건설이 화교들을 위한 것이 아니라 중국 자본의 투자 유입을 위해 그리고 증가 추세의 중국 관광객 유치를 위해 지방정부가 의도적으로 만들었다고 보도하였다.[28]

2) 상해거리의 확대 개편 : 차이나타운 특구 지정과 실천

2007년 7월 재정경제부가 초량 1, 2동에 위치한 상해거리와 외국인거리를 '차이나타운 특구'로 지정함에 따라 상해거리는 외형적인 측면에서 변화하였다. 첫 번째는 거리 명칭의 변화이다. 상해거리와 동일하게 '차이나타운 특구'의 새로운 명명도 부산 화교의 삶의 터전이었던 청관거리의 문화·역사를 적절하게 반영하고 있지 않을 뿐만 아니라 다인종이 혼재되어 있는 상해거리의 현실을 고려하지 않았다. 부산광역시 동

국사진지리학회지』 20(3), 한국사진지리학회, 2010, 92~93면.

27 이창호, 「차이나타운의 재개발과 의미의 정합 : 인천지역의 사례를 중심으로」, 『한국문화인류학』 41(1), 한국문화인류학회, 2008, 218면.

28 Onishi, Norimitsu, "South Korea's main Chinatown lacks only the Chinese", *New York Time*, March 2, 2007, p.3.

〈그림 4〉 지워지고 있는 전통지명

구청 조례 개정안에 의하면, 새로운 명칭의[29] 필요성을 상해거리 내 건축물의 건축설계와 관련시키고 있다.[30] '상해거리 내 건축물의 건축설계 등에 관한 기준'은 상해거리 일대에 국한되어 있어 차이나타운 특구의 중국적 이미지를 유도하는데 한계가 있으며, 중국교류와 지역발전의 장으로 활용하기 위하여 조례 명칭을 '상해거리'에서 '차이나타운 특구'로 확대·적용하여 중국풍으로 유도할 필요가 있었다. 차이나타운 특구는 부산화교가 아닌 중국 관광객에 초점을 두고 있으며, 현재(2012.6) 상

---

29 차이나타운 특구가 지정된 이후 '차이나타운 특구'의 대외적 이미지 향상에 도움이 될 '선호 명칭'에 대한 지역 내의 상인 및 주민과 지역 외 거주인 327명을 대상으로 조사를 하였다. 가장 선호하는 명칭은 '다문화거리'(97명, 29.7%)였으며, 다음으로 아시아타운(54명, 16.5%), 차이나타운(48명, 14.7%), 관광거리(41명, 12.5%), 초량외국인상가(32명, 9.8%) 순으로 나타났다. 그리고 지역상인은 '관광거리'를, 지역주민과 지역외 거주민은 다문화거리에 대한 선호도가 높은 것으로 평가하였다. 부산광역시 동구, 『동구 차이나타운 특구 : 기본계획 및 투자 마케팅 전략』, 2008, 87면.
30 위의 책, 163면.

해거리의 다인종과 다문화는 철저하게 부재화되었다. 두 번째는 차이나타운 특구가 지정하는 공간 범위의 변화이다. 차이나타운 특구는 중국 관광객을 유치하여 다양한 볼거리, 먹을거리, 체험, 숙박, 휴식과 오락 등의 시설과 활동 공간을 확보하기 위해 상해거리, 외국인거리, 화교학교, 부산역 주변과 항구를 포함하고 있다.[31] 그리고 차이나타운 특구에 속한 구역은 4가지 의미 공간, 상징마당(기대), 배울마당(만남), 축제마당(어울림), 기념마당(기약)으로 나누어져 순서화되었다.[32] 중국인 관광객들이 이국異國의 공간인 부산에 만들어진 차이나타운을 방문하여 일상을 잊고 중국 혹은 다양한 국가들의 문화와 활동 그리고 상징적 조형물 등을 감상하고 체험한 뒤 기념품을 구입하고 다시 방문해 줄 것을 요청받고 있다. 세 번째는 건축물과 색상에 관한 것이다. 차이나타운 특구 내의 건축물은 중국풍 건축을 권장하며, 건축물의 외부 색채도 중국적 특색을 살리기 위해 황색, 적색, 청색 등을 사용할 것을 권장하고 있다.[33]

상해거리의 가로환경조형물을 보면, 상해문과 동화문은 각각 중국 남방식과 북방식 패루로 구분되고, 중앙 상징물의 문양은 중국 감숙성의 돈황 막고굴 벽화에서 도입된 것이다. 그리고 패왕 별희 동상은 중국 북경의 경극이 배경이고, 가로등 형태는 북경의 이화원 소주거리에 있는 패방에서 일부분을 도입한 것이다.[34]

---

31 위의 책, 156~157면.

32 위의 책, 186면.

33 위의 책, 164면.

34 박향화 · 조승래 · 강영조, 「차이나타운의 경관이미지 재현 수법에 관한 연구」, 『한국조경학회 2011년 춘계학술대회논문집』, 2011, 118면.

〈그림 5〉 외국인거리(옛 텍사스촌)의 변화된 모습

　　1990년대 후반 중국 관광객의 유치하여 도심을 재생시키기 위해 부
산화교의 문화와 역사가 새겨진 청관거리를 상해거리로 인위적으로
중국식 거리를 만들었다. 이후 상해거리 조성의 목적과 거의 동일하지
만 공간적 범위를 넓히고 관광환경을 개선하기 위해 차이나타운 특구
제도를 도입하여 여러 가지 계획을 세우고 부분적으로 실천하였다. 그
러나 현실적으로 누구를(무엇을) 위해 상해거리가 조성되었고, 차이나
타운 특구가 지정되었는가? 그리고 어떠한 효과(영향)가 있었는지? 등
에 대한 질문이 제기될 수 있다. 상해거리 조성과 차이나타운 특구 지
정은 대다수 부산화교의 삶에 도움이 되지도 않았고, 타인종과 다문화
에 의한 혼합적 특성도 반영하지 못하고 있다. 그리고 이러한 도심 재

〈그림 6〉 외국인 거리(옛 텍사스촌) 입구의 청소년 제한구역 표지판

생사업은 부정적 이미지의 텍사스촌을 부재화시키거나 정화淨化의 대상으로 보고 있다.

전주 시장과 구청장 중심으로 수행된 전주 차이나타운의 개발과 효과는 정도의 차이는 있지만 부산의 경우와 비슷하다. "2002년부터 김완주 전주시장은 전북을 통과하는 서해안 고속도로 완공과 인접한 김제 공항 건설 예정에 따라 중국 관광객을 유치하기 위해 새로운 명소를 세우고 신시가지 개발로 구 도심권의 쇠퇴를 방지하고 활성화하기 위해 특화거리를 조성하여 시민에게 휴식 공간 및 주변 상권 활성화를 기한다는 목적하에 차이나타운을 건설하기로 하였다."[35] 그러나 전주 차이나타운 개발의 효과는 부정적으로 평가되고 있다.

　　이 거리(전주 차이나타운)는 지금 사람들이 많이 지나다니지 않는 공허한 거리가 되어 있다. 우선 이 사업을 시작하기 전에 화교들에 관한 정확한 실태조사가 없었고 또 기존의 화교들의 의견도 도외시된 채 무리하게 사업이 추진되다보니 덩그러니 외형만 남은 무리한 사업이 되고 말았다. 아무리 거리를 조성해 놓아도 그곳을 채울 화교 인구가 없는 현실 때문이다. 사람에 주

35　이화승,「전주 화교사회를 통해 본 한국 화교의 고찰」,『사림』, 수선사학회, 2006, 280면.

의하기보다 사업에 집중한 전형적인 결과였다. (…중략…) 사업이 추진된 다가동 일대는 오직 화교 소학교와 화상 잡화점인 신흥상회만이 우두커니 자리 잡고 밤이면 이 일대는 온통 암흑으로 휩싸인 채 적막감만 들고 있다.[36]

　제1회 상해거리 축제가 2004년 8~10일에 걸쳐 부산역과 상해거리 전역에서 개최된 이후 올해(2012) 제9회 부산차이나타운특구 문화축제가 6월 22~24일간에 열릴 예정이다. 9회 동안의 축제 명칭을 검토해 보면, 부산 화교의 삶의 터전인 '청관거리'가 어떻게 변화해 왔는지를 잘 보여주고 있다. 1회 축제부터 청관거리 축제가 아닌 상해거리 축제로 되어 명명naming되어 있다. 이는 상해거리 조성과 목적, 즉 부산시와 동구청이 주도한 중국관광객 유치와 중국풍의 거리 조성을 활성화시키는 작업이었다. 2007년에 상해거리와 주변지역이 차이나타운 지역발전특구로 지정됨에 따라 다음 해 제5회 축제는 차이나타운 특구 축제로 이름이 바뀌었다. 축제 이름의 변경은 상해거리 조성을 넘어선 차이나타운 특구 지정의 목적과 의미를 활성화시키려는 의도이다. 2011년 8회 축제는 초량차이나타운특구 축제로 변경되었다가 올 해는 부산차이나타운 문화축제로 다시 명칭이 바뀌었다. 9회 축제는 이전의 어떤 축제보다 넓은 범위, 초량차이나타운특구, 부산역, 외국인거리 및 전통시장 일원에서 펼쳐지며, 문화라는 용어가 더 해졌다.

36　위의 글, 280~281면.

4. 전이 공간에서 화교의 삶

일반적으로 전이공간에서의 삶은 어느 쪽의 분류(혹은 범주)에도 속하지 않는 경계(사이)에 놓여 있다. 따라서 이러한 삶은 유동적이며 불안정하고 위험에 노출되어 있음과 동시에 기존의 제도, 규범, 권력으로부터 자유를 추구하고 나아가 창조의 가능성을 내포하고 있다. 그러나 전이공간에서의 삶은 추상적 관점이 아닌 사회·문화·정치·역사 맥락과 개별 혹은 집단의 경험 속에서 논의되어야 한다. 특히 경계에 놓인 삶을 자유·평등·창조성과 관계시키고자 할 때, 기존의 이념과 권력에 의한 지배 질서가 지속적으로 작동하거나 일시적으로 정지하고 있다는 점을 간과看過하지 않아야 한다. 예를 들면, 나프타NAFTA 발효(1994.1.1) 이래 미국과 멕시코 국경의 도시들에 거주하는 라틴아메리카 사람들은 미국, 캐나다, 멕시코 간 자본과 상품의 자유로운 이동에 의해 삶의 질이 향상되지 않고 오히려 통제받지 않는 자본의 난폭성을 경험하면서 여전히 빈곤한 삶을 살고 있다.[37] 인종 간 결혼금지법이[38] 존재한 미국남부에서 백인과 흑인 가운데 그 어느 분류에도 속하지 않은 흑백혼혈인은 전이공간에 위치하고 있다. 겉으로 보기에 흑백혼혈여성이 위치한 전이공간은 흑인과 백인 간의 인종 경계가 무너진 해방의 공간 같지만, 실질적으로 흑인에 대한 억압과 통제가 지속적으로 작동하는 공간이다.[39]

---

37 Miguel A. De La Torre, "Living on the Borders", *The Ecumenical Review* 59(2/3), 2007, p.217.

38 미국에서 결혼금지법은 인종분리, 특히 백인과 비백인을 분리하는 정책으로 1967년 연방대법원이 위헌판정을 내리기 전까지 남부와 서부의 주들에서 유효했다. 권은혜, 「인종 간 결혼에 관한 트랜스내셔널 인식」, 『서양사론』 112, 한국서양사학회, 2012, 11~12면.

39 정병언, 「혼혈의 역공간성과 정신병리 : 미국극의 흑백혼혈여성」, 『현대영미드라마』

전이공간은 경계가 해체된 지점으로서 차별이 없는 공간으로 이해할 수 있다. 그러나 흑백혼혈여성의 역(혹은 전이)공간은 결코 흑백간의 경험이 자유롭게 교섭되는 공간이 아니며 차별의 경계가 사라진 공간도 아니다. 역 공간 내에서 새로운 질서, 제도, 규칙 등이 생성되기도 하지만 기존 질서 / 체제의 특성, 배제, 소외, 지배, 억압, 폭력 등이 지속, 재생산되기도 한다. 흑백혼혈여성의 정신적·물리적 역공간은 "경계가 말소"된 공간이 아니라 피부색에 근거한 다양한 차별이 끊임없이 작동하는 억압의 공간이다.[40]

해방이후 1980년대까지 부산을 포함한 한국 화교들은 냉전체제의 수립과 대한민국 국가 건설, 6·25전쟁, 개발 독재 등에 의해 불확실한 정체성, 억압과 차별, 주변화(혹은 부재화)를 경험하였다. 특히 국가 혹은 민족 정체성에 있어 화교는 한국의 영토에 실질적으로 거주하지만 법적으로 외국인으로 분류되기 때문에 한국 국민이 아닌 대만 국민으로 분류되었다. 화교는 한국 국적의 범주에서 배제된 외국인으로 취급받았을 뿐만 아니라 동시에 자신들의 의지와는 무관하게 부여된 대만 국적은 형식에 불과할 뿐 대만 정부로부터 실질적 도움을 받지도 못하였다. 따라서 화교는 형식적으로 대만 국적을 갖고 있지만 실질적으로 국민이 누릴 수 있는 권리를 한국과 대만 모두로부터 보장 받지 못함에 따라 억압과 차별 그리고 부재화를 경험하였다. 6·25전쟁에 참전한 화교의 대우를 통해 화교의 국민 정체성이 한국과 대만 어느 곳에도 속하지

21(2), 한국현대영미드라마학회, 2008, 45면.
40 위의 글, 32면.

않고, 부재화된 인간으로 존재하고 있음을 극명하게 보여주고 있다.

> 한국화교의 한국전쟁 경험, 특히 그 참전경험은 외롭고 고독한 것이었다. 한국전쟁이 끝나자 한국정부와 (대만의) 국민당정부로부터 모두 버림을 받게 되었기 때문이다. 한국정부는 한국 화교의 참전을 외면시하며 아무런 보상도 해주지 않았다. (…중략…) 한국화교는 외국인이었기 때문에 군번과 계급이 부여되지 않았다. (…중략…) 한국전쟁이 끝나자 전쟁에 참가한 한국화교는 한국정부와 국민당 정부에게는 보이지 않은 정말로 유령이 된 셈이다. (…중략…) 심지어 한국 사회조차 참전 화교에게 관심을 갖지 않고 유령 취급을 해왔다.[41]

경계에 위치한 화교의 국가 정체성은 6 · 25전쟁에 참전한 화교와 같은 집단적 차원뿐만 아니라 개인적 차원에서 그리고 일상적 경험 속에서 구체적인 모습을 보이고 있다. "어떤 나라이던지 세상에 태어나서는 국적이든 고향이든지 자기 문헌에서 기록적으로 말하면 되지 관념상에서는 그게 있으면 안 된다고 생각합니다. 나는 부모님은 중국 사람이지만, 내가 한국에서 태어났는데 나는 완전히 한국사람 같은데 한국법에는 그런 게 없습니다. 그런 법에서 나는 한국 사람이 안 되지요. 그런 것뿐이지."(허○○ 구술)[42] 한국인 여자와 결혼한 화교는 대만국적을 포기하고 한국국적 취득을 해야하는지를 고민할 때, 경계에 놓인 자신

---

41 왕엔메이王恩美, 「한반도 화교들의 한국전쟁」, 『역사비평』 91, 역사비평사, 2010, 116~117면.
42 김태만, 『내안의 타자他者, 부산 차이니스 디아스포라』, 부산발전연구원, 2009, 143~144면.

들의 정체성을 구체적으로 경험하며 귀화 결정이 복합적이고 쉽지 않음을 실감한다. 2세대, 3세대 한국화교의 정체성은 1세대 부모의 고향, 한국·대만 국적, 인종 등의 복잡한 요인들의 유동적 결합에 근거하여 개인 혹은 집단의 경험을 통해 구체적인 모습을 보일 것이다.

(한국인) 아내는 결혼 후 (…중략…) (화교 2세인) 내게 수시로 귀화를 권유했고 지금도 은근히 귀화를 바라는 눈치다. 그러나 나는 내 입장을 고려하지 않을 수 없다. 직장 동료가 대부분 화교이고 그들과의 관계도 소중하기에 불편해도 조금 참으라고 아내를 설득시키는 편이다. (…중략…) 나는 결혼생활에서 국적 문제로 야기된 일은 대부분 아내에게 양보하고 살고 있으며, 앞으로도 그럴 생각이다. 이 문제는 지금 이 시대 이 땅에 사는 모든 화교 남성들의 가장 큰 고충이다.[43]

서글픈 일이잖아요. 한국 사람도 못 되고 그렇다고 중국 사람도 아니고 피는 분명히 중국인인데 (…중략…) 중국말보다 한국 사람들하고 살다보니까 한국말이 더 편하고 한국이 받아주나. 대만도 그렇고 중국은 더하고. 그냥 빙빙 도는 건데 우리 자식들도 아버지 따라 빙빙 돌고 이젠 한국 사람도 되기 싫고 중국 사람도 되기 싫고. 평생을 어디 한군데도 정을 붙이지 못했어요. 내 인생 그냥 이렇게 살다 가는거지 별다를 게 없어요.

—진○○ 구술[44]

---

43 왕춘식, 「한국 화교 2세의 질곡과 소망」, 『당대비평』 19, 생각의나무, 2002, 239~240면.
44 김영숙·이근무·윤재영, 「화교노인의 생애사 재구성을 통해 본 화교의 정체성」, 『사회복지연구』 43(1), 한국사회복지연구회, 2012, 196면.

6·25전쟁 기간 중 부산화교자치구 내에서 피난민 온 수많은 사람들의 거처를 무상으로 마련해 주는 제한적 공동체가 실천되었다. 이는 부산화교 역사에서 평가받을 활동으로 보여 진다.

> 6·25전쟁이 터진 후에는 화교 분들이 부산으로 피난을 많이 오셨죠. (…중략…) (피난을) 내려오니까 기거할 때가 없어요. (…중략…) 그 때 당시 우리 화교들은 자치구입니다. 화교 자치구라고 하지요. 자치구에서 관리를 했답니다. (…중략…) 그 당시 화교협회 자료를 보면 집 없고, 경제적인 능력이 없고, 그리고 고아, 그런 분들한테 자격, 자리를 주면서 집 한 칸씩을 줬어요. 조그마한 2평짜리 (집을) 무상으로 줬어요.
>
> ─총○○ 회장 구술[45]

6·25전쟁에 미군의 참전은 부산 화교의 거주지인 청관거리에 변화를 가져왔다. 다름이 아닌 청관거리와 맞닿은 공간에 '텍사스촌'이 형성된 것이다. 일제 식민지 시대 때 청관거리는 일본인들과 접촉하였지만 6·25전쟁 이후는 미군과 연관되면서 청관거리와 텍사스촌 사이에 새로운 전이공간이 생성되었다고 볼 수 있다. "텍사스촌은 찬란한 조명과 요란한 미국식 대중음악이 흘러나오는 가운데 짙게 화장한 여인들로 흥청거렸다. 1970년대 월남전을 전후해서 총 업소 수는 19개, 여종업원이 450명에 달해 불야성을 이루었다. 그러나 미국 닉슨대통령의 괌 독트린 발표 이후 주한 미군이 줄어들자 텍사스촌에는 부산항으

---

45 김태만, 『내안의 타자他者, 부산 차이니스 디아스포라』, 부산발전연구원, 2009, 156면.

로 들어오는 외국 선원과 미국 군함의 병사들이 대신 찾아들었다. 어쩌다 미국 군함이 부산항에 들어오면 한꺼번에 5,000명이 넘는 군인들이 텍사스촌으로 모여 들어 난장판을 이루었다고 한다."[46] 정미형은 텍사스촌 부근에서 어린 시절을 보낸 경험을 토대로 텍사스촌에 대한 인식과 이와 관련지을 수 있는 한국여성의 힘든 삶을 아래와 같이 표현하고 있다.[47]

엄마는 삼촌을 찾느라 텍사스촌을 가보았다고 했다. "말도 마라. 그곳은 어찌나 요란한지 내가 들어가다가 그냥 나왔어." (…중략…) 엄마에게 텍사스촌은 세상의 하수구고 걸레를 빤 더러운 물들이 고여 있는 곳이었다. 여자들이 옷을 벗어 던지고 그것도 모자라 양놈들한테 붙어먹고 있는 데라니. 초량의 아랫동네에 그 텍사스촌이 있다는 것으로 엄마는 초량에 오래 살기 힘든 곳이라 생각했다.[48]

선미의 사촌언니가 일한다는 텍사스촌의 일터는 어쩌면 검은 얼굴의 괴수가 채찍을 휘두르며 밤마다 동굴을 지키는 곳일 수도 있었다. 노래를 불러라. 춤을 춰라. 춤추고 노래해라.[49]

1990년대 이후 상해거리와 외국인거리는 화교, 미군과 한국여성이

---

46 부산경남역사연구소,『시민을 위한 부산의 역사』, 늘함께, 1999, 305~306면.
47 정미형,「나의 필 시스터즈」,『부산데일리 훌랄라 기획부』(도요문학무크 1), 도요, 2012.
48 위의 글, 119면.
49 위의 글, 108면.

아닌 러시아, 한국계 러시아인, 조선족, 동남아시아인 등의 일상적 활동이 이루어지고 있다. 그리고 상점 간판과 종업원들의 인종 구성, 외국인 관광객 등을 고려할 때 화교가 상해거리를 지배하지 못함을 알수 있다. 상해거리와 외국인거리 사이에서 카메라를 판매하는 노점상인(67세, 남자)에 의하면, 외국인 관광객 수가 점점 줄어들어 장사가 잘되지 않는다고 하였다. 그는 월요일부터 토요일까지 오전 10시 30분에나와서 오후 4시 30분~5시에 일을 그만두고 집으로 가며, 일요일은 교회도 가고, 결혼식 등에 참석해야하기 때문에 이곳에 나와서 일을 하지 않는다. 2001~2005년까지 장사가 잘 되었지만 이후는 카메라를 구입하려는 외국인들이 줄었기 때문에 장사가 잘 되지 않는다. 필름 카메라에서 디지털 카메라와 캠코드가 유행일 때 장사가 잘 되었지만 스마트 폰으로 사진과 동영상을 촬영하기 때문에 이제 디지털 카메라와캠코드를 구매하려는 외국인이 거의 없다.

못사는 국가에서 온 외국인들 그리고 국내 사람들이 필요에 의해서 가끔 구입하기 때문에 장사를 한다. 이전에는 우즈벡키스탄 사람들이 와서 많이 구입했다. 보통 카메라 한 대를 팔면 3만 원이 남는다. 하루에 한 대만 팔아도 좋다. 요즈음은 외국인거리를 찾는 외국인들이 인터넷을 통해 많은 정보를 갖고 물건을 보러 오기 때문에 비싸게 팔 수가 없다. 과거에는 부산과 주변 지역에서 외국인거리가 유일했기 때문에 여기에 외국인들이 많이 모였지만 지금은 김해, 양산, 창원 등에 외국인상가가 늘어나 외국인들이 물건을 사러 여기로 오는 경우가 줄어 들었다. 외국인거리는 (부산항에) 큰 배, 항공모함이 들어오면 장가가 잘 된다. 미국인들은 오면 물건을 많이

산다. 가난한 나라에서 온 외국인들은 물건을 잘 사지 않는다.

─카메라 판매 노점상 구술

세계화의 진전, 정보기술의 발달, 인적·물적 자원의 유동성 증가, 인종 갈등 등으로 인해 로컬리티는 어느 특정한 유형으로 구분하기가 힘들어 지고 있다. 구분이 불가능한 (혹은 불확정적인) 로컬리티에 속한 사람들, 즉 소수민족, 난민, 불법노동자 등은 불안하고 억압과 폭력의 위험에 노출되기도 하지만 기존의 질서, 제도, 인식 등에 저항하고 새로움을 창조할 잠재력을 포함하고 있다. 해방 이후부터 1980년대까지 억압과 차별을 받은 한국의 화교들은 국내·외적인 환경 변화로 인해 이전 시대보다는 좋아진 환경 속에서 살고 있다. 1990년대 이후에 지구·국가·지방이 서로 얽혀 펼쳐진 현상들, 즉 냉전체제의 종식, 자본의 세계화, 국경을 넘나드는 노동자 혹은 이민자 증대, 국가 및 지역 경제구조의 재편, 지방자치제 실시 등으로 인해 지방자치단체들은 화교 자본과 중국 관광객의 유치를 위해 다인종적·다문화적 특성으로 전환된 차이나타운을 변모시키려고 노력하고 있다.

지금까지 전이공간의 관점에서 부산 화교의 터전이었던 '청관거리'가 '상해거리'로 탈바꿈한 이후 전개되는 변화와 이와 관련된 삶을 이 글을 통해 살펴보았다. 연구는 1990년대 이후 전개된 '상해거리'와 '차이나타운 특구'의 생성의 변화에 초점을 두면서 이전의 '청관거리'와 '텍사스촌'과 연계시켰다. 이 연구의 결과는 세 가지로 요약해 볼 수 있다. 첫 번째로 6·25전쟁을 기점으로 로컬화한 '청관거리'와 탈로컬화된 '텍사스촌'이 서로 접촉하면서 전자는 양쪽 모두에 속하지 않는 전이공간이 변모하였다. 즉, 전이공간은 일정한 장소에 뿌리를 내린 화교 중심의 '청관거리' 특성과 유동하고 불확실한 미군 중심의 '텍사스촌' 특성이 교차하는 지점에 형성되어 졌다. 1990년대 이후에 '청관거리'는 '상해거리'와 '차이나타운 특구'라는 이름으로 탈바꿈하게 되었다. 현재의 '상해거리'와 '차이나타운 특구'는 화교의 단일 중심에서 다인종, 화교, 러시아인 한국계 러시아인, 조선족, 동남아시아인 등이 혼합되어 있고, 언어와 건축물 그리고 간판기호가 보다 복잡하게 얽혀져 있다. 둘째, 부산광역시와 동구청이 주도한 상해거리와 외국인거리 그리고 차이나타운 특구는 중국인 관광객 유치를 통해 도심을 개발하고자 중국풍의 건축, 상징물, 벽화 등을 '청관거리'에 이식移植시켰다. 이러한 지방자치단체의 인식과 실천은 '청관거리'를 탈로컬화(장소화)시키는 요인으로 작동하였다. 지방자치단체의 차이나타운 발전 계획과 실천은 상해거리와 외국인거리가 처한 현실, 즉 다인종과 다문화의 교차에 의한 혼종적 특성을 무시하고 있다. 셋째, 전이공간으로서의 '청관거리', '상해거리', '차이나타운 특구'에서의 화교의 삶 속에서 전이공간에서 표출될 수 있는 기존 질서와 권위의 전복, 구조와 제도로부터 자유 등을 찾기는 어렵다. 그러나 6·25전쟁 중 짧은 기간이지만 부산의 화교자치구 내에서 화교 피난민에게 삶의 터전을 무상으로 분배한 공동체 정신이 실천되었다.

참고문헌

김나영, 「부산 차이나타운의 가로에서 나타나는 다문화성과 국가주의 간의 길항」, 『역사와 경계』 78, 한국산업사학회, 2011.

김진호, 「화교, 그 은폐되고 잊혀진 '타인'들」, 『당대비평』 19, 생각의나무, 2002.

김영숙 · 이근무 · 윤재영, 「화교노인의 생애사 재구성을 통해 본 화교의 정체성」, 『사회복지연구』 43(1), 한국사회복지연구회, 2012.

김원경, 「부산역 상점가의 패턴 I」, 『한국지역지리학회지』 5(1), 한국지역지리학회, 1999.

권은혜, 「인종 간 결혼에 관한 트랜스내셔널 인식」, 『서양사론』 112, 한국서양사학회, 2012.

박규택 · 하용삼 · 변광석, 「이질적 인식과 실천의 장으로서의 로컬, 부산 차이나타운」, 『한국사진지리학회지』, 20(3), 한국사진지리학회, 2010.

박은경, 「화교의 정착과 이동」, 이화여대 박사논문, 1981.

박태화, 「역사교과서를 통해서 본 한국화교의 국가정체성, 1949~2007」, 『제52회 전국역사학대회』, 2009.

박향화 · 조승래 · 강영조, 「차이나타운의 경관이미지 재현 수법에 관한 연구」, 『한국조경학회 2011년 춘계학술대회논문집』, 2011.

부산경남역사연구소, 『시민을 위한 부산의 역사』, 늘함께, 2009.

부산광역시 동구, 『동구 차이나타운 특구 : 기본계획 및 투자 마케팅 전략』, 2008.

이화승, 「전주 화교사회를 통해 본 한국 화교의 고찰」, 『사림』 26, 수선사학회, 2006.

이창호, 「차이나타운의 재개발과 의미의 정합 : 인천지역의 사례를 중심으로」, 『한국문화인류학』 41(1), 한국문화인류학회, 2008.

_____, 「한국 화교사회의 정치적 조직과 역동성 : 인천 차이나타운을 중심으로」, 『중앙사론』 33, 한국중앙사학회, 2011.

왕은미, 「미군정기의 한국화교사회 : 미군정 · 중화민국정보 · 한국인과의 관계를 중심으로」, 『현대중국연구』 7(1), 현대중국학회, 2005.

왕엔메이王恩美, 「한반도 화교들의 한국전쟁」, 『역사비평』 91, 역사비평사, 2010.

왕춘식, 「한국 화교 2세의 질곡과 소망」, 『당대비평』 19, 생각의나무, 2002.

장세훈, 「부산 속의 아시아, 부산 초량동 중화가의 사회생태학적 연구」, 『경제와 사회』81, 한국산업사회학회, 2009.

Van Gennep, A., 전경수 역, 『통과의례』, 을유문화사, 1985.

정미형, 「나의 펄 시스터즈」, 『부산데일리 홀랄라 기획부』(도요문학무크 1), 도요, 2012.

정병언, 「혼혈의 역공간성과 정신병리 : 미국극의 흑백혼혈여성」, 『현대영미드라마』 21(2), 한국현대영미드라마학회, 2008.

정연우, 「무허가 주거지의 성격과 의미 변화에 대한 연구 : 서울 송파구 개미 마을의 사례」, 『한국문화인류학』 43(3), 한국문화인류학회, 2010.

한동수·박철만, 「부산 청국조계지의 필지구조와 특성에 관한 연구」, 『중국학보』 64, 한국중국학회, 2011.

김태만, 『내안의 타자他者, 부산 차이니스 디아스포라』, 부산발전연구원, 2009.

올리버 R. 에비슨, 황용수 역, 『구한말 40여 년의 풍경』, 대구대 출판부, 2006.

Ley, D., "Transnational spaces and everyday lives", Transactions of the Institute of British Geographers 29(2), 2004.

Miguel A. De La Torre, "Living on the Borders", The Ecumenical Review 59(2/3), 2007.

Onishi, Norimitsu, "South Korea's main Chinatown lacks only the Chinese", New York Time, March 2, 2007.

가리봉을 둘러싼
탈영토화와 재영토화 *

신명직

1. 가리봉, 이국적 풍경지

가리봉 시장은 1980년대 이후 30년의 세월이 지났지만 그다지 변한 것이 없다. 신경숙의 『외딴방』에서 언급되던 구둣가게, 옷가게, 빵집 등은 단지 이국 풍물로 바뀌었을 뿐, 고단하지만 정겨운 풍경은 30년의 시간을 넘어 고스란히 간직되고 있다. 가리봉 닭장 집 역시 마찬가지다. 가리봉 시장 건너편으로 쭈삣쭈삣 고개를 내밀고 선 고층빌딩마저 없었다면, 가리봉 시장은 30년 넘게 전혀 성장을 하지 않았다고 해도 믿고 넘길 만했다.

이런 현상은 물론 가리봉에만 국한된 것은 아니다. 수도권에 위치한

---

* 이 글은 「가리봉을 둘러싼 탈영토화와 재영토화」(『로컬리티 인문학』 6, 2011.10)를 수정·보완한 것이다.

〈그림 1〉 가리봉 입구 오른쪽은 옛날과 다르지 않지만, 왼쪽엔 최근 '디지털 단지'가 들어
서 있다.

경기도 부천이나 안산, 서울 외곽 성수동 역시 사정은 비슷하다. 1990년
대 초 신도시 개발이 거세게 불어 닥쳤던 경기도 부천의 도심 한 복판에
위치한 도당동 강남시장 인근만 해도 그렇다. 강남시장에 붙어있는 노동
사목 옆 구멍가게 품목만이 방글라데시, 필리핀 식료품 등으로 바뀌었을
뿐, 마을 대문하며 골목 분위기까지 30년 전과 그다지 변한 것이 없다.

경제성장과 공간 발전은 흔히 동일시되곤 한다. 1987년 체제 이후
많은 도시공간에 고층빌딩과 고급맨션타운이 들어선 것이 사실이지
만, 고층빌딩과 고급맨션타운 사이사이로 '이너시티inner city'가 확대된
것 또한 사실이다. 문제는 이 '이너시티'가 우연한 현상이라거나 곧 사
라질 과도적 형태가 아니라는 데 있다. 하나의 '이너시티'가 사라질 수

는 있어도 또 다른 공간에 또 다른 이너시티가 생겨날 것이기 때문이다. 이는 1987년 체제 이후 20년이 지난 지금의 가리봉 일대나 성수동, 부천의 강남시장, 혹은 안산의 원곡동 일대가 변했지만 변하지 않은 이유이기도 하다.

이 글에선 1987년 노동자대투쟁 이후, 보다 싼 임금을 찾아 지방과 해외로 공장과 노동자들이 떠난 뒤, 이번엔 싼 방을 찾아 중국 조선족들이 다시 찾아 들어오기 시작한 1987년 이후의 가리봉을 그린 소설과 영화들, 공선옥의 「가리봉 연가」, 박찬순의 「가리봉 양꼬치」, 그리고 김선민 감독의 영화 〈가리베가스〉를 중심으로, 가리봉 공간이 갖는 현재의 함의들을 살펴보고자 한다.

지구화가 진전되었다곤 하지만 근대 국가는 여전히 큰 힘을 발휘하고 있다. 하지만 급속히 전개되어온 지구화와 더불어, 국가 주권과 영토 주권이 일치하지 않는 현상, 곧 상위 국가 주권(유럽연합 시민권처럼)이나 하위 국가 주권(암스테르담 도시 시민권처럼)과 같은 것들이 속속 등장하기 시작했다. 1987년 이후 급속히 전개된 지구화의 여파를 타고 가리봉 역시 초국가적인 동시에 로컬한 영토주권이 필요하게 되었다.

이 글에서는 가리봉이라는 공간·영토가 함축하고 있는 초국가적인 동시에 로컬한 성격을, 식민지 시기와 개발독재 시기, 1987년 체제 이후 등으로 나누어, 탈영토화·영토화·재영토화 과정에 따라 살펴볼 계획이다. 아울러 1987년 이후의 가리봉을 그린 소설과 영화 등을 통해, 가리봉 공간의 영토 주권 문제를, 초국가·국가·로컬의 세 층위에서 조망하고자 한다.

2. 탈영토화와 영토화 / 재영토화

가리봉 공간이 지닌 지금·여기에서의 의미를 제대로 이해하기 위해선, 먼저 가리봉 형성과정과 관련된 통시적 혹은 공시적 고찰이 먼저 필요하다. 지금 가리봉 공간에 어떤 사람들이 어떻게 살고 있는지, 또한 그들은 어떤 아이덴티티를 갖고, 무엇을 목표로 하며, 현재 당면한 문제들은 무엇인지를 살펴보는 것은 아마도 가리봉 공간의 공시적 고찰에 해당될 것이다. 그렇다면 가리봉 공간의 통시적 측면이란, 아마도 개발독재시기의 가리봉 공간의 형성과정과 1987년 이후 바뀐 지형(특히 지구화가 본격화된) 가리봉 공간의 재형성과정이 이에 해당할 것이다.

여기서 빠트려선 안 될 것은, 통시적 고찰 과정에서 식민지 조선의 농민들이 중국 동북 지역으로 이주해간 식민지 시기이다. 이들이 다시 가리봉 등지로 역이주해 돌아오기 때문이다. 공시적 분석에선 분석층위가 문제가 될 수 있다. 국가 층위에서 뿐만 아니라, 초국가적 층위, 로컬 층위에서 가리봉을 분석하지 않고서는 가리봉 공간의 총체적 위상을 제대로 이해하기란 그리 쉽지 않다.

가리봉 공간은 '이주·이동'을 통해 형성된 공간이다. '이주'란 측면에서 가리봉 공간을 분석할 경우, 중요시되는 것은 '장소place'가 아니라 '영토territory'이다. '장소'란 다양한 개인, 주체들의 구체화된 행위가 구체적인 환경 속에서 '현장locale'을 만들어 갈 경우, 바로 그 현장에 기반한 물질적 환경이 만들어지는 곳을 뜻한다. 반면 '영토'란 '장소'를 내부와 외부를 나누었을 때, 그 '장소'의 내부라 불리는 곳에 대한 문화적 정체성, 장소의 내부적 통일성, 대외적 배타성 등이 강조되는 '특수한 형

태의 장소'를 의미한다. 특정 장소의 외부자 혹은 내부자에 의해 '장소'
는 종종 배타적 공간인 '영토'로 변모해 가는데, 장소의 영토화[1] 그런 의
미에서 가리봉은 '영토화' 혹은 '재영토화'된 '장소'라 할 수 있다.

물론 영토화 · 재영토화 · 탈영토화 개념은, 로컬 층위보다는 초국가
층위와 관련지어 국가 층위에서 보다 빈번하게 상용되어온 개념이다.
이를테면 '탈영토화' 개념은, 중남미 국가의 '이중국적flexible citizenship'
이나, 암스테르담과 같은 '도시 시민권(하위 국가적 시민권)', '유럽연합 시
민권(상위국가적 시민권)'처럼,[2] 특정 국가의 영토에 얽매이지 않는, 국경
을 가로지르는 복수의 '초국가적trans-national · 탈국가적post-national 시
민권'[3] 현상을 가리킬 때 주로 사용되어 왔다.

지구화가 전면화되면서 '국가주권'이 '영토' 내에서 무제한적으로 작
동하지 않는 현상이 발생하게 되었고, 이로 인해 '시민권의 쇠퇴(분해)'
혹은 '탈 근대국가 현상'이 발생하기 시작한 것인데, 이와 같은 현상을
국가 층위에서의 '탈영토화'현상의 핵심이라 할 수 있다.[4]

---

1 박배균은 Jessop, Brenner and Jones의 TPSN(영역 · 장소 · 스케일 · 네트워크)개념을 통
   해 초국적 이주와 다문화주의를 설명한 바 있다. 하지만 'territory'를 '영역'이 아닌 '영토'
   로 번역한 것은, 이 글이 특히 '주권' 개념을 염두에 두었기 때문이다. 박배균, 「초국가적
   이주와 정착을 바라보는 공간적 관점에 대한 연구 : 장소, 영역, 네트워크, 스케일의 4가지
   공간적 차원을 중심으로」, 『한국지역지리학회지』 15(5), 한국지역지리학회, 2009; Jessop,
   Brenner and Jones, "Theorizing Socio-Spatial Relations", *Environment and Planning D : Society
   and Space* 26(3), 2008.
2 유럽연합도, 하위 국가 행정구역도, 개인들의 집과 사유지도 하나의 '영토' 단위라 할 수
   있다. Storey, D., *Territory : the Claming of Space*, Pearson, Harlow, 2001 참조.
3 신명직, 「主權の脱領土化と東アジア市民 : 韓國小說『ナマステ』を中心に」, 『海外事情研究』
   78, 海外事情研究所, 2011; Soysal, *Limits of Citizenship : Migrants and Postnational Membership in
   Europe*, Univ. of Chicago Press, 1994, p.3; 이철우, 「탈국가적 시민권은 존재하는가」, 『경제와
   사회』 79, 비판사회학회, 2008, 64면.
4 이 글에서 '탈영토화'의 개념은 '일상적 경험' 보다는 '제도'적인 측면이 더 강조되었다고
   할 수 있다. 톰린슨이 '일상적 경험'에서 끌어올린 '탈영토화'의 개념은 향후 또 다른 글의

'재영토화'란, 국가 주권의 이와 같은 무장해제 현상을 극복하기 위해, 국민국가가 능동적으로 개별 국민국가의 시민권을 '확장'시키는 행위, 곧 탈영토화를 초래한 '국제 인권규범'과 '국가 주권' 사이의 모순을 해결하여, '시민권'을 보다 '수용적porous'인 것으로 만드는 과정을 의미한다. 시민권의 '확대와 포섭(통합)'을 통해, 근대국가의 국경을 재구축하자는 것으로,[5] 민족적, 종족적 '타자'를 더 이상 국가주권의 '외부'가 아닌 국가주권의 '내부'에 두기 위한 '민주주의 외부의 내부화'가[6] 그동안 논의되어온 국가 층위에서의 '재영토화' 논의의 핵심이다.

하지만 '탈영토화'와 '영토화·재영토화'는 국가 층위에서만 발생하는 현상이 아니다.[7] 때론 동일 국가 안의 농촌과 도시 — 로컬 층위 — 에서도, 유럽연합과 같은 초국가적 층위에서도 '탈영토화'와 '영토화/재영토화' 현상을 찾아볼 수 있다.

과제가 될 것이다. ジョン・トムリンソン, 『グローバリゼーション : 文化帝國主義を越えて』, 青土社, 2000; J. Tomlinson, *Globalization and Culture*, Polity, 1999.

5 지구화 시대와 더불어, 국가는 '퇴각'한 것이 아니라 '변화'하고 있다는 점을 놓쳐선 안 된다.(주성수, 『글로벌 가버넌스와 NGO』, 아르케, 2000, 99면) '민주적 반추反芻'를 통한 '재영토화'와 관련해선 세일라 벤하비브, 『타자의 권리』, 철학과현실사, 2008 참조.

6 '민주주의 외부의 내부화'를 단기적으로는 국민 주권의 재영토화를 통해, 장기적으로는 지구적 민주주의 실현(사회화)를 통해 이루어여 한다고 조희연은 주장한 바 있다. 조희연, 「민주주의의 지구적 차원」, 『경제와 사회』79, 한국산업사회학회, 2008, 25면.

7 요시미 슌야는 아파듀라이가 언급한 탈영토화의 중층적이고 괴리적인 측면을 언급하면서, '개인과 집단의 로컬한 실천'과 '전자적 근접이라는 글로벌한 집합적 몽상'을 동시에 그려낼 '민족지적 기술 방법론'이 필요하다고 하였지만, 이 글에선 컬처럴 스터디즈를 통한 표상분석을 중심에 놓고 있지 않다. 다음 기회로 미룰 수밖에 없을 것 같다. 吉見俊哉, 「グローバル化の多元的な解釋のために」, 『さまよえる近代(방황하는 근대) : Modernity at Large』, 369~383면, A. Appadurai 저서의 해설.

1) 가리봉의 영토화와 재영토화

가리봉 공간이 다른 공간과 차별화(영토화)되기 시작한 것은 1967년 수출공업 제1단지가 준공되면서 부터이다. 과거 경기도 시흥군에 속해 있던 가리봉 원주민들이 거의 사라지고 이주민들에 의해 가리봉이 새롭게 만들어지기 시작한 것은, 가리봉이 경부선과 경인선 철도, 그리고 경인고속도로에서 각각 1킬로미터 이내에 위치하고 있었기 때문이다. 원부자재를 반입하고, 수출화물을 선적하기 용이할 뿐 아니라, 노동자들의 출퇴근 또한 쉽게 이루어질 수 있기 때문이었다.

구로 수출공단 등장과 함께 시작된 가리봉이라는 생산-소비 공간의 탄생은, '개발독재' 용어에 들어있는 함의 그대로 철저히 국가 층위에서 이루어진 영토화, 즉 국가 개발을 위해 국내 이주노동자들이 참여(동원)하여 이루어진 영토화라 할 수 있다.

이제 열여섯의 나, 노란 장판이 깔린 방바닥에 엎드려 편지를 쓰고 있다. 오빠, 어서 나를 여기에서 데려가줘요. 그러다가 편지를 박박 찢어버린다. (…중략…) 햇살과 채송화가 싫증이 난다. 나는 헛간 벽에 걸려 있는 쇠스랑을 끌어내린다. 처음엔 쇠스랑을 끌고 두엄자리로 가서 썩고 있는 보릿짚을 뒤적거린다. 이마로 쏟아지는 햇빛이 따갑다. 손길이 사나워진다. 어떻게 된 것인가. 쇠스랑이 햇볕에 번쩍한다 했는데 어설프게 들려 있는 내 발바닥을 찍는다. (…중략…)

발에 쇠똥을 대고 마루에 엎드려 편지를 쓰던 나, 일어서서 발을 질질 끌며 헛간으로 간다. 발바닥이 찍힌 후로 어디에 있으나 쇠스랑이 쏘아보고 있는 것 같다. 헛간 벽에 걸려 있는 쇠스랑을 끌어내린다. 쏘아보고 있는 듯한 쇠스랑을 끌고소 마당을 가로질러 우물가로 간다. 나, 망설이지 않고 깊은 우물 속에 쇠스랑을 빠뜨린다.

— 『외딴방』, 18~20면

쇠스랑으로 자신의 발등을 찍고, 그걸 우물 속에 빠뜨릴 정도로 소설 『외딴방』의 어린 주인공은 시골을 벗어나 도회지로 가겠다는 탈 영토(농촌)에의 욕망이 강하다. 하지만 소설 속의 주인공은 "담장 안의 미로 같은 작은 방들 (…중략…) 드나드는 사람들이 많아 잠글 수 없는 대문들"로 가득 찬 그 공간에서의 삶을 '간이숙박소 같은 삶'(『외딴방』, 221면, 이하 면수만 표기)이라 명하며, 다시금 "열여섯에서 스물까지의 시간과 공간"이 존재하던 가리봉에서의 탈출-탈영토를 꿈꾼다.

소설 『외딴방』의 '나'가 가리봉에서의 탈출을 꿈꾸는 것은 그 공간이 '소통 불가능'한 공간이기 때문이다. "외사촌과 나는 외박이 허락되는 날이 와도 나갈 데가 없다"(40면)든가, "같은 집에 살지만 다른 방에 살고 있는 사람들을 정면으로 바라다본 기억"(236면)이 없는 '외딴' 공간(심상적 거리감 같은 것)으로 소설은 1980년대의 가리봉 공간을 묘사하고 있다.

내가 공순이래서 싫다는걸. / (…중략…) 전화교환원이 좋으냐? / 아니. / (…중략…) 공장 다니기 싫어 오빠. / (…중략…) 좋아, 난 공장만 아니라면 다 좋아. / (…중략…) 나의 외사촌, 공장을 떠나게 된 스물한 살인 나의 외사촌은 발랄하다.

— 『외딴방』, 273면

'공장'이라든가 '공순이'란 표현에는 '외딴'이란 용어를 직감케 하는 어떤 메타포가 들어있다. 소설 『외딴방』의 주인공의 외사촌도 주인공 '나'도 필사적으로 그 공간을 벗어나기 위해 몸부림친다. 가리봉 공간이란 도시 속의 외딴 도시는, 소외된 이들의 영토로 이미 아이덴티티화 되어 버렸기 때문이다.

물론 소외된 공간의식만이 개발독재시기 영토화를 시도했던 공단 여성노동자들의 '탈 영토(가리봉)'를 재촉했던 것은 아니다. 1987년 이후의 임금 인상, 공장 이전, 학력 인플레, 이주노동자의 유입과 같은 사회경제적, 구조적 요인 역시 이들의 탈영토화를 부채질했다.

옥상 빨래터.

주인공 : 그땐 사람도 참 많았는데.

친구 : 너그 회사 중국으론 안 간다 그드나?

주인공 : 모르지 뭐. 일단 화성으로 가긴 가는데……

(6'10"~6'19")

전철 달리는 모습, 디지털 단지 풍경

(배경음악 : 〈나 어떡해〉)

(트럭이 '가리봉 오거리' 간판이 보이는 쪽으로 움직인다.)

(함께 '디지털3단지'라는 표기도 보인다.)

(2'14"~2'38")

조선족 상점가를 지나는 트럭 안.

아저씨 : 야…… 여기도 엄청 변했어.

　　　　(배경음악 = 이미자의 〈동백아가씨〉)

주인공 : 디지털단지 만든데요. (창문을 여는 모습이 백미러에 잡힌다)

아저씨 : 디지털이라. 5공단…… 이게 박정희 때 만들어진 공단이지 아마.

(16'14"~16'56")

굿모닝 마트 앞 평상

(부품조립 일을 하고 있는 아줌마들과 주인아줌마. 슈퍼 문을 열고 나와 평상에 걸터앉는 주인공)

외국인노동자 1 : 아줌마 이 전화 언제(어떻게) 써요?

주인 아줌마 : 전화 고장 나서 안돼요.

　　　　(전화기 놓고 돌아가는 외국인 노동자)

주인아줌마 : 짐은 다 싸졌어.

주인공 : 예. 거의요. 오늘 이사 들어와요?

주인아줌마 : 들어오지 뭐.

주인공 : 어느 나라 사람이에요?

주인아줌마 : 필리핀인가? 베트남인가? 이사 오면 같이 데리고 갈게.

(2'39"~3'37")

　　여성노동자는 가리봉 쪽방촌을 떠나고, 동남아시아 노동자들이 다시 가리봉 쪽방촌을 찾는 과정을 그린 영화 〈가리베가스〉에는 탈영토화 과 정과 새로운 영토를 찾아오는 이들의 교체과정이 생생하게 그려져 있

〈그림 2〉 영화 〈가리베가스〉의 쪽방 옥상에선 새로 변한 가리봉동을 볼 수 있다.

다. 인용된 글은 영화 속 주인공 선화와 친구 향미, 이삿짐 날라주는 사람, 쪽방집 주인아줌마와 각각 나눈 대화들이다. 간단히 정리해 보면 다음과 같다.

주인공은 다른 회사들처럼 공장이 해외 혹은 지방으로 이전하기 때문에, 어쩔 수 없이 가리봉을 떠난다. 가리봉은 수출공업단지에서 디지털 단지로 변해가고 있고, 지금은 '가리봉 오거리'와 '디지털 3단지'가 공존하고 있다. 떠나는 가리봉 쪽방집으로 새로 이사 들어오는 사람들은 필리핀인이나 베트남 사람이다.

영화 속에서 이사를 나가는 과정도 무척 인상적이다. 이사를 하면서 장롱이 깨지고, 이사하던 도중 이삿짐 속의 숟가락마저 힘없이 툭하고 떨어진다. 1980년대 초 가리봉 쪽방촌에선 나무로 만든 장롱이 아니라 비닐로 만든 이른바 '비키니 장'이 대세였다. 나무로 만든 장롱은 시골을 떠나온 여성노동자의 꿈을 상징하는 것이었으며, 1987년 이후 나아진 국내 노동자의 형편을 대변해준다. 하지만 더 싼 노동력을 원하는 자본의 요구는 그를 가리봉 공간에서 밀어냈고, 그의 장롱 — 꿈은 깨어지고 만다.

1987년 이후 가리봉을 재영토화해 간 이들은 젊은 동남아시아 이주 노동자들이 아니라 결코 젊지 않은 나이의 중국 조선족이다. 1987년 이후의 가리봉을 그린 소설들[8]에서도 많은 중국 조선족들을 만날 수 있다. 이들은 식민지 시기 버거운 삶을 살아가던 조선 농촌마을을 떠나(탈영토화), 한편으론 중국 동북지역 사람들과 갈등·대립하면서, 또 다른 한편 일본의 만주개척 흐름을 타면서, 옌볜 일대에 조선족의 종족 거주지ethnic enclave를 형성(영토화)해 낸 이들의 후손이다.

흥미로운 것은 같은 식민지 시기 일본 오사카로 건너가 공간을 개척해낸 이카이노猪飼野가 완료형에 가까운 영토화라면, 중국 옌볜을 비롯한 인근 조선족 공간은 아직도 진행중인 진행형 영토화라는 점이다. 조선족의 유랑(이주)은 식민지 시기 중국 옌볜 인근 지역에서 끝난 것이 아니기 때문이다. 조선족 200만 명 가운데 50만 명(취업능력이 있는 대다수의 조선족)이 한국으로 이주해 있고, 그중 65%가 서울에 살고 있으며, 그중 1만 5천 명 이상이 가리봉 쪽방촌에 거주하고 있다. 뿐만아니라 조선족은 러시아 연해주,[9] 중국 북경 왕징望京 인근의 '새마을 민족촌' 할 것 없이, 옌볜 인근지역을 떠나, 보다 나은 삶을 위해 국경을 넘어 동아시아 곳곳을 지금도(진행형) 영토화해내고 있다.

---

8   1987년 이후의 가리봉을 그린 공선옥의 소설 「가리봉 연가」나 박찬순의 소설 「가리봉 양 꼬치」 등.
9   고려인들이 가장 많이 살고 있는 러시아 연해주 우스리스크에서 가장 큰 재래시장을 형성하고 있는 것도 중국 조선족이다.

국경을 넘는 탈영토화와 영토화가 식민지 시기와 1987년 이후에만 이루어졌던 것은 물론 아니다. 개발독재 시기에도 국경을 넘어 탈영토화와 영토화가 이루어졌었는데, 이를테면 1963년부터 1977년까지 약 8천여 광산 노동자들이[10] 떠나 살았던 뒤셀도르프, 도르트문트 등 독일 루르 지역이라든지, 1962년부터 1976년까지 약 1만 명의 간호사가 떠났던 독일의 병원 인근지역, 1974년부터 1980년대 말까지 수십만 명의 건설노동자들이[11] 파견되었던 중동의 주베일 산업 항, 이라크 알무사이브, 슬케마니아, 북예멘 마르브 유전지역들, 그리고 31만 여 명의[12] 용병이 파견되었던 베트남 전쟁지역 등이 이에 해당한다.

　물론 식민지 시기와 개발독재 시기의 탈영토화 · 영토화와 1987년 이후의 탈영토화 · 영토화가 동일한 것은 아니다. 식민지 시기와 개발독재 시기의 탈영토화 · 영토화가 특히 근대국가를 중심으로 이루어진 반면, 1987년 이후의 탈영토화 · 영토화는 사실상 대부분 초국가적, 탈국가적 형태로 이루어졌기 때문이다.

---

[10]　1963년 12월 독일 루르지방으로 떠날 광산 노동자 5백 명 모집에 4만 6천 명이 몰려들었고, 파견이 결정된 노동자들 명단은 신문에 보도되기도 했다. 1963년 파견 당시 한국은 실업률 28%, 국민소득 70달러에 불과했으며, 파독광부들은 1977년까지 14년간 7,936명이 파견되었다. 원병호, 『나는 독일의 파독 광부였다』, 한솔미디어, 2004; 「파독 광부 · 간호사의 한국 경제 발전에 대한 기여의 건 : 2008년 하반기 조사 보고서」, 진실 화해를 위한 과거사 정리 기본법에 기초한 민족독립규명위원회, 2008.8.5.

[11]　1973~1974년 석유파동 이후, 동아건설을 비롯 현대건설, 쌍용건설 등은 1980년대 말까지 수많은 건설노동자를 중동지역에 파견했다. 1974년부터 1979년까지 중동 건설노동자에 의한 송출금액은 205억 달러로, 같은 기간 수출 총액의 40%에 달하는 금액이었다. 가장 노동자가 많았던 1978년엔 중동에 약 8만여 명의 한국인들이 거주하기도 했다. 하지만 1987년 이후, 중동 현지에서의 한국인 노동자들의 쟁의와 임금인상 등으로, 현지의 한국 건설 노동자들은 태국, 방글라데시, 필리핀, 베트남, 중국 조선족 파견 노동자들로 대부분 바뀌었다.

[12]　1965년 전투병력 2만 명 파견 이후, 베트남 전쟁에 총 31만 2,853명의 파견이 이루어졌으며, 그중 4,624명이 전사했다. 파견 군인과 노동자 송금액 및 기업 이익을 포함 약 10억 달러 이상을 벌어들였으며, 이는 제2~3차 경제개발 5개년 계획의 밑거름이 되었다.

하지만 한국 근대사에서 시기구분의 편의상 '개발독재 시기'와 '1987년 이후 시기'를 나누고 있지만, 지구화의 진전과 세계시스템 속에 한국은 '개발독재 시기'부터 편입되었다고 볼 수 있는데, 이를테면 S.사센은 1970년대 구로 수출공단과 마산·이리(지금의 익산) 등의 수출자유지역을 거론하면서 뉴욕과 LA의 스웨트 샵으로 흘러들어갔던 많은 한국인 이주민을 함께 거론한 적이 있는데, 그녀는 일찍이 외국 자본 투자 루트의 역순으로 이주가 발생해왔다고 주장한 바 있다.[13] 개발 독재 시기의 가리봉 역시 '초국가적 자본과 노동' 이동의 시스템에서 그렇게 자유롭지 않다. 소설 『외딴방』의 주인공이 왜 발등을 쇠스랑으로 찍어가며 가리봉에 가고 싶어 했는지, 그리고 왜 목숨 걸고 그곳을 다시 탈출하려했는지, 일국 이주 시스템이 아닌 초국가 이주 시스템 속에서 재평가될 필요가 있다.

2) 직선적 공간관과 순환적 공간관

근대 도시는 수도원의 '종'이 아닌 상인의 '시계'와 함께 탄생했다고 한다. 수도원의 '종'이 농경의 시간이라면, 상인들의 '시계'는 도시의 시간이라는 것인데, 상인들은 이 '도시'를 거점으로 '신의 시간'이자 '농경의 시간'인 '순환의 시간'을 끝내고 '직선의 시간'을 역사 속에 등장시켰다는 것이다.[14]

---

13 サスキア サッセン, 森田桐郎 譯, 『勞働と資本の國際移動』, 岩波書店, 1992.
14 今村仁司, 『近代性の構造』, 講談社, 1994, 62~69면.

근대가 시작되기 이전, 그러니까 농경과 목축이 지배하던 시기의 '순환적 시간'의 무대는 따라서 이들이 말하는 '도시'가 아니다. 순환적 시간이 지배하는 공간은 '신화'가 지배하던 공간으로, '미래'가 존재하지 않는 언제나 '과거'로 회귀될 '현재'만이 존재하는 서사 부재의 공간이다.

따라서 변화, 발전, 진보, 미래를 품은 '직선적 시간관'이 질주해 온 근대 도시는 생산량과 소비량 지표의 지속적인 확대를 통해, 자신이 직선적 시간관의 적자임을 입증하기 위해 노력해 왔다.

하지만 유럽이 68혁명을 거치면서, 또한 미국이 1960년대 말 베트남 전쟁 반대과정을 거치면서, 유럽과 미국의 성장·발전 아이콘이었던 근대도시의 신화에도 금이 가기 시작했다. 이를테면 근대를 상징하는 포드 시스템의 상징이었던 자동차 도시 디트로이트는[15] 1950년대 말 최대의 전성기를 맞았지만 1967년 대규모 흑인 폭동과 자동차 공장의 해외 이전 등으로 최근엔 그만 황량한 도시로 전락하고 말았다.

도시 공간이 단지 양적, 질적 발전이 보장된 직선형 시간관이 존재한 곳이 아니란 점은 미국과 유럽의 도시 공간 특히 '이너 시티inner city'에서 이미 확인된 바와 같다. 도시 공간 역시 성장과 쇠퇴를 반복하며,

---

15 디트로이트는 포드 자동차의 등장과 세계대전의 주요 무기생산지가 되어, 1914년 미국 최초로 최저임금제도를 도입할 정도로 미국 유수의 공업도시로 부각했다. 하지만 남부 출신의 흑인 이주민들이 몰려들면서, 1950년대 초 흑인이 사는 남부지역과 북부지역을 가로지르는 '8마일 로드'에는 2m 높이의 콘크리트 벽이 생겨났다. 1967년에는 대규모 흑인 폭동이 일어나 43명이 사망하고 1200여 명이 부상하는 사건도 발생했다. 백인들은 도시를 떠나거나 교외로 빠져나가기 시작했으며, 높아진 임금 등을 이유로 자동차 회사들 또한 다른 지역과 해외로 공장을 옮겨, 도시 전체가 황폐해지기 시작했다. 현재 흑인이 인구의 80% 이상을 차지하고, 1950년대 180만 명이던 인구는 현재 90만 명 정도로 줄어들었다. 미국에서 가장 큰 아랍인 공동체가 존재하며, 미국 도시 중 가장 위험한 도시로 손꼽히기도 한다. 위키피디아(http://ko.wikipedia.org; www.ja.wikipedia.org, 검색일 : 2011.8.26) 참조.

자연의 생노병사와 같은 순환적 시간관이 근대도시 공간에서도 마찬가지로 존재한다는 것을 확인하게 된 것이다. 바로 이 도시 공간의 순환적 시간을 각각 매듭짓는 과정이란, 근대도시의 탈영토화와 영토화·재영토화의 진행과정과 그리 무관하지 않다.

사스키아 사센은 바로 이 도시공간의 생성·쇠퇴·재생 과정을 주목하면서, 미국의 대도시들 이른바 글로벌 시티들은 왜 디트로이트처럼 쇠락의 길을 걷지 않는가 하는 점에 주목한 바 있다. 1960년대 말 미국의 청년운동 — 흑인 민권운동 과정에서 미국 노동자들의 임금이 상대적으로 높아지기 시작했고, 그 결과 공장들이 해외로 이전하기 시작하면서, 이른바 도시의 중산층이 공동화 — 해체화 되어 갔는데도, 어찌하여 뉴욕이나 LA와 같은 도시들은 쇠락은 커녕, 오히려 예전보다 더 혈기왕성한 도시로 살아남게 되었는지[16] 궁금했던 것이다.

그녀가 주목한 것은 이들 대도시에 등장하기 시작한 '생산자 서비스'였다. 해외로 이전한 생산네트워크를 관리하기 위한 시스템들이 특정 대도시들에 집중하기 시작한 것인데, 특히 금융·보험·디자인·법률서비스·보안서비스 등이 대도시에 집중하면서 글로벌시티가 형성될 수 있었다고 주장한다.

특히 뉴욕의 의류공업과 LA의 하이테크 공장들이 해외로 이전하면서, 중산층을 형성하게 된 노동자들이 도시를 빠져나가기 시작했지만, 보다 고임금을 받는 전문직들이 이들 도시에 유입되면서 도시는 쇠락의 길이 아닌 재생의 길로 접어들게 되었다는 것이다.

---

16 뉴욕, LA와 디트로이트를 비교분석한 글은 サスキア・サッセン, 앞의 책, 212면.

그녀는 물론 이들 고임금 전문직의 유입만을 주목하진 않았다. 이들 대도시에 새롭게 자리 잡은 '생산자 서비스'업 종사자 = 초고소득층의 소비를 해결해줄 또 다른 계층들의 필요성 또한 주목하였다. 금융·보험·생산자 서비스업 종사자들의 젠트리피케이션을[17] 받쳐줄 소품종 소량생산(탈 포드 시스템)의 유연한 생산 시스템, 곧 이들 초고소득층 전문직의 가구·신발·의류 등을 생산할 노동(숙련) 집약적인 비공식부문 생산 계층이 실은 그녀가 주목하고자 했던 핵심계층이었다. 이들은 기존 도시의 중산층 노동자가 양극분해되어 하방한 이들이거나, 직접 투자의 역 루트를 따라 흘러들어온 이주민들로,[18] 이너시티 영토화의 주역들이라 할 수 있다.

결국 1960년대 말 미국 주요도시에서 높아진 임금에 대한 자본의 대응이란, 해외로 생산기지를 옮겨, 중간 임노동자층을 해체시킴과 동시에, 금융업과 생산자 서비스업을 통한 세계 생산네트워크의 관리를 담당할 초·고임금 층의 유입, 그리고 이들을 떠받쳐줄 스웨트 숍 중심의 이너시티에 거주할 몰락한 중간임노동자층의 생성 및 이주 노동자의 유입을 추진하는 것이었다.

아무튼 분명한 것은, 근대 도시가 더 이상 직선적 시공간, 곧 끝없는 발전과 무한한 양적 성장을 담보하는 공간이 아니라는 점일 것이다. 저임금 노동자층이 성장 발전하여 중간 임노동자 층이 되었다고 생각

---

17 젠트리피케이션gentrification이란, 빈곤 등으로 열악해진 쇠락한 도심으로 고소득층이 흘러 들어와 도심지역을 재개발하게 되는 것. 따라서 그곳에 사는 빈곤 계층의 추방과 직간접적으로 연결되어 있다.
18 サスキア・サッセン, 『グローバル・シティ』, 筑摩書房, 2008, 317~318면.

하는 순간, 그들은 그 도시에서 배출되고, 금융·보험·생산자 서비스업을 중심으로 한 전문 초·고소득층과 이주 노동자 등을 중심으로 한 영세 비공식부문 노동자들이 도시를 재점유하게 되는, '중간 임노동자층 해체의 강제' 혹은 '저임금 노동자층의 재생산'과 같은 순환적 공간의 세계와 마주하게 되기 때문이다.

물론 서울과 한국의 수도권이 글로벌 시티 현상과 반드시 일치할 수도 없고 일치할 필요도 없다. 하지만 분명한 것은, 서울의 구로 수출공단 일대, 성수·성남 지역, 부천·인천 지역, 안양·안산 지역의 상대적 고임금층이 되어버린 중간층이 공장이전과 함께 사라진 곳에, 초·저임금층의 이주 노동자들이 광범위하게 등장하였고, 동시에 강남으로 대표되는 금융·보험·부동산·법률 서비스를 중심으로 하는 초·고임금 전문직층이 등장했다는 사실이다.

이 글에선 특히 1987년 이후 가리봉을 중심으로 영토화를 이루었던 농촌 출신의 여성노동자들이 어떻게 해체되어갔는지, 또한 중국 조선족을 중심으로 한 이주 노동자들이 어떻게 재영토화를 이루어 가는지를 중점적으로 살펴볼 것이다. 가리봉 시장은 주인만 바뀌었을 뿐 고단한 풍경은 개발독재시기의 시장 풍경과 그다지 다를 바 없다. 물론 고단한 풍경의 가리봉 시장은 사라지거나 바뀔 수도 있다. 하지만 분명한 것은 그럴 경우 서울과 수도권 어딘가엔 또 다른 가리봉 시장이 생겨날 것이고, 이들의 고단한 풍경은 돌고 돌아 서울과 수도권 어느 공간을 또 다시 차지하고 앉게 될 것이 분명하다.

3. 1987년 이후 가리봉의 재영토화

개발독재 시기 구로 수출공단에서 일하던 많은 여성노동자들이 가리봉 일대의 쪽방에서 생활하면서, 가리봉 일대를 다른 지역과 구별되는 저임금 여성 노동자들의 '영토'로 만든 이후, 1987년 이후 하나둘씩 가리봉을 떠나기 시작하자, 가리봉 일대의 쪽방촌은 잠시 가출 청소년들의 임시거처가[19] 된 적이 있다.

이후 이곳 쪽방촌을 다시 찾기 시작한 것은 중국 조선족들이다. 보다 분명하게 말하자면 한국사람들과 외모에 큰 차이가 없고, 어느 정도 의사소통이 가능해 한국에서의 서비스업에 종사가능한 제3시민과 제4시민들이라 할 수 있다.[20]

서울과 수도권의 차이 가운데 하나가 되겠지만, 수도권에 비해 서울엔 늘 훨씬 더 다양하고 많은 서비스업이 존재한다. 전문직 여성을 가사노동에서 해방시키기 위한 가정부 일거리, 간병, 식당 일거리 등은 아무래도 수도권보다 서울이 더 많다. 따라서 상대적으로 원활한 언어소통을 필요로 하는 이들 서비스업은 다른 이주노동자들보다 중국 조선족이[21] 우선적으로 간택되었다고 할 수 있는데, 이들이 수도권이 아

---

19 임상수 감독의 영화 〈눈물〉(2001)에서 이러한 풍경을 잘 그려내고 있다.
20 '제1시민'을 서울의 상대적으로 부유한 지역에 거주하는 한국 국적자라고 한다면, '제2시민'은 가리봉과 같은 서울과 수도권의 빈민가에 사는 한국 국적자가 될 것이다. 그럴 경우 '제3시민'은 농어촌 혹은 지방에 거주하는 한국 국적자, '제4시민'은 중국 동북 3성 출신 조선족이 될 것이고, '제5시민' 은 조선족 이외의 동아시아 출신 외국인 노동자들, 이들 중에 미등록(불법체류)이라면 불가촉천민으로 분류될 수 있다.
21 한국에 왜 필리핀 젊은 여성 가정부가 아닌, 조선족 중노년 여성 가정부가 정착하게 되었는지에 대해서는 이혜경, 「한국 내 외국인 가정부 고용에 관한 연구」, 『한국인구학』 27(2), 한국인구학회, 2004 참조할 것.

닌 보다 교통이 편리한 서울-가리봉에 그들의 집단 거주지를 만들게
된 배경 가운데 하나라고도 할 수 있다.

가리봉 일대에 새로 '디지털 단지'가 들어선다고 하지만, 가리봉시장
을 비롯한 가리봉 오거리 일대엔 여전히 쪽방촌이 대규모로 형성되어
있다. 개발독재시기와 1987년 이후 쪽방촌 사람들 사이에 가장 큰 차이
가 있다면, 국적을 제외할 경우 아마도 업종의 변화, 곧 저임금 생산직 업
종에서 저임금 서비스직 업종으로의 변화라 할 수 있다. 이들 지역만 보
자면 사센이 예언한 대로, 임금 인상된 노동계층을 몰아내고, 초·고임금
의 전문직을 받쳐줄 보다 저임금인 이주 노동계층을 영입한 셈이 된다.

> 쪽방을 열자 불이 켜져 있었다. 옆방 사람이 들어온 모양이었다. 작은 방
> 을 또 나누어 벌집 같은 쪽방을 만들었기 때문에 천정에 걸린 전등 하나가
> 두 방을 밝히게 되어 있었다.[22]

1987년 이후 가리봉 거주자의 생활은, 쪽방이 줄어든 크기만큼 더욱
열악해졌다고 할 수 있다. 따라서 초국가적 시스템이 어떻게 가리봉이
라는 로컬 공간으로 구체화되는지, 조선족 이주자를 초·저임금의 서
비스업종 종사자로 편입시키는 과정에서 국가는 어떻게 개입하는지
를 살펴보는 것은 무척 흥미로운 일이 아닐 수 없다.

최근 들어 가리봉 공간에 20~30대 조선족 이주자도 늘어나고 있는 추
세이지만,[23] 이곳 거주자의 대부분이 40~50대를 중심으로 한 중년 여성

---

22 박찬순, 「가리봉 양꼬치」, 2009, 89면.

이라는 것도 눈여겨볼만한 대목이다. 따라서 가리봉 재영토화 과정에서 드러난 이들 중년 여성들이 처한 '가족 이산' 문제는, 가리봉 공간을 이해 하는데 있어서 반드시 검토해야만 할 항목 가운데 하나라 할 수 있다.

공선옥의 작품집 『유랑가족』속에 들어있는 「가리봉 연가」는 1987 년 이후의 가리봉 풍경을 '가족'이라는 키워드를 중심으로, 국경 내부 와 외부의 이주 ─ 유랑의 과정을 꼼꼼하게 들여다 본 작품이다.

1) 초국가적 '유랑' 가족 : 중국 옌벤, 한국 농촌, 그리고 가리봉

소설 「가리봉 연가」에는 중국 흑룡강성 해림 출신의 명화와 승애, 해랑이 등장한다. 승애와 해랑은 불법밀항선을 타고 한국에 왔지만, 명화는 그런 것이 무서워 전라도 시골 마을 청년 기석과의 결혼을 통 한 합법 이주를 택했다. "땅 한 마지기 없이 가난한 주제에 애를 낳으라 고 들볶는 시부모에, 조카까지 딸린 생활 능력도 없는 남편"(61면) 탓에, 명화는 그를 유혹하는 건달과 함께 가리봉 행을 택한다.

명화는 물론 기석과의 결혼이 처음이 아니다. 중국 해림에서 용철과 결혼하였고, 둘 사이엔 딸 향미가 있다. 오빠는 간암에 걸려 가족 모두 어떻게든 돈을 구해야하는 터에, 남편 용철이 한국으로 돈 벌러 나간 남자 몰래 바람을 피우려던 여자와 정분이 나자,[24] 이혼을 하고 농촌

---

23 김현선, 「한국체류 조선족의 밀집거주 지역과 정주의식 : 서울시 구로 · 영등포구를 중 심으로」, 『사회와 역사』 87, 한국사회사학회, 2010, 250~251면.
24 1970년대 한국 사회에 이른바 '사우디(중동) 바람' 불었을 때 함께 불었던 부인들 춤바람

총각과의 결혼이주를 감행한다.

명화가 결혼이주를 거쳐 가리봉으로 가게 된 데는, 한국의 조선족 이주정책도 한 몫을 한다. 조선족의 한국 이주는 대략 1980년대 말부터 시작되었는데, 1988년부터 1993년 무렵까지 한국에 가면 약장사로 돈을 많이 벌 수 있다는 소문이 돌자, 너도 나도 친척방문 형태로 한국행을 하려 들었다. 그러자 한국은 1994년 이후부터 조선족의 국내입국을 제한하기 시작했는데, 그 결과 조선족들은 결국 사기피해를 입으면서까지 높은 브로커 경비를 지불하든가, 위장결혼을 동반한 결혼이주를 선택할 수밖에 없게 되었다.[25] 명화는 승애나 해랑과 같은 불법 이주가 싫어, 결혼이주라는 합법이주를 택했다.

결혼이주는 대부분 연쇄이주 혹은 세대이주로 귀결되곤 한다. 한국에 정착한 이주자가 또 다른 조선족 이주자를 초청하는 연쇄 이주는, 대부분 친족 혹은 친척을 초청하는 세대별 이주 양상을 초래한다. 이런 연쇄이주와 세대이주를 가능케 한 초국가적 네트워크가 가리봉을 '소수 민족 집단 거주지ethnic enclave'로[26] 만들었다고 할 수 있다.

그런데 여기서 주목해야 할 것은 연쇄이주를 가능케 했던 이들 초국적 네트워크의 독특한 성격이다.

현상과 비슷한 현상이 중국 조선족 사회에도 일어났던 셈이다.

25 이혜경·정기선·유명기·김민정, 「이주의 여성화와 초국가적 가족 : 조선족 사례를 중심으로」, 『한국사회학』 40(5), 한국사회학회, 2006, 268~272면.

26 이주민들은 '소수민족 집단 거주지ethnic enclave'를 통해, 환경변화에 따른 심리적 충격 완화와, 소수민족 고유의 경제구조 만들기, 문화적 전통 보존 등을 꾀한다. Abrahamson, M, *Urban Enclaves : Identity and Place in America*, New York : St. Martin's Press, 1996; 한성미·임승빈, 앞의 글.

어느 날, 한국에 가 있던 외사촌이 농촌 총각과의 결혼을 알선한다는 어떤 단체의 광고를 서울의 전철 안에서 봤다는 소식을 전화를 통해 전해주었다. 한국으로 가고 싶긴 하지만 외사촌처럼 불법체류자로 살아갈 자신도 없는 데다가 자신도 고향에서 농사를 지어봤기 때문에 한국에서도 얼마든지 농사짓고 살 자신이 있어 결혼을 결심했던 것인데, (…중략…) 중매를 선 단체 사람이 명화가 결혼만 해준다면 처갓집 식구들까지 다 한국으로 불러들일 수 있고 오빠 병까지 치료해준다는 말을 했다.

—「가리봉 연가」, 61면

명화에게 농촌 총각과의 결혼 광고를 알려준 것은 '외사촌'이다. 중매를 선 단체는 '오빠'도 불러올 수 있고, '처갓집 식구들'도 모두 초청할 수 있다고 꼬드긴다. 연쇄 이주가 이뤄지는 초청 루트가 여성가족 중심이다. 최근 조선족 가족에 관한 조사 역시 조선족이 가족을 초청할 경우, '시댁 식구'가 아닌 '친정집 식구' 네트워크를 통해 이뤄지는 경우가 훨씬 많다고 한다.[27]

1987년 이후 가리봉의 실질적인 경제력을 쥐고 있는 것은 여성 쪽이다. 조선족 여성의 경우, 가정부, 간병, 식당일 등 저임금이긴 하지만 각종 서비스 일거리가 널렸지만, 남성들을 필요로 하는 공사일은 공치기 일쑤여서 돈 모으기가 그리 만만치 않다.[28] 따라서 여성이 주도권

---

27 이혜경 등은 이들 네트워크를 '친정 식구 연결망'이라 불렀다. 이혜경 외, 앞의 글, 276~277면.
28 낮시간 대에 가리봉시장을 거닐다 보면, 여성들은 보이지 않고, 대부분 남성들이 술에 취해 어슬렁거린다. 여성들은 일하러 나갔지만, 건설일거리를 잡지 못한 남성들은 가리봉 일대에서 돈 버는 일보다 돈 쓰는 일이 더 많다.

을 쥐고 있는 조선족 마을의 네트워크 역시, 여성을 중심으로 움직일 수밖에 없기 때문에, '친정'을 중심으로 한 네트워크가 자연스럽게 형성될 수밖에 없다는 것이다.

조선족 네트워크가 여성 중심의 '시댁 네트워크'가 아닌 '친정 네트워크' 위주로 움직이게 된 것은, 물론 높은 이혼율 때문이기도 하다. 가족을 위해 중국 조선족 마을을 떠나오지만, 외로운 타향생활은 파혼과 재혼을 불러오기 마련이어서, '시댁 식구'란 무척 불편한 존재들로, 결국 '친정집 식구'들로 초국가적인 네트워크가 형성될 수밖에 없다.

여기서 주목해야할 것은 초국가적 '유랑' 가족, 곧 '초국가적 가족 현상'이다.[29]

　　지금 남편인 전라도 촌구석 사내 김기석이 얼굴은 안 떠올라도 흑룡강 해림에 두고 온 전 남편 용철이가 생각나는 것이다. 그 용철이와의 사이에 낳았던 아기 생각도 난다. 제 딸 향미는 지금 용철이 새각시하고 잘 살고 있을까. 그 여자가 향미한테 못되게 굴지는 않을까. 향미는 얼마나 컸을까. 향미 새엄마 되는 여자는 남편이 한국으로 돈 벌러 간 사이에 명화 남편 용철이와 일을 저질러버린 터였다.

　　　　　　　　　　　　　　　　　　　　　　　　　　　　　　　　—「가리봉 연가」, 60면

---

[29] '초국가적 가족' 현상이란 국경을 넘는 이주 과정에서 가족관계가 국가(혹은 국적)를 넘어 지속 유지되는 현상을 말한다. '그림자 가족'으로도 불리며, '계절적 고아'를 만들어내기도 한다. Basch, et al., *Nation Unbounded : Transnational Projects, post-colonial Predicaments, and Deterritorialized Nation-Statates*, Langhorne, PA : Gordon and Breach, 1994, p.6; 이혜경 외, 앞의 글, 261면.

승애는 돈을 쫓아 내 여기까지 왔노라며, 슬피 울었다. 나는 무얼 찾아 여기까지 오게 되었을까. 결국 가난이 나를 여기까지 오게 했지, 가난이. 용철이와 낳은 향미 얼굴이 (…중략…) 목을 빼고 돈을 기다리고 있을 고향의 부모가, 그 부모와 살았던 제 고향 해림의 흙바람 일던 골목이

—「가리봉 연가」, 100면

명화 가족을 '초국가적 유랑가족'으로 만든 이유는 무엇일까. 혼자 사는 승애는 '돈'이 자신을 가리봉까지 오게 만들었다고 하지만, 명화는 중국 해림의 남편과 딸을 떠나, 또 다시 전라도 촌구석 남편을 떠나게 된 이유란 '돈'이 아니라 '가난'이라고 중얼거린다.

'돈'이 능동태라면 '가난'은 수동태라 할 수 있다. 이 '수동태' 속엔 따라서 보이지 않는 어떤 시스템 같은 것이 들어있을 터인데, '상대적 과잉인구' 혹은 '세계체제', '분절된 노동시장'과 같은 시스템들이 명화의 탈·해림과 탈·전라도, 그리고 탈·가족에 관여했을 것이다. 초국가적 가족현상을 만들어낸 것은 이들 시스템이다.

기석이 명화를 찾아나서지 않는 진짜 이유는 따로 있었다. (…중략…) 첫째로, 마누라를 찾아 나서려도 돈이 없었다. 둘째, 그 마누라 찾아온다 해도 자기에게 돈이 없다면 다시 도망가지 못하게 할 자신이 없었다. (…중략…) 달곤도 미정이 엄마를 찾아내고도 너무도 달라져버린 미정엄마를 끝내 고향에 데려오지 못했다지 않은가. 기석이 명화를 만난다고 하더라도 명화가 용자 짝이 안 나 있으리라는 장담을 할 수가 없지 않은가.

—「가리봉 연가」, 75~79면

명화가 중국 해림과 전라도 촌구석으로 돌아갈 수 없는 초국가적 유랑가족 신세가 된 것도, 가리봉에서 봉제공장을 다니던 용자(미정이 엄마)가 명화를 따라 다시 서게 된 가리봉 오거리를 뒤로 한 채, 전라도 촌구석 남편 달곤을 따라 돌아갈 수 없는 것도, '가난'이 그들을 생활공간에서 계속 밀어냈기 때문이다. 가난(혹은 초국가적 경제 시스템)이 버티고 서 있는 한, 명화도 용자도 국경과 도·농의 경계를 넘어, 돌아갈 수 없는 끝없는 유랑의 길을 나설 수밖에 없을 것이다.

> 용자는, 소녀 시절에 와서 공장을 다니던 때 살다가 떠난 지 근 십 년하고도 수년이 흐른 지금 다시 이곳, 가리봉동으로 온 것이다. 십 수 년 전 돈을 벌러 처음 가리봉동에 들어섰을 때의 처지와 지금의 제 처지는 별반 다르지 않은데, 지금의 가리봉동은 예전 가리봉동이 아니다. (…중략…) 또 그때는 초등학교만 졸업하고 서울로 올라온 한마을 동무 선숙이를 찾아 이곳 가리봉동으로 왔지만 지금은 조선족 명화를 찾아온 길이다.
>
> ─「가리봉 연가」, 85면

일찍이 용자가 가리봉의 영토화에 실패했던 것처럼, 다시 가리봉에 선 용자도 명화도 초국가 시스템이라는 블랙홀에 그저 빨려들 뿐, 결국 가리봉의 재영토화에 실패하고 말지 모른다. 가리봉을 떠났던 용자가, 조선족 명화를 찾아 다시 가리봉을 찾았다는 것 자체가, 가리봉 공간이 더 이상 선형線形 발전의 공간일 수 없다는 것, 그곳이 순환적 시공간 ── 초국가적 게토의 운명임을 자백하는 것과 같다.

2) 국가가 만들어낸 불법의 영토 : 가리봉 공간을 바라보는 두 개의 시선

한국에 살고 있는 조선족은 2011년 7월 기준으로 46만 3천 명. 한국 국적을 이미 취득한 7만여 명을 더하면 이미 53만 명을 넘어섰다. 1990년 무렵 중국 내 조선족이 200만 명이었던 것을 감안한다면, 조선족 4명 중 1명은 중국을 떠나 한국에서 살고 있는 셈이다. 그중 약 65%가 서울에 거주하고 있으며, 가리봉 일대엔 불법체류(미등록 · 비정규) 조선족을 포함해 약 1만여 명의 조선족이 살고 있다.[30]

불법체류 조선족도 많이 늘었다. 1998년 9만 9천 명이던 불법체류자 수는 2000년에 18만 8천 명, 2002년엔 28만 9천 명에 달했다. 그중 중국 한족과 조선족이 절반을 차지했다. 이후 조선족에겐 방문취업제 등의 길이 열려 불법체류자가 많이 줄어들었으나,[31] 기간이 만료되는 2012년부터 다시 불법체류자가 급증할 것으로 예상된다.

가리봉 조선족 타운도 불법체류 환경과 결코 무관하지 않다. 가리봉 조선족 타운은 갈 곳 없는 불법체류 조선족들을 숨겨 주고 품어주었으며, 따라서 가리봉은 그들에게 어머니의 품과 같은 존재였다.

서울역 부근에 있는 노숙자 쉼터에 (…중략…) 며칠 뒤 쉼터로 짙은 눈썹

---

30 조선족은 서울에만 25만 명, 가리봉동 · 대림동 · 구로동 일대만 4만여 명이 거주하고 있다. 이하 통계자료는 http://www.immigration.go.kr(최종 방문일 : 2011.8.30); 김현선, 앞의 글, 241~251면; 한성미 외, 「소수민족집단체류지역Ethnic Enclave으로서의 연변거리의 장소성 형성 요인 분석」, 『한국조경학회지』 36(6), 2009, 85면 참조.

31 2010년 12월 현재 불법체류로 분류된 조선족 수는 23,161명으로, 불법체류자가 가장 많던 시기에 비해 대략 15% 수준으로 떨어진 상태다.

에 땅딸한 스포츠머리 사내 두 명이 찾아와 일할 사람을 찾았다. (…중략…) / "불법체류자 검거령이 내려" (…중략…) / 나는 겁이 나서 6개월 치 임금을 한 푼도 받지 못한 채 그 길로 가리봉동 쪽방으로 숨어들었다. 이튿날 해가 진 뒤에야 나는 내 고향과 같은 이름의 가게를 찾아와 무조건 일하게 해달라고 졸랐다.

—「가리봉 양꼬치」, 95면

조선족의 입국통제를 엄격하게 실시한 1994년 이후, 불법체류가 급격히 늘어나자 값싼 임대료에 몸을 숨겨주는 가리봉으로 조선족들이 하나 둘 씩 모여들기 시작했다. 그들이 가리봉으로 숨어들게 된 것은, 가

〈그림 3〉 가리봉 시장에 있는 '가리봉 양꼬치' 집과 '금단 개고기' 집

리봉엔 '고향과 같은 이름의 가게'가 있었고, 일자리에 관한 정보를 쉽게 얻을 수 있었을 뿐 아니라, 같은 처지에 처한 다른 조선족으로부터 당면한 불법체류 문제를 풀어갈 정보를 쉽게 얻을 수 있었기 때문이다.

하지만 불법체류라는 신분이 주는 공포와 불안은, 가리봉을 점차 '게토ghetto' 혹은 '이너시티inner city'로 만들어 갔다. 이를 더욱 부채질한 것은 '체불 임금 해결사'(「가리봉 양꼬치」, 74면)와 같은 폭력조직의 등장이다.

> 어디선가 머리를 박박 깎거나 스포츠형으로 바싹 치고 짙은 눈썹에 몸집이 건장해 보이는 사내들 몇이 중국말을 주고받으면서 지나갔다. 여름철엔 그런 사내들 팔뚝에 뱀이나 호박 모양의 문신이 새겨진 것을 쉽게 볼 수 있었다. 그것이 뱀파와 호박파를 뜻한다는 것은 나중에야 알았다.
>
> — 「가리봉 양꼬치」, 74면

> 나는 배를 쥐고 쓰러지면서 사내의 걷어붙인 팔에서 날름거리는 뱀의 혀를 보았다. 이제 내 몸은 그 칼의 감촉을 기억할 것이다.
>
> — 「가리봉 양꼬치」, 97면

> 뭔가 일을 꾸미느라 패거리로 몰려드는 단골이 있지 않은 한 철저히 유지될 것 같지 않은 다방이었다. 동포를 보호해준다고 다가와서는 도리어 뜯어먹고 사는 호박파나 뱀파의 아지트는 아닐까 의심이 들었지만 나는 분회를 믿고 싶었다.
>
> — 「가리봉 양꼬치」, 78면

〈그림 4〉 가리봉 시장에는, 한국과 중국의 식료품들이 뒤엉켜있다.

〈그림 5〉 한글과 중국식 한자가 뒤섞여 있어, 중국 조선족 마을을 연상케 한다.

소설 「가리봉 양꼬치」의 주인공 '나'는 양꼬치 레시피의 비밀을 지켜려다 결국 폭력조직 '뱀파'의[32] 손에 죽고 만다. 주인공 '나'가 좋아하는 동향인 중국 닝안 출신의 '분희' 역시, 가리봉 시장통 지하의 뱀파 아지트 '대륙 다방'에서 일하고, 주인공 '나'는 분희가 일하던 바로 그 다방의 조선족 폭력조직 뱀파의 칼에 살해된다.

소설 「가리봉 연가」의 주인공 명화도, 노래방 도우미 일을 끝내고 숙소인 여인숙으로 돌아가다 강도에 의해 살해된다. 영화 〈황해〉를 비롯해 많은 영화와 문학작품 속에서 조선족의 이미지가 조직 폭력배와 오버랩되는 경우가 많고, 가리봉 공간이 우범지대로 묘사되는 경우 또한 적지 않다.

가리봉 공간이 프랑스인이 거주하는 서래마을이나 요코하마의 차이나타운과 같은 우호적인 이미지가 아니라, 이처럼 무섭고 위험한 이미지의 소수 민족 집단 거주지가 된 이유는 무엇일까. 이를 알아보기 위해서는 먼저 조선족과 관련된 국가 층위의 법 제정 및 개정과정들을 꼼꼼하게 검토해볼 필요가 있다.

2003년 '고용허가제' 제정과 2004년 '재외동포법' 개정, 그리고 2007년의 '방문취업제' 실시와 같은 조선족 관련법들의 제정과 개정은, 가리봉 공간의 정체성을 형성하는데 있어서도 무척 중요한 의미를 지닌다.

가리봉이 조선족의 공간으로 변하게 된 가장 큰 계기는 2002년 불법 체류자들을 일시 사면해주는 조치를 취하면서부터이다. 재외동포법

---

32 조선족 폭력조직 '뱀파'는 중국 복건성을 거점으로 하는 유명한 밀입국 알선 브로커 폭력 조직 蛇頭를 연상시킨다. 밀입국의 송출·수송·영접 조직이 서로 다르며, 각기 청부 형식으로 일을 처리하기 때문에 전모 파악이 불가능한 상태라고 알려져 있다.

개정과 방문취업제 실시 등을 염두에 둔 조선족들이 가리봉을 중심으로 급속하게 몰려들었던 것인데, 문제는 당시 취해졌던 사면조치가 실은 2003년 통과된 고용허가제 법을 2004년부터 실시하기에 앞서 불법체류자들을 대거 정리하기 위해 내려진 조치였다는 것이었다.

실제 일시 사면과 동시에 불법체류자에 대한 대대적인 단속이 시작되었고, 2003년 말부터 2004년 초에 걸쳐 많은 이주노동자들은 이들 단속에 항의하거나 농성을 시작하였으며, 절망적인 상태에 빠진 많은 이주노동자들의 자살이 줄을 이었다.[33]

물론 이후 재외동포법 개정과 방문취업제 등을 실시하면서, 조선족 출신의 불법체류자 수는 급격히 줄어들었다. 10만이 넘던 조선족 불법체류자 수는 2006년 3만 7천 명으로, 2010년 12월엔 2만 3천 명 수준으로 줄어들었다. 하지만 방문취업제의 경우, 친족방문이 아닌 경우 한국어 시험에 통과해도 상당수가 취업비자를 받지 못했는데, 이는 국가가 매년 취업자 쿼터를 결정해 노동력의 수급을 결정했기 때문이다.[34] 방문취업제 5년 기한이 종료되는 2012년 이후도 문제다. 새로운 법적 조치가 취해지지 않는 한 또다시 많은 조선족들이 불법체류자가 될 수밖에 없기 때문이다.

'합법'과 '불법'을 결정하는 것은 '국가'이다. 하지만 조선족과 가리봉

---

33 박범신 소설 『나마스테』가 쓰여지게 된 배경 역시 2003년 말 이어진 이주노동자들의 계속되는 자살사건이었다. 신명직, 앞의 글.
34 방문취업제를 시행한 첫 해인 2007년에는 한국어 시험 합격자 2만 5천 명 전원이 H-2 비자를 받았지만, 2008년에는 합격자 7만 6천 명 중 절반가량인 3만 9천 명이 비자를 받지 못했고, 2009년에는 비자를 못 받은 사람들이 79%나 되었다. 한 해 6만 명이던 입국 쿼터는 2009년 1만 7천 명으로 줄어들었고, 2010년에는 신규 쿼터가 한 명도 없었다.

이 불법인간, 불법의 영토가 되지 않도록, 국가 주권이 보다 '보편적 인권'에 가까운 '시민권'이 되도록 한 것은, 조선족 자신이었다. 법 제정 및 개정을 위한 지속적인 항의와 농성, 청원과 같은 '민주적 반추反芻'[35] 과정은, 그들을 불법인간에서 조금씩 보통 인간으로 환원시켜 갔다.

그렇지만 오랜 기간 동안 우범지대로 인식되어온 가리봉 공간은 각인된 이미지로부터 좀처럼 벗어나지 못했다. 가리봉이 우범지대로 인식된 것은 1987년 이후에 새롭게 만들어진 것이 아니었다.

> 형. 여긴 우범지대예요. 사건사고 다발지역. 옛날에 여기 공장 많을 때 노동자들이 데모 많이 했잖아요. 그때 여기 경찰들이 데모 막느라 고생하다가 그다음에는 또 여기가 가출 청소년 아지트가 됐잖아요. 그 청소년들 선도하느라 고생하다가 지금은 또……
>
> ―「가리봉 연가」, 104면

수출공단 여성노동자들의 데모, 가출 청소년의 아지트, 불법 체류 단속과 폭력사범의 연속성은 가리봉 공간의 운명과도 같다. 노동자의 기본권을 억누르려던 국가권력이나, 보편적 인권을 무시하려는 국가권력은, 가리봉을 불법 공간으로 묶어둠으로써 보다 값싼 노동력의 제공을 얻어낼 수 있다는 점에서 동일하다. 가리봉이 개발독재 시기는 물론 1987년 이후에도 끊임없이 불법공간으로의 '순환'을 국가로부터 강요받아온 이유이기도 하다.

---

35 세일라 벤하비브, 앞의 책, 참조.

한편, 가리봉 공간이 조선족에게 언제나 불안하고 우울하며 비관적인 것이기만 할까. 외부의 '타자성'에 관한 선입견 같은 것이, 가리봉에 대한 부정적 이미지를 만들어냈을 수도 있다.

가리봉동으로 들어가려면 전철에서 내려 육교를 건너야 했다. 그 육교는 쉽게 볼 수 없는 파란 육교였다. 육교 전체에 초록색 인조 카펫을 깔아 놓아 계단을 오르내릴 때면 부드러운 감촉에 발길이 절로 가벼워졌다. 시내에 나갔다 험한 일을 당한 날에도 나는 그 파란 육교만 밟으면 고향 모퉁이에라도 들어선 것처럼 마음이 훈훈해왔다.

—「가리봉 양꼬치」, 88면

어머니와 아버지를 삼켜버린 동네였지만 나는 점점 가리봉동에 정이 들었다. 요즘에는 공단의 이름마저 디지털산업단지로 바뀌면서 시장 건너편에는 고층 건물들이 빽빽하게 들어서고 컴퓨터와 전자 부품회사들이 들어찼지만, 나는 가리봉동이란 이름이 훨씬 마음에 들었다. 손바닥만 하긴 해도 보증금 없이 월 10만 원이면 몸을 편히 누일 수 있는 쪽방이 있고, 불법체류자임을 훤히 알면서도 교포들을 받아주는 가게 주인들이 있기 때문이었다. 무엇보다도 '가리봉'이라고 말할 때 울리는 소리에는 시골 누나처럼 등을 기대고 싶은 따사로움이 있었다.

—「가리봉 양꼬치」, 88면

가리봉으로 들어서는 육교에 올라서기만 해도 조선족 주인공 '나'는 고향에 들어선 듯한 느낌을 느낀다. "파란 육교만 밟으면 고향 모퉁이에

〈그림 6〉 가리봉 시장에는, '중국 노래방' '중국 전화방' '용성반점' '파리 미용실' 등, 조선족의 일상생활에 필요한 물건들이 갖춰져 있다.

라도 들어선 것"같다고 한다. 가리봉엔 "월 10만 원이면 몸을 편히 누일수 있는 쪽방"이 있고, "불법체류자임을 훤히 알면서"도 그들을 "받아주는 가게 주인들"이 있다. 「가리봉 양꼬치」의 주인공 '나'는 '가리봉'이라는 말만 들어도 "시골 누나처럼 등을 기대고 싶은 따사로움"마저 느낀다고 한다.

　가리봉 시장터엔 조선족이 즐겨찾는 식료품, 의류, 전화방, 직업소개소들이 즐비하다. 한글과 한자가 섞여있고, 간판도 노란색과 붉은색이 많은 중국 동북지역 조선족 마을 분위기를 그대로 옮겨놓았다. 외부인이나 관광객을 위한 공간이 아니라, 조선족의 집단적 삶에 초점이 맞춰진 '내부자 중심의 생계형 공간'[36]이라 할 수 있다.

용자는 천천히 육교 아래로 내려섰다. / (…중략…) 알아먹을 수 없는 빨간 한자 글씨체의 간판이 반짝거린다. (…중략…) 진초록 상의에 진노랑 바지, 진초록 구두에 노랑 양말을 신은 여자가 바쁘게 지나간다. (…중략…) 술 취한 한 떼의 남자들이 중국식품점 안으로 들어가 금강산 옥수수면이 있느냐고 떼거리로 묻는다.

─「가리봉 연가」, 82면

앞에서 보면 작고 나지막한 옛날 집들이 피곤에 찌든 어깨를 서로 기댄 채 겨우 체면치레를 하고 서 있고 (…중략…) 언제 주저앉을지 모를 만큼 폭삭 삭어버린 것처럼 보이는 거리는 간판에서 언뜻언뜻 보이는 붉은색으로 인해 겨우 기운을 찾는 듯이 보였다.

─「가리봉 양꼬치」, 74면

외부인의 눈으로 가리봉을 볼 경우, 가리봉은 이국적인 간판과 디자인과 함께 위협적인 느낌을 주거나, 더럽고 위험하다든가, 불쌍하다는 느낌을 줄 수 있다. 하지만 내부자인 조선족들에게 가리봉은 늘 고향의 품처럼 따뜻하고 편하다는 느낌을 준다고 한다.[37] 가리봉 공간이 내부자-조선족에게만 '전유'되고 있다는 것은, 역으로 외부자들로부터 점점 더 '고립'되어 간다는 것을 의미한다고 볼 수 있다.

---

36 한성미·임승빈, 앞의 글, 86면.
37 실질적인 범죄율은 오히려 줄어들고 있지만, 가리봉의 한국인 주민들은 여전히 선입견에 따른 부정적 인식에 사로잡혀, 조선족 마을을 가로질러 가는 것조차 꺼려한다고 한다. 한성미·임승빈, 앞의 글, 88면.

조선족 출신의 가정부에 대한 외부자의 선입견 또한 마찬가지이다. 미국과 유럽지역에서 가정부로 일하는 필리핀 여성들과 마찬가지로, 유입국 내 어디에도 의지할 데 없는 무소속감에 무기력한 공황상태에[38] 빠져있을 것이라는 선입견들과 달리, 조선족 가정부들에 관한 최근 조사에 따르면 이들은 향후 자식세대의 출세에 대한 굳건한 믿음과 분명한 직업의식, 초국가적 네트워크 등을 통해 유연하면서도 강인한 모습을 보여주고 있었다.[39]

가리봉은 관련법을 통한 국가의 통제를 일상적으로 받아오면서 불법 영토란 이미지가 강하지만, 가리봉 조선족 공간의 외부자가 느끼는 것과 달리, 내부자들은 오히려 가리봉 공간을 편하고 푸근한 생계형 공간으로 인식하고 있었다. 가리봉 공간에 대한 '전유'와 '고립' 현상이 지속되어 오는 가운데, 둘 사이의 접점은 잘 보이지 않는다. '전유'와 '고립'이 아닌 공유와 공생의 출구를 찾아내기란 그리 쉬워 보이지 않는다.

3) 가리봉이라는 로컬리티 : 임시적 · 유동적 '소수민족 집단 거주지'

조선족은 서울과 수도권 중에서 왜 특히 가리봉을 그들의 집단 거주지로 정한 것일까. 필리핀 공동체가 혜화동 성당과 같은 가톨릭 교회를 중심으로 형성되고, 이슬람 공동체가 모스크를 중심으로 형성되

---

38 파레냐스는 로스엔젤레스와 로마에서 초국가적 가족 현상을 유지하며 가정부로 일하는 필리핀 여성들을 조사한 결과 심각한 무소속감에 빠져있었으며 총체적인 탈구적 상황에 처해 있었다고 하였다. 라셀 살라자르 파레냐스, 『세계화의 하인들』, 여성문화이론연구소, 2009.
39 이혜경 외, 앞의 글.

듯, 소수민족의 집단 거주지가 형성될 때는 그 나름의 이유와 조건이 있기 마련인데, 조선족이 가리봉을 택한 이유는 그다지 분명치 않다. 편리한 교통과 싼 임대료 이외에 딱히 다른 이유를 찾기가 쉽지 않다.

나는 지하철 7호선을 타고 가산디지털단지역에서 내려 가리봉동 쪽으로 향했다. 이곳은 지하철에다 시흥대로와 만나는 큰 길이 시원스럽게 뚫리고 버스도 많아 교통만은 시내 어느 곳 못지 않다.

―「가리봉 양꼬치」, 87면

가리봉에 구로수출공단이 들어서게 된 데는, 경부선과 경인선 철도, 그리고 경인고속도로와 같은 교통편의성 때문이다. 그 후 지하철 2호선과 7호선까지 추가되었으니, 가정부, 간병, 식당일과 같은 저임금 서비스업에 종사하는 조선족에게, 싼 임대료와 편리한 교통시설을 갖춘 가리봉보다 더 적합한 주거지는 서울과 수도권에서 찾기 힘들었을지 모른다.[40]

문제는 서울시가 가리봉시장을 포함한 가리봉동 125번지 일대를 재개발하겠다는 계획을 세우고 있다는 점이다. 2015년까지 이곳에 비즈니스 센터와 상업단지, 주거단지, 생태공원 등을 갖춘 복합 주거단지 형태의 디지털 산업단지를 만들겠다는 것이다. 서울시 혹은 구로구·영등포구와 같은 하위 국가 단위―로컬 단위의 정책이 소수민족 집단

---

[40] 최근 설문조사에 의하면, 가리봉 일대에 거주하는 이유로 '일터가 가까워서'를 39.5%, '집 값이나 임대료가 싸서'를 26.8%, '친척이나 친구가 가까이 있어서'로 10.7% 각각 꼽았다. 김현선, 앞의 글, 248면.

거주지의 운명에 관여하기 시작한 것이다.

흥미로운 것은 지금까지 서울과 수도권을 중심으로 여러 곳에서 재개발 논의가 이루어져 왔지만, 특정 지역이 재개발된다고 해서 게토화, 혹은 이너시티화된 공간이 사라지는 것이 아니라는 점이다. 다만 장소를 옮겨 존재할 뿐인데, 최근 조선족의 집단거주지역도 가리봉 시장 주변에서 대림동 시장 쪽으로, 다시 성수동 건대입구역 쪽이나 창신동 동대문지역 쪽으로 옮겨가고 있다. 지하철 2호선이라는 교통시설의 편리성과, 이들 지역이 개발독재 시기에 저임금 노동자들의 값싼 주거지가 형성되었던 곳이기 때문이라는 분석도 있다.[41]

하지만 이들이 지속적으로 조선족의 집단 거주지를 유지할 지는 의문이다. 무엇보다 '초국가적 가족현상'이 문제라 할 수 있다. 이혼과 재혼이 많긴 하지만, 여전히 중국은 다시 결합해야할 가족이 있는 곳이고, "중국이 더 발전하고 있는" 상황에서, "애들 교육도 중국에서 시키는 게 낫다"고 생각하는 조선족들이[42] 늘고 있기 때문이다.

또 다른 이유는 지속되는 불법체류와 관련된 불안감이다. 해랑이와 함께 밀항선을 타고 김포순댓국집에서 하루 17시간씩 일을 하다 끝내 가리봉에서 '복래반점'을 열게 된 「가리봉 연가」의 성공한 조선족 승애는, 늘 자신이 불법체류자라는 사실에 불안해 하며, 미국에로의 또 다른 이주를 꿈꾼다.

---

41 「조선족 1% 시대①: 팽창하는 조선족 타운」, 『연합뉴스』, 2011.7.4.
42 한성미·임승빈, 앞의 글, 88면.

불법체류자에 대한 단속이 극심해질 때면 승애는 오히려 명화를 부러워하기도 했다. (…중략…) 명화더러, 한국 국적 얻으려고 순진한 한국 남자 꼬셔서 위장결혼을 했던 게로구나, 라고 말하며 (…중략…) 승애는, 저 자신이 요즘 미국 시민권을 가진 교포와 결혼을 해서 미국으로 들어갈 꿈을 꾸고 있는 중이었다. 그런데 그 교포가 나이 많은 장애인이라고 했다. 승애야 어차피 결혼이 목적이 아니라 미국으로 들어가는 것이 목적이니까

—「가리봉 연가」, 62면

물론 승애처럼 미국행을 꿈꾸는 것이 아니라 중국으로의 역이주를 꿈꾸는 경우가 더 많다. 방문취업자(H-2비자) 수는 29만 명으로 조선족 전체의 60~70%를 차지한다. 5년 단수로 들어온 이들의 비자가 끝나는 것은 2012~2019년이다. 별다른 조치가 취해지지 않는다면 합법적 조선족 취업은 불가능하다.[43] 이들이 보다 많은 가능성을 갖고 있는 중국이 아니라 한국에서 불법취업을 감행하면서까지 앞으로도 계속 조선족 집단 거주지에 남으려 할지는 의문이다.

'비자발적 국적 취득' 혹은 '상황선택형 정착'이 아니라 '자발적 정주의지'를 가진 사람들이 늘고 있기 때문에, 가리봉의 조선족 집단 거주지는 일시적인 공동체가 아니라 확대 발전 되며 정착할 것으로 보는 견해도 있지만,[44] 그렇게 낙관할 수 없다고 보는 견해도 있다.

---

43 부분조사이긴 하지만, 조선족이 서울에서 필요로 하는 가정부의 40%, 간병인 70%를 담당하고 있다는 조사결과도 있다. 「조선족 1% 시대②:50만 상생의 파트너」, 『연합뉴스』, 2011.7.5.
44 '상황선택형 국적 취득' 예상자의 경우, 타 외국인이 37%인데 비해, 조선족의 경우 68%의 의사표명을 하고 있으며, 가리봉 일대에서 거주하는 조선족들은 50%이상의 영주 의사

자영업화하는 결혼이주 여성의 움직임이 거의 없거나 아주 미미하고, 불법체류자가 여전히 많다는 점, 한국보다 중국이 더 발전할 것으로 판단해 중국으로의 역이주가 발생할 가능성이 높다는 점 등이, '조선족 집단 거주지'가 정착하기 힘든 조건이라는 것이다.[45] 물론 무역 중개업처럼 결혼 이주 여성들 스스로가 영업할 수 있는 일거리가 많이 생겨나거나, 합법체류자가 보다 많아질 경우, 가리봉과 같은 '조선족 집단 거주지'는 유지·정착될 수 있을 것이라는 견해도 있다.

가리봉의 조선족 집단 거주지가 '임시적·유동적'이어서 지속될지 어떨지의 여부는 이처럼 '로컬 층위'에서의 다양한 검토가 필요한 것이 사실이다. 서울시가 추진하는 가리봉 시장 일대의 디지털 산업단지 재개발 정책이나, 대림동, 성수동, 창신동 지역에서의 재개발 정책들이 로컬 층위에서 검토되어야 할 사안들에 해당된다.

하지만 이러한 로컬 층위의 사안들은 초국가적 층위 혹은 국가 층위의 사안들과 밀접하게 연관되어 있을 뿐 아니라 긴밀하게 상호작용하고 있고, 그 결과에 따라 가리봉 조선족 타운이 '소수민족 집단 거주지'로 정착할 수 있을지 역시 판가름 날 것이다.

중국과 한국의 노동시장이 앞으로도 분절된 상태로 유지될 것인지, 중국 동북 3성의 조선족들이 앞으로도 한국의 산업예비군으로 존속될지의 여부 등이 '초국가적' 층위에서의 검토사안이라면, '방문취업제' 혹은 '재외동포법'의 개정, 혹은 새로운 이주관련 법의 제정 등은 '국가'

를 보이고 있다. 김현선, 앞의 글, 252~260면

45 이혜경 외, 앞의 글, 290면; 이혜경, 「혼인이주와 혼인이주 가정의 문제와 대응」, 『한국인구학』 28(1), 한국인구학회, 2005, 89~93면.

층위에서의 검토사안이라 할 수 있다.

지금까지 가리봉 공간에 대한 검토를 해오는 과정에서 초국가적, 국가적 층위에서의 검토는 많이 이루어져온 편이지만 로컬 층위에서의 검토는 그다지 이루어져 오지 않은 것이 사실이다. 하지만 생활이 이루어지는 곳은 로컬이며, 공간에서 살아갈 권리＝주권 또한, 국가·초국가 단위의 주권 이상으로 로컬 단위의 주권이 갖는 의미는 크다. 각 단위의 영토 주권, 특히 로컬 단위의 주권에 대해서는 다음 절에서 좀 더 살펴보기로 하자.

4. 가리봉의 영토주권

'주권'이란 종종 '국가 주권'과 동의어로 사용되곤 한다. '영토'도 마찬가지다. '영토'라고 할 때 곧바로 '국가 영토'를 연상시키기 때문이다. 하지만 '영토주권'과 '국가주권'은 동의어가 아니다. '지방참정권'처럼 '국가'가 아닌 '로컬' 단위의 '영토주권'도 존재하기 때문이다. 유럽연합 시민권처럼 '초국가' 단위의 '영토주권'도 물론 존재한다.

그렇다면 가리봉 조선족에게 '영토주권'은 어떤 의미를 지닐까. 그들은 '영토주권'과 같은 '생활'할 권리 이전에 '생존'할 수 있는 권리, 곧 체류／정주 할 권리를 무엇보다 앞세워 요구할지 모른다. 불법체류자란 '그림자 인간'과 같은, 존재를 부정당한 존재이기 때문이다.

나 역시 룽이 형처럼 언제든 붙잡히거나 불의의 사고로 죽어 경찰서 장부에 무연고 사망자로 기록되기 전엔 이 나라 어느 인명부에도 이름이 오를 리 없는 불법체류자였다. (…중략…) / "다른 병원에도 없대요? 그럼 무연고 행려자로 분류돼 매장됐을지도 모르죠."

─「가리봉 양꼬치」, 82면

아침 TV에서는 대림동 어느 여인숙 앞에서 가방에 든 채 발견된 시신은 지린성 출신 중국 교포인 것으로 밝혀졌다고 보도되었다. (…중략…) / 아무튼 중국교포들은 이 나라 인명부에 기록이 없으니 주민으로서 보호받지 못하는 것만은 확실해 보였다.

─「가리봉 양꼬치」, 87면

이제 내 몸은 차가운 쇠붙이의 느낌을, 내 이름을 이 나라 인명부 어디엔가 등록되게끔 해준 고마운 쇠붙이였다.

─「가리봉 양꼬치」, 97면

소설 「가리봉 양꼬치」 주인공 '나'의 고향 선배 '룽이 형'도, 한국에 나와 일하다 행방불명이 된 '나'의 어머니도, 아침 TV 뉴스에 나온 지린성 출신 교포 시신도, 그리고 주인공 '나' 역시 '이 나라 인명부'에 이름이 올라있지 않다. 죽어서야 그들은 처음으로 '이 나라 인명부'에 이름을 올렸다. '존재하지 않는다'는 존재의 권리를 죽어서야 비로소 획득한 것이다.

하지만 가리봉 공간엔 '불법체류자'의 생존 공간만이 아닌, 다양한 층위의 생활 공간과, 그 삶을 위한 다양한 층위의 '영토주권'들이 존재한다. 여기서 문제가 되는 것은 '로컬' 층위의 영토주권과, '초국가' 층위의 영토주권이다.

이를테면 이주노동자의 지방참정권이라고 하더라도, 그때의 '지방'이 '가리봉'을 의미할지는 미지수이다. 일본 가와사키 시의 조례처럼, 지역주민과 함께 만들어가는 가리봉이라는 공간 / 영토의 주권이[46] 가리봉 조선족에겐 더 필요할지 모른다.

> 간호보조원 출신인 경수 아내 미순은 요새 구로성당 옆에 있는 파랑새공부방에서 임시교사로 일하고 있다고 했다. (…중략…) 강산이 엄마가 공부방에 강산이를 데리고 다니거든요. 아마 거기서 옮은 것 같아요. 그러고 보니까 나도 근지럽네. 하여간 온 식구가 요새 이 때문에 밤에는 이 잡는 재미가 쏠쏠하다니…… 까요. (…중략…) 미순씨, 언제 인영이가 만든 짜장떡복이랑, 예쁜 꽃만두랑 냠냠 맛있게 먹을 수 있나요? / 인영이 엄마가 중국 연변에서 왔는데 지금 오거리에서 그런 거 만드는 식당 하잖아요.
>
> —「가리봉 연가」, 72~73면

조선족 이주가 시작된 지 20년이 넘는 만큼, 이제 가리봉 공간은 중국 옌벤 출신의 인영이 엄마처럼, 이주 1.5세대 혹은 2세대의 육아와 교육 문제를 해결해야 하는 공간이 되었고, 한국인 강산이 엄마와 함께 교육문제를 논의해야하는 공간이 되었다. 교육과 보건과 환경을 한국인 주민과 함께 이야기하며 만들어갈 '가리봉 주권'에 대한 보다 면

---

[46] 외국인의 지방참정권은 영주권자denizen 시민권의 한 형태이다. 영주권자의 시민권뿐 아니라, 미등록 외국인을 포함한 정주 외국인의 인권, 곧 시민적 권리, 사회적 권리, 정치적 권리에 대한 총체적인 검토, 특히 로컬 층위에서의 이들 주권에 대한 검토가 필요하다.

밀한 검토가 필요하다.

'로컬' 층위의 영토주권이 아닌, '초국가' 층위의 영토주권에 대해서도 살펴볼 필요가 있다. 가리봉 조선족에게 '국가를 가로지르는' 문제로 제일 먼저 떠오르는 것은 아마도 '이중국적'문제일 것이다. 이주해온 자신만을 생각한다면 한국 국적을 취한들 아무런 문제가 없겠지만, 2세를 위해 중국 국적을 유지하고 싶어해하는 조선족들도 많다.

> 그 처가 건방지게끔 웬 한국 남자를 달고 와서는 으쓱해하더니 아이한테 용돈 몇 장 던져주고 휙 사라졌더랍니다. 사나이는 분을 못 이겨 어떡하든 한국으로 갈 마음을 먹고 뿌로커한테 인력거부 생활을 해서 번 돈을 주고 한국에 오긴 왔지만 그 아이들은 어찌하겠습니까 그리하야 인차 청소년 성교육 문제 또한 심각하단 말입니다.
>
> ―「가리봉 연가」, 97~98면

'초국가 가족' 문제는 '이중국적' 문제를 해결한다고 해서 해결되는 문제가 아니다. 한국 가리봉과 중국 해림의 사람들이 함께 해결해 나가야할 문제라 할 수 있다. 여기서 제기되는 것이 '초국가적 영토주권' 곧 동아시아 지역단위의 영토주권이다. 이미 유럽연합 시민권의 형태로 그 선을 보인 바 있는 지역단위의 영토주권이 가리봉을 사는 조선족에겐 무척 절실하다. 국가를 가로지르는 가족 문제, 노동 문제, 환경 문제는 이미 어제 오늘의 문제가 아니다. 가리봉은 동아시아 차원에서의 '초국가 영토주권'[47]을 논의해갈 현장이자 발신지이다.

다시 닭장집 남겨진 방안

주인공 : (냉장고 옆에 노트를 찢어 뭔가를 붙여놓았다)

주인공 : 가리베가스 5번지에 이사 오신 걸 축하드려요. (한글로 써놓은 걸 무슨 뜻인지 모르겠다고 한다)

주인공 : 저는 이 방에서 5년을 살다 갑니다. // 창문에 걸려있는 블라인드는 그냥 놓고 갈게요. // 여름에 아주 덥거든요. // 필요 없으시면 버리셔도 되구요. // 근데 하수구에 있는 테니스 공은 버리지 마세요. // 올라오는 냄새가 아주 심하거든요. // 환풍기는 자주 틀어놓으시구요. // 여긴 환풍이 잘 안 돼서.

주인공 : 그래도 여긴 가리봉동에서 제일 해가 잘 드는 옥상이 있어요. // 그래서 빨래들을 거기에 널어 놓으면, 뽀송뽀송 아주 잘 마르거든요. // 그리구…… (외국어) 어느 나라 분일지 모르지만…… // 이 집을 나가실 땐 부디 꿈을 꼭 이루고 가세요.

– 〈가리베가스〉 (16'57"~17'56")

끝으로 가리봉을 떠나는 자와 새롭게 가리봉으로 들어오는 이를 함께 그린 영화 〈가리베가스〉를 통해, 가리봉 영토주권을 만들어가는 과정에서 꼭 필요한 것이 무엇인지를 살펴보자. 내용은 무척 간단하다.

구로공단에 있던 공장이 화성으로 옮기자 주인공 김선화는 잠시 홈쇼핑회사 비정규직 면접을 봤지만 공장을 따라 가리봉 닭장집을 떠나

---

47 유럽연합 의회와 같은 '동아시아 공동체 의회'가 만들어지기 이전 단계의 '초국가 영토주권'에 관한 규약·조례화와 분야별 논의가 필요하다.

기로 했는데, 그녀는 자기가 살던 방으로 들어오게 될 필리핀인인가 베트남 사람에게 냉장고와 블라인드, 그리고 하수구의 냄새가 올라오지 않게 해줄 테니스공을 건네주고 떠난다. 새로 이사 오게 된 두 사람은 남긴 쪽지는 읽을 수 없지만, 주인공이 읽어 주는 대로 부엌으로 하수구로, 창가로 이동하며, 언어가 아니라 마음으로 소통을 이뤄낸다. 끝내 가리봉의 영주권자가 되지 못했던 주인공이 새로운 이주자의 영주를 빌어주는 대목이자, 가리봉 닭장집을 살아왔던 이들과 장차 그곳을 살아갈 이들과의 소통을 그린 것이다.

　신경숙의 『외딴방』에서 '옥상'이 가리봉을 살아서 빠져나온 자와 그렇지 못한 자 사이의 소통의 공간이었듯, 영화 〈가리베가스〉의 주인공 역시 그들을 가리봉동에서 제일 해가 잘 드는 곳 '옥상'으로 인도한다. 인간이 할 수 있는 한 가장 잘게 나눈 공간 — 닭장집에서, 나뉘어진 그 모든 것을 통합해줄 가리봉 닭장집의 광장인 '옥상'은, 그녀가 가리봉에서 계속 살아갈 친구와의 우정이 아직도 남아 있는 공간이다. 하지만 그곳은 가리봉을 디지털 단지로 바꾸어가려는 '크레인'의 음모가 가장 잘 올려다 보이는 곳이기도 하다.

참고문헌

김선민 감독, 〈가리베가스〉, 2005.
공선옥, 「가리봉 연가」, 『유랑가족』, 실천문학사, 2005.
박찬순, 「가리봉 양꼬치」, 『발해풍의 정원』, 문학과지성사, 2009.
신경숙, 『외딴방』, 문학동네, 1999.

김예림, 「이동하는 국적, 월경하는 주체, 경계적 문화자본」, 『상허학보』 25, 상허학
　　　회, 2009.
김현미, 「국제결혼과 '다문화가족'의 출현」, 『내일을 여는 작가』 48, 작가회의 출판부,
　　　2007.
김현선, 「한국체류 조선족의 밀집거주 지역과 정주의식 : 서울시 구로 · 영등포구를
　　　중심으로」, 『사회와 역사』 87, 한국사회사학회, 2010.
문재원, 「문학담론에서 로컬리티 구성과 전략」, 『한국민족문화』 32, 부산대 한국민
　　　족문화연구소, 2008.
문형진, 「한국 내 조선족 노동자들의 갈등사례에 관한 연구」, 『국제지역연구』 12(1),
　　　한국외대 국제지역연구센터, 2008.
박배균, 「초국가적 이주와 정착을 바라보는 공간적 관점에 대한 연구 : 장소, 영역, 네
　　　트워크, 스케일의 4가지 공간적 차원을 중심으로」, 『한국지역지리학회지』
　　　15(5), 한국지역지리학회, 2009.
박배균 · 정건화, 「세계화와 잊어버림의 정치 : 안산시 원곡동의 외국인 노동자 거주
　　　지역에 대한 연구」, 『한국지역지리학회지』 10(4), 한국지역지리학회, 2004.
방민호, 「닭을 안은 소녀의 행로」, 『작가세계』 50, 세계사, 2001.
복도훈, 「연대의 환상, 적대의 현실」, 『문학동네』 49, 문학동네, 2006.
서혜지, 「가난한 사람들의 유랑과 가족의 해체」, 『비평문학』 34, 한국비평문학회,
　　　2009.
설동훈, 「외국인노동자와 인권 : '국가의 주권'과 '국민의 기본권' 및 '인간의 기본권'의
　　　상충요소 검토」, 『민주주의와 인권』 5(2), 전남대 5 · 18연구소, 2005.
_____, 「국제노동력이동과 외국인노동자의 시민권에 대한 연구」, 『민주주의와 인
　　　권』 7(2), 전남대 5 · 18연구소, 2007.

오경석, 「어떤 다문화주의인가?」, 『한국에서의 다문화주의 : 현실과 쟁점』, 한울아카
　　데미, 2007.

우한용, 「21세기 한국사회의 다양성과 소설적 전망」, 『현대소설연구』 40, 한국현대소
　　설학회, 2009.

이귀우, 「비판적 다문화주의와 문학연구」, 『인문논총』 6, 서울여대 인문과학연구소,
　　1999.

이민주, 「가리봉동과 재중동포의 이산문화」, 『플랫폼』, 인천문화재단, 2008.

이철우, 「탈국가적 시민권은 존재하는가」, 『경제와사회』 79, 비판사회학회, 2008.

_____, 「주권의 탈영토와 재영토화 : 이중국적의 논리」, 『한국사회학』 42(1), 한국사
　　회학회, 2008.

이혜경, 「한국 내 외국인 가정부 고용에 관한 연구」, 『한국인구학』 27(2), 한국인구학
　　회, 2004.

_____, 「혼인이주와 혼인이주 가정의 문제와 대응」, 『한국인구학』 28(1), 한국인구
　　학회, 2005.

_____, 「한국 이민정책의 수렴현상」, 『한국사회학』 42(2), 한국사회학회, 2008.

이혜경·정기선·유명기·김민정, 「이주의 여성화와 초국가적 가족 : 조선족 사례를
　　중심으로」, 『한국사회학』 40(5), 한국사회학회, 2006.

정혜경, 「2000년대 가족서사에 나타난 다문화주의의 딜레마」, 『현대소설연구』 40, 한
　　국현대소설학회, 2009.

조동기, 「이주자에 대한 사회적 거리와 시민권에 대한 태도」, 『한국인구학』 33(3), 한
　　국인구학회, 2010.

조희연, 「민주주의의 지구적 차원」, 『경제와사회』 79, 비판사회학회, 2008.

조희연 외, 「'민주화 이후 민주주의'와 경제적·사회적 독점의 변형적 재편」, 『아시아
　　민주화와 사회경제적 불평등의 동학』, 한울, 2009.

진기행, 「근대성에 관한 역사철학적 탐구」, 『철학논총』 19, 새한철학회, 1999.

칼 폴라니, 『전 세계적 자본주의인가 지역적 계획경제인가 외』, 책세상, 2002.

케빈 그레이, 「'계급 이하의 계급'으로서 한국의 이주노동자들」, 『아세아연구』 116,
　　고려대 아세아문제연구소, 2004.

한건수, 「비판적 다문화주의 : 한국적 다문화주의의 모색을 위한 인류학적 성찰」,
　　『다문화 사회의 이해』, 동녘, 2008.

한경구, 「다문화 사회란 무엇인가」, 『다문화 사회의 이해』, 동녘, 2008.

한성미·임승빈,「소수민족집단체류지역(Ethnic Enclave)으로서의 옌볜거리의 장소성 형성 요인 분석」,『한국조경학회지』36(6), 한국조경학회, 2009.

원병호,『나는 독일의 파독 광부였다』, 한솜미디어, 2004.
주성수,『글로벌 가버넌스와 NGO』, 아르케, 2001.

라셀 살라자르 파레냐스, 문현아 역,『세계화의 하인들(Servants of Globalization : Women, Migration and Domestic Work)』, 여성문화이론연구소, 2009.
마르코 마르티니엘로, 윤진 역,『현대사회와 다문화주의 : 다르게 평등하게 살기』, 한울, 2002.
세일라 벤하비브, 이상훈 역,『타자의 권리』, 철학과현실사, 2008.
アルジュン アパデュライ(Arjun Appadurai), Modernity at Large : Cultural Dimensions of Globalization,『さまよえる近代 : グローバル化の文化研究』, 平凡社, 2004.
今村仁司,『近代性の構造』, 講談社, 1994.
李洙珍,「韓國における非正規滯留者と合法化をめぐる現狀」,『非正規滯在者と在留特別許可』, 日本評論社, 2010.
伊豫谷登士翁,『グローバリゼーションと移民』, 有信堂, 2001.
內田孟男,「東アジアにおける地域ガバナンスの課題と展望」,『東アジア共同體への道』, 中央大學出版部, 2006.
近藤敦 外,『非正規滯在者と在留特別許可』, 日本評論社, 2010.
サスキア サッセン(Saskia, Sassen), 森田桐郎 譯,『勞働と資本の國際移動』, 岩波書店, 1992.
_____,『グローバル・シティ』, 筑摩書房, 2008.
_____, Territory, Authority, Rights : From Medieval to Global Assemblages,『領土·權威·諸權利』, 明石書店, 2011.
ジョン トムリンソン(John Tomlinson), Globalization and Culture, 片岡信 譯,『グローバリゼーション : 文化帝國主義を越えて』, 靑土社, 2000.
申明直,「主權の脫領土化と東アジア市民 : 韓國小說『ナマステ』を中心に」,『海外事情研究』78, 海外事情研究所, 2011.
鈴木江里子,『日本で働く非正規滯在者』, 明石書店, 2009.
メアリ カルドー,『グローバル市民社會論』, 法政大學出版局, 2007.

ユルゲン ハーバーマス, 高橋昌行 譯,『他者の受容』, 法政大學出版局, 2004.

Abrahamson. M., *Urban Enclaves : Identity and Place in America*, New York : St. Martin's Press, 1996.

Basch, Linda, et al., *Nation Unbounded : Transnational Projects, post-colonial Predicaments, and Deterritorialized Nation-Statates*, Langhorne, PA : Gordon and Breach, 1994.

Carens, Joe, "Aliens and Citizens : The Case for Open Borders", *Theorizing Citizenship*. NY : SUNY Press, 1995.

Cox, K., *Political Geography : Territory, State, and Society*, Oxford : Blackwell, 2002.

Feldblum, Miriam, "Reconfiguring Citizenship in Western Europe", Challenge to the Nation-State : Immigration in Western Europe and United States, Oxford Univ. Press, 1998.

Jacopson, David, *Rights Across Borders : Immigration and the Decline of Citizenship*, Johns Hoppkins Univ, Press, 1997.

Jessop, Brenner and Jones, "Theorizing Socio-Spatial Relations", Environment and Planning D : Society and Space 26(3), 2008

Michelman, Frank, Brennan And Democracy, Princeton Univ, Press, 2005.

Soysal, Yasemin, Limits of Citizenship : Migrants and Postnational Membership in Europe. Univ. of Chicago Press, 1994.

Storey, D., *Territory : the Claming of Space*, Pearson, Harlow, 2001.

Walzer, Michael, "Spheres of Justice : A Defense of Pluralism and Equality", 山口晃 譯, 『正義の領分 : 多元性と平等の擁護』, 而立書房, 1999.

Young, Iris Marion, *Justice and the Politics of Difference*, Princeton Univ. Press, 1990.

진실 화해를 위한 과거사 정리 기본법에 기초한 민족독립규명위원회, 「파독 광부·간호사의 한국 경제 발전에 대한 기여의 건 : 2008년 하반기 조사 보고서」, 2008.8.5.

「조선족 1% 시대① : 팽창하는 조선족 타운」, 『연합뉴스』, 2011.7.4.

「조선족 1% 시대② : 50만 상생의 파트너」, 『연합뉴스』, 2011.7.5.

http://www.immigration.go.kr(검색일 : 2011.8.26).

옌볜조선족자치주의 공간 변화와 상상력 *

박정희 · 조명기

1. 옌볜 공간의 특수성

박병광은 중국의 소수민족정책 과정을 영토적 통합(1942~1957), 정치적 · 사상적 통합(1958~1976), 경제적 통합(개혁개방 이후)으로 구분한 바 있다.[1] 이런 설명은 중국의 소수민족정책을 개괄적으로 이해하는 데 유효하다. 소련의 해체와 맞물려 신장위그루자치구新疆維吾爾自治區의 분리 독립운동이 본격화되자 중국은 주로 국경지역에 있는 소수민족 자치지역을 동화, 융화시키는 정책을 더욱 적극적으로 시행하기 시작

---

* 이 글은 「옌볜조선족자치주의 공간 변화와 상상력」(『국제지역연구』16(3), 2012)을 수정 · 보완한 것이다.
1 박병광, 「중국 소수민족정책의 형성과 전개」, 『국제정치논총』40(4), 한국국제정치학회, 2000, 432~437면.

하는데 그 주요 대상지는 서부의 신장위그루자치구와 시짱자치구西藏 自治區(이하 티베트로 기재) 그리고 동북지역의 네이멍구자치구內蒙古自治 區와 옌볜조선족자치주延邊朝鮮族自治州(이하 옌볜으로 기재) 등이었다. 21C 들어 대규모로 시작된 서부대개발이 서부 내륙 소수민족자치지역의 경제를 성장시키기 위한 프로젝트라는 점에서 볼 때, 경제 발전은 현 재 중국의 소수민족정책에서 핵심인 것으로 보인다.[2] 이 서부지역은 중국이 국가를 보호하기 위해 철의 장막steel and iron wall을 설치하는 지 역인데,[3] 서구가 인권의 각도에서 티베트 문제를 제기할 때마다 중국 정부가 내세우는 반론에는 항상 티베트의 경제 발전이 포함되어 있다.

그러나 위와 같은 접근법은 세 종류의 통합이 순차적으로 이루어지 는 듯한 착각을 유발할 수 있다. 철의 장막은 장막 밖에 존재한다고 의 심받는 원심력을 차단함으로써 중앙정부의 구심력을 서부지역의 유 일한 힘의 원천으로 만드는 데 기여한다. 분리 독립 운동의 내부발생 적 측면을 한사코 외면하는 중국 정부의 입장에서 볼 때 외부에서 침 입할 수 있는 길을 차단하는 것은 비단 경제적 통합만을 의미하지는 않는다. 경제적 통합과 영토적, 정치적·사상적 통합은 유기적인 상호 영향관계에 있다고 보아야 한다. 칭짱철도青藏鐵道와 인구의 이동, 중 국의 사회주의 시장경제는, 경제적 통합의 성격이 다소 우세하다고 하 더라도 세 차원에서의 통합 전체를 목표로 한다.

2　Elena V. Barabantseva, "Development as Localization : Ethnic Minorities in China's Official Discourse on the Western Development Project", *Critical Asian Studies* 41(2), 2009, pp. 243~244.

3　Yang Faren and Yang Li, *The Western Development Project and the Minority Question*, Beijing : People's Press, 2004, p. 27.

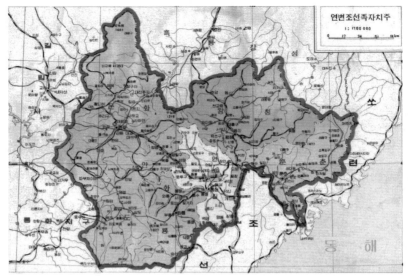

연변조선족자치주
1 : 1700 000

〈그림 1〉 옌벤 지도[4]

반면 동북부 지린성吉林省의 옌벤의 경우는 서부지역과는 그 성격이
다소 다르다.(그림 1) 소수민족정책을 포함해 중국의 정책들은 일률적이
거나 교조적이지 않으며 각 지역에서 개진되는 상향적 의견을 반영하
여 탄력적으로 운영된다.[5] 서부지역이 근대적 의미의 민족국가적 시각
에서 여전히 영토적, 정치사상적, 경제적 통합의 문제가 진행 중인 상태
라면, 옌벤은 세 차원의 통합이 비교적 오래 전에 어느 정도 해결된 상태
다. 200년 남짓한 청나라의 봉쇄정책(1668~1860)으로 인해 이 지역 일대
는 인간이 거주하지 않는 공간이었다. 식량 재배를 위해 소수의 조선인

4　연변인터넷방송(http://www.ybrt.cn), 최종 방문일 : 2013.5.1.
5　원상철, 「중국 개혁개방시기 지역발전의 거버넌스 모형 : 연변 조선족 자치주의 경우를
　　　중심으로」, 숭실대 박사논문, 2008, 70면.

〈그림 2〉옌지에 있는 옌볜렬사릉원延邊烈士陵園의 혁명렬사기념비와 옌볜혁명기념관

들이 몰래 이곳을 이용하다가 일제강점기에는 일제와 기근을 피해 많은 조선인들이 이곳으로 이주했다. 조선이라는 국가를 잃은 이들은 일본과 중국으로부터 동시에 박해를 받았지만 중국인과 마찬가지로 일제에 저항한 사람들이었고, 한국전쟁 기간에는 중국군에 참여하여 북한을 도와 미국에 맞섰던 사람들이었다. 영토적 통합에 있어 결정적이었던 것은 이 지역을 중국에 반환한다는 조항이 포함된 카이로회담의 성과와 중국공산당의 토지 무상분배였다. 중국공산당은 건국 직후 토지의 무상몰수, 무상분배를 실시함으로써 영토의 실질적 주권자임을 천명했으며, 무상분배의 혜택을 입은 조선인들은 중국공산당에 대한 충성심을 강화시켰다.(그림 2) 그리고 중국 건국 이전, 이 지역의 조선공산당은 중국공산당보다 더 큰 규모였음에도 불구하고 중국공산당에 흡수

되는 길을 선택하여 장제스와 맞섰다. 1930년대의 항일영화〈중화의 아들딸中華儿女〉(1939)이[6] 항일에 참여한 조선 공산당 출신 여성을 "위대한 혁명의 동반자"로 묘사한 데서 알 수 있듯, 조선족은 중국공산당의 1당 독재에 기여했으며 두 민족 사이에 정치적·사상적 갈등은 없었다. 나아가 건국 초기에는 동북 3성(랴오닝성遼寧省, 헤이룽장성黑龍江省, 지린성)의 중공업이 중국 경제를 주도하고 있었음을 볼 때 옌볜은 경제적 통합의 대상이 이미 아니었다.

그럼에도 불구하고 옌볜과 조선족은 보이지 않는 균열이 내장되어 있는 의심스러운 공간이고 구성원이었다. 문화혁명기의 영화〈지취위호산智取威虎山〉(1970)은[7] 조선족을 "협잡꾼, 밀고자" 등 부정적이고 신뢰할 수 없는 사람들로 묘사했다. 가장 중요한 이유는 옌볜 일대의 공간적 성격에 있었다. 옌볜은 고국에서 월경한 몇 안 되는 소수민족의 자치지역 중 경제적으로 발전한 고국이 인접해 있는 유일한 공간이다. 1960년대 북한은 기근에 시달리는 옌볜의 조선족들에게 식량을 제공했으며, 근래 들어서는 그 역현상이 발생하고 있다. 게다가 이 옌볜 일대는 역사주권을 둘러싸고 한국과 중국의 분쟁이 이어지는 공간이다. 중국과 한국은 부여와 고구려, 발해라는 옛 왕조를 자신의 역사에 편

---

6 선시링沈西苓 감독이 중앙영화제작사中央電影攝影場에서 제작한 영화이다. 이 영화는 실제로 있었던 1936년 동북지역 무단강牡丹江 일대의 동북연합군에 속했던 여성전사 8명의 항일 투쟁 실화를 바탕으로 하였다. 여성전사 8명 중 1명은 조선족 출신의 여성 공산당원이었다.

7 셰톄리謝鐵驪 감독이 베이징영화제작사北京電影制片厂攝制에서 제작한 영화이다. 취보曲波의 소설『임해설원林海雪原』(1958) 중 '智取威虎山' 부분만을 발췌 각색하여 희곡으로 공연하다가 지앙칭江青의 주도로 혁명양판희樣板戲〈智取威虎山〉(1966)으로 개작하였다. 국공내전기 동북지역의 비적을 소탕하는 내용이다.

〈그림 3〉 한국 입국 관련 업체가 많은 옌지

입시키고 있다. 그리고 1992년 한중국교 수립 이후 옌벤은 한국의 자본주의적 시장경제에 직접적으로 영향을 받는 공간이 되었다. 중국의 경제보다는 한국의 경제 상황이 옌벤의 경제에 더 큰 영향을 미쳤다.

조선족 인구의 1/4 가량이 한국 관련 기업에 취업하고 있으며, 이들이 송금하는 금액은 옌벤 GDP의 1/3에 달했다.[8] 옌벤의 주도인 옌지延吉에는 한국 취업·방문 관련 업체들이 즐비해 있고 한국 관광객을 상대로 하는 서비스업이 발달해 있다. 중국의 경제가 동부 연해에 집중된 사이 옌벤은 급격히 쇠퇴하면서 한국의 자본주의 시장경제권에 포섭되었다.(그림 3)

옌벤 공간과 조선족에 대한 중국의 의심은 소련의 해체를 목도하면서

---

8   박광성, 『세계화시대 중국조선족의 초국적 이동과 사회변화』, 한국학술정보, 2008, 143면.

불안으로 증폭되었고 이 불안은 실질적이고 강력한 정책으로 이어졌다. 서부지역의 소수민족자치구를 통합하기 위한 서부대개발에 이어 옌벤 일대를 겨냥한 동북공정東北工程과 창지투長吉圖개발개방선도구계획(이하 창지투계획)이 발표되었다. 이 개발계획은 명목상으로는 옌벤의 상위 단위인 지린성의 발의로 이루어졌지만, 중앙정부 핵심관료 원자바오溫家寶의 지시와 중앙정부가 국가전략으로 비준한 최초의 국경지역 개발 계획이라는 국가적 차원의 지원이 발의의 앞뒤를 호위했다.

민족을 자치의 단위로 삼는 것이 아니라 민족 '지역'을 자치의 단위로 삼는다는 소수민족정책의 원칙에 비추어,[9] 중국의 중앙정부는 민족이 아니라 공간을 설계함으로써 소수민족정책을 수립해가고 있음에 유의해야 한다. 서부지역에 비해 상대적으로 미국과 서양의 관심에서 먼 옌벤은 중국이 철의 장막을 둘러야 할 필요가 없는 공간이다. 오히려 그보다는 역사적 · 지정학적 이유로 중국 내부발생적인 의심과 불안이 상존해 있는 공간이며, 나아가 중국모델로까지 주목받게 된 중국식 사회주의 시장경제가 동북아시아경제 혹은 세계경제와 공간적으로 조우할 수 있는 공간이다. 중국의 중앙정부가 옌벤의 공간 위상을 어떻게 상상하고 계획하는가 하는 문제는 불안한 소수민족을 어떤 방식으로 통합하면서 동아시아에서 중국의 지위를 재구축할 것인가 하는 문제와 연결되어 있다.

이 글에서는 상상력이란 개념으로 이 문제들에 접근하고자 한다. 상상력은 환상이나 허구를 비현실적으로 공상하는 능력을 가리키는 것

---

9 왕후이, 송인재 역, 『아시아는 세계다』, 글항아리, 2011, 213면.

이 아니다.[10] 인간은 독립적으로 존재하는 대상 세계가 그 스스로 연속성을 갖는 대상들로 구성된 것이라는 믿음을 갖고 있는데, 상상력은 감각적인 인상뿐만 아니라 공간들의 배열까지도 원래 지각될 때와는 달리 생산할 수 있는 종합적인 구성능력, 단순 관념들을 결합하여 특정한 복합 관념을 구성하는 능력을 가리킨다.[11] 본질적으로 통합적인 파악 방식인 상상력은 이성의 위험한 적이 아니라 대상에 대한 이성적 인식 그리고 기억, 감각, 오성 등을 두루 포괄하는 개념인 셈이다. 이 상상력은 대체로 유사성, 인접성, 인과성 등에 따른 관념 연합의 원리principle of association of ideas에[12] 의해 작동한다.

이 글이 국가의 정책·시책이나 비전이란 용어 대신 상상력이란 용어를 사용하는 이유는 두 가지이다. 우선은, 국가의 정책·시책 등으로 표상되거나 수렴되기 힘든 '부재하는 현전現前, absent presence', 근대적 이성의 영역으로는 증명하기 힘든 비가시적인 각종 사회·문화적 아비투스 등을 적극적으로 고려하기 위해서이다. 중국이라는 국가와 한국으로 표상되는 민족, 그리고 자본제적 신자유주의라는 경제적 요인 등 각종 층위의 영향력이 직간접적으로 옌벤이라는 공간에서 동시적으로 작동하고 있다는 점을 주목하는 데 상상력은 유용한 용어이다. 둘째, 일방적이고 환원가능한 절대적 주체가 아닌 상대적인 상호주체가 옌벤 공간에서 충돌하고 있다는 역동성을 강조하기 위해서이다. 각

---

10 박승억, 「상상력에 관한 현상학적 연구」, 『철학과 현상학 연구』61, 한국현상학회, 2011, 73면.
11 홍병선, 「상상력의 철학적 근거 : 흄의 상상력 이론을 중심으로」, 『철학탐구』24, 중앙대 중앙철학연구소, 2008, 124~127면.
12 D. Hume, *A Treatise of Human nature*, ed. L. A. Swl by-Bigge, Oxford, 1978, pp. 11~13.

종 관념들을 종합적으로 구성할 수 있는 능력은 주체에 따라 상대적일 수밖에 없다. 옌볜 공간에서 작동하고 있는 국가, 민족, 자본, 옌볜 거주민 등 각종 구성 권력들은 옌볜 공간을 규율하는 근대의 일방적이고 권위적인 단일 주체가 아니라 상대를 염두에 둔 복합주체들이다. 공간은 중립적인 범주나 객관적이고 순진한 영역이 아니라 사회적 구성물로서 사회적이고 물질적인 실천을 통해 생산된다.[13] 옌볜 공간을 재편하고 새로이 생산하는 것은 복합주체들의 상상 방식과 이 방식들의 관계 양상이다. 주체의 대상화를 강조하는 상상력이란 개념은, 권력의 상대성과 옌볜 공간의 유동성을 설명하고 한국의 민족 이데올로기를 대상화하는 데 유용할 것이다. 나아가 옌볜 공간과 조선족을 대상이 아니라 주체로 인식하는 데에도 도움을 줄 것이다.[14]

옌볜과 조선족에 대한 연구는 일일이 거론하기 힘들 만큼 많이 축적되었다. 조선족의 정체성과 한국의 정책, 중국정부의 소수민족정책, 디아스포라, 조선족의 이주와 옌볜조선족자치주의 해체, 거버넌스 모형, 옌지의 건축과 도시화 과정, 무역활성화 방안, 옌볜어, 조선족 문학 등, 한국 학자와 조선족 학자는 각 학문 분야별로 아주 많은 연구를 진행했다. 그러나, 이 연구들이 각 분과 학문별로 이루어지다 보니 옌볜조선족자치주와 조선족에 대한 통합적인 지식체계를 생성하는 데 애로가 있었다. 각종 주체들의 상상력이 옌볜 공간에 어떻게 침윤해 있으며 이 공간을 어떻게 생산하는지를 살펴보는 이 글은 기존 연구들

---

13 앙리 르페브르, 양영란 역, 『공간의 생산』, 에코리브르, 2011, 23~36면.
14 상상 주체에 따라 상상이 진행되는 구체적인 방식은 상이하다. 이 글에서 사용하는 상상 방식이란 용어는 상상의 인식적 토대, 전개 방식, 상상의 구조 등 주체에 따라 상대적이고 개별적인 상상의 전개 양상을 가리킨다. 즉, 상상력의 구체적인 발현태라고 할 수 있다.

사이의 연결을 호소하는 작업이기도 하다. (공간적) 상상력이라는 출발점은 심도 깊은 간학제성, 다학제성의 모델을 제시하는 데 기여할 수 있기 때문이다.[15] 이에 따라 이 글은 옌볜 공간에 대한 주체별 상상 방식과 상호 영향관계를 살펴본다. 2절에서는 외부(주로 한국)의 상상 방식에 대해, 3절에서는 상위단위(중국)의 상상 방식에 대해, 4절에서는 옌볜 조선족들의 상상 방식에 대해 분석한다.

2. 옌볜 공간에 대한 외부의 상상 방식

1) 민족주의 이데올로기의 충돌과 '텅 빈 공간'의 탄생

중국은 옌볜 지역에서 영토적, 정치사상적, 경제적 통합의 문제를 동시에 해결하려 했다. 한국은 중국의 이런 과제 해결에 유리하거나 불리한 환경을 조성했다. 왜냐하면 한국이 이 공간에 접근하는 태도는 이중적이고 제한적이었기 때문이다. 한국이 이 공간에 개입하는 방식은 경제적인 차원에서보다는 역사적 상상과 향수의 관점에서 주로 이루어졌다. 옌볜 일대는 과거 부여와 고구려, 발해 같은 비교적 강건한 왕조국가에 대한 자기만족적 기억이 상상적으로 재현되는 공간이며, 일제에 맞서는 조선독립운동의 흔적들이 집중적으로 각인되어 있는 공간이다. 민족 단위에서 유효한 이런 역사 표상체들은 마찬가지로 민족적

---

15 김무경, 「상상력과 사회 : 질베르 뒤랑의 '심층사회학'을 중심으로」, 『한국사회학』 41(2), 한국사회학회, 2007, 335~336면.

차원에서 신성한 산으로 인식되어온 창바이산長白山(한국명 백두산)과 엮여 한국인들에게는 성지순례와 같은 하나의 관광경로를 구축했다. 옌볜 일대에 대한 한국인들의 역사적 상상은 우파적 민족주의 이데올로기의 성격을 강하게 띠고 있었다. 소련의 해체를 불안한 눈으로 목도했던 중국은 막대한 자금을 들여 역시 우파적 민족주의·애국주의에 기반한 동북공정을 실시했다. 옌볜 일대의 항일유적지와 창바이산에 대한 접근은 허용했지만, 고구려 등 옛 왕조들의 유물에 대한 접근은 엄격하게 통제했다. 항일이라는 두 국가의 공통된 기억 표상체에 대한 한국인의 접근은 비교적 자유로웠지만, 민족국가의 경계를 문제시할 수 있는 기호들에 대한 접근은 물리적으로 차단되었다. 물론 이 물리적인 차단 자체가 민족국가로서의 중국의 위엄을 과시하는 것이기도 했다.

그러나, 한국인과 조선족의 관계에는 별다른 제약이 없었다. 민족이 아니라 공간의 성격에 대한 조절이 중국의 소수민족정책의 기본방침인 이유도 있었지만, 또 하나의 이유는 민족주의 이데올로기에 깊이 침윤된 한국인의 공간적 상상이 이곳의 거주민인 조선족에 대한 상상으로 연결되지 않았다는 데 있었다. 한국 사회는 옌볜 일대의 공간과 그곳의 거주민인 조선족을 분리시켰다. 한국의 이런 태도는 외환위기 직후인 1999년에 제정된 '재외동포의 출입국과 법적 지위에 관한 법률'에서 잘 드러난다. 이 법의 목적은 한국 노동시장의 유연성을 확보하기 위해 재외동포의 한시적이고 순환적인 한국 취업을 유인하고 재외동포 특히 재미교포의 투자를 유도하기 위한 것이었다. 그런데 이 법은 재외동포의 범위를 '대한민국 국적을 가진 해외 영주권자', '대한민국 국적을 가졌다가 외국 국적을 취득하면서 국적을 포기한 사람과 그 직계 존비속'으로 제한함으로써, 1948년 정부 수립 이전에 한반도를 떠났던 중국 조선족과 구소련의 고려사람Koryo-saram, Корё сарам을 민족의 범위에서 제외해버렸다.[16] 한국은 제도권 교육을 통해 옌볜을 포함한 그 일대를 찬란했던 옛 왕조들의 공간 혹은 항일의 공간으로 규정하면서 한국의 역사로 학습시키는 반면, 그 공간의 현 거주자이자 동일 민족인 조선족은 외국인으로 규정했다.[17]

한국 사회가 옌볜 공간과 조선족을 분리한 데에는 몇 가지 이유가 있는 것으로 보인다. 가장 표면적이고 일차적인 이유는 중국 정부의 반발이었다. 1998년 한국 정부가 혈연주의에 입각하여 동포 개념을 적용하려 했을 때, 중국 정부는 조선족 관리에 부정적인 영향을 미칠 수 있다는 우려를 강력하게 표명했고 한국 정부는 중국과의 외교마찰 가능성을 걱정했다.[18] 두 번째는, 한국 사회의 우파적 민족주의 이데올로기는 옌볜이라는 공간에서 상상적으로 소비되기를 원했다는 점이다. 근대와 탈근대의 교체기라고 할 수 있는 1990년대 중·후반부터 개인주의가 확대되었고 이에 대한 불안으로 안정적인 과거의 공동 가치를 추구하는 경향 또한 대두되기 시작했다. 옌볜관광이라는 장소신화 관광은 민

---

16 양은경, 「민족의 역이주와 위계적 민족성의 담론 구성 : 『조선일보』의 조선족 담론 분석」, 『한국방송학보』 24(5), 한국방송학회, 2010, 211면; 오타 타카코, 「'在外同胞法' 개정을 둘러싼 談論分析 : 朝鮮族에 관한 爭點을 중심으로」, 『한일민족문제연구』 7, 한일민족문제학회, 2004, 162~163면.

17 물론, 재외동포법 제정 및 개정을 둘러싼 논쟁이나 방문취업제 도입을 통한 일종의 우대 조치 등, 한국 사회가 조선족과 옌볜을 민족주의 담론에서 쉽게 분리하지 못하고 있음은 사실이다. 그러나, 이런 부분적인 포섭에도 불구하고 조선족이 외국인으로 간주·분류되어 있는 데는 변함이 없다.

18 구지영, 「이동하는 사람들과 국가의 길항관계 : 중국 조선족과 국적에 관한 고찰」, 『동북아문화연구』 27, 동북아시아문화학회, 2011, 27면.

족주의 이데올로기를 상상적으로 배출함으로써 역사의 정당성과 현대의 견고함을 인식하는 계기로 활용되었다.[19] 즉, 옌볜이라는 공간이 신자유주의 체제의 혼종성 · 가치 혼재 혹은 부재 등에 대한 한국 사회의 내부 불안을 가상적으로 해소할 수 있는 상품으로 등장하게 된 것이다. 옌볜 일대에 산재한 역사 표상체들은 한국 관광객들이 소비하고자 하는 민족주의 이데올로기에 진정성을 부여하면서[20] 옌볜을 타자로 규정하는 데 기여했다. 민족의 관념을 역사적 실체로서 증명하는 가장 보편적인 방식 중의 하나는 영토성에 기반한 경계 짓기이지만,[21] 한국 사회는 근대의 산물인 관광을 통해 옌볜을 상상적으로 소비하기만을 원했다. 이때 조선족은 관광 · 소비의 대상이 될 수 없었다.(그림 4, 그림 5)

한국이 옌볜 공간과 조선족을 분리한 마지막 이유는, 이를 통해 한국 기업이 중국에 진출하는 데 중요한 토대를 구축할 수 있었다는 점이다. 자본제적 신자유주의의 흐름에 적극적으로 편승하려 했던 한국의 기업들은 중국의 값싼 노동력을 이용하기 위해 중국으로 공장을 이전하기 시작했다. 그러나 한국과 중국이 수교하던 1992년은 물론이고 최근까지도 옌볜 일대는 교통망을 제대로 갖추지 못해 물류 수송에 불리한 지역이었다. 그래서 한국 기업은 한국과 지리적으로 가까운 중국 동부 연해지역 특히 칭다오青島 지역으로 대거 진출했다. 그러나 남북 분단으로 인해 여전히 냉전의 시대를 살았던 한국에게 있어 거대시장이자 주변부였던 중

---

19 인태정, 『관광의 사회학 : 한국 관광의 형성 과정』, 한울, 2007, 198면.

20 존 어리, 「관광사회학」, 크리스 쿠퍼 편, 고동완 역, 『포스트모던 관광의 이해와 연구』, 교문사, 2008, 15면; 닝왕, 이진형 · 최석호 역, 『관광과 근대성』, 일신사, 2004, 88면.

21 Benwell, Bethan and Stokoe, Elizabeth, *Discourse and Identity*. Edinburgh : Edinburge University Press, 2006.

〈그림 4〉 윤동주 생가

〈그림 5〉 일송정

국은 매혹적이면서도 낯선 곳이었다. 한국 기업은 정치적·문화적 간격을 메워줄 조력자를 필요로 했는데 조선족이 적격이었다. 옌볜을 비롯해 동북 3성에서 집성촌을 이뤄 살았던 조선족들 역시 한국 기업의 수가 급증하는 칭다오로 이동하는 것을 경제적인 신분 상승의 기회로 인식했다. 소수민족자치지역을 벗어날 경우 소수민족의 각종 혜택을 포기해야 하고 도시 호구를 갖지 못한 이유로 여러 불이익을 감내해야 했지만, 조선족들은 인적 네트워크를 통해 대부분 개별적으로 이동을 감행했다. 나아가 조선족은 '코리안 드림'을 꿈꾸며 외국인 신분으로 합법적 혹은 불법적으로 한국행에 올랐다. 그 사이 옌볜에서 조선족이 차지하는 비율은 1952년 62%에서 2005년 33%로 대폭 감소했다.[22] 옌지를 제외한 옌볜 전체 조선족의 비율은 급감하는 데 반해 옌지의 조선족 비율에는 큰 변동이 없는 데서 드러나듯,[23] 옌볜의 조선족들은 칭다오나 한국으로 이주하거나 옌볜의 주도인 옌지로 몰려들었다. 현재 조선족들은 조선족 공동체의 해체를 우려하고 있는데, 이는 한국 기업이 옌볜 공간과 조선족을 분리함으로써 조선족의 이동을 촉진한 데도 근본 원인이 있다. 옌볜에 대한 한국의 상상은 공간의 역사성에 대한 상상에 집중되었고, 현재의 거주민인 조선족은 옌볜 공간에서 유리된 채 자본의 흡인력에 이끌려 칭다오와 한국으로 향했던 것이다. '확장되는 한민족 네트워크'로 긍정적으로 평가되기도 하지만, 실제 공간에서 추방당한 조선족들은 인터넷 등을 통해 말 그대로

---

22 이재하·김석주, 「연변조선족자치주의 지역성 변화에 관한 세계체제론적 분석 : 산업을 중심으로」, 『한국지역지리학회지』 13(4), 한국지역지리학회, 2007, 462면.
23 박광성, 앞의 책, 72면. 2007년 3월 16일 옌지시 통계국이 발표한 「200년 국민경제 사회 발전 및 통계공보」에 의하면, 2005년 말 현재 옌지의 조선족 비율은 57%를 유지하고 있다. 곽승지, 『동북아시아 시대의 연변과 조선족』, 아이필드, 2008, 85면.

<그림 6> 옌벤 조선족의 한국 이주는 옌벤의 시골이 공동화되는 데 결정적인 요인으로 작용하고 있다.

'상상의 공동체'를 형성하는 데 상대적으로 집중할 수밖에 없다.[24] 결과적으로, 한국은 장소place로부터 공간space을 분리시키는 지극히 근대적인 현상을 옌벤에서 유발함으로써 중국정부가 옌벤을 새롭게 구성할 수 있는 토대를 제공했다.[25]

옌지를 제외한 옌벤 공간의 거주민은 한족으로 대체되어 갔다. 일종의

---

[24] 이들은 조글로 등 인터넷 공간에서 각종 정보를 주고받으며 또 다른 이동을 기획한다. 그들은 정주보다 이동에 적합하게 길들여져 있는 상태인데, 물론 이것은 자본제적 신자유주의의 일면이다.

[25] 가치 중심적인 장소place가 안전·안정·영속의 자질을 강하게 지닌 구획되고 인간화된 공간이라면, 장소보다 추상적인 공간space은 개방성·유동성·광대함이란 자질을 강하게 지닌 개념이다. 공간은 우리가 익숙해졌다고 느낄 때에야 장소가 된다. 이 푸 투안, 구동회 외역, 『공간과 장소』, 대윤, 2007, 19~20·94면.

진공상태라고도 할 수 있는 이 짧은 교체기와 맞물려 중국 정부는 옌볜을 새롭게 기획하고 발전시켜야 할 '텅 빈 공간'으로 규정했다. 옌볜이라는 컨테이너가 수용할 새로운 지역 정체성은 중국이 구상하는 국가상의 일면이기도 했다. 이 '텅 빈 공간'의 정지작업은 역사적인 측면에서 시작됐다. 옌볜과 한반도 내 북쪽 지역에 걸쳐 존재했던 옛 왕조를 중국의 역사로 편입시키기 위한 작업인 동북공정이 그것이다. 우파적 애국주의의 성격을 강하게 지닌 이 거대한 프로젝트는 조선족의 감소 현상과 겹치면서 중국에 의한 옌볜 일대 공간의 '발견'이라는 의미를 지니고 있었다.

3. 중국 정부의 상상력과 옌볜 공간의 재편

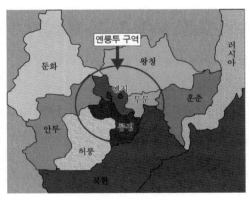

〈그림 7〉 옌룽투 계획도[27]

옌볜 공간의 '발견'은 엔클로저의 은유적 형태인[26] 경제 활성화라는 가치 · 궁극적 목적을 부여받으면서 정당화되었다. 경제 활성화라는 목표를 위해 중국 정부가 선택한 방법이 공간적 연계라는 점에 주목할 필요가 있다. 공간적

26 Robert P. Marzec, "Enclosures, Colonization, and the Robinson Cruseo Syndrome : A Genealogy of Land in a Global Context", *Boundary* 2, 2002, p.29 · 155.
27 『연변일보』, 2010.1.21(www.iybrb.com, 최종 방문일 : 2012.2.13).

연계는 두 단계로 진행
되는데, 이는 중국 내에
서 옌볜이 차지하게 될
공간적 위상 그리고 동
아시아에서 중국이 차
지하게 될 공간적 위상
과 관계된다. 우선, 중
국 정부는 옌볜을 인근
의 지역, 상위 스케일

〈그림 8〉 창지투개발개방선도구 지도[28]

의 공간단위와 유기적으로 묶은 후 이 유기체에 제한적 혹은 명목상의
자치권을 부여하려 한다. 가장 작은 스케일의 연계는 옌볜 내의 도시
들인 옌지와 룽징龍井과 투먼圖們을 하나의 행정구역으로 통합하는 옌
룽투延龍圖계획이다.(그림 7)

옌볜조선족자치주정부가 추진하고 있는 이 프로젝트는, 점점 더 왜
소해지고 비생산적인 산업구조로 변모함에 따라 개별 자생력을 상실한
옌볜의 도시들을 통합하려는 '규모의 경제'에 입각해 있다. 그러나 이
프로젝트는 옌볜의 공간적 해체를 불가피한 현상으로 인정하는 데서
출발하고 있는 것이기도 하다. 왜냐하면 안투현安圖縣과 같은 옌볜 내
의 여타 지역들에서는 이미 조선족 인구가 급감했으며 조선족의 문화
적 색채 또한 퇴색되었음을 인정하는 것이기 때문이다. 명목상 옌볜
지역으로 불리겠지만 실질적인 옌볜의 정체성은 옌룽투로 축소될 개

---

28 「'경협 훈풍' 부는 북·중 국경의 봄」, 『시사인』, 2011.3.15.

연성이 높은 것이다.[29]

광역도시 옌룽투는 이보다 더 큰 스케일의 공간적 연계인 창지투長吉圖계획에 포섭되어 또 다른 기능적 의미를 부여받는다.[30] 창지투계획은 옌볜이 속해 있는 지린성의 성도인 창춘長春과 지린吉林시 일부 지역(옌볜 포함)과 투먼을 묶은 '창지투 선도구長吉圖 先導區'를 변경의 개방 개발을 위한 동북아물류기지로, 동북지역과 두만강지역의 주변국 간 국제협력의 중요한 플랫폼으로 개발한다는 내용을 담은 프로젝트다.[31](그림 8)

이 프로젝트에 따르면 광역도시 옌룽투는 기능적 측면에서 두 공간으로 분할된다. 창춘과 지린은 과학기술혁신구, 첨단기술산업 발전기지로 건설하여 물류와 국제협력을 뒷받침해주는 배후지 역할을 담당하며, 투먼은 장기적으로 동북아국가를 대상으로 한 두만강지역 자유무역지대FTA로 만든다는 것이다.[32] 창지투계획은 창춘·지린시와 투먼시의 기능적 분업을 장려하고 두 공간을 유기적으로 조직하는 데에 일차적 초점을 맞추고 있는 셈이다. 또한, 도시 규모가 상대적으로 작은 투먼을 계획 명칭에 포함하여 장려함으로써, 주도인 옌지 중심의 현재 옌볜 내 공간 위상과 질서를 투먼 중심으로 재편하는 것이기도

---

29 옌룽투계획의 주체인 옌볜조선족자치주정부는 상위 단위인 지린성의 관할 하에 있다는 점에 유의할 필요가 있다. 한편, 중국에 민족자치시自治市 개념이 없어서 옌룽투계획은 뚜렷한 성과를 거두지 못하고 있지만(김범송, 「'창지투 선도구'와 나선특구 개발 전망 : 옌볜조선족자치주 지정학적 역할을 중심으로」, 『통일문제연구』 23(1), 평화문제연구소, 2011, 9면) 필자들이 2012년 4월 현지 답사한 결과 이 프로젝트는 여전히 추진 중이며 유효하다.
30 옌룽투계획과 창지투계획은 별개의 프로젝트다. 그러나 발의·시행 주체가 다름에도 불구하고 두 프로젝트는 하나의 선상에서 이해될 수 있다.
31 김범송, 앞의 글, 6면.
32 강정심, 「창지투 개발 계획의 추진이 북-중 관계에 미치는 영향」, 연세대 석사논문, 2011, 20·59면.

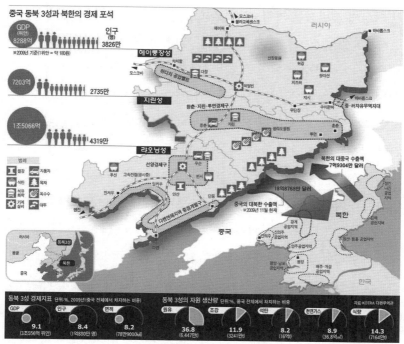

〈그림 9〉 동북 3성 4대 경제벨트[33]

하다. 이러한 투먼 중심의 재편은 물론 북한과의 무역을 염두에 두었기 때문인데, 이는 옌벤의 대외통로건설 비용 중 79%(136.2억 위안)가 북한과의 통로 시설 건설 및 확장 공사에 소요되고 있다는 점에서도 잘 드러난다.[34] 결국 옌벤의 공간 위상이라는 측면에서 볼 때, 두 개발 계획은 옌벤의 경제를 발전시키는 데 공헌하면서, 옌벤의 공간을 실질적으로 협애화하는 동시에 기능적으로 분할할 뿐만 아니라 지역 내의 공

---

33 「중국 창·지·투(창춘·지린·투먼) 개발」, 『중앙일보』, 2010.10.6.
34 위의 글, 28면.

간 위상에도 변화를 가져오는 셈이다. 옌볜 내외의 공간 위상 재편은 경제개발을 앞세운 각종 층위의 공간적 연계에서 비롯되고 있다.

지린성의 창지투계획이 랴오닝성의 랴오닝연해경제벨트遼寧沿海經濟帶계획 그리고 헤이룽장성의 하다치공업벨트哈大齊工業走廊계획, 선양경제구瀋陽經濟區와 더불어 동북 3성의 4대 경제벨트로 묶임으로써, 공간적 연계는 성省 내에 한정되지 않는다.(그림 9)

중국 중앙정부의 국무원 판공청에서 발표한 '국무원판공청, 동북 노공업기지 대외개방의 진일보 확대를 촉진할 것에 관한 실시의견國務院辦公廳關於促進東北老工業基地進一步擴大對外開放的實施意見'(일명 '36호 문건')은 동북 3성의 개발계획이 각 성省의 독자적 차원이 아니라 국가적 차원에서 전면적으로 수립되었음을 보여준다.[35] 그리고 이 문건은 대외 개방의 필요성을 반복해서 강조한다. 잘 알려져 있다시피, 4대 경제벨트의 대외 개방성을 담보할 수 있는 가장 중요한 지역은 옌볜의 또 다른 도시인 훈춘琿春이다. 2012년 5월 지린성 정부는 국무원의 승인을 받아 훈춘에서 투먼강圖門江 지역 국제합작시범구 사업을 시작했다. 2010년 창춘-지린-옌지-

---

35 창지투계획에 실린 중국정부의 의지가 북한의 경제적 예속화를 향하고 있는가 하는 문제와 관련해 두 의견이 맞서고 있다. 창지투계획은 북한의 개혁개방과 연계되어 있기에 창지투와 나선항 지역은 단일경제구로 형성될 가능성이 높을 뿐만 아니라 나아가 북·중 간 도로·항만·구역 일체화 프로젝트를 통해 동북 3성과 북한을 한데 묶는 개발전략을 추진하고 있다고 보는 견해(유현정, 「동북 3성 개발계획과 중국의 국경지역 안보」, 『글로벌정치연구』 4(1), 한국외국어대 글로벌정치연구소, 2011, 191면; 최우길, 「중국 동북진흥과 창지투長吉圖선도구 개발계획 : 그 내용과 국제정치적 함의」, 『한국동북아논총』 57, 한국동북아학회, 2010, 4~5·9면)와 동북지역 발전을 위한 자구책의 한 영역으로 적극적인 해외 진출 및 협력을 강조하는 경제적 논리일 뿐이라는 견해(주장환, 「현안진단 27호 : 중국의 북한에 대한 경제적 구상 : '36호' 문건에 대한 분석을 중심으로」, 코리아연구원 2006(http://knsi.org/~knsiorg/knsi/kor/center/view.php?no=1029&k=2&c=5, 최종 방문일 : 2012.8.24))가 그것이다. 그러나 학자들은 대체로 전자에 무게를 싣고 있는 상황이다.

투먼-훈춘을 잇는 고속도로가 개통되었고 현재 고속철도 공사도 진행되고 있다. 중국정부는 중국, 러시아, 북한의 접경지인 훈춘을 북한의 나진-선봉지구와 연결하여 개발함으로써 '동북아의 홍콩'으로 만들겠다는 청사진을 밝혔다. 창지투계획이 4대 경제벨트를 아우르는 총체적이고 전면적인 개발계획인[36] 가장 중요한 이유도 훈춘이라는 존재에 있다.

경제개발계획이 옌볜 공간의 분할·재편과 어떻게 관련되고 있는지에 초점을 맞출 때, 훈춘의 지정학적 특성이 강조·부각되면서 이곳의 미래 정체성은 옌볜 공간·조선족과는 연결되어 있지 않을 뿐만 아니라 옌볜 내 광역도시화 수준에서 논의되고 있는 옌지나 북한과의 물류 수송 측면에서 주목받는 투먼과는 달리 동북 3성 나아가 중국의 동북아시아 전략의 층위에서 기획되고 있음을 확인할 수 있다. 옌볜 일대가 물류중심지가 되리라는 기대에도 불구하고 옌볜의 각 도시들은 각기 다른 층위에서의 물류에 따라 세분화되고 있는 셈이다. 결국, 도시의 규모에서뿐만 아니라 조선족의 민족적 정체성과도 연관된 기존 옌볜 내 도시들의 공간 위상은 각종 공간 연계와 각기 상이한 층위에서의 공간 기획으로 인해 역전되며, 이 역전의 결과는 민족적 정체성의 쇠락과 비례한다. 그리고 결절지점의 가치를 절대시하는 경제개발정책으로 인해 옌볜은 비록 그 명칭은 존속될지라도 공간적 축소와 분할·해체 그리고 민족적 정체성의 탈각에 직면하고 있는 셈이다.

공간적 분할·축소가 민족성과 자본의 관계에 영향을 준 일례는 창

---

36 노영돈·이영미, 「중국의 두만강지역개발 및 출해권에 관한 연구」, 『백산학보』 89, 백산학회, 2011, 208면.

바이산[37] 관광에서 찾을 수 있다. 옌볜정부가 행사하던 창바이산 관할권은 2005년 설립된 지린성 정부 직속의 창바이산보호개발관리위원회로 이관되었고, 창바이산관광을 위한 경유지는 옌지공항에서 2008년 완공된 창바이산공항으로 이전되었다. 창바이산공항이 중국 내 여러 도시와 연결되면서 옌볜은 주요 수입원 중 하나였던 창바이산관광에서 소외되었다. 창바이산 관할권 이전과 창바이산공항은, 공간의 분할로 인해 민족성의 존립 기반이 위협받음으로써 민족성이 자본에 종속되어가는 과정을 상징적으로 보여준다.

창바이산에서 시작된 옌볜의 공간 분할 현상은 옌지투계획에서 더욱 증폭되며, 이렇게 분할된 공간은 창지투계획에서 다른 지역과의 연계로 이어진다. 옌볜 공간의 분할은 연계의 단계성·방향성과 호응한다. 옌지는 창춘 등 중국 내 지역과의 연계망 속으로 편입되며, 투먼은 동북 3성에서 생산한 상품과 북한의 물류를 교환하는 창구로 부각되고, 훈춘은 북한, 러시아, 한국, 일본으로의 물류 운송 창구로 조성되고 있는 셈이다. 이로 볼 때, 옌볜의 공간 해체는 중국정부가 지향하는 동북 3성의 경제적 공간 위상을 함축하고 있다고 볼 수 있다. 즉, 중국 동부 연해지역에서 그 우월성이 증명되었다고 자평하는 중국식 사회주의 시장경제를 동북 3성에서 실현하는 과정은 외국과의 경제적 교류·해외자본의 유입을 더욱 용이하게 하는 과정과 동시에 진행되는데, 옌볜은 중국식 사회주의 시장경제를 실현하면서 북한과의 교류, 나아가 러시아·한국·일본·환태평양 국가들과의 교류가 시작되는 지점으

---

37 1998년 중국정부는 백두산의 명칭을 창바이산으로 변경하도록 지린성 정부에 지시한다.

로 기능한다. 또한, 고립된 북한에 가장 큰 영향력을 행사하고 있는 국가가 중국이라는 점을 감안할 때 투먼은 중국모델·중국식 사회주의 시장경제를 북한에 수출하는 유력한 통로로 기획되고 있다.

결국, 중국 중앙정부는 정치사상적·경제적·영토적 균열의 가능성을 내포하고 있는 옌볜을 베이징의 구심력에 의지하는 강압적인 동화정책, 정치력에 치중하는 소극적이고 제한적인 상상력으로 대하지 않고 있음을 알 수 있다. 중국은 옌볜을 동북 3성이라는 상위의 공간성 속에서 재편하면서 옌볜의 원심력을 최대한 활용하여 북한과 동북아시아를 경제적으로 포섭하려는 더욱 적극적이고 공격적인 상상을 하고 있는 것이다. 중국은 한국·일본의 자본주의 시장경제와 북한의 고립된 사회주의경제, 러시아의 낙후한 경제가 동북 3성의 중국식 사회주의 시장경제라는 프레임 안에서 교류하게 함으로써 동북 3성의 경제를 발전시키는 동시에 중국모델의 우월성을 증명하려고 하고 있는 셈이다.

중국 정부가 이 정책에서 기대하는 것 중 하나는, 소수민족자치지역이 품고 있는 균열의 가능성이 동북 3성의 경제발전과 동북아시아에서의 공간 위상을 통해 자연스럽게 해소되는 일종의 용광로 효과로 보인다. 그러나 이것이 옌볜의 소멸을 의미하지는 않는다. 왜냐하면 소수민족자치정책은 다민족국가와 사회주의 이데올로기의 결합이라는 중국의 국가 정체성과 직결되어 있기 때문이다. 그리고 북한에 중국의 사회주의식 시장경제를 수출하는 데 있어 옌볜은 정서적·언어적 측면 등에서 여러모로 유용하기 때문이다. 이로 볼 때, 민족성을 자본화하는 주체는 조선족이 아니라 중국 중앙·지방 정부이며, 그 방식은 공간의 분할과 해체 그리고 공간 위상의 재편이다. 공간의 재편과 위상 변화를 통해 자본의 흐름을 통제하는 한편 민족성이 자본에 종속되도록 만드는 것이다. 그러나 옌볜과 이 공간의 민족성은 동북 3성의 공간 위상 정립에 유용한 한 유지될 것으로 보인다. 동시에 사회주의 이데올로기는 자본의 흐름을 공간적으로 통제하고 민족성을 자본에 종속시키는 과정에서 그리고 자본주의 시장경제와 북한과 러시아 등 미개발국가의 경제를 트랜스시스템으로 융화하는 과정에서 민족주의 · 애국주의 앙양에 기여할 것이다. 이는 왕후이汪暉가 조공을 예로 들면서 아시아의 질서로 주장한 트랜스시스템의[38] 현대적 전유와 확장에 해당하며 중국 신좌파의 주장과도 연결된다.

4. 이주와 제3의 정체성

후진타오胡錦濤의 발언에서 촉발되기는 했지만 옌룽투계획과 창지투계획의 수립과 인준의 과정은 중앙정부의 하향적 지시나 일방적인 명령에 의해서가 아니라 자치주정부와 성정부의 주체적이고 자발적인 추진과 추동에서 비롯되는 형태를 띠고 있다. 물론 여기에는 중국 중앙정부의 의지가 적극 개입되어 있지만, 적어도 옌볜의 경우엔 주체성과 자발성을 강조한 쪽은 중국의 중앙정부만이 아니다. 왜냐하면 소수민족자치지역인 옌볜의 선택은 앞서 살펴보았듯이 지역 정체성의 문제와도 깊이 연관되기 때문이다.

---

38 왕후이, 앞의 책, 409~411면.

정체성은 자신에 대한 인식과 타자에 대한 인식이 결부되면서 구성되는데,[39] 옌볜과 조선족의 경우 정체성 인식의 중요한 계기는 한국의 등장이라고 할 수 있다. 한국이 등장하기 이전 조선족에게 있어서는 한족과 소수민족이라는 문제만이 존재했다고 할 수 있다. 이것은 중국이라는 국가의 틀 내에서의 정체성 문제였다. 그러나 1988년 서울올림픽을 통해 경제적으로 발전한 한국을 발견하게 되고 1992년 양국의 수교를 통해 한국이 근거리로 접근하게 되면서 지역(집단) 정체성은 다층적이고 복잡한 문제로 본격적으로 대두되기 시작했다. 중국이라는 국가의 틀 내에서 주류민족과 소수민족의 관계 정립에 골몰하고 있던 조선족은 중국인이라는 뚜렷한 자각이 없는 상태였다. 이런 조선족에게 단일민족국가라는 이데올로기를 지니고 있던 한국 사회는 국가와 민족이라는 새로운 프레임의 문제를 제기했다. 조선족은 한국인과의 대면을 통해 비로소 중국인이라는 국가의식을 갖게 되었다.[40] 조선족의 국가의식 정립은 한국 사회의 상상력이 질문으로 작용한 결과인 셈이다. 그리고 이 질문은 자본제적 신자유주의의 세계질서에 편입되기 시작한 한국이 조선족을 비숙련 육체노동 외국인으로 분류하는 현상과 맞물렸다.

중국 내 주류민족과의 차이 혹은 차별과 민족 내 국적으로 인한 차이 혹은 차별이 겹치면서 조선족 지식인은 정체성 문제를 고민하기 시작했다. 국민정체성이 민족정체성에 우선한다는 견해에도[41] 불구하

---

39 임병조, 『지역정체성과 제도화』, 한울, 2010, 51면.
40 곽승지, 앞의 책, 126면.
41 정판룡, 『세계 속의 우리 민족』, 심양 : 료녕출판사, 1996; 최우길, 「중국 조선족의 정체성 변화에 관한 소고」, 『재외한인학회 1998년 연례학술대회 발표논문집』, 2000.

〈그림 10〉 왕징

고, 국민정체성과 민족정체성을 융합하거나 초월한 새로운 정체성 즉
'제3의 정체성'이 대체적인 합의점이었다.[42] 제3의 정체성은 민족정체
성과 국가정체성은 배타적이지 않고 중첩적일 수 있다는 근거를[43] 발
견하기도 하였지만, 강한 구심력을 갖춘 국가정체성과 민족정체성의
충돌을[44] 모면하려는 불가피한 고육책의 성격이 강했다. 한국사회가
조선족을 외국인으로 간주하면서도 민족정체성을 강하게 요구할수록
국가의식 또한 강해졌기에, 민족정체성과 국가정체성의 구심력은 비

42 김강일, 「중국조선족사회 지위론」, 『아시아태평양지역연구』 3(1), 전남대 아시아태평양
지역연구소, 2000; 박정군, 「중국조선족 정체성이 한국과 중국에 대한 태도에 미치는 영
향」, 경희대 박사논문, 2011, 95면.

43 Jacob Levy, *The Multiculturalism of Fear*, Oxford : Oxford University Press, 2000, pp.69~97.

44 백승애, 「중국의 對조선족 정책」, 고려대 석사논문, 2007, 75면.

례하는 셈이었다. 따라서 제3의 정체성은 그 이론적 근거에도 불구하고 존립의 공간을 상실할 가능성이 높은 것이었다.

한국 기업은 중국에 진출하기 위해 조선족의 제3의 정체성을 활용했는데, 이것은 민족성을 자본에 종속되도록 유도했다. 그 예를 한국인이 크게 기여했다고 알려진 베이징의 초국가적 공간 왕징望京의 코리아타운에서 찾을 수 있다.(그림 10) 왕징의 조선족은 국민정체성과 민족정체성을 넘어선 제3의 정체성을 형성하는 것으로 보인다고 보고되고 있다.[45] 그런데 이 왕징에서 형성된 제3의 정체성은 조선족이 한국인 집단과 적극적인 교류를 하지 않으면서도, 한국인 가정의 가정부, 한국인 관광객을 대상으로 한 숙박시설의 운영 등과 같이 민족성을 자본화하는 과정을 통해 표면화된다. 즉 조선족의 민족성은 자본으로만 전환될 뿐이다. 그런데 자본은 계속 이동하며 이에 따라 조선족 또한 지속적으로 이동하게 된다. 왕징은 베이징시정부의 인구분산 정책으로 조성되기 시작했지만, 1990년대 말 외환위기로 인해 실질소득이 감소한 베이징 거주 한국인이 지가가 저렴한 이곳으로 대거 이주하면서 비약적인 발전을 이루게 되었다. 그러나 한국인의 부동산 투기와 왕징의 발전에 힘입어 지가가 대폭 상승하게 되었고 베이징시정부는 각종 정책을 동원해 지가를 규제하기에 이르렀다. 과거 우다커우五道口에 집단적으로 거주하던 한국인이 베이징시정부의 정책과 저렴한 지가 등을 이유로 왕징으로 이주할 때 민족성을 자본화하여 생계를 꾸려가던 조선족들

---

45 예동근, 「글로벌시대 중국의 체제 전환 과정하의 종족 공동체의 형성 : 북경 왕징望京 코리아타운을 중심으로」, 고려대 박사논문, 2009, 135면.

또한 한국인을 따라 이동하였는데, 현재 한국인들은 또다시 지가가 저렴한 베이징 인근 지역인 허베이성河北省 옌쟈오燕郊로 이동하기 시작했고 조선족들 역시 한국인을 따라 이동하는 추세다.[46] 자본은 그 자체의 성격상 지속적인 이동을 통해 증식하는데, 자본제적 신자유주의는 자본이 전 세계적 범위에서 자유롭게 이동할 수 있는 길을 열어 놓았다.

한국인은 자본제적 신자유주의의 질서 아래 활동하면서 옌벤 공간과 조선족을 분리하고 민족성을 자본에 종속시켰다. 이에 따라 조선족은 정착 공간을 상실한 채 민족성을 자본화할 수 있는 기회를 찾아 계속 중국과 한국 등지를 부유浮游할 수밖에 없었다.[47] 왕징의 조선족뿐만 아니라 중국 동부 연해지역으로 이동한 조선족, 한국으로 노동이주를 했다가 다시 중국 동부 연해지역으로 이주한 조선족 등이 보여주는 제3의 정체성이란, 국가 정체성과 민족 정체성의 충돌을 극복하기 위한 자구책이었지만, 한국 사회가 민족성을 자본으로 전환할 수 있는 기회를 조선족에게 부여함으로써 자본에 종속된 채 중국 내는 물론이고 한국 등지로 탈영역화한 결과이기도 하다. 이동을 규제하는 근대국가의 근본적인 성격과[48] 중국의 특유의 호구제도 등으로 인해 이러한 부유가 불법으로 간주되는 한, 민족성이 자본에 종속되는 강도는 더욱 강해진다.

최근 들어 한국 학계는 이런 현상을 디아스포라 담론으로 명명하기도 한다. 제3의 정체성이란 조선족 자신의 경계인 의식·주변인 의식

---

46 李先男 씨(남, 54세, 왕징의 백화원부동산 대표) 면담, 2012.4.19.
47 이재하·김석주, 앞의 글, 474면.
48 John Topey, *The Invention of Passport : Surveillance, citizenship and the State*, Cambridge : Cambridge University Press, 2000.

을[49] 가리킬 터인데, 한국 학계는 조선족을 디아스포라로 설명함으로써 탈영토성 · 다중적 정체성을 조선족의 선험적인 특성으로 규정하는 동시에 경제적인 상호 이익을 모범답안으로 제시하여 민족성을 자본에 계속 종속시키는 데 결과적으로 기여하고 있다. 제3의 정체성 · 디아스포라적 자기 인식이 조선족의 정체성에 대한 한국 사회의 질문에 조선족이 대답하는 과정에서 창출된 것이라는 점에 주목한다면, 옌볜 공간과 조선족의 분리, 국경을 초월한 이동과 같은 탈영토화는 한국이 조선족을 자본제적 신자유주의 질서 속으로 편입시킬 수 있었던 근거가 아니라 그 결과라고 할 수 있다. 따라서 제3의 정체성은 민족성의 자본 종속에 대한 담론적 저항의 성격을 갖는 것이기도 하다.

제3의 정체성과 한국의 민족정체성 간의 간격은 중국 주류민족과 소수민족의 사이의 간격보다 더 멀다. 왜냐하면 제3의 정체성은 중국 민족정책의 기본인 '중화민족 대가정론'에서 벗어나지 않기 때문이며,[50] '이주자로서의 한인'과 '중국인으로서의 조선족' 사이에 존재하는 사상적 공백을 메운 것은 사회주의 이데올로기의 적극적인 수용이었기 때문이다.[51] 조선족이 한국을 긍정적으로 인식하는 가장 큰 이유는 교육 정도가 높고 사회질서가 좋다는 데 있는 반면 부정적으로 보는 가장 큰 이유는 못사는 사람을 천시한다는 것에 있다는 반응은[52] 인간의 기본

---

49 김상철, 『연변과 조선족 : 역사와 현황』, 백산서당, 2003, 5면.
50 김해란, 「중국과 한국의 조선족정책이 조선족정체성에 미친 영향」, 전남대 석사논문, 2009, 68~69면.
51 구지영, 앞의 글, 24면.
52 김욱, 「중국 조선족의 한국 · 한국인에 대한 인식 변화 : 연길 조선족을 중심으로」, 광운대 석사논문, 2008, 69~71면.

적인 인본주의적 시각의 한 단면에 불과할지도 모르지만, 민족성을 앞세운 자본과 사회주의 이데올로기의 유산을 간직한 국가가 정면으로 충돌할 경우 이 인본주의는 국가이데올로기의 강화에 기여할 단초를 이미 내장하고 있는 셈이다.

5. 공간의 재영토화를 향한 국가의 욕망

이 글은 옌볜 공간과 조선족에 대한 중국 정부, 한국 등의 각종 상상력이 어떤 방향성을 띤 채 이 공간에서 작동하고 있으며 이 상상들의 상호작용 결과는 어떠한지 그리고 조선족들은 어떻게 대응하고 있는지를 살피는 데 목적이 있었다.

중국은 서부의 소수민족자치지역에서 일고 있는 분리 독립운동을 외세의 개입으로 인한 것으로 규정하면서 철의 장막을 펼치고 있다. 반면, 옌볜 일대는 영토적, 정치사상적, 경제적 통합이 비교적 안정되게 유지되고 있는 지역이다. 그러나 옌볜은 이웃한 고국에서 월경을 한 소수민족의 유일한 자치지역이라는 점, 한국의 자본주의적 시장경제에 절대적인 영향을 받는 공간이라는 점, 북한과의 정서적 유대감이 깊은 조선족이 집단적으로 거주하고 있는 지역이라는 점 등의 내부적인 요인과 함께 소련의 해체, 서부지역의 불안이라는 외부적 요인으로 인해 균열의 불안을 내장한 공간으로 인식되었다.

중국은 옌볜에 잠재되어 있는 여러 종류의 균열을 동시에 해결하려하는데 그 방법은 경제개발이다. 옌룽투계획, 창지투계획 등과 같은 경제개발계획이 취하는 중요한 전략은 각종 차원의 공간 연계다. 옌벤, 지린성, 동북 3성 차원에서 추진되는 각각의 계획들은 옌벤 공간의 분할과 기능적 분산 그리고 여타 지역과의 연계를 통해 진행되고 있다. 광역도시화로 요약할 수 있는 옌룽투계획은 조선족자치지역의 실질적인 축소로 이어지며, 창지투계획은 북한과의 무역을 위한 창구로 투먼을 육성함으로써 옌벤 내 공간 위상에 변화를 가져오게 된다. 나아가, 동북 3성의 4대 경제벨트는 옌벤의 도시인 훈춘을 동북아시아 국가들과의 무역교류가 이루어지는 창구로 부상시킴으로써 훈춘의 정체성을 근본적으로 바꾸어 놓는다. 이처럼 각종 계획은 옌벤 공간의 해체 그리고 기능적 분산과 맥이 닿아 있기에, 동북 3성의 경제발전계획은 소수민족문제의 해결을 담보하고 있는 셈이다. 그러나 이 계획은 옌벤의 소멸로 귀결되지는 않을 것으로 보인다. 왜냐하면 옌벤과 조선족은 북한경제와 한국·일본의 자본주의 시장경제를 중국 동북 3성의 사회주의 시장경제권역 안으로 포섭하는 데 기여할 것이기 때문이다.

성공 여부와는 상관없이, 이런 방식의 정책이 가능하고 효과적일 수 있는 이유 중 하나는 한국이 옌벤 공간과 조선족을 상상하는 방식 때문이다. 한국은 옌벤 공간과 조선족을 분리시켜 상상했다. 신자유주의 경제체제에 적극적으로 편승하기 시작한 한국은 옌벤 공간을 강성했던 옛 왕조의 기억이 저장되어 있는 공간, 항일의 기억이 각인되어 있는 공간으로 소비하는 데 치중하는 한편, 조선족을 옌벤 공간에서 분리시킴으로써 비숙련 육체노동 외국인으로 활용했다. 조선족은 한국인과의 접촉 과정에서 국가와 민족의 충돌·갈등이라는 문제에 직면하게 되었는데 이를 제3의 정체성이라는 고육책으로 돌파하고자 한다. 그러나 민족성의 자본화는 정착 공간의 부재, 끝없는 부유를 의미한다는 것이 반복적으로 증명되면서, 제3의 정체성이 국가 이데올로기로 귀속될 가능성은 높아진다.

한국과 자본은 옌볜 공간과 조선족의 분리, 조선족의 부유를 촉진했다. 반면 옌볜 공간에 대한 중국의 상상력은 옌볜 공간을 분할하여 타지역과 기능적으로 연계시키는 동시에 조선족의 민족정체성을 동북 3성의 경제발전과 국가(국가 이데올로기)의 우월성을 확인하는 방편으로 활용하고 있다. 옌룽투계획에 대한 옌볜주정부의 강력한 의지에서 확인할 수 있듯 조선족은 중국의 상상에 자발적으로 참여할 가능성이 높아 보인다. 그 이유는 비단 경제적 요인에만 있는 것이 아니다. 중국정부의 상상력이 사회주의 이데올로기의 유산을 품고 있다는 점, 그리고 이 상상력은 조선족이 민족성의 자본화를 통해 옌볜 공간과 재결속할 수 있는 가장 유력한 방식이라는 점도 중요한 이유이다.

참고문헌

강정심, 「창지투 개발 계획의 추진이 북-중 관계에 미치는 영향」, 연세대 석사논문, 2011.

곽승지, 『동북아시아 시대의 연변과 조선족』, 아이필드, 2008.

구종순·김파, 「두만강 지역권 개발에 따른 연변지역 운송 체계에 관한 연구」, 『경영경제연구』 31(1), 충남대 경영경제연구소, 2008.

구지영, 「이동하는 사람들과 국가의 길항관계 : 중국 조선족과 국적에 관한 고찰」, 『동북아문화연구』 27, 동북아시아문화학회, 2011.

김강일, 「중국조선족사회 지위론」, 『아시아태평양지역연구』 3(1), 전남대 아시아태평양지역연구소, 2000.

김무경, 「상상력과 사회 : 질베르 뒤랑의 '심층사회학'을 중심으로」, 『한국사회학』 41(2), 한국사회학회, 2007.

김범송, 「'창지투 선도구'와 나선특구 개발 전망 : 연변조선족자치주 지정학적 역할을 중심으로」, 『통일문제연구』 23(1), 평화문제연구소, 2011.

김상철, 『연변과 조선족 : 역사와 현황』, 백산서당, 2003.

김 욱, 「중국 조선족의 한국·한국인에 대한 인식 변화 : 연길 조선족을 중심으로」, 광운대 석사논문, 2008.

김해란, 「중국과 한국의 조선족정책이 조선족정체성에 미친 영향」, 전남대 석사논문, 2009.

노영돈·이영미, 「중국의 두만강지역개발 및 출해권에 관한 연구」, 『백산학보』 89, 백산학회, 2001.

박광성, 『세계화시대 중국조선족의 초국적 이동과 사회변화』, 한국학술정보, 2008.

박병광, 「중국 소수민족정책의 형성과 전개」, 『국제정치논총』 40(4), 한국국제정치학회, 2000.

박숭억, 「상상력에 관한 현상학적 연구」, 『철학과 현상학 연구』 61, 한국현상학회, 2011.

박정군, 「중국조선족 정체성이 한국과 중국에 대한 태도에 미치는 영향」, 경희대 박사논문, 2011.

백승애, 「중국의 對조선족 정책」, 고려대 석사논문, 2007.

양은경, 「민족의 역이주와 위계적 민족성의 담론 구성 :『조선일보』의 조선족 담론

분석」,『한국방송학보』 24(5), 한국방송학회, 2010.

예동근, 「글로벌시대 중국의 체제 전환 과정하의 종족 공동체의 형성 : 북경 왕징望京 코리아타운을 중심으로」, 고려대 박사논문, 2009.

오타 타카코, 「在外同胞法 개정을 둘러싼 談論分析 : 朝鮮族에 관한 爭點을 중심으로」,『한일민족문제연구』 7, 한일민족문제학회, 2004.

원상철, 「중국 개혁개방시기 지역발전의 거버넌스 모형 : 연변 조선족 자치주의 경우를 중심으로」, 숭실대 박사논문, 2008.

유현정, 「동북 3성 개발계획과 중국의 국경지역 안보」,『글로벌정치연구』 4(1), 한국외대 글로벌정치연구소, 2011.

이재하·김석주, 「연변조선족자치주의 지역성 변화에 관한 세계체제론적 분석 : 산업을 중심으로」,『한국지역지리학회지』 13(4), 한국지역지리학회, 2007.

인태정,『관광의 사회학 : 한국 관광의 형성 과정』, 한울, 2007.

임병조,『지역정체성과 제도화』, 한울, 2010.

정판룡,『세계 속의 우리 민족』, 심양 : 료녕출판사, 1996.

주장환, 「중국의 북한에 대한 경제적 구상 : '36호' 문건에 대한 분석을 중심으로」, 코리아연구원, 2006(http://knsi.org/~knsiorg/knsi/kor/center/view.php?no=1029&k=2&c=5, 최종 방문일 : 2012.8.24).

최우길, 「중국 조선족의 정체성 변화에 관한 소고」,『재외한인학회 1998년 연례학술대회 발표논문집』, 2000.

_____, 「중국 동북진흥과 창지투長吉圖선도구 개발계획 : 그 내용과 국제정치적 함의」,『한국동북아논총』 57, 한국동북아학회, 2010.

홍병선, 「상상력의 철학적 근거 : 흄의 상상력 이론을 중심으로」,『철학탐구』 24, 중앙대 중앙철학연구소, 2008.

왕후이, 송인재 역,『아시아는 세계다』, 글항아리, 2011.

닝왕, 이진형·최석호 역,『관광과 근대성』, 일신사, 2004.

앙리 르페브르, 양영란 역,『공간의 생산』, 에코리브르, 2011.

이 푸 투안, 구동회 외역,『공간과 장소』, 대윤, 2007.

존 어리, 「관광사회학」, 크리스 쿠퍼 편, 고동완 역,『포스트모던 관광의 이해와 연구』, 교문사, 2008.

Elena V. Barabantseva, "Development as Localization : Ethnic Minorities in China's Official Discourse on the Western Development Project", *Critical Asian Studies*

41(2), 2009.

Benwell, Bethan · tokoe, Elizabeth, *Discourse and Identity,* Edinburgh : Edinburge University Press, 2006.

Hume, D. , *A Treatise of Human nature*, ed. L. A. Swl by-Bigge, Oxford, 1978.

Jacob Levy, *The Multiculturalism of Fear.* Oxford : Oxford University Press, 2000.

John Topey, *The Invention of Passport : Surveillance, citizenship and the State,* Cambridge : Cambridge University Press, 2000.

Robert P. Marzec, "Enclosures, Colonization, and the Robinson Cruseo Syndrome : A Genealogy of Land in a Global Context", *Boundary* 2, 2002.

Yang Faren and Yang Li, *The Western Development Project and the Minority Question,* Beijing : People's Press, 2004.

오사카 조선시장의 공간정치 *

글로벌화와 장소성의 변용

이상봉

1. 글로벌화와 장소정체성

신자유주의적 글로벌화의 확산에 따른 물자와 사람의 초국가적 이동 증대는 시간과 공간에 관한 우리의 경험과 인식에 큰 영향을 미치고 있다. 즉, 초국가적인 자본의 힘과 IT기술의 비약적인 발전을 동력으로 한 시·공간의 경계 허물기는 기존의 국민국가 중심의 영역성에 대한 탈영역화와 재영역화를 초래하였고, 이는 근대의 시·공간 관계, 즉 진보의 시간 축에 따라 균질화된 공간들을 그 어딘가에 위치지우는, 이른바 '시간에 의한 공간의 지배'에서 벗어나, 공간을 중심에 두고 공간을 재 사유하게 되는, 이른바 '공간론적 전환spatial turn'의 계기가 되었다.

---

* 이 글은 「오사카 조선시장의 공간정치 : 글로벌화와 장소성의 변용」(『한국민족문화』 41, 2011.11)을 수정·보완한 것이다.

글로벌화의 확산에 따른 공간의 재영역화는 국민국가의 경계 밖과 안에서 동시에 진행되고 있다. 국민국가의 경계를 넘어 초국가적인 흐름이 증대하는 한편으로, 국민국가의 내부적 규정력 약화로 하부의 로컬공간들이 이제 글로벌화의 파고에 그대로 노출되고 있다. 글로벌화와 로컬화의 동시적 진행을 의미하는, 이른바 글로컬화glocalization는 이러한 변화를 잘 드러내며, 글로컬화에 수반하여 로컬공간에 대한 관심 또한 증대하고 있는 것이 사실이다. 한편으로, 글로벌화는 전 세계의 로컬들을 글로벌 자본의 구미에 맞게 재편해 가는 과정이다. 이는 글로벌 스탠더드에 맞춰 세계를 동일화하는 힘임과 동시에 로컬의 차별성을 부각시켜 이를 전 세계적으로 소비하는 현지화 전략을 의미하기도 한다. 즉, 글로벌화는 맥도널드와 스타벅스를 전 세계로 확산시키는 동시에 다양한 로컬 가치들이 세계시장에서 소비되는 계기를 제공하기도 하였다. 다른 한편에서 이러한 글로벌화의 흐름에 저항하는 고유한 장소정체성의 공간으로 로컬공간이 위치 지워지기도 한다.

카스텔M. Castells은 글로벌 자본과 권력을 중심으로 '동일화된 공간'을 만들어가는 힘과 이에 대한 대항으로 부각되는 '차이의 공간'에 대한 관심을, 이른바 유동공간space of flows과 장소공간space of places의 대비를 통해 적절하게 설명하고 있다.[1] 자본과 IT기술의 발달에 의해 주도되는 유동공간이 원격통신과 정보시스템에 의해 먼 거리에서 사회적 실천의 동시성을 조직한다면, 고유성과 입지에 근거한 장소공간은 물리적 근접성에 바탕을 둔 사회적 상호작용에 우선권을 부여한다.

---

1   M. Castells, *The Rise of the Network Society*, Oxford : Blackwell, 1996, p.423.

즉, 오늘날 권력·부·정보를 집중시키는 지배적인 과정들이 유동공간을 중심으로 조직되는 경향을 나타내지만, 그럼에도 인간적인 경험과 의미는 여전히 구체적인 로컬 공간(장소)에 그 기반을 두고 있다는 것이다. 양자의 경합과 상호작용에 의해 세계가 구성되고, 특히 유동공간이 장소공간을 끊임없이 소비해 가려는 상황이 글로벌화가 만들어낸 공간 재영역화의 중요한 특징이라고 할 수 있다.

하비D. Harvey는 탈근대 공간 재영역화의 양상을 '시간-공간 압축'의 개념을 통해 설명한다.[2] 시간의 압축은 생산의 가속화와 소비 회전기간의 단축을 가리키며, 공간의 압축은 수송이나 커뮤니케이션 기술 진보에 의해 이동의 공간적 거리가 축소된 것을 나타낸다. 이러한 시·공간의 압축은 자본과 노동의 유연성을 증대시킨다. 즉, 자본은 유리한 생산 거점을 찾아 세계를 돌아다니게 되며, 이에 따라 포디즘 시대에 구축된 입지에 의한 위계적인 공간질서는 붕괴된다. 공간의 압축에 의해 지리적 거리가 줄어든 공간들 간의 유동자본을 유치하기 위한 경쟁은 더욱 격심해지게 되는 것이다. 여기서 하비는, 글로벌 자본에 의해 균질화 되는 로컬공간의 이면에, 약간의 공간적 차이마저 경쟁의 중요한 변수로 등장하게 되는 역설이 자리하고 있음을 지적한다. 다만 공간적 차이는 글로벌 자본에 의해 지배되고 소비될 수도 있고(공간의 상품화), 고유의 장소정체성을 바탕으로 공간의 균질화를 재촉하는 글로벌 자본의 흐름에 저항하는 대안적 공간이 될 수도 있다.

---

2   D. Harvey, "Flexible Accumulation through Urbanization : Reflections on 'Post-Modernism' in the American City, in Amin, A. ed, *Post-Fordism : A Reader*, Oxford : Basil Blackwell, 1994, p.364.

따라서 글로벌화의 흐름 속에서 제기되는 로컬 공간에 대한 관심이나 강조는 공간 재영역화의 과정에서 국가의 규정력이 약화된 틈을 이용하여 단순히 과거의 공동체적 로컬리티에 대한 도피나 복귀를 추구하는 것이 아니라, 글로벌화의 과정에 대한 변증법적 관계 속에서 논의되어야 한다. 즉, 글로벌화의 흐름 속에서 우리가 사는 삶의 터인 로컬 공간을 중심으로 우리의 삶을(이) 재편해(되어)가는 과정이 바로 로컬화localization인[3] 것이다. 여기서 로컬 공간은 글로벌화가 구체적으로 이루어지는 현장locale이자 글로벌 네트워크 체제의 결절node이며, 글로컬화glocalization란 글로벌화가 구체적인 장소인 로컬과 만나는 지점인 것이다.

여기서 글로벌 자본이 로컬 공간이 가진 장소성의 차이를 소비하는 방식이 아니라, 로컬 공간이 지닌 장소성에서 대안적 공간을 찾고자 할 경우, 이는 글로벌화에 의한 포섭의 과정에서 배제·소외되었던 장소성의 가치를 복원하고, 장소가 가진 다양성에 입각한 차이의 정치학을 새롭게 구성할 가능성으로 이어진다. 이러한 관점에서 인문학적 사유는 글로벌화에 대한 성찰적 사유의 기반을 제공한다. 장소의 정치는 자신의 삶의 터인 장소에 대한 성찰을 통해 장소를 주체가 호명interpellate되는 곳이자 이런 주체들의 일상적인 경험이 드러나는 곳으로 만들어가고자 한다. 장소를 구성하는 사람들이 만들어 내는 일상의 관계에는 다양한 역학이 내재하고 있기 때문에 장소는 그 자체로서 정치적 기제를 내장하고 있다. 이것이 이른바 '장소의 정치'이다. 따라서 장소의 정치란 특정 장소를 중심으로 형성된 일상적인 관계를 통해 지배와 저항

---

3 이는 흔히 다국적기업의 맞춤형 현지화 전략의 의미로 사용되는 로컬화localization와는 분명히 구분된다.

의 역학을 풀어내는 것이다. 또한 장소의 정치는 '체제system'에 대항하는 '생활세계life-world'의 저항이라는 의미를 지닌다. 즉, 장소의 정치가 이루어지는 로컬 공간은 주체들이 살아가는 공간의 층위마다 일상적 삶의 관계가 응축되어 있는 구체적인 현장인 것이다.

이처럼 로컬공간은 주체들의 일상적 삶이 이루어지는 현장이자 정체성 형성의 기반을 제공하는 곳이지만, 현실의 공간에서는 그렇게 순수하게 남아있지 않다. 거시적인 정치・경제적 시스템에 의한, 이른바 '생활세계의 식민화J. Habermas'가 진행되어 장소성이 왜곡되어 있는 것이 일반적이다. 이에 장소의 주체들은 왜곡된 장소의 의미와 가치를 새롭게 해석하고, 그 의미와 가치를 지켜가는 정치적 장場으로 장소의 정치를 설정한다.[4] 국가와 같이 규모가 크고 추상적인 공간에서는 체제나 구조의 힘이 보다 우월하게 작용하므로 국가정체성 역시 추상성을 띤다. 이에 비해 일상이 이루어지는 구체적인 장소에 기반 한 로컬정체성은 구체성을 띤다. 장소성 형성의 기반이 되는 장소는 단순한 물리적 공간이 아니라 주체의 삶이 실제적으로 영위되는 곳이다. 따라서 장소 정체성의 형성은 다른 장소와 구별되는 장소의 의미가 그 출발점을 이루며, 이것은 공간의 물리적 환경을 비롯한 다양한 사회적 관계의 총체로서 나타난다. 또한 그것은 하나의 동일한 장소를 둘러싸고 다양한 주체들 간의 정체성 경쟁이 있을 때 더욱 부각된다. 어떤 상징이 장소성을 획득하는가에 따라 개인 및 집단 간의 현실적 이해관계가 달라지기 때문에 장소성을 둘러싼 투쟁은 때로는 매우 격렬하게 전개된다.

---

4 조명래, 「자치시대 지역주의의 양상과 쟁점」, 『한국지역개발학회지』 18(2), 한국지역개발학회, 2006, 58면.

모든 장소는 나름의 장소성과 장소정체성을 가지며 거기에는 다양한 주체들 간의 장소성을 획득하기 위한 공간 정치가 작동하고 있다. 하지만 글로벌화의 확산과 관련하여 특히 주목을 끄는 것은 디아스포라적 공간이다. 그곳은 기존의 근대적 공간의 경계를 허무는 초국가적 이주민들이 만들어내는 다문화 혹은 혼종의 공간이다. 초국가적 이주민들은 출신지와 거주지 사회를 연결시키는 다양한 사회적 관계를 형성하고, 자신들이 살고 있는 장소를 어느 한편에만 귀속되지 않는 초국가적 혼종공간으로 만들어가면서 고유의 장소정체성을 형성한다. 이런 점에서 초국가적 이주민들은 단일 국민국가에의 귀속성을 근간으로 한 근대 국민국가의 틀을 깨는 존재이기도 하다.

　이 글에서 다루고자 하는 재일코리안 집주지역으로 다가가 보자. 단일민족국가를 자랑하던 일본이 다문화사회 또는 다문화공간에 대해 관심을 가지게 된 것은 글로벌화의 진전과 매우 관계가 깊다. 신자유주의적 글로벌화의 확산은 자본과 노동의 초국가적 이동을 촉진하였고, 이에 따른 외국인의 대량 유입은 일본이라고 예외가 아니었다. 외국인의 대량 유입은 거주외국인이라고는 재일코리안에 불과할 정도로 동질적이었던 일본사회에 새로운 문제들을 불러 일으켰다. 외국인과 일본인이 함께 거주하면서 발생하는 많은 사회문제들이 다문화적 상황에 대한 일본사회의 관심을 촉발시켰던 것이다. 이런 점에서 1990년대 이후 일본사회에서 대두한 다문화적 상황에 대한 관심은, 다문화적 접촉이 야기하는 혼란 속에서 민족문화의 정체성을 지켜가려는, 이른바 자유주의적 다문화주의에 근거한 바가 크다.[5]

　하지만 다문화적 상황은 일본사회의 의도대로 쉽게 관리되지 않는

다. 다문화적 공간은 기존의 제도적 틀(국적, 민족, 계층, 젠더 등)의 경계
를 넘는 복잡한 역학이 진행되는 현장이기 때문에 이에 대한 관심은
새로운 공간의 주체형성과 해방의 공간으로의 가능성 모색으로 이어
지기도 한다. 일본사회가 다문화적 상황에 관심을 갖게 된 계기가
1990년대 이후 급격히 늘어난 외국인(뉴커머즈)의 유입이라는 점은 분
명하지만, 이는 또한 기존에 존재하던 외국인(올드커머즈)에 대한 새로
운 관심으로도 이어졌다. 현지인과 이주민이 얽혀 지내면서 발생하는
갈등을 제대로 이해하기 위해서는, 이미 이러한 문제들을 겪은 올드커
머즈들의 경험을 결코 무시할 수 없었다. 그들의 다문화적 경험에서
다문화 공생의 실마리를 찾을 수 있다고 기대하기 때문이다.

국가의 경계를 넘어 거주국의 현지사회에 진입한 이주민들은 기존
의 주류사회의 제도와 문화에 적응해 나가는 과정에서 주류권력에 의
한 편견과 차별을 겪게 된다. 이러한 차별이 주류사회로의 포섭을 이
끌기도 하지만, 이들은 편견과 차별을 딛고 나름의 정체성을 만들어가
기도 한다. 즉 기존의 관행을 비틀고, 자신들의 거주공간에 대한 새로
운 의미화를 가능하게 하는 존재이기도 한 것이다. 이주민을 매개로
형성된 다문화 공간은 현지인과 이주민이 얽어내는 내부적 관계는 물
론 이들 공간과 외부(글로벌, 내셔널, 로컬)와의 다층적 힘 관계가 교차하

---

5 요네야마 리사는 리버럴 다문화주의와 비판적 다문화주의를 구분하면서 일본의 다문화
공생 담론이 지닌 위험성을 지적한다. 즉, 기존의 공간구성(지배적 권력과 문화)을 문제
시하지 않는 다문화주의는 다문화라는 이름하에 타자성을 봉인해 버림으로써 결과적으
로 동화나 다양성의 관리에 이르게 된다는 것이다. 米山リサ, 「多文化主義論」, 綾部恒雄
編, 『文化人類學 20の理論』, 弘文堂, 2006(권숙인, 「일본의 다민족 다문화화와 일본연구」,
『일본연구논총』 29, 현대일본학회, 2009, 214면에서 재인용).

는 경합의 장이다. 특히 '시장'과 같은 생활공간에 주목하게 되면, 이주민들이 주변화와 타자화의 압력 속에서 어떻게 공간의 주체로 자리 매김하게 되는지, 즉 일상의 실천을 통해 현지사회의 구조적인 힘과 외부적 변화에 어떻게 대응하고, 또 어떻게 새로운 의미들을 만들어 가는지를 보다 구체적으로 드러낼 수 있다.

이제 글로벌 자본을 중심으로 한 자본의 힘이 로컬공간들을 소비해 가는 이른바 공간의 상품화의 흐름과, 이에 대항하여 로컬 공간이 가진 장소정체성을 확인하고 이를 지켜가려는 노력이 충돌하는 지점에서 발생하는 공간정치에 대한 구체적 분석으로 넘어가 보자. 일본 오사카시 이쿠노구生野區에 자리한 '미유키도오리 상점가'는 조선시장 또는 코리아타운이라고 불리는 이주민의 공간이다. 이곳은 장소정체성의 형성과 변화를 둘러싼 각 주체들, 특히 현지인과 이주민 간의 오랜 시간에 걸친 경합을 적나라하게 드러내고 있다는 점에서 공간 변용을 살펴볼 수 있는 좋은 사례이다.

2. 조선시장과 코리아타운 : 장소성의 획득과 변용

1) 조선시장의 형성과 장소성의 획득

오사카시 이쿠노구는 일본 내의 대표적인 재일코리안 집주지역으로 잘 알려져 있다. 이곳에 조선인들이 본격적으로 건너오기 시작한 것은 조선이 일본의 식민지로 전락한 1910년대로 거슬러 올라간다. 일본 제국주의의 농업정책에 의해 피폐해진 농촌에서 내몰려 일자리를 찾아 일본으로 건너온 당시의 조선인들은 현지 일본사회의 편견과 차별 그리고 언어문제를 비롯한 생활상의 불편을 지연·혈연을 매개로 한 상호부조를 통해 해결하고자 했고, 이것이 집주지 형성의 계기가 되었다. 이러한 초기 집주지역을 중심으로 점차 가족 단위의 거주자가 늘어나면서 1920년대 중반에는 이른바 '조선인부락'이라 불린 집단 거주구역이 출현하게 된다. 오사카의 이카이노(이쿠노의 옛지명)쵸는 조선인의 거주비율이 높았던(67.5%) 대표적인 집주지역 가운데 하나로, 이곳에서는 조선인을 대상으로 한 상공 서비스업과 조선시장, 조선유곽 등의 장소가 나타나면서 주거만이 아니라 일상생활의 대부분을 조선인들끼리 행하는 공간이 만들어졌다. 하지만 어렵사리 확보한 이러한 집주공간의 대부분은 이전부터 슬럼지역이던 곳이거나 저습지의 빈터 또는 매립지 등으로, 일본인이 잘 살지 않는 공간, 즉 게토ghetto의 성격을 띠고 있었다.

이쿠노지역 가운데서도 일명 '코리아타운コリアタウン'으로[6] 불리는 미유키도오리御幸通り 상점가는 상징적인 재일코리안의 공간이다. 이곳은 서쪽의 미유키모리진자御幸森神社에서 동쪽의 신히라노가와新平野川까지 동서로 약 500m에 걸친 가로변에 자리하고 있다. 이곳은 식민지시기에 조선인이 많이 건너와 살던 구舊이카이노猪飼野 지역에 해당하는 곳으로, 미유키도오리 상점가는 1925년 신사의 북동쪽 약 50m 지점에 개설

---

6 이쿠노의 '코리아타운'은 LA의 '코리안 타운'과 같이 행정구역상으로 붙여진 명칭이 아니다. 이는 미유키도오리 상점가가 1993년 코리아타운이라는 문gate을 설치하면서, 일명 코리아타운으로 불리게 된 데서 비롯된다.

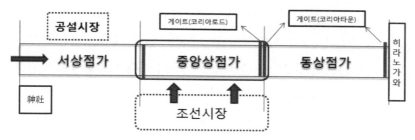

〈그림 1〉 미유키도오리 코리아타운(조선시장) 배치도

되었던 쯔루하시鶴橋 공설시장의 후신이다. 공설시장은 물가를 안정시
키기 위한 사회사업의 일환으로 개설되었으며 당시에는 '이카이노 공설
시장'이라고도 불렸다. 주변에 쯔루하시鶴橋역과 모모타니桃谷역을 비롯
한 인구밀집지가 다수 위치해 있어 상당한 집객력을 가진 시장이었다.

하지만 재일코리안은 이곳에 가게를 가질 수 없었다. 이들은 상가거
리에서 남쪽으로 1블록 떨어진 뒷골목에 무허가 좌판을 펼치고 장사
를 시작하였다. 단속을 피해 이리 저리 옮겨 다녀야 하는 처지였지만
생계를 돕기 위해 장사에 나서는 사람들은 점차 늘어나게 되었고, 언
제부터인가 이러한 뒷골목 시장은 '조선시장'으로 불리게 되었다. 공
설시장의 이면 골목에 조선시장이 형성되어 있어 당시의 상인들 사이
에서는 합법의 공설시장과 불법의 조선시장이 '밖과 안'이라는 공간적
관계로 인식되어 있었다.[7]

일본인이 차지하고 있는 공설시장의 안쪽 골목에 형성된 조선시장
은 주변에 밀집해 살고 있던 재일코리안들을 위한 생활용품들이 주로

---

[7]   吉田友彦・三村浩史, 「在日韓國・朝鮮人 集住地域における居住アイデンティティの表現に
     關する硏究」, 『平成8年度 日本建築學會 近畿支部研究報告集』, 日本建築學會, 1996, 1013면.

거래되던 곳이었다. 이카이노 지역에는 특히 제주도 출신자들이 많아 전체 조선인의 2/3 정도를 차지했다. 당시 이곳으로 이주해온 조선인 노동자들 가운데 남성들은 주로 인근의 공장이나 토목현장에서 일하는 노동자였던데 비해, 여성들은 이른바 '물질'로 해산물을 채집하는 잠수업에의 모집이 많았다.[8] 육지 여성들에 비해 생활력이 강한 것으로 알려진 제주 여성들이 생계를 돕기 위해 직접 채취한 전복, 미역 등의 해산물이나 산나물 아니면 다른 지역의 싼 물건을 이곳으로 가져와서 팔기 시작했고, 이를 계기로 서서히 시장이 형성된 것이다. 이렇게 형성된 조선시장은 단순히 상품의 거래가 이루어지는 곳만이 아니었다. 상품의 거래와 함께 고향소식이나 생활정보, 구직정보 등이 오가는 곳이었다. 이곳은 집주지에 모여 사는 이주민들이 서로 의지하는 상호부조의 공간이자 이주민들을 자신이 떠나온 고향마을과 이어주는 통로이기도 했던 것이다.

1940년대에 접어들어 미군에 의한 공습이 빈번해지자 공습을 피해 소개疏開하는 바깥의 일본인 상점이 늘어나게 되었다. 일본인이 빠져나간 빈 공간은 공습에도 불구하고 밖의 상점가에 자신의 가게를 갖고 싶어 하는 조선인에 의해 메워지게 되었다. 이런 식으로 뒷골목의 조선인 가게가 점차로 밖으로 옮겨와 전쟁이 끝날 무렵이 되면 이미 공설시장에 일본인과 조선인 상점이 혼재하는 양상을 나타내게 된다.

전쟁이 끝난 후인 1951년, 조선인의 진출을 탐탁치 않게 여긴 일본

---

8 안미정, 「오사카 재일 제주인 여성의 이주와 귀향」, 『탐라문화』 32, 제주대탐라문화연구소, 2008, 194면.

인 상점주(상점가 회장)를 중심으로 이곳을 일본인을 위한 상점가로 재구성하려는 시도가 나타난다. 하지만, 출자금의 각출 등의 문제에 부딪혀 이러한 시도는 다수의 동의를 이끌어내지 못한 채 끝나고 만다. 오히려 이를 계기로 상가 재구성을 시도하던 회장이 사임하면서 상점가는 3곳, 즉 서쪽, 중앙, 동쪽 상점가로 나누어지게 된다. 이 가운데 조선인이 많이 진출한 중앙 상점가는 조선 물품을 파는 곳으로 특화되면서, 일본 내의 다른 지역에 거주하는 코리안들까지 모두 이곳으로 물건을 사러 모여들 정도로 매우 번창하게 된다. 이에 비해 일본인 상점은 장사가 잘 되지 않아 가게를 그만두고 떠나는 경우가 많았다. 따라서 전후에도 일본인 상점이 철수하면 그 자리에 재일코리안 상점이 들어오는 패턴이 반복되게 된다. 그 결과 상점가의 코리아타운화가 논의되는 1990년대에 이르면, 전체의 상점 수 약 150곳 가운데 6할 이상의 상점이 재일코리안에 의해 운영되는 상황이 된다.[9] 비단 상점가뿐만 아니라 상점가를 둘러싼 이쿠노 지역 전반에 거주하는 재일코리안의 수도 종전에 따른 귀환 등에도 불구하고 거의 줄지 않았다. 오히려 일본 내의 다른 지역에 거주하던 재일코리안들 마저 이곳으로 모여들면서, 이쿠노 지역은 재일코리안의 최대 집주지역을 이루게 된다.

미유키도오리의 상점가는 재일코리안을 포함한 근린 주민의 생활시장의 역할을 담당하고 있었다. 이는 상점가의 주요 업종이 식료품이나 의류 등 생필품이라는 점에서 미루어 알 수 있다. 이에 더하여 이곳은 일본 내에서 한국(민족)관련 상품을 파는 메카로서의 역할도 했다.

9 　鄭雅英, 「路地裏から發信する文化」, 『環』 11, 藤原書店, 2000, 269면.

1960년대까지는 관혼상제나 명절 때 재일코리안이 필요로 하는 치마저고리나 제사음식 재료 등 한국 상품은 이곳에 오지 않으면 살 수 없는 상황이었고, 따라서 명절 무렵이 되면 일본 전국에서 모여드는 구매객들로 상가는 매우 붐볐다. 그러나 1970년대를 지나면서 상황은 바뀌게 된다. 재일코리안의 세대교체가 진행되면서 식문화나 전통문화에 대한 의식이 조금씩 바뀌게 되고, 이에 따라 민족관련 상품에 대한 수요도 줄어들게 된다. 이에 더하여 일본 각지에 식재료를 비롯한 민족관련 상품을 파는 곳이 생기고, 또 인근에 보다 교통이 편리한 쯔루하시 국제마켓 등과 같은 경쟁지역이 생기면서 민족관련 상품의 메카로서의 기능을 점차 상실하게 되었다.

미유키도오리의 조선시장은 외부의 기획에 의해 어느 날 갑자기 개설된 곳이 아니다. 편견과 차별로 인해 공설시장에 자신들만의 공간을 갖지 못하여 뒷골목에 좌판을 깔고 장사를 시작한 재일코리안들이 하나 둘씩 공적 공간으로 진출하여 자신들의 자리를 마련한 절절한 역사가 스며있는 곳이다. 또한 이곳은 재일코리안에 대한 일본사회의 차별이 극심하던 1960~70년대에는 일본사회 속에서 재일코리안이 가진 민족문화가 유지·계승될 수 있게 하는 메카로서의 기능을 담당했다. 현재의 미유키도오리 상점가에 있는 재일코리안의 상점 가운데는 전전戰前 시기나 전후 직후에 가게를 낸 경우를 비롯해 수십 년의 오랜 역사를 가진 가게들이 많다. 이들 가게는 이쿠노 지역 재일코리안의 일상의 경험을 그대로 간직하고 있으며, 그 경험들을 2세, 3세가 계승하고 있는 경우도 적지 않다. 말하자면 재일코리안의 장소정체성이 그대로 살아있는 곳인 것이다.

2) 코리아타운화 : 공간의 상품화와 장소성의 변용

1970년대를 지나면서 미유키도오리 상점가의 상권은 급속하게 위축되고, 1988년에는 공설시장으로서의 기능마저 폐지되게 된다. 이에 상점주들은 상점가를 활성화 할 수 있는 다양한 방안들을 모색하지 않을 수 없게 된다. 미유키도오리 상점가 일대를 '코리아타운'으로 만들자는 구상은 그러한 방안 가운데 하나로 제안되었다.

코리아타운 구상의 최초 발안자는 일본 청년회의소Japan JC 회원으로 활동하고 있던 상점주 A씨이다.[10] 그녀를 중심으로 1988년 처음으로 '코리아타운 추진위원회'가 발족되었다. 발족 당시, 3곳으로 나누어진 상점회 가운데 재일코리안 상점주가 다수를 차지하던 중앙상점회 소속의 20~30대 상점주 8명(일본인 1명, 한국인 7명)만이 위원회에 참여했고, 서상점회와 동상점회는 이에 참여하지 않았다. 당시 중앙상점회의 간부들은 대부분 재일코리안이었다. 서상점회와 동상점회는 단순히 위원회에 불참하는데 그치지 않았다. 추진위원장으로 참여한 일본인 상점주 A씨에 대해서는 다른 일본인들로부터 항의 전화가 줄을 이었다고 한다.[11] 동 추진위원회의 활동은 중앙 상점가 입구에 상징적인 문을 설치하기로만 한 채 흐지부지되었다.

최초의 코리아타운 구상은 그 추진 주체와 시기에 있어 공간의 상품화와 깊이 관련되어 있다. 발안자인 일본인 A씨는 개인적으로 한국에

---

10 上田智也, 「濟州島人から定住コリアンへ」, 『地理』43(5), 古今書院, 1998, 72면.

11 谷 富夫, 「民族關係の社會學的研究のための覺書き」, 駒井 洋, 『日本のエスニック社會』, 明石書店, 1996, 367면.

〈그림 2〉 상점가 입구에 세워진 백제문

친근감을 가지고 있었으며, 일본 청년회의소 오사카지부에서 활동하고
있었다. 그녀는 한국 청년회의소 오사카 지부에 참여하고 있던 재일코
리안 상점주들과 한일 청년회의소 간 교류의 차원에서 협력할 수 있었
고, 이를 바탕으로 계획을 추진하였다. 또한 이러한 구상은 도시마케팅
을 통한 경쟁력 강화를 추진하던 오사카 시의 당시 시책과 맞물리는 것
이었다. 오사카시의 '오사카 21세기 협회'는 '뉴타운 구상'이라는 이름으
로 지역별 상가활성화 방안을 공모하였다. 이에 부응하여, 제안자들은
재일코리안 집주지라는 이쿠노의 독특한 지역성을 살린 상가활성화 방
안을 생각해 내었고, 그것이 코리아타운 구상이었던 것이다.[12] 제안자
들은 요코하마橫浜에 있는 중화거리나 고베神戶의 남경마을과 같이 민족

---

12 上田, 앞의 글, 72면.

성을 내세워 공간을 소비하는, 공간의 상품화를 의도하고 있었다.[13]

이후 1990년대 들어 새롭게 '코리아타운 추진위원회'가 구성되었다. 이번에는 동상점회가 그 중심이 되었다. 위원회는 코리아타운을 상징하는 게이트gate 만들기와 노면 및 가로 정비를 추진하였다. 중앙상점회는 동상점회가 제안한 취지에는 대체로 동의하였다. 하지만 상점가 명칭을 코리아타운으로 부르는 것은 너무 지나치다고 판단해 코리아로드라는 축소된 명칭을 택하고자 했다. 이리하여 1993년 동측 상점가 입구에는 코리아타운 그리고 중앙 상점가 입구에는 코리아로드라고 적힌 한국풍의 상징 문이 따로 만들어지게 되었다(현재는 코리아타운으로 통일되어 있음). 이번에도 일본인 상점주가 다수인 서상점회는 계획에 동의하지 않았다. 게이트의 모양은 전통적인 한국풍의 지붕으로 만들어졌으며, 한쪽 면에는 백제문百濟門이라는 글이 적혀 있다. 이 지역은 과거 백제와의 교류에 중심적인 역할을 한 곳으로, 백제는 이 지역 일본인과 재일코리안을 묶는 공통의 이미지로서의 의미를 지니고 있다.

미유키도오리 상점가가 코리아타운으로서의 이미지를 만들어가는 과정은 그리 간단치 않았다. 이곳의 상점가는 재일코리안 상점주와 일본인 상점주가 거의 반 반 정도를 차지하고 있는 데다, 이쿠노 지역 주민의 근린상가로서 주요 고객 역시 일본인과 재일코리안이 뒤섞여 있었기 때문이다. 전체적으로 반반씩 차지하는 상점주 비율과는 별도로, 3곳으로 나누어진 상점회 별로 일본인과 재일코리안 상점주의 비율은 달랐다. 당시 3곳의 상점회 가운데, 코리아타운 계획에 부정적이었던

13 李容柱, 「若者が働きたいと帰るまち」, 『部落解放』 545, 2005, 13면.

서상점회는 일본인 상점주의 비율이 약 7할 정도를 차지하고 있었다. 이는 동상점회(약 5할)나 중앙상점회(약 3할)에 비해 상당히 높은 편이었다.[14] 코리아타운 계획을 추진한 동상점가는 전쟁 당시 공습의 피해가 심했던 지역이다. 따라서 전후에 새롭게 입주한 신규개점 상점주와 젊은 상점주의 비율이 상대적으로 높았다. 동상점가의 상점 가운데 60% 이상은 1970년대 중반이후 개점하였는데, 이는 서상점가(약 10%)나 중앙상점가(약 20%)에 비해 현저하게 높은 비율이다.[15] 이러한 유동성이 코리아타운 계획 추진의 중요한 동력이 되었다.

상점가의 절반가량을 차지하는 일본인 상점주들이 수동적이기는 하지만 코리아타운 계획에 동의하게 된 것은, 무엇보다도 상가활성화에 대한 기대가 컸기 때문이다. 상점가는 1980년대 이후 극심한 불황을 겪고 있었다. 또한 상점가의 장소성에 대한 진정성에 있어서도 재일코리안과 일본인 상점주는 차이가 있었다. 상가 뒷골목에서 좌판으로 장사를 시작하여 피땀 어린 노력으로 어렵사리 본 상가에 상점을 갖게 된 재일코리안들은 상점가에 큰 애착을 갖고 있었다. 상점주들의 거주 형태에 관한 조사결과에 따르면,[16] 재일코리안의 대다수(57명 중 55명)는 상점에서 거주하거나(31명) 아니면 구區 내에 거주하고 있는데 비해, 일본인 상점주의 27%(54명 중 15명)는 구 밖에 거주하고 있었다. 일본인 상점주 가운데 새롭게 상가에 입주하거나 상점만을 이쿠노에

---

14 1996년 당시 국적별 상점주 수는 서상점회 = 일본인 20 / 재일코리안 8, 중앙상점회 = 일본인 16 / 재일코리안 32, 동상점회 = 일본인 19 / 재일코리안 19를 나타냈다. 吉田友彦·三村浩史, 앞의 글, 1014면.

15 위의 글, 1015면.

16 위의 글, 1016면.

서 운영하면서 생활은 외지에서 행하는 상점주의 경우, 상가활성화를 위해 상점가의 이미지를 코리아타운으로 만들어가는 전략에 그리 어렵지 않게 동의할 수 있었을 것으로 여겨진다. 이에 비해 이전부터 계속해서 상점을 운영해오던 서상점가의 일본인 상점주는 자신이 생활하는 장소가 코리아타운으로 표상되는 것에 쉽게 동의할 수 없었다. 당시 서상점가의 상점주가 가진 "주변에 신사가 있는데 코리아타운이 웬 말이냐!"는 인식은 이러한 단면을 잘 드러내고 있다.[17]

　상가의 코리아타운화, 즉 민족성의 상품화 전략을 도입함에 있어 우선적으로 고려되었던 것이 상가의 주 타킷(고객)을 누구로 설정할 것인가였다. 즉, 시장의 주된 고객을 근린 주민으로 할 것인가 아니면 외래객으로 설정할 것인가를 둘러싸고 의견이 나뉘었으며, 이러한 논의는 상가의 새로운 장소성을 모색하는 계기가 되었다. 이곳이 주변에 거주하는 주민들을 위한 근린시장의 기능을 담당하고 있음은 앞서 살펴본 바와 같다. 하지만 근린 주민만을 대상으로 한 시장의 활성화는 분명한 한계를 지니고 있었다. 이에 상점가가 가진 특성, 즉 '장소의 차이'를 부각시켜 외지의 구매객들을 끌어들이려는 적극적인 전략을 선택하게 된다. 김치와 호르몬구이를 비롯한 코리안 식食문화의 발신지로서의 특징을 살려, 다른 지역에는 없는 코리안풍의 상점가를 만들어보자는 결론에 이른 것이다. 1970년대까지 이른바 조선시장으로 불리던 이곳이, 인근 주민만이 아니라, 일본 전역에서 민족성을 구매하러

17　중앙상점회 간부 A씨와 동상점회 간부 B씨에 의한 구술(2006.1). 堀本雅章, 「大阪市生野區におけるハングル表記の空間的特徵」, 『新地理』 54(3), 2006, 54면에서 재인용.

모여든 재일코리안들로 붐볐다면, 이제 코리아타운으로 새롭게 명명하여 이곳을 일본인들이 식문화를 비롯한 한국문화를 소비하기 위해 몰려드는, 이른바 한국문화 소비의 메카로 만들어 가자는 것이다.

상점주들이 이러한 전략을 선택하게 된 데는 변화된 시대적 상황과 주변 환경 역시 적지 않은 영향을 미쳤다. 코리아타운 설립이 추진되던 1990년대는 외국인 또는 외국문화 전반과 한국 및 한국문화에 대한 일본사회의 인식에 급격한 변화가 이루어지던 시기이다. 잘 알려진 바와 같이 일본은 전후 단일민족국가로서의 국가 만들기에 상당한 노력을 기울여 왔고, 그 결과 외국인 또는 외국문화는 동화가 아니면 차별의 대상이 되어 왔다. 그러나 1980년대 이후 글로벌화와 함께 확산된 초국가적인 자본과 사람의 이동은 일본이라고 해서 비켜가지 않았다. 일본사회 또한 외국인의 유입이 크게 늘면서, 이로 인해 다양한 사회적 문제들이 표출되게 되었던 것이다. 외국인 및 외국문화와의 충돌에 의해 발생되는 여러 가지 현실적 당면문제들과, 앞으로도 이러한 경향은 더욱 확대될 것이라는 위기의식은, 1990년대 이후 유럽에서는 시들해진, 다문화주의에 대한 관심을 증폭시켰다. 다문화적 상황에 대한 경험이 일천한 일본사회가 당위적으로 다문화사회를 지향해 나가고자 하면서, 그동안 차별과 배제의 대상으로 여겨졌던 재일코리안의 존재와 경험은 새로운 전기를 맞게 된다. 그들의 경험에서 문제해결의 실마리를 찾고자 하는 시도들이 나타나게 되는 것이다.

재일코리안을 바라보는 시선뿐만 아니라, 한국사회 및 한국문화에 대한 일본인들의 인식 변화 또한 코리아타운 설립에 큰 영향을 미쳤다. 과거 식민지였던 한국사회에 대한 일본인의 인식은 전반적으로 부

〈그림 3〉 상점가 게시판에 붙어 있는 한류관련 홍보물들

정적이었다. 그러나 1988년 서울 올림픽 개최를 계기로 한국에 대한 긍정적인 관심이 생기기 시작하여, 김대중 정부시절 이루어진 규제철폐(대중문화개방)에 따른 한일 양국 간 대중문화 교류의 확대 그리고 2002년 월드컵 공동개최 등을 거치면서, 한국문화에 대한 일본사회의 관심은 폭발적으로 증대되게 된다. 특히 드라마 겨울연가의 인기에서 비롯된 이른바 '한류 붐'은 일본사회에서 한국문화가 소비의 대상으로서 뛰어난 상품성을 가지고 있음을 확인시켰다.

한류 붐을 통해 형성된 한국문화에 대한 긍정적 인식과 관심 증대는 그동안 민족성 드러내기를 주저해 오던 재일코리안이 자신들의 민족성을 재규정하게 되는 계기로 작동했다. 민족성의 재규정은 두 가지 층위에서 드러나고 있다. 그 하나는, 오랜 기간 민족성을 이유로 차별

받아온 재일코리안이 자신들의 억압된 정체성을 공적공간에 드러내고, 자신들이 이쿠노라는 공간의 새로운 주체임을 확인하고자 하는 것이다. 다른 하나는, 이쿠노라는 공간의 변용, 즉 한국적인 것이 소비되는 공간의 상품화라는 인식의 발로이다. 이는 한류 붐에 편승하여 한국적인 것을 대변하는, 일본 내의 한국 공간으로서 상점가를 위치지우는 것으로, 여기서는 다수의 재일코리안이 거주하는 공간이라는 점이 곧 코리안 문화를 상징하는 곳으로 동일시된다. 이 경우 코리아타운에서 드러내는 민족성은 재일코리안이 지닌 차별과 혼종의 경험을 드러내는 민족성이 아니라 서울에서 표준화되고 상품화된 민족성에 불과하다. 상품으로 소비되는 코리아타운의 민족성은 세계시장의 세련된 가치기준과 결부된 문화적 차이의 소비에 다름 아니다. 이처럼, 표준화된 민족성이 소비되는 공간에서는 주체로서의 이주민의 존재는 빠져버린다.[18] 다문화 또는 이異문화 공간이란, 이색적인 문화적 체험을 원하는 문화소비계층의 욕구를 충족시키기 위한 소비의 대상에 지나지 않는다. 즉, 주체가 빠진 다문화공간에 불과한 것이다.

1980년대 이후 본격화된 이쿠노 재일코리안의 민족성 드러내기, 특히 이쿠노민족문화제生野民族文化祭는 상점주를 비롯한 주민들의 장소성 인식에 적잖은 영향을 미쳤다. 차별의 주된 원인이 되었던 코리안 민족성 드러내기를 꺼려하던 재일코리안들은 1983년부터 시작된 이쿠노민족문화제를 계기로 민족성을 공적 공간에 적극적으로 드러내고자 했다. 한복을 입고 농악을 연주하는 재일코리안의 축제는 재일코

---

18 飯笹佐代子,『シティズンシップと多文化國家』, 日本經濟評論社, 2007, 173면.

리안 2세, 3세들에게 민족적 자긍심을 고취시켰음은 물론 주위에 함께 거주하는 일본인들이 재일코리안 또한 이쿠노라는 장소의 주체로서 공존하고 있다는 점을 인식하는 계기가 되었다. 즉, 재일코리안의 민족성 드러내기는 이쿠노의 장소 정체성을 변화시키는 계기가 되는 한편 공간의 상품화로도 이어지게 된 것이다.[19]

　이처럼 글로벌화는 국민국가의 권력 장치 내에서 차별과 배제 및 이에 대한 저항의 기제로 작동하던 '차이'를 글로벌 시장에서의 차별화된 브랜드 창출이라는 소비의 논리로 전환시켰다. 이쿠노 코리아타운은 이제 배제와 차별에 맞선 장소성의 상징만이 아니라 한국문화라는 이문화가 전시되고, 체험되며, 소비되는 공간으로 변용되려 하고 있다. 이러한 흐름 속에서, 재일코리안 사회에서 세대를 이어 계승되어온 이른바 '재일성在日性'으로서의 민족문화는 서울에서 표준화되고 상품화된 민족문화에 묻히게 되고, 한국어가 능숙하지 못한 2세, 3세 재일코리안 상점주들은 일본인을 대상으로 그러한 표준화된 한국문화를 팔게 된다. 글로벌화가 조선시장이라 불리던 삶의 터로서의 장소를 코리아타운이라는 민족성이 소비되는 공간으로 변환시키는 힘으로 작동하고 있는 것이다. 여기서 재일코리안의 일상은 이제 소비되는 대상이 된다.

---

19 이희숙, 「재일한인 축제를 통해서 본 장소의 정치」, 『한국지역지리학회지』 9(3), 한국지역지리학회, 2003, 257면.

3. 디아스포라적 공간의 혼종성

1) 민족성과 재일성

오사카 코리아타운의 외부적 경관은 LA의 코리안타운을 비롯한 다른 해외지역 코리안타운의 모습에서 연상되는 경관과는 사뭇 다르다. 일본의 대표적인 한국문화 전시장 또는 다문화 공간이라는 상징적 표상과는 달리 외관상 민족성을 드러내는 의도적인 표식은 그리 많지 않다. 상가 입구 등에 설치된 한국풍의 커다란 게이트를 제외하면, 일본의 여느 중소도시에 있는 근린시장의 풍경과 별로 다를 바가 없다. 상점의 간판은 의도적으로 민족성을 드러내기 쉬운 매체이다. 그러나 이곳에서는 민족성을 드러내는 표기가 별로 없다. 2011년 현재 이곳에서 영업을 하고 있는 상점은 모두 123개(서상점가 33곳, 중앙상점가 47곳, 동상점가 43곳)이다. 이 가운데 간판에 한글이나 민족성을 드러내는 표기를 사용하고 있는 경우는, 경남상회慶南商會라는 한국식 한자표기를 포함해 4곳에 불과하며, 그나마 일본어와 한글을 병기하고 있다.[20] 이곳의 재일코리안은 거의 대부분이 일상에서 일본어를 사용하고 있고, 생활문화의 측면에서 일본문화에 상당히 동화되어 있다. 한글 표기가 별로 눈에 띄지 않는 것은 이러한 측면이 반영된 것으로 볼 수 있다.

한국어 간판은 거의 없지만 전시하거나 취급하는 상품을 통해 민족

---

[20] 코리아타운 상가의 홈페이지는 상당히 잘 정비되어 있으며, 각종 자료나 이미지 등을 풍부하게 제공하고 있다. 상세한 내용은 홈페이지(www.ikuno-koreatown.com)를 참조하기 바람.

〈그림 4〉 한글과 일본어를 병기한 김치가게의 간판

성은 잘 드러난다. 한국(민족)관련 상품을 취급하고 있는 상점은 모두
62곳으로 전체 상점 수의 절반가량을 차지하고 있다. 품목별로는 김
치, 떡 등을 비롯한 한국 고유의 음식이나 식재료 상점이 46곳으로 가
장 많고, 정육점이나 야채가게 등에서도 수육이나 족발, 나물, 제사음
식 재료 등 한국의 민족성을 드러내는 상품을 취급하는 경우가 많다.
한편, 일본사회에서의 일고 있는 최근의 한류 붐을 반영하듯, 한류상
품만을 전문적으로 취급하는 상점이 최근에(2009 · 2011) 오픈한 2곳을
포함해 모두 5곳 있다. 이들 상점들을 중심으로 겨울연가나 대장금 등
한국 드라마를 통해 인기가 높은 이영애, 배용준 등의 대형 브로마이
드가 걸려 있어, 이곳을 찾은 사람들에게 이곳이 한국문화의 거리라는
분위기를 조성한다. 최근에는 김치나 식재료상점을 중심으로 모두 45

곳의 상점에서 한국어가 가능하다는 문구를 인터넷 홍보 등에서 사용하고 있다. 이는 새로 이주해 온 뉴커머들이 이쿠노와 인근지역으로 모여듦에 따라 그 수요에 대응하기 위한 것으로 여겨진다. 이밖에 일본 전통의상이나 음식 등 일본 고유의 상품만을 취급하는 상점 또한 7곳 존재한다. 코리아타운은, 외부적인 시선에서 보면, 한류상품을 비롯하여 한국이라는 민족성이 전시·판매되고 있는 듯 보이고 또 그러한 흐름이 실제로 존재하고 있다. 하지만 그 내부적으로는 재일코리안이라는 일본인도 한국인도 아닌 생활주체의 성격, 이른바 '재일성在日性'이 반영된 공간적 성격 또한 여전히 지속되고 있다. 한국문화라는 민족성이 소비되는 이른바 '공간의 상품화(소비)'와 재일코리안의 생활공간으로서의 '장소정체성'이 경합하는 공간인 것이다.

코리아타운이 드러내는 올드커머 집주지로서의 장소정체성, 즉 재일성은 코리아타운에서 약 100m 정도 떨어진 이마자토신치今里新地 지역에 형성된 '뉴커머 집주지'와의 비교를 통해 잘 드러난다. 이 지역은 유흥가로 1980년대 이후에 돈벌이를 목적으로 이동해 온 뉴커머 코리안들이 모여 살고 있는 곳이다. 길을 걸을 때 여기저기서 쉽게 한국어를 들을 수 있을 정도로 한국인이 많다. 이곳은 예부터 유곽이 있던 곳으로, 현재에도 과거 이 지역이 유곽이었음을 짐작케 하는 풍경들이 남아 있다. 전후에 예기藝妓들은 대부분 교토로 이동하였지만, 공창지역으로 지정되면서 그 명맥을 이어왔다. 그러나 1958년 '매춘방지법'에 의해 공창지역이 폐쇄되면서 요정 등으로 업종이 변하기 시작했다. 이후 지역경제사정의 악화 등으로 계속 영업하기가 어려운 가게들이 속출했다. 1980년대부터 들어오기 시작한 재일코리안 뉴커머들은 이러한 가게들을 임대 또는 매입하여 클럽, 스낵바, 에스테, 찻집 등의 유흥업소를 차렸고, 여기서 일하는 종업원의 형태로 더 많은 재일코리안이 다시 유입되었다. 그리고 이러한 뉴커머들을 대상으로 한 한국음식점과 비디오대여점 등 편의시설이 생겨나면서 뉴커머 중심의 새로운 '코리안타운'이 형성되게 된 것이다. 이마자토신치에 있는 상점의 대다수는 1990년대 이후 영업을 시작했으며, 개점 당시부터 한글 간판을 단 경우가 많다. 이곳에 거주하는 코리안을 대상으로 한 가게가 많은 까닭이다. 참고로, 한 연구결과에 의하면,[21] 이마자토신치를 찾는 손님의 국적별 비율은 일본인 24%, 올드커머 코리안 34%, 뉴커머 코리안 41%, 기타 외국인 1%로 나타나고 있다. 이는 올드커머 55%, 일본인 22%, 뉴커머 22%, 기타외국인 1%인 코리아타운 상점가와 비교할 때 뉴커머의 비율이 2배가량 높은 수치를 나타내고 있다.

2) 공간의 중층성과 혼종성

코리아타운과 그 배후지역에는 사람과 물자의 초국가적인 이동이 만들어내는 다양한 관계의 네트워크가 중층적으로 형성되어 있다. 겉으로 드러나는 코리아타운이 한류 붐을 전면에 내세우며 한국문화를 전시·판매하는 소비의 공간이라고 한다면,[22] 그 이면에는 동일한 공간을 공유하며 살아가는 상이한 주체들이 엮어내는 다양한 공간정치

---

21 堀本雅章, 앞의 글, 58면.
22 杉原 達, 「發信する猪飼野」, 『海港都市研究』 5, 神戸大學, 2010, 62면.

가 작동하고 있는 것이다. 여기에는 현지 일본인과 정주 이주민인 올드커머 재일코리안 간의 공간을 둘러싼 배제와 저항의 기억과 정주 이주민 내부의 초기세대와 후속세대 간의 장소정체성의 차이가 존재한다. 이에 더하여, 글로벌화에 수반한 노동이주자의 급격한 유입은 올드커머즈와 뉴커머즈, 상점주와 노점상, 고용주와 피고용자(일명 아가씨, 아줌마) 간의 다양한 갈등과 협력관계를 공간에 드러낸다. 이들은 동일공간에 각기 자신들 만의 공간을 중층적으로 형성하는 것이다.

디아스포라적 공간에서 이루어지는 초경계적인 이동, 즉 트랜스-내셔널 또는 트랜스-로컬한 관계의 이면을 살펴보면, 다른 곳에서는 쉽게 볼 수 없는 다양한 네트워크를 확인할 수 있다. 이곳에서 새로운 장소정체성을 만들어가려는 정주 이주민, 다시 돌아가기를 원하는 일시적 이주노동자, 국경을 넘어 빈번히 왕래하는 보따리 장사, 장소에 대한 애착이 강한 토착 일본인 등 각 각의 집단들은 각기 독자적인 네트워크 형성하며 그 속에서 움직이고 있다. 이곳의 일본인 주민들은 고장의 전통적인 축제나 자치기구의 운영 등 지역 고유의 일에는 재일코리안을 끼워주지 않으려 한다. 일본인만이 이 공간의 진정한 주체가 될 수 있다는 것이다.[23] 정주 코리안은 일시적으로 머무는데 불과한 이주노동자들(뉴커머즈)과 자신들을 구분하고자 한다. 이곳은 자신들이 태어난 곳이자 대를 이어 살아갈 삶의 터전이기 때문이다. 버젓한 자신들만의 공간을 가지고 있는 상점주들은 노점상을 상대하려고 하

---

23 이상봉, 「디아스포라와 로컬리티 연구 : 재일코리안을 보는 새로운 시각」, 『한일민족문제연구』 18, 한일민족문제학회, 2010, 132면.

지 않으며, 노점상의 주 고객은 인근의 유흥업소에서 주로 불법으로 취업하고 있는 일명 '아가씨'들이다. 코리아타운의 상점주들은 뉴커머들이 형성한 이마자토신치와 자신들의 공간을 구별하려고 한다.[24]

디아스포라적 주체들이 만들어내는 초경계적인 흐름의 증대는 게토지역 → 조선시장 → 코리아타운으로 이어지는 기존의 공간정치에 더해 다양한 트랜스-내셔널 유동공간을 형성하고 있다. 한국문화에 대한 관심이 증대되고 한류 붐이 일본사회를 휩쓸게 되자, 코리아타운의 상점들도 트랜스-내셔널한 연계를 강화한다. 60여 년의 역사를 지닌 떡 가게인 도쿠야마德山 상점의 변화는 이를 잘 드러낸다. 이 상점은 1991년도에 한국의 식품회사인 풀무원과 공동으로 서울에 회사를 설립하고, 충남에 공장을 세우는 등 한국과의 연계를 통한 규모 확대를 도모하였다. 이곳의 한류 숍에서 판매되는 상품들 또한 대부분 한국에서 만들어져 수입되어온 것이다. 코리아타운의 대표적인 상품인 김치 역시 재일코리안이 직접 만든 것보다 정통 한국식을 강조하면서 한국에서 수입해 온 김치가 더 잘 팔린다고 한다. 트랜스-내셔널한 이동은 이러한 상품에 그치지 않는다. 코리아타운의 상점주들 가운데는 한국 스타일의 의류나 잡화 등을 직접 구입해 판매하기위해 빈번히 한국을 방문하는 경우가 적지 않다. 이들과 더불어 한국과 일본을 오가면서 물건을 공급하는 이른바 보따리 장사들 그리고 상점의 점원이나 유흥업소의 종업원(일명 아가씨)으로 취업한 이주노동자들은 트랜스-내셔

---

24 ソニア・リャン, 「大阪のトランスナショナルな街 : エスノグラフィー」, 高全惠星 外, 『ディアスポラとしてのコリアン』, 新幹社, 2007, 250면.

널한 유동공간을 만들어내고 있다. 특히 1980년대 이후 비싼 임금을 좇아 일본으로 건너온 이주노동자들은 트랜스-내셔널한 유동공간의 중요한 주체가 되고 있다.

일견 트랜스-내셔널한 네트워크로 보이는 이러한 흐름의 이면을 자세히 들여다보면, 그 네트워크가 특정 지역을 중심으로 매우 한정되어 있음을 알 수 있다. 상점주들의 왕래루트나 이주노동자의 정착지 선택 등에서 출신지를 중심으로 하는 혈연·지연의 연계가 강하게 작용하고 있기 때문이다. 특히 제주도 출신자가 많은 이쿠노지역의 경우, 혈연·지연을 강조하는 제주도의 독특한 로컬리티가 반영된 결과로, 현재까지도 출신지 마을과 자신이 살고 있는 이주지를 잇는 트랜스-로컬의 연계가 잘 유지되고 있다. 트랜스-내셔널이 아니라 트랜스-로컬의 흐름이 코리아타운의 초경계적 네트워크의 중심에 자리하고 있는 것이다.

4. 다문화 공생의 공간 만들기

미유키도오리 상점가를 코리아타운으로 만든 것은, 기존에 이 지역에 살고 있던 재일코리안이 가진 저항의 공간 또는 생활공간으로서의 장소성과는 다른 새로운 장소성, 즉 소비의 공간으로서의 장소성 형성을 위한 시도였다고 볼 수 있다. 침체에 빠진 상가를 활성화하기 위해 고민하던 젊은 상점주를 중심으로 한 추진그룹은 재일코리안이 상징하는 '차별과 저항'이라는 민족성을 '차이의 소비'라는 새로운 민족성으로 재규정하고자 하였던 것이다. 따라서 미유키도오리 상점가의 코리아타운으로의 전환은 많은 갈등을 수반했다. 이곳 상점가를 분점하고 있는 재일코리안과 일본인 상점주들 간에, 그리고 오랫동안 이곳에서 영업을 해온 나이 든 상점주와 가게를 물려받은 2세 또는 새롭게 상점가에 진출한 젊은 세대들 간에 장소성에 대한 인식에 큰 차이가 존재했기 때문이다. 이러한 인식의 차이에도 불구하고 코리아타운으로의 전환이 가능했던 것은, 차별의 근거로 작용했던 김치, 호르몬구이 등 한국식 식문화가 오히려 상가를 활성화시킬 수 있는 '장소마케팅'의 계기가 될 수 있다는 인식의 전환이 있었기 때문이다. 글로벌화의 진전에 따른 '유동공간'의 확산이 공간을 동질화하며 초경계적인 관계의 공간을 만들어감과 동시에, 고유의 장소성에 근거한 '장소공간'을 '차이의 소비'를 강조하는 '공간의 상품화'의 대상으로 삼고자 하였던 것이다.

그러나 급속한 뉴커머즈의 유입에 의해 새로 형성된 다문화공간과 달리, 기존에 고유의 장소정체성을 가지고 있던 조선시장(코리아타운)의 경우 민족성을 소비하는 '공간의 상품화'가 한 방향으로만 진행되지는 않는다. 재일코리안과 일본인, 올드커머즈와 뉴커머즈 등 상점가를 구성하는 다양한 공간의 주체들은, 코리아타운 지정을 위한 협의의 과정에서 서로간의 인식의 차이를 확인할 수 있었다. 차이의 확인은 인식의 전환으로 이어졌다. 코리아타운이 코리안 만의 공간이 아니라 다양한 차이들이 공존하는 혼종의 공간이며, 이러한 차이에도 불구하고 억압과 배제 없이 함께 살아가야할 공생의 공간이 되어야 한다고 인식하게 된 것이다. 코리아타운은 코리안 디아스포라에 의해 형성된 이른바 '디아스포라적 공간diasporic space'이다.[25] 경계를 넘은 사람의 이동은 이주자 자신들 뿐 아니라 현지에 이미 살고 있는 사람들에게도 디아스포라적 경험을 가능하게 한다. 디아스포라적 경험은 이주민과 현지인 모두에게 자신들이 살고 있는 공간이 상호관계에 의해 이루어진 혼종의 공간임을 자각하는 것을 돕는다. 그런 점에서 디아스포라적 공간은, 민족성을 중심으로 한 내셔널 아이덴티티가 해체된 공간이며, 특히 아이덴티티 그 자체가 해체된 혼종의 공간이다.[26] 디아스포라적 공간은 유동적이고 중층적이며 다양한 주체들이 서로 중첩되면서 대항하는 장소이다. 그러한 의미에서 디아스포라적 정체성은 과거의 기억과 경험에 얽매여 고착화된 그 무엇이 아니며, 일상적 삶 속에서 끊임없이 새롭게 다시 만들어지는 것이다.[27] 이곳의 재일코리안은 단순한 한국 민족문화의 대리인이 아니며 현지 일본사회에 적응하는 과정에서 형성된 자신들만의 혼종적인 장소정체성을 가지고 있다. 또한 이곳의 일본인 상점주 역시 상점가가 한국적 특색을 가지고 있으며 이러한 한국 색을 드러내는 것이 상가 활성화에 도움이 될 것이라는 점을 받아들이고 있다.

이처럼 코리아타운에는 이곳을 민족성이 소비되는 소비의 공간으로 만들어가려는 자본의 논리만이 아니라, 장소성에 근거하여 이곳을 혼종과 공생의 공간으로 만들어가려는 주체의 노력 또한 존재한다. 혼종과 차이를 품고 있는 디아스포라적 공간에 근거한 다문화 공생은,

---

25　브라A. Brah는 경계를 넘어 이동하는 사람들이 모인 공간을 정치, 경제, 문화, 심리적 프로세스가 합류하는 장이라고 보고 이를 '디아스포라적 공간'이라 명명한다. A. Brah, *Cartographies of Diaspora : Contesting Identities*, New York : Routledge, 1996, p.209.
26　戴エイカ,「在日コリアン靑年の學びあう場」, 野口道彦 外『批判的ディアスポラとマイノリティ』, 明石書店, 2009, 75면.
27　강상중・요시미 순야,「혼성화된 사회를 찾아서 : 내셔널리티의 저편으로」,『당대비평』10, 생각의나무, 2000, 226면.

이異문화를 동화 또는 허용의 대상으로 삼는 자유주의적 다문화 공생과는 구별된다. 여기서는 차이를 가진 다양한 사람들이 상호승인 속에서 일상을 살아가는 구체적인 공생의 공간 만들기가 중요하게 된다.

코리아타운을 다문화 공생의 공간으로 만들고자 하는 주체들의 노력은 코리아타운 필드워크 프로그램이나 다문화공생 축제 등을 통해 확인할 수 있다. 오사카 이쿠노를 근거로 삼아 다민족·다문화 공생사회의 실현을 주된 목적으로 활동하는 단체인 '코리아NGO센터'는[28] 2004년부터 코리아타운 필드워크를 실시하고 있다. 이들은 코리아타운을 일본의 과거와 현재 그리고 미래의 근간에 관계된 과제들이 응축되어 있는 거리로 규정하고, 이곳을 일본 전국 초·중·고 학생들의 수학여행, 교직원이나 학부모회의 인권연수, 일반인들의 이문화 이해 및 역사학습의 장으로 적극적으로 활용하고 있다. 필드워크는 코리아타운 상점가를 포함해 과거 한반도(백제)와 일본 간의 교류의 흔적이 남아 있는 곳이나 재일코리안의 삶의 자취들이 베여있는 공간들을 소개한다. 이와 함께 이문화로서의 한국문화를 체험할 수 있는 체험의 공간도 제공한다. 한글, 김치, 장구 등의 강습을 비롯해, 한복, 전통공예, 전통무용, 태권도, 찌지미 등 한국적인 문화를 직접 체험할 수 있는 기회를 제공한다. 필드워크 및 체험에 참가하는 사람들은 수학여행 차 방문한 학생이나 연수차 방문한 교원 및 학부모가 대부분이며 일반 일본인이나 한국에서 관광차 들렀다가 방문하는 경우도 가끔 있다. 2004년부터

---

28 민족교육문화센터, 원코리아페스티벌실행위원회, 재일한국민주인권협의회의 3단체가 모체가 되어 2004년 3월 설립되었으며, 민족교육, 재일외국인의 인권보장과 다민족·다문화 공생사회 실현, 한반도 통일과 동아시아공동체 형성 등을 목적으로 내세우고 있다.

〈그림 5〉 코리아타운 공생축제 공식 포스터(2011)

현재까지 매년 8,000~ 10,000명 정도의 인원이 필드워크에 참가하고 있다.[29]

이와 함께 코리아타운의 3개 (서, 중앙, 동) 상점회가 연합하여, 2009년부터 매년 11월에 '이쿠노 코리아타운 공생축제生野コリアタウン共生まつり'를 개최하고 있다. 이들은 코리아타운을 한국과 일본의 문화가 융합된 활기 넘치는 거리로 표상하고자 하며, 그곳에서 오랜 기간에 걸쳐 장사를 하고 있는 재일 코리안 어머니들은 그야 말로 그러한 융합의 이미지를 상징한다고 본다. 축제에서는 일본사회 속에 존재하는 코리아타운의 장소성, 즉 한국 식문화 및 민족문화의 메카로서의 성격을 알리기 위해 다양한 한국적인 것들을 연출하지만, 이곳이 한국문화와 일본문화가 융합 또는 공생하는 곳이라는 점 또한 빼놓지 않는다. 이러한 점은 축제의 내용 구성을 통해 확인할 수 있다. 축제의 꽃인 퍼레이드에는 인근의 민족학교나 민족학급 학생들에 의해 풍물, 상모 춤 등이 재현됨과 동시에, 일본 고유의 리듬에 한국의 아리랑이나 장고를 가미해 만든 혼성 춤인 이른바 '이

---

29 자세한 내용은 코리아 NGO센터 홈페이지(http://www.korea-ngo.org) 참조.

쿠노 뉴오도리いくのニューおどり' 행렬이 지나간다. 이쿠노 뉴오도리에는 아리랑의 곡과 가사가 그대로 삽입되어 있어 그야말로 혼성적이다. 무대에서는 사물놀이, 판소리, 장고 등의 한국전통음악과 함께 일본 전통의 민요서클(一藤會)이 연주하는 민요와 일본인 토착 향토조직인 이카이노보존회猪飼野保存會가 연주하는 '단지리 장단地車ばやし'이 흘러나온다. 단지리 장단은 지역 신사神社가 주도하여 개최하는 이쿠노지역의 대표적인 축제인 단지리地車 축제에서 사용하는 장단이다. 이밖에 문화교류의 장을 연다는 의미에서 한국과 일본의 대중적인 음악가가 초청되고, 배용준을 비롯한 한류 연예인을 내세운 다양한 이벤트들이 펼쳐진다. 이쿠노 코리아타운 공생축제는 코리아타운이 가진 혼종의 장소성을 유감없이 드러내며, 혼종의 경험을 통해 새로운 공생의 가능성을 찾으려는 의지 또한 강하게 표출하고 있다.[30]

---

[30] 이쿠노코리아타운 공생축제에 관한 상세한 내용은 이쿠노 코리아타운 홈페이지(www.ikuno-koreatown.com) 참조.

참고문헌

강상중·요시미순야, 「혼성화된 사회를 찾아서 : 내셔널리티의 저편으로」, 『당대비
　　평』 10, 생각의나무, 2000.

권숙인, 「일본의 다민족 다문화화와 일본연구」, 『일본연구논총』 29, 현대일본학회,
　　2009.

안미정, 「오사카 재일 제주인 여성의 이주와 귀향」, 『탐라문화』 32, 제주대탐라문화
　　연구소, 2010.

이상봉, 「디아스포라와 로컬리티 연구 : 재일코리안을 보는 새로운 시각」, 『한일민족
　　문제연구』 18, 한일민족문제학회, 2010.

이희숙, 「재일한인 축제를 통해서 본 장소의 정치」, 『한국지역지리학회지』 9(3), 한국
　　지역지리학회, 2003.

조명래, 「자치시대 지역주의의 양상과 쟁점」, 『한국지역개발학회지』 18(2), 한국지역
　　개발학회, 2006.

谷 富夫, 「民族關係の社會學的研究のための覺書き」, 駒井 洋, 『日本のエスニック社
　　會』, 明石書店, 1996.

堀本雅章, 「大阪市生野區におけるハングル表記の空間的特徵」, 『新地理』 54(3), 日
　　本地理敎育學會, 2006.

吉田友彦·三村浩史, 「在日韓國·朝鮮人 集住地域における居住アイデンティティ
　　の表現に關する硏究」, 『平成8年度日本建築學會近畿支部硏究報告集』, 日本
　　建築學會, 1996.

戴エイカ, 「在日コリアン靑年の學びあう場」, 野口道彦 外 『批判的ディアスポラと
　　マイノリティ』, 明石書店, 2009.

米山リサ, 「多文化主義論」, 綾部恒雄 編, 『文化人類學 20の理論』, 弘文堂, 2006.

飯笹佐代子, 『シティズンシップと多文化國家』, 日本經濟評論社, 2007.

杉原 達, 「發信する猪飼野」, 『海港都市研究』 5, 神戶大學, 2010.

上田智也, 「濟州島人から定住コリアンへ」, 『地理』 43(5), 古今書院, 1998.

外村 大, 『在日朝鮮人社會の歷史學的研究』, 綠陰書房, 2004.

李容柱, 「若者が働きたいと歸るまち」, 『部落解放』 545, 解放出版社, 2005.

鄭雅英, 「路地裏から發信する文化」, 『環』 11, 藤原書店, 2002.

ソニア・リャン, 「大阪のトランスナショナルな街 : エスノグラフィー」, 高全惠星
　　外, 『ディアスポラとしてのコリアン』, 新幹社, 2007.

Brah, A., *Cartographies of Diaspora : Contesting Identities*, New York : Routledge, 1996.

Castells, M., *The Rise of the Network Society*, Oxford : Blackwell, 1996.

Harvey, D., "Flexible Accumulation through Urbanization : Reflections on 'Post-Modernism'
　　in the American City, in Amin, A. ed., *Post-Fordism : A Reader*, Oxford : Basil
　　Blackwell, 1994.

3부

이주와 정체성의 재현

조명기 디아스포라 소설의 정체성 수립 양상과 공간인식의 층위

문재원·박수경 '이카이노猪飼野' 재현과 디아스포라 정체성 정치

김명혜 한국 텔레비전의 글로벌 로컬리티 재현
〈러브 인 아시아〉와 〈지구촌 네트워크 한국인〉의 초국적 이주를 중심으로

디아스포라 소설의 정체성 수립 양상과 공간인식의 층위[*]

조명기

1. 디아스포라 소설과 공간인식

분명 근래의 디아스포라 담론은 디아스포라를 민족과 국가의 경계를 넘어 비판적 위치에서 문화혼종성을 생산할 수 있는 기제적 주체로 강조하는 경향이 있다.[1] 한편 이 같은 추세는 일면 집합적 동일성에 대한 판단 기준으로서의 로컬리티의 쇠퇴를 의미하는 것처럼 비춰지기도 한다.[2] 디아스포라와 그 가치에 대한 평가가 어떠하든, 위의 입장들

---

[*] 이 글은 「디아스포라 소설의 정체성 확립 양상과 공간인식의 층위」(『현대소설연구』 52, 2013.4)를 수정 · 보완한 것이다.
[1] 문재원, 「재일코리안 디아스포라 문학사의 경계와 해체」, 『동북아문화연구』 26, 동북아시아문화학회, 2011, 5~6면 참조.
[2] 임유경, 「디아스포라의 정치학 : 최근 중국-조선족 문학비평을 중심으로」, 『현대문학의 연구』 36, 한국문학연구학회, 2008, 180면.

은 동질성에 기반한 공간 인식이라는 태도에서 출발한다. 문화혼종성의 생산 혹은 집합적 동일성에 대한 판단 기준으로서의 로컬리티의 쇠퇴라는 것은, 경계 안의 공간은 집합적 동일성에 기반을 둔 균질의 공간이며 이 동일성에 근거해 타 공간과 경계지어져 있다는 전제에서 비롯되기 때문이다. 이런 전제에서 출발한 디아스포라 담론은 디아스포라를 동질의 공간이라는 환상에 균열을 내는 기제 혹은 적대자로 소환할 수 있을 뿐이다. 이때 디아스포라는 기존 공간인식의 자장 내로 진입한 타자로 포섭되며, 기존의 공간인식의 방식은 훼손없이 유지된다.

비단 디아스포라 담론뿐만 아니라 기존의 공간인식 방식이 포섭의 인력引力으로 작동함으로써 디아스포라의 공간인식과 정체성 형성에 어떤 작용을 하고 있을까 하는 질문이 이 글의 출발점이다. 빈번하게 등장하는 월경越境이란 단어에서 기존 연구들이 월越의 가치와 기능에 더욱 관심을 기울였다면 이 글은 경境과 공간인식의 층위·작용에 초점을 맞출 것이다. 물론 월과 경은 서로 넘나들면서 밀접하게 이어져 있다. 그럼에도 불구하고 경境을 논의의 중심에 두면서 출발점으로 삼고자 하는 이유는, 경境은 공간의 성격과 개인(집단) 정체성을 형성함으로써 월의 의미를 확정하는 데 있어 근본적인 제한 요소가 되기도 하는 반면, 경境·공간인식 층위에 대한 이해는 개별자의 의지와 욕망을 주체적으로 발현하기 위한 시발점이 될 수 있을 것이기 때문이다.

인간은 물질적 공간 위에서 살아가는데 이 물질적 공간은 다양한 층위에서 시도되는 규정들과 의미작용들로 인해 중층적으로 구획되거나 개념화된다. 장소 정체성이나 공간성은 특정 공간에 선험적으로 각인되어 있는 근원적인 그 무엇이 아니라 현재의 필요나 욕망·의지가 투사되거나 요구하는 성격이다. 즉, 장소 정체성이나 공간성은 공간에 대한 인식 방식이나 의지의 결과물일 터인데, 이때 공간은 각종 욕망의 계기들이 작동하고 실천하는 일종의 장場이다. 그런데 공간성이나 장소 정체성이라는 용어는, 공간에 대한 욕망과 인식을 주체로부터 분리시킨 후 마치 공간 자체에 이미 내재되어 있었던 양 투사하고 각인함으로써 각종 억압기제에서 벗어나기 위한 전략적 도구일 수 있다. 따라서 이 글은 장소 정체성이나 공간성 대신 장소감이나 공간감이라는 용어를 사용한다.

이 글은 물리적 공간에 대한 중층적인 이해와 접근의 방식을 관계적 공간감과 일상적 장소감으로 대별한다.[3] 따라서 개인의 공간인식이란

---

3 이 글에서 관계적 공간감이란, 상위공간을 특정의 유기체로 구성해내거나 중심공간과 주변공간을 긴밀한 짜임관계로 직조해내는 일종의 매트릭스에서 특정 공간이 차지하는 수직·수평상의 사회적 성격과 위치·기능 등에 대한 인지를 의미한다. 이 위치와 기능은 다른 공간과의 차이 그리고 특정 공간 내의 동일성을 강조함으로써 즉 다른 공간과의 대타적 관계에 의해 획득된다. 따라서 관계적 공간감은 추상성, 개방성과 유동성을 근본 자질로 삼는다. 유기체로서의 상위공간 혹은 고정점으로서의 중심공간을 매개로 각 공간들에 특정 기능과 위치감이 부여되고 이것이 사회문화적 아비투스로 자리잡을 때 관계적 공간감은 보편화·관습화·공고화된다. 상대화되고 틀이 결정된 관계적 공간감은 절대적이고 자연적인 질서로 고착된다. 분류·구분과 체계의 완고함으로 인해 특정 공간 내부는 추상적인 동질성이 강화되고 공간들 사이에는 차이가 강조되는 경향이 있으며, 이런 경향은 종종 소수자·이질적인 개별자(특수자)에 대한 폭력적인 동화 혹은 배제 결과를 빚기도 한다.

반면, 일상적 장소감은 감각의 주체가 특정 공간에 기억과 감정을 투여하면서 형성되는 인간화된 공간인식으로 안전·안정·영속의 자질을 특징으로 한다. 일상적 장소는 개별자가 오감을 통한 체험으로 완전히 익숙해진 구체적인 공간, 개별자에 의한 가치 중심의 공간, 멈춤·고정이라는 어머니의 공간이다. 개별자는 신체의 반복적인 리듬을 통해 일상을 구성하는데, 일상에서 감각되고 인지되는 '지금 여기'는 개별자의 기억을 환기시키는 특징없는 표상체들이 집적되어 있을 뿐만 아니라 관계적 공간감과 동일하지 않은 개별자들의 의지와 욕망이 잠재해 있는 장소이다. 그러나 일상적 장소감은 특정 공간에 한정되지 않는다. 따라서 인식의 주체가 일상적 장소감을 새로운 공간에 투여할 의지를 갖추고 있고 또 그 변경된 생활공간이 일상적 장소감을 투여할 만한 조건을 구비했다면 일상적 장소감의 대상공간은 언제든 변경될 수 있다. 특히, 자본과 노동력의 이동이 확대된

일상적 장소감과 관계적 공간감이 조화롭게 연계되거나 괴리·충돌하거나 변증법적 통합을 이루는 장이 된다. 두 감각의 매개 양상은 개별자의 욕망과 기억 등과 엮이면서 조화·화해 혹은 갈등·충돌 등으로 다양하게 발현된다. 두 감각은 위도와 경도처럼 수없이 교차하면서 특정 공간에 대한 인식의 '조건'을 형성한다. 일상이 사실들에 대한 무감각적인 경험이 아니라 사회의 가장 깊숙한 곳에 자리한 모순과 욕망들이 증상으로 드러나는 장소가 되는 때는,[4] 일상적 장소감과 관계적 공간감이 조우하는 그 순간이며 개별자가 자신의 욕망과 기대를 공간에 투사하는 순간이다.[5]

이 글의 목적은, 최근의 디아스포라가 체험하는 고통의 내용과 근원 그리고 고통의 해소 방식과 한계 등을 일상적 장소감과 관계적 공간감의 충돌과 괴리 그리고 변증법적 통합의 가능성이라는 공간인식적 측면에서 살펴보는 데 있다. 텍스트는 2000년대에 출간된 소설 중에서 대중적이면서도 공간 인식의 다양한 양상을 전형적으로 보여준다고

자본제적 신자유주의의 시대에 일상적 장소감의 안정성·영속성은 일상적 장소감의 추상적이고 보편적인 자체의 감각이지 구체적인 특정 공간에 고정되어 발현되는 특수한 감각이라고 할 수는 없다. 즉, 일상적 장소감이 동반하는 영속성·고정성이라는 감각의 이면에는 이동성·개방성이 잠재해 있다고 할 수 있다. 이 푸 투안, 구동회·심승희 역, 『공간과 장소』, 대윤, 2007, 19~20·64·94·124면; 데이비드 하비, 임동근·박훈태·박준 역, 「공간이라는 키워드」, 『신자유주의 세계화의 공간들』, 문화과학사, 2010, 194면 참조. 관계적 공간감과 일상적 장소감은 외부자의 시선과 내부자의 시선과 치환되지 않는다. 왜냐하면, 내부자가 일상적 장소감을 더욱 중시할 개연성과는 무관하게, 내부자 역시 관계적 공간감을 내재화하여 호명하는 주체이기도 하며 외부자 또한 특정 공간의 일상적 장소감을 상상하면서 공감할 수 있기 때문이다.

4   해리 하르투니언, 윤영실·서정은 역, 『역사의 요동』, 휴머니스트, 2006, 156면 참조.
5   제주 해군기지를 다룬 이보라의 논문은 관계적 공간감으로 말미암아 주민들이 땅·바다에 대한 일상적 장소감을 재인식하는 과정을 잘 보여준다. 이보라, 「제주도 내 '군사기지 유치' 담론을 통해 본 평화정치학」, 이화여대 석사논문, 2008.

판단되는 재미한인 1.5세대 작가인 수키 김의 『통역사』, 재일한인 3세대 작가인 가네시로 가즈키의 『GO』, 중국 조선족 작가인 허련순의 『누가 나비의 집을 보았을까』이다.[6]

2. 장소감의 부재와 국가 경계

세 텍스트가 보여주는 공간인식은 유사하면서도 사뭇 다르다. 『통역사』의 서두가 보여주는 것은 두 가지다. 우선은 뉴욕은 수지가 거주하면서 일하고 있는 일상생활 공간이라는 것이다. 동시에 낯선 이민자 남성과의 은밀한 유대감을 보여줌으로써, 수지 역시 이방인의 감각을 지니고 있음을 강조한다.[7] 이방인의 감각이란 1.5세대 이민자의 전형으로 등장하는 수지의 일상은 뉴욕에 대한 장소감의 획득으로 이어지지 않는다는 것을 의미한다. "어느 지방 출신이라는 소속감도 없었다"(68면)고 단언할 만큼, 그녀는 뉴욕뿐만 아니라 미국의 어느 곳에서도 안정성과 영속성의 감각을 획득하지 못한다. 한국의 소설들은 '일상'과 '장소감'의 연계를 지극히 당연하고 보편적인 것으로 자동화하지만,[8] 수지에게 있어 일상과 장소감의 연계는 자연스런 것이 아니다. 일

---

[6] 세 텍스트는 많은 공통점에도 불구하고 고통 해소 방식에서 이주 세대와 국가에 따른 차이를 보인다. 그러나 이 글에서는 세대나 국가 구분을 통해 차이의 내용과 의미를 분석하는 작업은 진행하지 않는다.

[7] 수지는 "그 같은 사람들(이민자들—인용자)을 안다. 그가 어떤 날들을 보내는지, 밤이면 어떤 집으로 돌아가는지, 딸들과는 왜 연락이 끊겼는지"(수키 김, 이은선 역, 『통역사』, 황금가지, 2006, 14면, 이하 인용 면수만 기입)을 안다. 이는 자신의 상황이 그들과 유사하기 때문이다.

상과 장소감의 연계 붕괴 상황은 그녀에게 있어 심각한 고통을 야기한다. 친구인 젠은 "화려한 기회의 땅"인 뉴욕에 어울리게 "눈부시두록 환한 햇살처럼 둥둥 날아다"니는 반면, 수지는 "아무리 감추려고 해도 왠지 모르게 차갑고 어두운 곳에 갇혀" 있다. 이 차이는 "태어날 때부터 정해진 게 아닐까 싶을 만큼 근본적이고 눈에 띄는 차이"(61~62면)다. 심지어 "교통비를 마련하자마자 승부수를 던지기 위해 뉴욕으로 건너온 중부 출신의" "패기 넘치는" 대학 졸업생들은 "자신들이 추구하는 모습 그 자체"를 뉴욕에서 선취하지만, 수지는 "스물다섯 살에 이미 인생을 포기해 버린"(37~38면) 상태다. 소설은, 수지의 현 상황 즉 일상이 특정 공간에서 반복적으로 진행되어도 장소감의 생성으로 진척되지 않는 상황을 "진공"(268면)이라 표현한다.

진공상태가 발생한 이유에 대한 설명은, "한 해가 끝나기 전에 짐을 또 꾸려야 할 만큼 워낙 이사를 자주 하는데 어디로 옮기건 무슨 상관일까 싶었다"(68면)는 설명에서 출발한다. 그러나 진공의 근본적인 원인은 수지 자신이나 그녀의 일상공간 그 자체에 있지 않다.

---

8 그 예를 서울이라는 테마 아래 묶인 단편소설집 『서울, 어느 날 소설이 되다』, 『서울, 밤의 산책자들』, 그리고 부산을 테마로 한 두 소설집 『부산을 쓴다』, 『부산 데일리 홀랄라 기획부』에서 확인할 수 있다. 이 소설집에 참가한 작가들은 도시의 재현을 요구받는다. 이 요구는 작가들의 일상이 진행되고 있는 일상의 장소감을 도시라는 공간적 스케일로 확대해달라는 것을 의미한다. 그 결과 전자의 두 소설집은 서울을 서울이 현대성·도시성의 공간임을 강조하면서 그에 대한 비판과 적응이라는 오랜 문학적 관습 하의 자동적인 양가적 태도를 보인 반면, 후자의 두 소설집은 지역사의 복원을 통한 지역성·전근대성의 강조에 주력하는 경향을 보인다. 작가 자신의 일상과 도시에 대한 장소감은 자연스럽게 연계되고 있으며, 이 연계는 도시의 차이를 강화하는 방향으로 진행되고 있다. 이에 대해서는 조명기, 「일상적 장소성과 관계적 공간성의 두 변증법」, 『어문논집』 50, 중앙어문학회, 2012 참조할 것.

수지와 그레이스는 누군가를 짝사랑할 만큼 한 학교에 오래 머문 적이 없었다. 아버지 말로는 덕분에 못된 미국식 습관에 휩쓸릴 틈도 없었다고 했다.(84면)

개도 피가 섞이면 저렇게 멍청하고 못난 쓰레기가 되잖니!(85면)

모든 원인은 한국이었다. 궁극적인 해결책도 한국이었다. (…중략…) 두 자매는 모국어인 한국어가 아니라 영어를 쓰기 때문에 못된 딸이었다. (…중략…) 미국은 고향이 될 수 없기 때문이었다. 하지만 부모님은 한국으로 돌아갈 생각이 전혀 없었다. 수지가 보기에 그것은 변명에 지나지 않았다. 한국은 정신적인 지주였다. 한국은 두 딸을 당신들 방식대로 키우기 위한 수단이었다.(195면)

그레이스와 수지 자매는 "완벽한 미국 소녀"(196면) 즉 자신의 일상이 진행되는 공간에 장소감을 투사할 수 있고 이 장소감이 관계적 공간감과 조화롭기를 바라지만, 아버지는 한국이라는 낯선 국가를 소환함으로써 자매의 소망을 좌절시킨다. 한국은 옳은 것과 그른 것을 지정하고 자매를 훈육하는 대타자의 자리에 위치한다. 그러나 아버지는 "한국에서 어떻게 살았는지는 거의 이야기하지 않"(263면)으며 자매는 한국에 대한 뚜렷한 기억이 없기에 이 대타자는 일상적 장소감과 결합되지 못하는, 보이지 않는 엄격한 판관의 기능만을 할 뿐이다. 대타자에 자리한 한국은 거기에 있음이나 거기가 옳음을 통해 자신을 증명하는 것이 아니라 여기에 있지 않음이나 여기는 옳지 않음을 말함으로써 자신의 존재나 기능을 증명한다. 저 공간의 지위는 그 실체를 지니지 못한 채 이곳과의 관계를 통해 상상적으로 존재한다. 타자에 의지해 이 공간을 설명하고 의미짓고자 하는 공간인식은 그 관계에 따라 언제든지 변화할 수 있는 유동적인 공간감이다. 수지가 일상적 장소감을 획득하지 못하는 이유는 아버지가 한국이라는 대타자를 소환하여 일상과 장소감의 연계를 방해하고 있기 때문이다.

"어느 쪽 문화에도 감동받지 않고 어느 쪽 문화에도 속하지 않는 진공"(268면)상태란 자신의 일상이 진행되는 장소에 대한 감각을 형성하지 못하며 관계적 공간감과의 화해가 원천적으로 불가능한 상태를 의미한다.[9] 수지가 "동양과 서양의 조화는 불가능하다는 주장"(127면)을 펼치고 사랑하지도 않는 데미안, 마이클 등의 정부貞婦가 되는 것은 두 감각의 부조화로 인한 결과이다. 결국 "흰둥이 유부남이랑 놀아난 양갈보"라는 아버지의 "저주"(107면)로 인해 수지가 경험하는 고통은, 두 국가가 대타자의 자리에 동시에 설 때 발생하는 두 감각의 부조화·충돌의 표출 양상인 셈이다.

나는, 일본에서, 태어났다.[10]

---

9 인지 부조화 상태의 일종이라 할 수 있는 진공상태는 수지만 경험하는 것이 아니다. 미국 학문계에서 "진공상태로 남아 있던 동아시아학"(78면)을 눈부시게 발전시킨 데미안(미국 출신), 다미코(일본 출신) 부부는 동서양의 완벽한 조화로 추앙받는다. 그러나, 이혼 후 다미코는 데미안은 "동양 여자를 사랑할 수 있는 사람이 아니"(224면)라고 말하며 "백인이라는 본질에서 벗어나는 데 평생을 바쳤"던 데미안은 수지라는 "해독제"를 거친 후 "쏟아지는 금발"(468~469면)의 여인과 결혼한다.

10 가네시로 가즈키, 김난주 역, 『GO』(개정판), 미래엔컬처그룹, 2006, 20면. 이하 인용 면수만 기입.

너희들, 왜 아무런 의심도 없이 나를 재일이라고 해대는 거지? 난 이 나라에서 태어나서 이 나라에서 자랐다구. 재일 미국인이니 재일 이란인처럼, 밖에서 온 사람들하고 똑같이 부르지 말란 말이야. 재일이라니, 우리들을 언젠가는 이 나라를 떠날 외부인으로 취급하는 것이나 다를 바 없는 말이잖아. (…중략…) 너희들, 내가 무섭지? 어떻게든 분류를 하고 이름을 붙이지 않으면 안심이 안 되지?(260~261면)

주인공이 일본에서 태어나고 자란 이민 3세대라는 사실을 반복해서 강조하는 『GO』는 '나'의 일상적 장소감에 대해서는 조금의 의심도 하지 않으며 일상과 장소감의 조화로운 연계를 강조한다.[11] 소설의 주조를 이루는 것은 관계적 공간감이 일상적 장소감을 부정하고 축출하는 현상에 대한 비판이다.[12] 『로미오와 줄리엣』의 한 구절 "이름이란 뭐지? 장미라 부르는 꽃을 다른 이름으로 불러도 아름다운 그 향기는 변함이 없는 것을"을 인용하면서 소설은 시작한다. 장미를 인지하는 두 가지 방식인 '향기'와 '이름'은 개별자의 기억이 제공하는 장미에 대한 감각적 접근 그리고 체계화된 추상적인 분류표에 동질성과 이질성이라는 기준을 통해 장미라는 기표를 기입하는 방식을 각각 가리킨다. 소설이 인용한 구절은 후자가 전자를 침범하고 부정하는 현상에 대한 비판을 상징적으로 보여준다. 이에 걸맞게, 소설은 "이 소설은 나의 연

---

11 최수웅, 「재일한민족문학의 이야기가치와 문화콘텐츠적 활용양상 연구」, 『한국문예창작』 8(2), 한국문예창작학회, 2009, 290~292면 참조.
12 김광수·박정이, 「가네시로 가즈키金城一紀 『GO』의 'GO'의 방향과 그 주체」, 『한일어문논집』 14, 한일일어일문학회, 2010, 142면 참조; 정순희, 「재일 젊은 세대의 아이덴티티」, 『한국문화연구』 8, 이화여대 한국문화연구원, 2005, 202~203면 참조.

디아스포라 소설의 정체성 수립 양상과 공간인식의 층위   261

애를 다룬 것이다"(8면)고 선언하면서 출발하지만 "이제야 겨우 내 얘기를 할 수 있게"(14면) 되기까지는 "재일조선인", "재일한국인" 등의 단어가 난무하는 아버지의 국적 변경에 관한 얘기를 먼저 거쳐야만 한다. '내'가 "속이 뒤틀린 불량소년으로 자랄 수밖에 없었"던 이유에 대한 설명 역시 "뭐가 뭔지 정체를 알 수 없"지만 "선택의 여지가 없는"(15면) 환경 즉 재일을 "사회의 쓰레기"(61면)로 간주하는 관계적 공간감에 대한 설명이 앞에 놓여야 가능하다. 또한, 소설의 메인플롯인 '나'의 연애는 "한국이나 중국 사람들은 피가 더럽다"는 아버지의 말을 애인 사쿠라이가 환기함으로써 위기에 봉착한다. '나'의 일상적 장소감은 관계적 공간감에 의해 끊임없이 침범당하며 부정된다.

재일의 일상적 장소감을 부정하는 것은 일본만이 아니다. 관계적 공간감에 의지한 모든 공간(여기서는 국가)이 '나'의 장소를 부정한다. "조총련의 눈은 언제나 김일성이 교주처럼 군림하고 있는 북조선만 향하고 있지 재일 조선인을 제대로 쳐다보지도 않"(11면)으며, 한국은 재일 한인을 선진국 일본에서 고생도 모르고 아무 부족한 것 없이 편하게 살고 있는 한국인으로 인식하거나 외국인으로 간주한다. 관계적 공간감으로 인한 일상적 장소감의 부정, 괴멸 위기가 '내'가 인식하는 재일의 공간적 상황이다.

그러나 이로 인한 고통을 드러내는 것은 금기시된다. "항상 적에 둘러싸여 살아가고 있"다는 상황인식은 관계적 공간감이 일상적 장소감을 부정하고 폭압적으로 소외시킨다는 인식을 가리키는데, 이때 "눈물을 보인다는 것은" "조선인 전체가 패배를 인정하는 것이나 진배없"는 것으로 간주된다. 재일의 고통은 타인과의 소통을 포기한 "낮은 신음

소리"(183면)로 발산될 뿐이다. 소수자, 개별자의 이질성을 배제하는 관계적 공간감의 절대적인 우위는 개별자의 일상적 장소감의 부정에서 출발하며 그로 인한 고통마저 은폐되기를 요구하는 것으로 나아간다.

허련순의 『누가 나비의 집을 보았을까』는 밀입국자를 태운 배가 중국을 떠나면서 시작되고 배가 한국 해양경찰에 적발되어 임시로 한국에 도착하면서 끝난다. 소설은 붕괴·해체에 직면한 조선족 공동체를 "돼지 구유를 연상시키는 허술한 나뭇배"[13]에 비유한다.[14] 그들은 한국이 "멀지도 가깝지도 않은 나의 과거와 현재가 살고 있는"(8면) "강기슭"(12면)이기를 바라며, 떨어진 단추를 달아줄 수 있는 일상의 "새로운 집"(12면)이 되어주기를 바란다. 그러나 한국은 아무런 위안도 주지 않은 채 그들을 다시 바다로 떠밀어내며, "네 사람만 들어가도 숨이 콱콱 막힐 것 같은 공간에 여덟 명이 빼곡이 들어앉"(15면)은 배는 대부분이 목숨을 잃는 "죽음의 유령과도 같은 존재"(9면)다. 두 국가(혹은 민족) 사이에서 표류하는 배는 국가(민족) 경계가 만들어놓은 억압되고 밀폐된 공간, 일상적 장소감을 제공할 물리적인 공간을 지니지 못한 부유 공간이다.

소설은 두 국가(민족) 사이에서 표류하면서 죽음을 맞이하는 배를 각종 비유와 연상·상징의 연쇄를 통해 확장하면서 서사를 구성해간다. 집을 갖지 못한 생물인 나비와 조선족 사이의 비유, 두 피를 물려받은 개(개의 이름은 나비다)와 나비 사이의 연상, 아비가 다른 두 아들과 개 사

---

13 허련순, 『누가 나비의 집을 보았을까』, 인간과자연사, 2004, 9면. 이하 『나비의 집』으로 약칭. 이하 인용 면수만 기입.
14 이광재·지해연, 「조선족 농촌여성의 실존적 특징」, 『한중인문학연구』 32, 한중인문학회, 2011, 7~8면 참조. 배 안의 밀입국자들은 "같은 운명이라는 비장한 공동체 의식"(11면)을 갖고 있다.

이의 환유, 아비의 여러 대체물 사이에서 방황하는[15] 안세희와 윤유섭 등이 그것이다. 그러나, 이 모든 비유와 상징은 두 개의 피에 대한 인식으로 수렴된다. "피는 무서운 것이었다", "피의 연은 질긴 것이었다"(119면), "태생의 힘 앞에 존재란 무기력하다"(336면)에서 볼 수 있듯, 두 개의 피를 물려받은 조선족은 두 피 어디에도 속하지 못하고 표류할 수밖에 없는 존재라는 것이다. 여기서 국가나 민족은 물려받은 피처럼 생명의 근원, 명확한 실체를 지닌 원천, 부인할 수 없는 선험적인 존재로 인식된다. 더구나 두 국가(민족)가 "하얀 강아지" 속의 "까만색 털"처럼 극단적인 이원론적 구도 하의 대립체로 설명될 때, 개인의 일상생활과 장소감은 관계적 공간감의 일방적이고 절대적인 지배에서 벗어나기 힘들게 된다. 결국 조선족이 인식하는 공간적 상황은 국가(민족) 경계에 의한 관계적 공간감의 절대적인 지위와 위력, 일상적 장소감의 완전한 소멸이라는 것이다.

3. 아비 부정 · 아비 찾기와 순혈주의 혹은 명랑

『통역사』와 『GO』, 『나비의 집』의 디아스포라가 자신의 고통을 극복하기 위해 공통적으로 선택하는 방법은 아비 부정이다. 『통역사』의 수지는 자신의 일상이 장소감을 획득하지 못하는 원인을 아버지에게서 찾는다. 아버지가 한국을 대타자로 소환함으로써 자신을 지속적으

---

15 이에 대해서는 다음 절을 참조할 것.

로 훈육하고 징벌하자 마침내 수지는 "아버지 딸로 태어난 걸 저주해요!"(53면)라고 외치며 아버지와 작별한다. 아버지에 대한 거부는 대타자로서의 한국에 대한 부정을 의미하는데, 수지의 의지는 아버지와의 결별 수준을 넘어선다.

> 왜 부모님을 죄인 취급 했을까? 여기까지 찾아와 낯선 사람에게 설명을 부탁하는 것 자체가 살인을 당한 원인은 부모님한테 있다고 판단을 이미 내렸다는 뜻이다. / '나는 누구 편인 걸까?'(245면)

> 한인 사회 전체가 그녀의 부모님을 증오했을지 모른다. 그렇지만 아무도 입을 열지 않을 것이다. 아무도 조사에 협조하지 않을 것이다. 모두들 범인이 잡히지 않기를 바랄 것이다. (…중략…) 그녀도 다른 한국인들과 같다. 그녀도 경찰에 협조하지 않는다. 어쩌면 범인을 숨기는 데 동참하고 있을지도 모른다.(300면)

소설은 부모를 살해한 범인과 살해 동기를 추적하는 과정을 따라 진행되기에 탐정소설의 성격을 띤다. 수지는 범인을 미지의 "쓰레기 같은 악당"(53면) → "한인 사회 전체" → 그레이스 → DJ 등으로 변경하면서 추측한다. 그런데 범인 탐문의 과정은, 부모를 살해한 범인이 누구이든지 간에 수지 역시 아비 살해의 욕망을 공유하고 있다는 사실을 더욱 분명히 인식해가는 과정과 겹친다. 수지가 범인을 추적하면서 만나게 되는 것은 아비 살해라는 자신의 욕망이다.[16] 그녀가 부모를 죄인 취급하면서 범인을 숨기는 데 동참하고 있을지도 모르는 이유는 자신의 끔찍한 욕망과 마주치기 두렵기 때문이다. 이 욕망이 두려운 이유는 근친살해라는 패륜적 이유만이 아니다. 소설 마지막 부분에 배치되어 있는 에피소드에서 수지가 자신의 욕망과 마주치기 두려워하는 또 하나의 이유를 발견할 수 있다.

> 피고가 십대 소녀를 칼로 찌른 순간부터 강제 출국 조치는 이미 시작되었다. 이민자는 미국인이 아니다. 영주권은 언제든지 취소될 수 있다. 그들에게 어떤 일이 닥칠지도 모른다. 어느 날 밤에 재수 없게 십대 도둑을 만나거나 이민국의 밀고자 부부가 가게를 호시탐탐 엿보거나 은밀하게 저지른 살인이 공공연한 비밀이 되어 버리거나.(445면)

타인에게 상해를 입히면 곧바로 강제 출국 당한다는 두려움 속에서 살 수밖에 없는 이민자는 완전한 미국인으로 인정받지 못한 존재다. 직접적인 살인자는 아닐지라도 근친살해 욕망을 인정할 수밖에 없는 심리적 공범자라면, 수지는 적어도 정신적 · 심리적인 강제 출국의 위협 속에서 살아갈 수밖에 없다. 그리고 자신의 일상을 장소감의 획득으로 연결짓지 못하는 상황은 계속될 것이다. 한국을 살해함으로써 발생한 대타자의 빈 자리를 미국이 대신할 때에야 비로소 일상과 장소감의 괴리 현상은 해소될 터이지만, 미국은 수지의 살해 욕망을 새로운 대타자

---

16 수키 김은 "나에게 미국이라는 것은 어떤 면에서는 부모를 죽이는 것이다"고 말한다. Suki Kim, "Ten to Watch in 2003. Suki Kim : The New Ecletra", *Book Magazine*, The Newcomers Issue 1 · 2(http://www.sukim.com/reviews.html), 이선주, 「혼종문화 속의 수행적 주체로서 수키 김과 창래 리」, 『미국소설』18(2), 미국소설학회, 2011, 211면에서 재인용.

인 자신에 대한 위협으로 간주하면서 추방명령을 내릴 것이기에 수지는 자신의 아비 살해 욕망을 인정할 수도 없으며 일상과 장소감을 연결하고자 하는 욕망 또한 성취할 수 없다. 수지는 대타자를 존중하고 있으며 대타자에 위협적이지 않다는 것을 자신과 미국에 증명해야 한다. 따라서 수지의 욕망은 대리자에게 전치된다. 소설은 살인범은 수지의 친언니 그레이스를 짝사랑한 DJ인데 그레이스가 DJ에게 복수한 후 잠적했다는 결론에 도달함으로써 그리고 그레이스가 이 사실들을 수지에게 말하지 않게 만듦으로써, "수지는 결백한 사람으로 남을 수 있"(421면)게 된다. 새로운 대타자의 질서에 위배되는 욕망, 대타자의 자리를 위협하는 욕망은 모두 타인에게 전치되었을 뿐만 아니라 이 욕망에 대한 대타자의 처벌 또한 타인이 대신함으로써 수지는 순결한 몸 즉 "부모님 없는 미국의 딸, 곱디고운 미국의 딸"(478면)로 재탄생할 수 있게 된다. 여기서 순결이란, 관계적 공간감의 질서 아래 일상적 장소감을 일치시킴으로써 두 감각의 조화가 달성된 상태를 가리킨다.

『GO』의 '나' 역시 현재의 고통을 극복할 중요한 계기를 아비 부정에서 찾는다.

　　반드시 쓰러뜨려야 할 막강한 놈이 있어. 그 놈을 쓰러뜨리기 위해서는 공부도 해야 하고 몸도 단련해야 돼. 일단 그 놈부터 쓰러뜨리지 않으면 더 이상 앞으로 나아갈 수가 없어. 하지만 그 놈을 쓰러뜨리고 나면 나를 대적할 수 있는 놈은 거의 없어. 그렇게 되면 세계도 변화시킬 수 있는 거지." / (…중략…) "내가 국적을 바꾼 것은 이제 더 이상 국가 같은 것에 새롭게 편입되거나 농락당하거나 구속당하고 싶지 않아서였어. 이제 더 이상 커다

란 것에 귀속되어 있다는 감각을 견디면서 살아가고 싶지 않아. 이젠 사양
하겠어. 설사 그것이 무슨무슨 도민회 같은 것이라도 말이야.(247면)

'나'는 아버지를 세계 변화를 위해 반드시 넘어서야 할 장애물로 인
식한다. 이때 아버지는 아버지 세대, "궁상맞은 시대"의 제유다. '내'가
말하는 "당신네들의 시대"(236면)는 유교의 시대이며, '내'가 이해하는
유교의 사상이란 "손위 사람을 공경하라"(33면)는 것이다. 손위 사람인
아버지를 공경하는 것은 "커다란 것에 귀속"되는 것 즉 국경에서 비롯
되는 관계적 공간감의 절대적 우위로 이어진다. 왜냐하면 '나'의 아버
지는 일본→조선→한국 등으로 국적을 바꾸었음에도 불구하고 여전
히 국가라는 관계적 공간감의 지배하에 있으며, 사쿠라이의 아버지는
일본을 싫어하면서도 "한국이나 중국 사람들은 피가 더럽다"고 딸을
교육시키기 때문이다. 유교는 기존의 공간인식 방식 즉 관계적 공간감
의 절대적인 우위를 유지하는 유력한 기반인 셈이다. 따라서 아비 부
정의 의지는, 아버지 개인에 대한 도전 의지가 아니라 아버지에 대한
공경, 국가 경계에 기초한 관계적 공간감의 절대적인 우위에 대한 도
전 의지인 셈이다.[17]

이 도전은 모든 관계적 공간감에 대한 거부, 개별자의 가치에 대한
주장으로 연결된다. 그리고 개별자의 가치·이질성이 인정받을 때 명
랑이 발생한다. 국적에 관계없이 재일의 권리를 위한 모임에 참가하기

---

[17] 강진구, 「金城一紀의 『GO』를 통해 본 재일 신세대 작가의 민족 의식」, 『어문학』 101, 한
국어문학회, 2008, 308~318면 참조.

를 요청받지만, '나'는 그 요청을 거부하면서 "네가 나에 대해서 뭘 안다구"(228면) 하고 되묻는다. '나'는 자신을 재일이라는 관계적 공간감에 기초해 설명하기를 거부하면서 개별성, 이질성을 주장하고 있는 것이다. 이질성의 내용은 킴 베이싱어를 좋아하거나 카트린느 드뇌브를 좋아하는 것 따위의 사소한 것일 수 있으나, 사소한 이질성을 인정하는 것만으로도 서로는 유쾌해진다. 아버지와의 주먹대결 직후 '내'가 "고독한 싸움을 계속하고 있는 이 망할 영감탱이의 노고를 치하해줄 인간"은 자기밖에 없다고 생각하고 아버지가 "우리들 시대가 아니라는 네 말이 맞"다고 인정할 때, 두 사람은 "얼굴을 마주하고 키들키들 웃"(244면)을 수 있다. 의도적으로 국적을 전전함으로써 국가체제에 의문을 제기해온 아버지와, 여전히 국가 프레임 안에 머물고 있는 아버지를 부정하는 '나'는 각자의 개별자로서의 삶을 인정하고 화해함으로써 명랑에 도달한다. 한편, 사쿠라이는 아버지의 훈육을 거역하고 '나'를 받아들이게 된 이유를 자신의 신체에서 찾는다. 아비에 대한 부정과 '나'에 대한 신체적 반응은 동시에 일어난다. 국적에 기반을 둔 관계적 공간감을 거부하는 것은 곧바로 흥분한 신체에 대한 인식과 인정으로 연결되는데, 이때 개별자 사쿠라이는 더 이상 훈육의 대상이 아니라 자신의 신체를 인식하고 개별자로서의 타인을 인정하는 주체가 된다. 개별자의 탄생은 "따스한 목소리, 아름다운 미소" 등의 밝고 긍정적인 이미지와 연결된다. 명랑은 아비를 부정함으로써 즉 공간인식의 장에서 관계적 공간감을 거부할 때 발생하는 긍정적인 결과인 셈이다.

『나비의 집』의 서사는 아비 부정(상실)과 아비 찾기의 반복이라 할 수 있다. 안세희의 과거는 친아버지 → 큰아버지 → 윤유섭 → 이모부 → 세

남편 → 윤유섭으로 이어지는 아비 찾기의 연속이며, 윤유섭의 과거는 친아버지의 부재 확인 → 영구 아버지 → 윤도림 → 국민국가 → 윤도림으로 이어지는 아비 찾기의 연속이다. 아비 찾기는 이전의 아비에 대한 부정과 함께 진행된다. 윤도림을 아비의 자리에 두면서 살았던 "삼년은 (유섭에게 있어―인용자) 행복하면서도 불행"한 시간이다. 유섭은 "당시의 남자라면 누구나 한 번쯤 꿈꿔보는 멋있는 남자 형상"인 "중국 인민해방군 전사"가 되고 싶어 하지만 아비의 자리에 있는 윤도림의 목사 경력 때문에 홍위병에 가입할 수도 중국공청단 단원에 들어갈 수도 없다. 그래서 그는 윤도림을 "배신"하고 고아를 선택함으로써 "영예롭게 중국인민해방군 전사"(204면) 즉 폭력적 국가기구의 봉사자가 된다.

아비 찾기와 아비 부정이 무한히 반복되는 이유는 이들이 발견한 아비의 대체자들은 아비의 자리·아비의 법(질서)에 적격의 존재가 아니기 때문인 듯 표현되어 있다. 이때 부정하는 주체는 윤유섭이나 안세희 같은 개별자이며, 부정되는 것은 아비의 대체자들인 것으로 보인다. 그러나 아비 찾기와 실패의 반복은 실상 자식 되기와 실패의 반복을 의미한다. 아비 찾기와 실패의 과정이 무한히 반복될 수밖에 없는 이유는, 아비의 대체자들이 아비의 자리에 부적격한 존재이기 때문이 아니라 세희나 유섭 등이 아비를 갖기에 부적격한 존재이기 때문이다.

"난 이제부터 이모부를 아버지처럼 생각 안 할래요." / "왜?" / "아무리 그래도 이모부는 내 아버지를 대신할 수 없어요." / (…중략…) / "난 이모부 앞에서 진희만 있으면 매번 소외감을 느꼈어요." / (…중략…) / 뭔가 간절히 소망하고 있는데 그것이 이루어질 수 없다는 안타까움과 그 안타까움에 대한 불만인지 모른다. 하지만 세희도 자신이 간절히 바라고 있는 소망이 무엇인지 알 수 없었다. / (…중략…) / "약속해주세요." / "뭘?" / "진희한테 하는 것처럼 저한테도 해주신다고요." / (…중략…) / "진희를 안아주는 것처럼 한 번만 안아주면 안 돼요?" (…중략…) / 세희는 애원하고 있었다. 그는 당장 무릎이라도 꿇듯 다리가 흔들거렸다. 진희처럼, 그래 진희처럼이야.(277~285면)

세희가 이모부에게서 "더 가까이 다가가고 싶은데 더 이상 다가갈 수 없는 벽"(275면)을 느끼는 때는 친아들인 진희와 자신을 대하는 이모부의 태도가 다르다고 느끼는 때다. 그녀의 바람은 진희 '같은' 친자식이 되는 것이다. 그러나 그녀의 노력은 이모부의 성폭행으로 종결되고 마는데, 이는 세희의 바람에 대한 거부이면서 일종의 처벌이라 할 수 있다. 유섭의 경우도 이와 비슷하다. 그는 윤도림의 아들이 되기로 결심하지만, 윤도림의 아내는 유섭을 죽은 친아들 송철의 대체자로 간주하면서 송철이라 부르곤 한다. 유섭은 그녀의 "눈빛이 어쩐지 내가 아닌 또 다른 사람을 바라보는 것 같"(201면)다며 자신을 버리지 않을까 불안해한다. 아비 찾기와 실패의 반복은 친자식이 될 수 없는 자신의 운명을 확인해가는 과정이라 할 수 있다.

앞 절에서 살펴보았듯, 소설은 아비 찾기와 실패가 반복되는 원인을 피의 문제로 설명한다. 세희는 아비가 다른 두 아들의 "이름 앞에 자기의 성인 '편안할 안'자를 나란히 달아주어 아이들로부터 아빠란 존재를 영원히 지워버리려"(45면) 하지만, 이러한 아비 부정(삭제)의 노력에도 불구하고 아이들은 얼굴 모르는 아비를 그리워한다. 아이는 "하얀 얼굴에 나 있는 검은색"(46면)처럼 두 개의 피를 물려받은 존재들이다. 유섭 역시 "난 정말 고아야. (…중략…) 그분들은 날 잠깐 키워줬을 뿐이고 친부모는 아니었"(212면)다고 항변하지만, "키워준 부모는 부모가 아니냐?"는 말에는 반박하지 못한다. 유섭은 "신분을 속이고 고아로 가장했던 일이 탄로나"(204면) 군인의 자격을 박탈당한다. 결국 세희와 유섭이 반복하는 자식 되기는 아비의 피를 온전히 물려받은 순혈에 대한 갈망에서 비롯되며, 자식 되기의 실패는 자신들이 두 개의 피를 물려받은 존재들 즉 순결한 피를 훼손한 비적격의 존재들임을 확인하는 과정이라 할 수 있다.

이때 아비(아비의 피)는 절대적이고 선험적인 고정점, 법을 생산하고 질서를 형성하는 대타자의 위치에 선다. 따라서, 순혈이 아닌 세희와 유섭 등은 "사회라는 거대한 관념의 괴물, 지배적인 질서에 적응하지도 편입되지도 못하는 생태적으로 비생산적인 존재"(217면) 즉 잉여의 "외토리"(205면)가 되어 "자폐의 언어 속에 함몰"(217면)된다. 국가와 가족은 아비라는 표상을 통해 일종의 동일체로 간주된다. 아비로부터 순혈의 자식으로 인정받는다는 것은 가족의 생산을 의미하며 신뢰할 만한 적격의 국민이 됨을 의미한다. 가족과 국가의 직접적인 연계성은 개인과 국민국가 모두 아비의 대체자로 상정되고 있는 데서도 드러난다.

소설의 저변에 깔려 있는 '순혈주의에 입각한 국가-가족주의'는 두 국가 사이의 바다를 위태롭게 오가는 배의 성격을 규정하면서 집단 정체성을 형성하는 중요한 근거로 사용된다. 아비의 대체를 약속하는 도구인 배는 관계적 공간감 그것도 국민국가에 기초한 관계적 공간감의 절대적인 우위에 기반해 있다. 아비의 자리는 절대적이지만 이 자리는 다른 국민국가에 의해 언제든 대체될 수 있다는 역설 즉 자식 되기에 대한 약속과 그 파기의 공존이라는 역설 위에 배는 존재한다.[18] 배는 국민국가의 대타적 공간이 아니라 국민국가라는 관계적 공간감의 위력이 생산한 잉여공간인 셈이다.

소설은 잉여공간인 배를 정신분석학과 실존주의에 기대어 무의식과 실존의 공간으로 전환한다. 소설이 그리는 배는 아비(국가)의 법과 질서로부터 은폐된 "건재하고 자유"(181면)로운 성性의 공간이다. 체면이라는 것이 아무것도 아니라는 것을 알기까지는 별로 오랜 시간이 걸리지 않"(29면)는 공간, "나라를 위하여 남을 위하여 목숨을" 버리는 "애국심을 기대"(327면)할 수 없는 공간이다. 가짜 부부는 많은 사람이 있는 배 안에서 정사를 즐기며, 유섭과 세희 역시 이런 "배에서 하는 사람들의 사랑이" "더 인간적이고 근원적인 사랑"(227면)일 거라 생각하며 "어떤 가식도 부끄러움도 없"(341면)이 서로의 몸을 애무한다. 이곳에선 사촌누나와의 근친상간에 대한 상상도 거침없이 발설된다.[19] 선장은 주인이 새장 안의 새를 낚아채듯 여성 밀입국자를 차례로 성폭행한다. 배는 억압된 욕망이 표출되는 공간이며 금기의 위반이 구조적으로 이루어지는 공간이다.[20] 그리고 "배 입구가 막혀 당장 숨이 넘어갈 듯 호흡이 곤란한"(328면) 배 안은 대부분의 사람이 죽음에 직면하는 공간

---

18 두 번의 밀입국 실패 경험이 있는 말숙은 이번에 또 실패할지라도 밀입국을 계속 시도할 것이라고 말한다.

19 성의 자유로운 발산이라는 배의 성격은 옥희를 겁탈하려 했다는 오해로 인해 비판과 처벌을 받는 육지의 성격과 대조된다.

20 정신분석학은 배의 성격을 묘사하는 장면뿐만 아니라 용이의 탄생과 관련된 증상, 용이의 팔 통증을 진단하거나 전생에 대한 기억을 설명하는 방법으로 직접 거론되기도 한다.

이다. 또한, 소설은 두 개의 피를 물려받은 존재를 "자신의 의지와는 무관하게 이 세계 속에 내던져졌다"(336면)고 표현하기도 하며, 배신의 기억에서 촉발된 타인에 대한 불신과 모멸[21]을 계속해서 강조한다.

『나비의 집』은, 장소에 정박하지 못한 채 표류하는 배를 무의식과 실존의 공간으로 설명함으로써 배를 인간의 일반적이고 보편적인 존재인식의 공간으로 전환한다. 소설이 국가-가족주의에서 탈출하는 방법은 보편적인 실존적·정신적 상황의 부각 즉 국가 경계에 기반한 관계적 공간감과는 다른 층위로 이동하는 것이다.

4. 대안 공간으로서의 로컬

한국의 소설들은 일상적 장소감과 관계적 공간감의 상상적 조화를 자연적이고 보편적인 질서로 관습화하고 지식화함으로써 각종 경계와 공간 인식의 문제에 대체로 무감각했다. 디아스포라 소설은 일상적 장소감과 관계적 공간감이 괴리되고 충돌하는 양상을 제시함으로써 한국소설의 당위적이고 자동화된 공간인식에 의문을 제기할 수 있는 중요한 기회를 제공한다. 『통역사』와 『나비의 집』은 각각 일상이 장소감의 형성으로 연결되지 못하는 상황 그리고 일상적 장소감이 부재하는 상황을 묘사하면서 그 이유를 두 개의 아비 즉 관계적 공간감의 위력과 혼선에서 찾는다. 『통역사』는 하나의 아비를 부정함으로써 두 감

---

21 세희는 "타인의 관심에는 늘 의외의 재앙이 도사리고 있"(33면)으며 "타인은 믿을 수 없"(110면)다고 생각한다.

각의 순조로운 조화와 일치를 형성하고자 하며, 『나비의 집』은 두 아비의 자식이 되려는 노력이 실패한 결과 아비의 질서·법이 억압해온 무의식·실존의 공간으로 이동해간다. 『GO』는 국적을 전전해온 아비를 부정함으로써 개별자로서의 존재 의지를 드러낸다.

그러나 세 소설이 제시하는 문제 해결 방식에는 일정한 한계가 있는 듯하다.

> 한국문화와 낯선 문화 사이의 경계선을 넘은 적이 없다. 경계선은 항상 존재했다. 처음부터 경계선은 또렷하게 그려져 있었다. 사방의 경계선 안에서 두 소녀는 아무리 노력해도, (…중략…) 부모님이 돌아가시기 전에는, 부모님이 배를 타고 다시는 돌아올 수 없는 곳으로 떠나기 전에는, 어느 날 아침에 일터로 나간 부모님이 싸늘한 주검으로 변하기 전에는 길을 찾지 못했다.(477면)

『통역사』의 자매는 두 문화 사이를 월경한 적이 없다. 관계적 공간감의 절대적 위력 아래 굴복해 있던 자매가 할 수 있는 것은 대타자의 자리에 대한 의심이 아니라 미국이라는 국가를 유일하고 절대적인 고정점으로 인정하는 것이다. 소설은 아비의 자리를 두고 두 아비가 대립·충돌하는 상황을 한 아비의 부정을 통해 해결하는데, 이는 '아비의 자리'는 절대적이며 이 자리는 국가의 자리이고 국가는 가족과 무매개적으로 연계된다는 인식을 보여준다. 그러나, 아비 살해의 대가를 타인에게 고스란히 전가함으로써 "곱디고운 미국의 딸", 순결한 몸으로 재탄생했음에도 불구하고 그리고 이로 인해 생존에 성공했음에도 불구하고,[22] "거짓말은 이제 그만해! / (…중략…) 이것으로 네 꿈이 이루어졌 잖아"(477면)라고 말하는 그레이스를 상상할 수밖에 없듯 세희의 순결한 몸이 증명하는 '아비 자리'의 고결함은 희생양에 대한 기억을 내포할 수밖에 없다. 국가-가족주의에 입각한 관계적 공간감의 절대적인 우위는 수지의 순결한 몸에 의해 유지되지만 수지의 몸엔 이미 폭력의 상흔이 각인되어 있기에, 그 우위는 언제나 불안하며 폭력을 동반한다.

『나비의 집』은 관계적 공간감의 절대적인 우위와 이로 인한 일상적 장소감의 소멸 양상을 보여준다. 이는 이 소설의 공간인식이 『통역사』와 마찬가지로 순혈주의와 국가-가족주의에 기초해 있기 때문이다. 두 아비로 인한 고통이란 '유일한 아비의 자리'에 대해 그리고 국가-가족의 무매개적 연계에 대해 의심하지 않을 때 발생하기 때문이다. 구조적 동일성에 기초한 국가-가족주의와 순혈주의는 국가 경계, 관계적 공간감의 버팀목이다. 두 개의 피를 가진 인물들은 국가 경계에 기반을 둔 관계적 공간감으로 자신을 위치짓는데 그 결과는 두 국가 사이의 바다에서 부유하는 디아스포라다. 실존주의와 정신분석(현상)학에 의지한 『나비의 집』은 배의 성격을 즉자존재 혹은 인간의 무의식으로 전유·확대함으로써 디아스포라의 정체성 나아가 인간 보편의 존재론을 구축한다.[23] 그러나, 이는 대자존재로서의 자기 인식에서 나

---

22 이선주는 통역사의 언어는 배반적이고 폭력적이지만 생존을 위한 언어라고 설명한다. 이선주, 「생존의 문화번력과 수키 김의 『통역가』」, 『미국학논집』 43(2), 한국아메리카학회, 2011, 93면.

23 이 소설은 제1회 김학철문학상을 수상했는데, 몇 연구자는 여기서 디아스포라 문학을 통해 세계문학의 중심이 되려는 조선족의 욕망을 읽을 수 있다고 분석하기도 했다. 박진숙, 「중국 조선족 문학의 디아스포라적 상상력을 통해 본 디아스포라의 의미」, 『민족문학사연구』 39, 2009, 267면; 차성연, 「중국 조선족 문학에 재현된 '한국'과 '디아스포라' 정

아가지 못하고 즉 아비 찾기와 실패의 과정을 거친 후 즉자-대자존재로 진행하지 못하고 퇴행해버린 결과이기도 하다. 이 결과는 물리적 토대인 장소를 갖지 못한 현재 상황을 재현하는 데는 효과적일 수 있으나, 위로는 될지언정 해결책은 되지 못할 뿐만 아니라 기성의 관계적 공간감의 절대적인 우위를 인정하는 결과 또한 동반하기에[24] 장소감의 회복을 통한 변증법적 공간인식은 불가능할 수밖에 없다.

『GO』는 관계적 공간감의 절대적이고 폭력적인 우위에 대한 문제의식에서 출발한다. 이 문제의식은, "언젠가는 반드시 국경을 없애버리겠"(244면)다는 다짐 즉 관계적 공간감의 소멸, 일상적 장소감의 유일한 존립이라는 주제로 귀결된다. 개별자의 이질성에 대한 존중·인정을 최대한 확장한다면 국경의 소멸에까지 이를 수 있다는 논리다. 그런데 문제는 개별자의 이질성에 대한 존중·인정이 개별자 자유의지의 몫으로 전가될 수밖에 없다는 데 있다.[25] 사쿠라이의 신체적 반응이나 경찰의 정서적 친밀감이 사회 구성원 모두에게서 공통적으로 발생하리라 기대할 수는 없다. 또한, 국가뿐만 아니라 자본제적 세계화라는 관계적 공간감의 위압적 추세로 인해 장소감의 소멸 혹은 상품화가 발생할지라도, 그에 대한 각종 책임은 개별자의 윤리나 지식이 떠맡게 되기에 기성의 관계적 공간감은 훼손될 가능성이 적어지는 셈이다. 낭만적 유토피아에서 가능한 명랑은 "낮은 신음소리"의 상상적 해소에서

체성」, 『한중인문학연구』 31, 한중인문학회, 2010, 92면.
24 임유경, 앞의 글, 206~207면 참조.
25 이영미는 개인의 자유의지가 국적을 극복할 수 있는 중요한 기제라고 평가한다. 이영미,
「가네시로 가즈키의 『GO』에 나타난 '국적國籍'의 역사적 의미」, 『현대소설연구』 37, 한국현대소설학회, 2008, 336면 참조.

그다지 멀어 보이지 않는다. 동시에 이 상상적 월경은 다른 층위의 관계적 공간감에 대한 모색은 시도조차 하지 못한 채 국가 경계를 관계적 공간감의 유일한 원천으로 삼고 있다는 점에서 역설적이다.

공간인식의 양상이라는 측면에서 볼 때 세 소설 모두 일상적 장소감과 관계적 공간감의 충돌과 부조화에서 고통의 원인을 찾고 있다. 그러나, 디아스포라 주인공의 고통, 공간인식 층위 사이의 모순과 갈등을 해소하는 방식에서는 다소 차이를 보인다. 『통역사』는 국가-가족주의에 기반한 관계적 공간감에 자신의 일상을 폭력적으로 복속시킴으로써 갈등을 해소하려 하며, 『GO』는 관계적 공간감을 전적으로 부정함으로써 고통을 극복하고자 하며, 『나비의 집』은 디아스포라의 고통을 인간의 존재론적 조건으로 확장하고 보편화함으로써 두 감각 사이의 갈등을 해소하려 한다. 그러나 고통의 원인은 완전히 해소되지 않은 채 상존해 있다는 점(『통역사』), 고통의 원인이 개별자에게 전가될 위험이 있다는 점(『GO』) 그리고 물리적 토대(공간)의 상실을 강조함으로써 퇴행적 성향을 보인다는 점(『나비의 집』) 등에서 이들 소설이 디아스포라의 고통을 치유하는 데는 나름의 한계가 있는 듯하다. 자신의 일상과 특정 국가를 배타적인 방식으로 연계하든(『통역사』), 국민국가의 경계를 부정하고 세계시민으로 나아가든(『GO』), 아니면 인간 보편의 실존·무의식을 강조하든(『나비의 집』), 해소 방식의 차이에도 불구하고 관계적 공간감의 유일한 기반을 국민국가에 두고 있다는 점에서 세 텍스트는 차이가 없다. 이들의 일상적 장소감은 이미 관계적 공간감(국가 경계)에 포섭된 상태이다. 이런 점에서 디아스포라를 경계를 넘어 문화혼종성을 생산하는 주체로 간주하는 데 신중해야 한다.

개인의 공간인식을 일상적 장소감과 관계적 공간감이 다채롭게 교차하면서 변증법적 통합을 이루어가는 장이라 한다면, 그리고 국가-가족주의에 기반을 둔 관계적 공간감이 고통의 원인이자 불완전한 해결책이라 한다면, 우리가 할 수 있는 것은 국가-가족주의를 탈피하여 일상적 장소감의 형성에 더욱 유리한 새로운 관계적 공간감에 대한 상상이라 할 수 있다. 기존의 국가-가족주의에 기초한 관계적 공간감으로 환원되지 않는 크기의 공간, 정치체제·경제체제에 대한 대응의 몫을 전적으로 개별자에게 전가하지 않는 크기의 공간을 다층적으로 상상할 필요가 있다. 이 상상의 공간은, 세 소설이 증명하듯 구조적 동일성만으로는 축약할 수 없는, 국가와 가족 사이의 먼 거리를 새롭게 연계하는 매개공간이 될 수 있을 것이다. 아비 부정을 아비 자리의 소멸이나 국가-가족주의에 기반을 둔 동질의 대체자에 대한 복속이라는 극단으로 귀결하지 않을 수 있는 공간, 일상적 장소감과 관계적 공간감이 괴리·충돌하거나 자동적으로 연계되는 상황에 대해 의문을 제기할 수 있는 공간, 이질성 존중의 근거를 굳이 자본에서 찾지 않아도 되는 공간, 로컬이라는 이 상상의 공간에 주목해야 하는 이유 중 하나도 여기에 있다. 그리고 이것이 디아스포라를 로컬리티의 쇠퇴를 초래하는 존재로 단정할 수 없는 이유이기도 하다.

세 소설은, 일상적 장소감의 획득을 지향하면서도 국가 경계에 전적으로 의존한 관계적 공간감의 일방적인 우위에 포섭되어 일상적 장소감을 획득할 돌파구를 찾지 못하는 디아스포라를 보여준다. 이로 인해 역설적으로 두 감각의 관계 양상에 대한 거리두기 그리고 질서 형성의 장場인 로컬에 대한 재조명이 요구된다. 로컬은 관계적 공간감과 일상적 장소감이 비로소 구현되면서 구체적으로 관계 맺는 장場이다. 동시에 국민국가가 상상의 공동체라면 그와 똑같은 이유로 로컬 또한 상상의 공동체이며 사후적으로 구성된(구성하려는) 이데올로기적 효과이기도 하다. 이로 인해 로컬은, 국가 경계에 일방적으로 포섭되지 않으면서 그리고 개인의 자유의지에 책임을 미루지도 않으면서 동시에 인간의 보편적 조건으로 추상화하지도 않으면서 두 공간 감각의 새로운 관계를 모색할 수 있는 물리적 토대가 될 수 있기 때문이다.

참고문헌

허련순,『누가 나비의 집을 보았을까』, 인간과자연사, 2004.
가네시로 가즈키, 김난주 역,『GO』(개정판), 미래엔 컬처그룹, 2006.
수키 김, 이은선 역,『통역사』, 황금가지, 2006.

강진구,「金城一紀의『GO』를 통해 본 재일 신세대 작가의 민족 의식」,『어문학』101,
    한국어문학회, 2008.
김광수 · 박정이,「가네시로 가즈키金城一紀『GO』의 'GO의 방향과 그 주체」,『한일어
    문논집』14, 한일일어일문학회, 2010.
문재원,「재일코리안 디아스포라 문학사의 경계와 해체」,『동북아문화연구』26, 동
    북아시아문화학회, 2011.
박진숙,「중국 조선족 문학의 디아스포라적 상상력을 통해 본 디아스포라의 의미」,
    『민족문학사연구』39, 2009.
이광재 · 지해연,「조선족 농촌여성의 실존적 특징」,『한중인문학연구』32, 한중인문
    학회, 2011.
이선주,「생존의 문화변력과 수키 김의『통역가』」,『미국학논집』43(2), 한국아메리
    카학회, 2011.
_____,「혼종문화 속의 수행적 주체로서 수키 김과 창래 리」,『미국소설』18(2), 미
    국소설학회, 2011.
이영미,「가네시로 가즈키의『GO』에 나타난 '국적國籍'의 역사적 의미」,『현대소설연
    구』37, 한국현대소설학회, 2008.
임유경,「디아스포라의 정치학 : 최근 중국-조선족 문학비평을 중심으로」,『현대문
    학의 연구』36, 한국문학연구학회, 2008.
정순희,「재일 젊은 세대의 아이덴티티」,『한국문화연구』8, 이화여대 한국문화연구
    원, 2005.
조명기,「일상적 장소성과 관계적 공간성의 두 변증법」,『어문논집』50집, 중앙어문
    학회, 2012.
차성연,「중국 조선족 문학에 재현된 '한국'과 '디아스포라' 정체성」,『한중인문학연
    구』31, 한중인문학회, 2010.

최수웅, 「재일한민족문학의 이야기가치와 문화콘텐츠적 활용양상 연구」, 『한국문예창작』 8(2), 한국문예창작학회, 2009.

이 푸 투안, 구동회 · 심승희 역, 『공간과 장소』, 대윤, 2007.

데이비드 하비, 임동근 · 박훈태 · 박준 역, 「공간이라는 키워드」, 『신자유주의 세계화의 공간들』, 문화과학사, 2010.

해리 하르투니언, 윤영실 · 서정은 역, 『역사의 요동』, 휴머니스트, 2006.

'이카이노猪飼野' 재현과 디아스포라 정체성 정치 *

문재원 · 박수경

1. 디아스포라 공간과 로컬리티

로컬리티는 특정 로컬에 대한 담론의 효과이다. 일차적으로 물리적 공간을 기반으로 하되 물리적 공간 자체의 문제가 아니라, 공간을 둘러싸고 벌어지는 여러 주체와 시선장치가 발생시키는 담론적 고안물이다. 그러므로 로컬리티는 언제나 '현재성'을 담보하면서 역사적 유동성을 갖는다. 이러한 로컬리티를 형성하는데 기억과 재현은 중요한 기제가 된다. 이때 기억은 과거의 경험적 사건을 무차별적으로 회상하는 것에 한정된 것이 아니라 다양한 기억들을 가진 주체들의 끊임없는 기억투쟁을 통해 선별된 것이다. 이렇게 선별된 기억 장치들은 특정 장소의

---

* 이 글은 「이카이노猪飼野 재현을 통해 본 재일코리안 디아스포라 공간의 로컬리티」(『로컬리티 인문학』 5, 2011.4)를 수정 · 보완한 것이다.

재현으로 이어지며, 이러한 기억과 재현을 통해 특정 장소는 '말해지고 드러나게' 된다. 그러므로 이 과정에서 작용하는 선택과 배제의 배치는 원래적인 것이 아니라 특정 시기에 발생된 주체, 대상, 시선들이 교차되면서 벌어진 담론투쟁이다. 이러한 담론투쟁을 통해 구성되는 로컬리티에서 발화 '위치'가 중요한 것은 이 때문이다. 로컬리티의 형상에서 중요한 것은 '원본'의 문제가 아니라 로컬리티 구성의 '진정성'이라고 한다면, 특정 로컬을 둘러싸고 벌어지는 제반 담론의 주체가 누구냐, 즉 발화 위치에 따라 로컬리티는 형상이 달라질 수 있기 때문이다.

본 글에서는 이러한 문제틀을 디아스포라 공간에 적용해 보고자 한다. 이러한 작업을 살펴보기 위한 일환으로 재일코리안 디아스포라를[1] 주목하고자 한다. 특히 로컬리티가 담론적 효과라는 점을 일차적으로 염두에 두고, 재일코리안 디아스포라의 역사성이 내장된 이카이노猪飼野에 대한 기억과 재현장치가 재일코리안 디아스포라공간의 로컬리티 구성에 어떻게 개입하는가를 살펴볼 것이다.

글로벌화와 함께 형성되기 시작한 디아스포라 공간은 일국적 차원에서는 언제나 배제의 원리가 작동된 공간이었다. 디아스포라 공간 그 자체에 내재된 역사성과 특수성은 은폐되면서, 일국一國 내로 포섭하거나, 밖으로 추방하는 방식의 담론체계가 이들 공간을 드러내는 '주류적' 방식이었다. 재일코리안의 이주가 제국 / 식민의 체제에서 출발

---

1 1990년대 이후 '디아스포라' 개념의 확산은 정의와 용법에서 혼선을 낳고 있다. 디아스포라 개념에 대해서는 사이 에이카戴エイカ의 정리를 참고로 하여 여기서는 홈랜드에서 이산하면서도 경제, 정치, 문화적으로 교류하는 '사회형태'로서의 측면과 동시에 이동적인 '정체성 획득identification' 과정으로서의 측면의 이중적인 의미를 포함시키고 있다. 野口道彦 · 戴エイカ · 島和博,『批判的ディアスポラ論とマイノリティ』, 明石書店, 2009, 제1장 참조.

되었고, 단일민족신화를 강조하는 일본의 심상체계 안에서 재일코리안 디아스포라 주체나 공간이 어떻게 배치되었는가를 충분히 짐작할 수 있다. 특히 극심한 빈곤과 차별, 무관심을 삶의 조건으로 받아들여야 했던[2] 재일 1세, 2세들은 스스로에 대해 말할 기회를 갖지 못한 전형적인 하위주체였다.[3] 그렇다면 재일코리안 디아스포라 공간의 로컬리티를 구성하는 첫 번째 작업은 주류 담론체계 안에서 배제된 경험주체를 복권시키는 일이다. (물론 여기에서 이러한 복권이 단순한 위치 변동으로 이어진다는 논리는 아니다.) 몇 세대를 지나면서 재일코리안 디아스포라 공간은 기억과 망각, 보존과 소멸, 언설과 침묵 등이 어떻게 교차할까.

일본 국가 지도 안에서 재일 코리안의 흔적이 소멸되고 있는 오늘날, 디아스포라 주체들에 의한 기억과 재현은 곧 그들의 삶에 대한 증언이면서 배제된 공간의 주권을 회복하고자 하는 삶정치와 연결된다. 디아스포라의 혼종성이 국가 경계 내의 포섭에 균열을 일으킬 수 있는 지점으로 존재한다면, 이 주체들이 구성해 내는 기억과 재현 역시 동일한 맥락에서 이해될 수 있다.

---

2 재일 1세, 2세들의 구술에 바탕해 보면, 공통적으로 '차별과 절대 빈곤'의 시공간이 놓여 있다. 윤상인, 「역자서문」, 이봉언·윤상인 역, 『재일동포 1세, 기억의 저편』, 동아시아, 2009; かわさきのハルモニ·ハラボジと結ぶ2000人ネットワーク生活史聞き書き, 編集委員會編, 『在日コリアン女性20人の軌跡』, 明石書店, 2009; 김남일 외, 『분단의 경계를 허무는 두 자이니치의 망향가』, 현실문화연구, 2007 참조.
3 위의 책, 10면.

2. '공간적 뿌리내림'과 '보이지 않는 동네'의 역설

: 이카이노

2005년 국세조사에 의하면, 일본 오사카시는 전체 인구(2,628,811명) 비율 중 재일코리안이 2.7%(71,123명), 중국인이 0.4%(11,848명) 등 외국인들의 비율이 높으며, 이는 다문화사회의 지표가 되는 기준 비율을 상회하는 것으로 이 공간 구성의 특성을 반영한다. 이 중에서 특히 이쿠노쿠는 구의 총 인구 133,626명(2010.9.1 현재) 중, 외국인등록자수는 30,220명(2010.9.1 현재)으로 오사카 시내에서 가장 많다. 외국인등록자의 비율은 22.6%에 달하고, 한국, 조선적의 재일코리안이 9할 이상을 점한다. 한국, 조선적은 27,903명, 중국적은 1,792명이다.[4] 그러나 근래는 외국인등록자수의 감소, 특히, 한국, 조선적의 감소가 이어지고 있는데, 이는 재일 3세, 4세의 귀화자 수 증가와도 무관하지 않다.

현재 이쿠노쿠 내에서 특히 츠루하시鶴橋, 모모타니桃谷, 데라다죠寺田町 3개의 역 주변으로 많은 한인이 거주하고 있는데, 모모타니 지역에는 코리아타운이 형성되어 있다.[5] 전체 인구의 20%를 상회하는 한국인의 비율을 보면, 이곳은 현재에도 여전히 재일코리안 집주지역으로[6]

---

4 일본 전체 인구수는 127,767,994명이며, 전국 외국인수는 1,555,505명으로 전국 외국인 평균비율은 1.2%이다. 이에 비하여, 오사카시 외국인수는 99,783명으로 오사카 전체인구수의 3.8%를 점한다. 전국 외국인 평균비율 1.2%에 비하여 오사카시 외국인비율이 3.8%라는 것은 상당히 높은 수치에 해당한다. 상세한 내용은 http://www.city.osaka.lg.jp/keikakuchosei/page/0000015530.html(검색일 : 2011.2.1)의 인구통계를 참조할 것.

5 오사카 이쿠노의 상업적 공간에서 올드커머-뉴커머-뉴뉴커머라는 세대를 통해 공간적 배치를 살펴보는 논문으로 임승연, 「재일한인타운의 사회-공간적 재구성과 정체성의 정치 : 오사카 이쿠노를 사례로」, 이화여대 석사논문, 2010.

6 일상적으로 도보로 다닐 수 있는 범위의 영역에 재일코리안 인구를 무시할 수 없는 상황

존재하고 있다. 이쿠노의 공간 배치 안에서도 츠루하시 시장(국제시장, 고려시장), 야키니쿠 골목, 이쿠노 조선초급학교, 코리아타운(조선시장), 조총련 사무소, 민단 사무소, 재일한국인 역사자료실, 신방, 독토나리, 교회, 성화사회관聖和社會館[7] 등 곳곳에서 코리안의 흔적을 발견할 수 있다. 또한 이러한 유형의 공간을 바탕으로 '이쿠노민족축제生野民族祝祭'(1983~2002), '잡지『호르몬문화』', '이키아노탐방회猪飼野探訪會', '원코리아페스티벌' 등 장소성에 기반한 재일코리안들의 심상공간이나 네트워크들을 확인할 수 있다. 그러므로 이곳은 인구, 일상생활, 네트워크 등 여러 측면에서 이미 일국의 경계를 넘어서고 있다고 볼 수 있다.

재일코리안들이 모여살았던 이곳의 지명은 1973년까지는 '돼지猪를 기르는 사람들이 사는 토지'라는 이카이노가 공식 지명이었다.[8] 재일코리안들이 모여 살았던 이카이노는 1973년 나카가와中川, 타지마田島, 히가시나리東成 등의 이름으로 편입되면서 이카이노라는 지명은 사라졌다. 사라진 이유는 대개 두 가지로 추정한다. 하나는 남북 2400m, 동서 800m로 펼쳐지는 이카이노 지역이 메이지시대부터 쇼와시대에 걸쳐 신히라노가와新平野川, 킨테츠近鐵와 각 도로로 가로, 세로로 구역지

이 된 구역으로 본다. 여기서 '무시할 수 없는 상황'이 애매하나 예를 들어 인구 비율로 10%를 넘거나 큰 합숙소가 있어서 조선인 인구가 수백 명을 넘거나 조선인 가구 수가 수십 채 모여서 살고 있는 구획이 있거나 혹은 몇 집에서 열 집 정도의 조선인 집합이 몇 개 존재하는가 등의 상황 모두를 포함한다. 도노무라 마사루, 신유원 · 김인덕 역, 『재일 조선인 사회의 역사학적 연구』, 논형, 2010, 139~140면.

7 1983년 이쿠노민족축제가 재일코리안 축제로서 처음 발촉이 되었는데, 이 축제를 기획한 곳이 성화사회관聖和社會館이다. 박수경, 「재일 코리안 축제와 마당극의 의의 : 生野民族文化祭를 중심으로」, 『일본문화학보』, 한국일본문화학회, 2010. 현재(2010.1.30)는 유아보육시설로 운용되고 있다.

8 지명으로서는 현재 불과 '猪飼野橋교차점'과 '猪飼野新橋'에 그 이름을 남길 뿐이다.

어져, 그와 함께 하천, 철도, 도로를 경계로 하는 새로운 주소표시가 필요했다는 일설이다. 그리고 지역민들이 이카이노라고 하면 재일코리안을 연상하게 되어 지가地價가 떨어진다는 인식이 있어 지명을 바꾸자 하는 의견이 있었다는 일설이 있다.[9] 그러나 1973년 이카이노라는 지명의 소멸은 재일코리안에게도 반발을 산다. 그러나 이카이노에 사는 재일코리안임을 당당히 밝힐 수 없었던 당시 상황으로 재일코리안 사회에서는 별다른 저항의 움직임은 없었던 것으로 기록되고 있다.[10]

재일코리안 디아스포라 공간은 21세기의 세계화와 초국가주의의 전유물만은 아니다. 그 역사성을 고찰하자면, 이미 재일코리안들의 오랜 이주의 역사가 내장된 곳이다. 이쿠노쿠에 재일코리안들이 모여 살게 된 계기는 5~7세기 백제인들의 이주에서 그 기원을 찾을 수 있는데, 일반적으로 이 시기의 이주는 '백제인의 도래到來' 정도로 보고, 본격적인 이주의 역사는 식민지시기부터 추정한다. 이미 알려져 있듯이 현재 이쿠노를 가로질러 흐르는 히라노강平野川 확장 공사를 위해 많은 노동력이 필요하게 되었고 조선 노동자들이 이 공사에 동원되면서 이 지역에 조선인들이 살게 되었다.[11] 특히 1923년 제주도와 오사카 사이를 연결하는 기미가요마루君が代丸라는 정기 여객선이 운항되면서 많은

---

9 福本拓,「1920年代から1950年代初頭の大阪市における在日朝鮮人集中地の變遷」,『人文地理』56(2), 人文地理學界, 2005, 53~54면.

10 『每日新聞』, 1973.2.1.

11 일제 강점기 제주도민의 오사카 이주와 정착에 대해서는 문경수,「재일 한국인 문제의 기원」,『동아시아연구논총』9, 제주대 동아시아연구소, 1998; 이준식,「日帝 强占期 濟州道民의 오사카大阪 移住」,『한일민족문제연구』, 한일민족문제학회, 2002; 안미정,「국경에 놓인 재일한인 여성의 가족과 친족」,『지방사와 지방문화』13(1), 역사문화학회, 2010, 407~422면 참조.

제주도 출신 조선인들이 오사카의 '이카이노'로 흘러들면서 커다란 밀집 지역을 형성하게 되었다.[12] 당시 도항의 가장 높은 이유가 생활난과 노동에서 비롯했고,[13] 이러한 조건을 충족시켜 줄 수 있는 요인으로 이카이노는 이미 동족이 많이 거주하여 네트워크나, 일자리 면에서 유리한 조건을 형성하고 있었다.[14] 뿐만 아니라, 일제말기의 강제 징용, 해방 후 한국사회에서의 복잡하고 어수선했던 정치상황도 한몫을 했다. 제주도 4·3사건을 계기로 고향인 제주도를 떠나 이카이노로 건너온 사람들도 적지 않다.[15] 이때 조선시장, 조선학교 등이 만들어지고 공식적인 목소리를 낼 수 있는 커뮤니티가 본격적으로 행사하면서 코리안 집주지역의 형상을 갖추어나갔다.

이곳이 이미 오래전부터 한인집주 지역이라고 명명되는 것은 단순한 인구비율의 측면만을 말하는 것이 아니다. 재일코리안을 대상으로 하는 각종 산업, 서비스업이 전개되고, 코리안을 고용하는 공장 등이 집중된 공간, 즉 에스닉 커뮤니티로서의 성격이 짙은 공간이 되었다는 것이다. 그리고 재일코리안들 사이에서는 여러 목적을 가진 단체가 만들어지고 독자적인 정보가 유통되는 이른바 에스닉 네트워크가 확립되고, 나아가 그곳에 살지 않는 사람들도 포괄할 수 있으며, 동시에 본국과의 네트워크도 형성하고 있는 정도를 포함한다.[16] 이러한 커뮤니티는 재

---

12 양영희, 「이쿠노 마을 이야기」, 김남일 외, 『분단의 경계를 허무는 두 자이니치의 망향가』, 현실문화연구, 2007, 245면.
13 윤인진, 『코리아 디아스포라』(2판), 고려대출판부, 2005, 149~150면.
14 도노무라 마사루, 신유원·김인덕 역, 『재일조선인 사회의 역사학적 연구』, 논형, 2010 참조.
15 양영희, 앞의 글, 245면.
16 도노무라 마사루, 앞의 책, 198면.

일코리안들이 기반하고 있는 생활공간을 어떻게 만들어 나갈 것인가의 문제와 연관성을 갖고 있다. 이쿠노에서 재일코리안은 지역사회의 비공식 조직인 친족회, 향우회, 교회 및 생활보호조직, 민족단체인 민단 및 총련의 자부조직 등을 통해 지역사회 네트워크를 형성하고 있으며, 일본인은 전통적이며 실질적인 쵸나이카이町內會와 학부모회(PTA)를 통해 공식적인 네트워크를 장악하고 있는데 현지에서 이들의 상호교류는 거의 없다고 설명한다.[17] 재일코리안 사회도 세대교체, 인구감소에 따라 재일조선인 커뮤니티가 축소되었고, 촌락공동체에 대한 일본의 차별이나 한국의 개입[18] 등은 재일코리안 디아스포라의 시공간을 왜곡시키거나 은폐할 여지가 있다. 그러면서도 한편에서는 일본 내의 타 도시공간이 가지지 못하는 특수한 역사성과 장소성을 전시하고 있으며 그러한 흔적은 현재 공간적 배치에서도 잘 드러남을 알 수 있다.

이카이노의 지명이 사라진 현재, 이카이노는 특정 지명보다도 '조선'의 심상지리를 내재하는 '고유명사화'되어 있으며, 현재 이쿠노 지역의 곳곳에서 재일코리안의 공간이 기억되고 전승되고 있다. 재일코리안 작가 원수일이 지적하듯이, 재일코리안들에게 이카이노가 사라졌다는 행정상의 사실은 그다지 중요하지 않다. 그는 "실제 제주도 사람들은 지도상에서 사라진 이카이노 땅에서 여전히 꿋꿋하게 살아가고 있다"고 했다.[19] 지우고자 하는 쪽과, 그래서 없어야 살아갈 수 있는 존재

---

17 이상봉, 「디아스포라와 로컬리티 연구 : 재일코리안을 보는 새로운 시각」, 『한일민족문제연구』 18, 한일민족문제학회, 2010, 131~134면 참조.
18 송연옥, 「식민지주의에 대한 저항 : 재일 조선인 여성이 창조하는 아이덴티티」, 『황해문화』 57, 새얼문화재단, 2007, 165면.
19 원수일, 김정혜·박정이 역, 「작가후기」, 『이카이노 이야기』, 새미, 2006, 245면.

적 조건 아래서 그럼에도 세대를 이어오며 재일코리안의 생활터가 현재 이쿠노의 곳곳에 새겨져 있다. 그렇다면 이쿠노쿠의 현재는 무엇을 삭제하고, 혹은 무엇을 기록하면서 현재의 시공간적 질서를 형성하였는가. 여전히 국민국가의 틀 안에 이쿠노를 위치짓고자 하는 주체와 이러한 경계를 벗어나 새로운 공간을 형성하고자 하는 주체의 포섭과 저항의 갈등 안에서 이쿠노는 기억과 전유의 변형을 반복하고 있다.

3. 드러나는 공생, 은폐되는 식민

이카이노보존회猪飼野保存會가 발간하는 향토지에는 이쿠노에 사는 재일코리안이 식민시대에 강제 연행되어 이곳에 정착하게 되었음을 소개하고 있다.[20] 그러나 재일코리안 김부자金富子는 '재일 조선인은 지금도 식민지주의적 권력관계 속에서 살고 있다'고 전제하면서 재일 조선인 강제이산의 폭력적 경험을 초래한 일본의 과거와 현재를 묻지 못하도록 봉인하는 '은폐' 전략을 비판하고 있다.[21] 이런 점에서 앞에서 서술한 이카이노 지명의 삭제는 재일코리안의 시공간의 흔적과 기억을 소거하려는 상징적 작업으로 볼 수 있다. 또한 이카이노의 역사성을 고대 백제와의 교류에만 초점화시키면서 평화와 친선을 강조하는 담론 역시 마찬가지이다. 이러한 부분은 현재 이카이노의 역사성을 고찰하고자 하는 이카이노 원주민을 중심으로 활발하게 재현된다. 3

---

20 猪飼野保存會, 『猪飼野鄕土誌 つるのはし跡公園完成記念』, 松下, 1997, 33~37면.
21 김부자, 「HARUKO : 재일여성 · 디아스포라 · 젠더」, 『황해문화』 57, 새얼문화재단, 2007 참조.

절에서는 문화적 축제 등을 바탕으로 이카이노와 관련한 기억과 재현이 지역 내부의 주민(원주민과 재일코리안)과 외부에 의해서 어떻게 이루어지고 있는가를 살피기로 한다. 전자는 이카이노보존회와 민단신문을 통해서 읽어내고, 후자는 사천왕사왔소四天王寺ワッソ와 사이버공간을 통해서 읽어내기로 한다.

첫 번째 이카이노의 역사가 응축되어 있다 할 이카이노보존회를[22] 살피면, 이들의 주요 활동은 먼저 『일본서기』에 나타나는 이카이노츠猪甘津에서 유래하는 이카이노라는 지명을 보존하는 것과 그다음으로 1883년 메이지시대에 만들어진 수레地車를[23] 계승하는 것, 마지막으로 일본 최고의 다리라고 여겨지는 츠루하시터つるのはし跡 보존이다.[24] 첫 번째 항목은 그 모태인 이카이노청년회猪飼野若中會를 아예 이카이노보존회로 개명한 데서, 그 실천을 엿볼 수 있는데, 명칭의 변천 과정을 살펴보면, 이카이노보존회의 전신인 이카이노청년단猪飼野青年団 때에는 전시戰時에 전장으로 나갔거나, 근로봉사, 학동소개를 행했으며, 중년층은 경찰단으로 임하였다. 패전 후, GHQ의 명령에 의하여, '단団'이라는 명칭이 군국주의적이라는 이유로 해산되고, 이카이노청년회로 개칭된다. 이후 1973년 '이카이노'라는 지명이 삭제됨을 계기로, 지명보존을 목적으로 이카이노보존회로 다시 개칭한다.[25]

---

22 이 단체의 소속회원이 더 이상 일본인에 국한되지 않는다는 점은 주목할 만하다. 기존 일본회원 3명의 추천이 있으면 외국인도 회원이 될 수 있다. 그러므로 현재 재일코리안도 회원으로 소속되어 있다. 千野境子, 『大阪の扉』, 産經新聞, 2005, 56~57면.
23 축제 때 쓰이는 수레.
24 千野境子, 앞의 책, 55~58면.
25 위의 책, 55~58면.

마지막 항목은 유서깊은 곳으로 일본 최초의 다리인 '이카이노즈노 하시猪甘津の橋'가[26] 존재하던 터라고 일컬어는 '츠루노하시つるのはし' 터가 후세에 전해지도록 이카이노보존회의 모태인 이카이노청년회가 1952년 츠루노하시기념비つるのはし記念碑를 조성하였다. 그리고 이카이노청년회가 이카이노보존회로 개칭된 후로도 '츠루노하시つるのはし' 를 계속 관리하였으며, 1991년에는 이러한 노력에 힘입어, 시회의의 논 의를 거쳐 츠루노하시사적공원つるのはし史跡公園으로 개설하게 되었다.[27]

남은 항목은 두 번째 이카이노보존회의 수레의 계승인데, 수레는 '이쿠노쿠의 수레와 후톤타이코ふとん太鼓' 축제행사에 등장한다. 이때 이 수레의 최종 종착지는 미유키모리텐진구御幸森天神宮로 이곳에 거두 어진다. 그러면 미유키모리텐진구는 어떠한 곳인가. 미유키모리텐진 구 내에는 이곳에 대한 설명판이 설치되어 있는데, 여기에는 이곳이 이 카이노의 조상신氏神으로 기술되어 있다. 그러면, 구체적으로 그 신이 라는 것은 누구인가. 경내 설명판의 일부분을 인용하면 다음과 같다.

인덕천황은 매사냥에 나서실 때, 이와 함께, 우리나라에 도래한 선진문 화를 전한 백제 사람들의 상태를 보시기 위해 행차하셨는데, 종종 이곳 숲 에서 휴식을 취하셨다. 그 까닭으로 이곳을 御幸森(미유키모리—천황이 가신 숲)이라고 칭하게 되었다. (번역—인용자)

---

26 당시 강의 명칭은 百濟川の橋.
27 猪飼野保存會, 앞의 책, 1~2면.

미유키모리텐진구는 우선 인덕천황과 이카이노의 씨족이 관련 있음을 나타내는 곳이며, 나아가 이곳에 선진문화를 가진 백제인들이 도래하였음을 나타내는 표상물이라 할 수 있다. 여기서 수레와 수레가 보존되어 있는 미유키모리텐진구로 유추할 수 있는 것은 이카이노보존회가 백제문화와 밀접한 관계를 유지하고 있으며, 타지他地의 일본인과 같이 백제문화를 우수한 문화로 동경 또는 추앙의 대상으로 여길 것이라는 것이다. 그리고 더 나아가 충분히 가늠할 수 있는 것이 그 우수한 백제문화 중의 하나가 돼지를 키우는 기술로, 이를 지명화한 것이 이카이노猪飼野(돼지를 키우는 마을)라고 할 수 있으리라 본다. 미유키모리텐진구는 현재 일본인과 재일코리안이 반반의 비율로 참배되고 있는데,[28] 그 각각의 정점이 인덕천황이든, 백제인이든, 백제문화와 이어질 수밖에 없다. 이러한 점을 과다히 부각시킨 것이 다음의 기사이다.

『大阪再發見』(Vol.2)는[29] 이카이노보존회의 여름축제 사진과 코리아타운 게이트 사진을 나란히 두고, 다음과 같은 문구를 기입하고 있다.

이카이노는 이문화異文化가 동거하는 그윽한 맛을 지닌 마을이다. (…중략…) 이번에 옛날 역사와 사적, 이카이노와 재일한국, 조선인과의 인연을 조사하고, 현재 여기에서 사는 사람들의 활동과 생각을 취재하는 가운데, 오사카 속에서도 드물 정도로, 역사적 문화적 흔적이 마을이나 사람들에게 깊이 새겨져 있는 것을 통감하였다. 이 지역의 삶, 그 자체가 개성 넘치는

---

28 千野境子, 앞의 책, 55~58면.
29 大阪ガスエネルギ文化研究所, 『大阪再發見』 2, 表紙, 2001.

자원이라는 것을 전할 수 있길 바란다. (번역·밑줄―인용자)

    이 표지의 이카이노보존회 여름축제 사진은 백제 도래인과 깊은 관련이 있는 이카이노를 연상시키며, 이는 인용 중 밑줄에서와 같이 고대 백제의 흔적지인 이카이노에 지금의 재일코리안이 어떤 운명적 필연성에 기인하여 그 땅에 정착하고 있는 것 같은 느낌을 일으키게 한다.

    이러한 양상은 분석대상 시기를 2002년 9월 17일부터 2011년 1월 29일로 정한 『민단신문』에서도 발견할 수 있다.[30] 2009년 11월 6일자 기사인 백제 王仁박사의 가비歌碑 기념사업이 이와 관련된 대표적 표상이다. 이 가비에는 1600년 전 왕인이 인덕천황의 즉위를 축하하며 읊은 시 난바즈노우타難波津の歌가 옮겨져 있는데, 이 가비의 글은 万葉仮名(우측)와 和文(중앙), 한글(좌측)으로 새겨져 있다. 이 신문기사에서 가비건립위원회대표 강신영은, 왕인박사 시대에 한글은 없었지만, 1600년의 한일교류의 발자국을 이야기하는 상징이라고 한다. 이와 관련하여, 이카이노를 피식민자들의 이주지가 아닌 단지 백제문화 도래지로만 표상화하는 작업은 지속적으로 재일코리안과 일본인에 의하여 다음과 같은 활동들이 전개되고 있다. 돼지인형캐릭터개발(『민단신문』, 2007.4.11), 이카이노탐방회(『민단신문』, 2007.7.25), 왕인박사 가비건립(『민단신문』, 2009.11.6), 왕인박사 가비 건립지인 미유키모리텐진구에서의 춤 공양(『민단신문』, 2010.4.14), 왕인박사를 그리는 천자문배우기(『민단신문』, 2010.5.19), 사천왕사왔소축제(2010.10.27). 이카이노는 단지 미유키

---

[30] http://www.mindan.org/shinbun/shinbun_index.php(검색일 : 2011.1.29)

'이카이노' 재현과 디아스포라 정체성 정치   295

모리텐진구로 우수한 백제문화의 도래지로 기억되고자 하며, 특히 왕인박사를 표상으로 그러한 흐름을 강화시키고자 한다.

위에서 언급한 백제문화기념사업 중 작은 단체이지만 이카이노를 기억하기 위해 이쿠노의 구석구석을 찾아 나선 이카이노탐방회를 구체적으로 언급하고자 한다. 이카이노탐방회는 이제 이카이노보존회와 마찬가지로 일본인과 재일코리안이 함께 하는 모임으로 이카이노를 탐방하는 기획으로 현재까지 총 6회로 행해졌다. 그런데 제3회 기획에 재일코리안 관련 답사지로 용왕궁龍王宮,[31] 포병 공창수위문, 포병공창본관터, 제7시공소처, 바락크(일명 독토나리) 정도를 탐방할 뿐으로, 주로 방문하는 곳은 고대 백제문화 흔적지와 이카이노 원주민 관련 사적지이다. 이는 이 탐방회가 고대 한반도의 찬란한 문화 도래 역사로 재일코리안에게 자긍심을 가지게 한다는 취지에 부합하고 있다. 재일코리안에 의해 발견되는 백제와의 연결이 선진문화로서의 민족적 뿌리와 자긍심의 문제는 해석에 따라 민족적 자긍심과 연결될 수 있다. 그러나 이러한 기원의 문제가 현실에 개입하는 방법은 현실을 삭제하고, 신화화하는데 복무함으로 현재의 공간을 구성하는 데 의도

---

31 용왕궁은 칸조센 전철 사쿠라노미야역 철로변 밑에 있다. 용왕궁은 당시 오사카시의 허가 없이 지어졌으나 선점거주의 이유로 지금까지 오사카시에서 묵인해 왔다. 이곳은 심방도 있지만, 단신으로 이주해 온 한국 사람들이 폐품수집으로 연명하며 지내던 곳이기도 했다. 그런데 수집된 폐품에서 2007년 화재가 발생했다. 오사카시에서는 불법점거라는 이유로 철거를 명하였고, 2010년 7월 철거되었다. 소설 「재생」에서도 형상화되어 있듯이, 이 공간은 제주도에서 건너온 사람들에게 고향이자, 쉼터이며, 위안의 공간이었다. 이 공간은 언뜻 보면 수많은 민간속신 중의 하나에 불과하나, 이곳에 새겨진 제주인의 삶의 역사는 '재일'의 역사적 공간이자, 심상공간인 셈이다. 신당은 철거되었으나, '재일'의 문화를 보존해야한다는 논리를 제시하면서 코리안커뮤니티연구회 용왕궁프로젝트팀을 주축이 되어 이것을 다른 형식으로 보존하고 전승하고자 하는 움직임이 진행중이다. 전은휘, 「사쿠라노미야 용왕궁의 마지막 굿」, 『플랫폼』 24, 인천문화재단, 2010.12.

하지 않은 폭력을 드러낼 수 있다는 점을 문제점으로 인식할 수 있다. 이른바 징후독법symptomatic reading을 원용해 보면, 고대 한인역사의 복원 재현에서 복원의 내용에 대한 재해석이 아니라, 무엇이 드러나지 않았는가, 즉, 말해지지 않은 것의 발견을 통해 말해진 것의 의도에 다가갈 수 있게 된다.[32] 그렇다면 일본 사회에서 고대 한일의 복원을 말하는 동안 근대 재일코리안의 억압과 차별의 역사는 삭제를 발견할 수 있다.

이상에서 이쿠노 내부에서 일어나는 백제문화 복원, 재현 사업을 주로 다루었다. 이하에서는 이쿠노 외부에서 이카이노의 표상과 재현에 영향을 미칠 수 있는 사건들을 다루기로 한다. 이쿠노의 재일코리안은 1970년대부터 시작된 세계적 인권의식 고양 추세를 외적 배경으로 하고, 정체성 확인과 민족문화전달의 필요성을 내부적으로 느끼고 1983년 이쿠노민족문화제를 발촉한다.[33] 그리고 이를 시작으로 일본 각지에서 재일코리안 축제가 발촉되기 시작한다. 그중의 하나가 1990년 오사카홍은大阪興銀, 간사이홍은關西興銀이 주체한 사천왕사왔소로서, 2000년도 참가자 수는 3,600명이며, 관객 수는 43만 명에 이른다. 이 축제는 오사카가 고대부터 모국(한반도)과 관련성이 있음을 알려 모국과 일본의 우호관계를 표현하는 것에 초점이 두어져 있었다. 그런데, 2000년 말 간사이홍은이 파산하면서, 축제는 중지되고, 2003년 NPO법인 오사카왔소 문화교류협회NPO法人 大阪ワッソ文化交流協會에 의해 한류＆한류韓流＆坂流를 테마로 다시 개최되기 시작한다. 그러나 이전과는 달리 2004년부터

---

32 피에르 마슈레, 배영달 역, 『문학생산이론을 위하여』, 백의, 1994, 106~108면.
33 飯田剛史, 「第12章 在日コリアンの祭りと「民族」 : 民族文化運動の自己組織化」, 『在日コリアンの宗教と祭り : 民族と 宗教の社會學』, 世界思想社, 2002, 321~322면.

2009년 현재까지의 참가자수는 평균 1,000명 이하 정도로 그치며, 관객 수도 대폭 감소하여 55,000명이 최대 관객 수이다.[34] 이전과 비교했을 때와는 비교도 되지 않는 규모로 축소가 되었으나, 이러한 규모를 작은 규모라고는 할 수 없을 것이다.

사천왕사왔소의 프로그램은 한반도의 고대 문화가 일본으로 전해 지는 것을 각 시대(신라, 백제, 고구려 등)에 맞춘 의상을 꾸려, 퍼레이드 형식으로 보여준다. 이를 통하여 재일코리안에게 자부심을 부여하고 결과적으로는 오사카가 고대부터 동아시아 국제교류의 거점지였다는 점을 강조하기 위한 것이다. 그런데 여기서 문제가 되는 것은 이 축제 의 마지막이 한반도의 조선통신사의 행렬을 맞이하고, 성덕태자의 평 화선언으로 이어져 끝난다는 것이다.[35] 회장에는 이명박 대통령과 일 본 총리의 축하메세지가 대독으로 읊어진다.[36] 특히, 국제교류 거점 도시라는 이미지를 도시 브랜드로 내세우며,[37] 부활의 꿈을 키우는 오 사카부에서는 오사카부 지사가 나와서 축하 인사를 나눈다.[38] 평화와 교류의 이미지를 최대한 초점화하고 있는 이 축제에서 근대 이후 재일 코리안의 목소리는 전혀 드러나지 않는다. 이러한 결과는 사천왕사왔 소의 의의를 밝히는 다음의 글로 이해할 수 있을 것이다.

---

34 NPO法人大阪ワッソ文化交流協會, 〈ちらし : 四天王寺ワッソ活動狀況〉, 年度不明. 이 자 료는 2010년 1월 8일 도착으로 NPO法人大阪ワッソ文化交流協會로부터 우편으로 제공받 은 것이다.

35 『NPO法人大阪ワッソ文化交流協會 會報誌』 16, NPO法人大阪ワッソ文化交流協會, 2009, 10면.

36 위의 책, 3면.

37 NPO法人 大阪ワッソ文化交流協會, 〈팸플릿 : 國際交流のお祭り四天王寺ワッソのご紹介〉, 2009, 9면.

38 『NPO法人大阪ワッソ文化交流協會 會報誌』 16, 3면.

일본에서는 오사카를 중심으로 많은 재일한국인이 사회에 융합하며 살아가고 있습니다만, 현재의 재일한국인사회에서는 세대교체가 이루어져, 젊은층이나 아이들 가운데 자신의 선조나 자신의 아이덴티티에 관한 인식이 불명확해지고 있습니다. 그러나 1400년 전의 고대로 시점을 향한다면, 많은 도래인들이 일본인과 협력하여 나라 사이의 담을 넘어 교류하였습니다. 그리고 융합이 계속되어 지금의 우리들의 사회가 이루어졌습니다. 그런 자신감을 젊은이들이 가지길 바라며 사천왕사왔소는 재일한국인과 일본인 쌍방의 손에 의해 1990년에 창설되었습니다.[39] (번역-인용자)

이 글은 이렇게 축제의 취지를 밝히고 있으나, 과연 재일코리안 3세대, 4세대들에게는 어떤 의미로 다가 설까? 재일코리안 3세대, 4세대들이 일본 땅에 사는 것에 대한 정당성 부여는 식민지 시대에 그 조상들이 그러한 행동을 취할 수 밖에 없었던 당시의 상황을 설명함에 근거를 가지게 되는 것이지, 고대 한일 역사 교류사로 정당성을 가질 수 있는 것이 아니다. 이 축제로 일본땅에 사는 정당성을 부여받을 수 있는 것은 재일코리안 3세대, 4세대가 아니라, 고대 한일 역사 교류사 속에서 일본에 우수한 문화를 전한 한반도에 루츠를 두고 있는 자손들일 것이다. 사천왕사왔소를 다시 살피면, 이쿠노 내부에서도 식민지 흔적이 은폐되었듯이 이쿠노의 외부이자 상위단체에서 행해지는 축제 속에서도 공생과 은폐는 교묘히 결합되고 있음을 알 수 있다. 그렇다면,

---

39 NPO法人大阪ワッソ文化交流協會,〈ちらし:「四天王寺ワッソ」について〉, 年度不明. 각주 34와 같이 이 자료는 2010년 1월 8일 도착으로 NPO法人大阪ワッソ文化交流協會로부터 우편으로 제공받은 것이다.

이것이 의미하는 바는 무엇일까. 이쿠노는 오사카부에 소속되어 있어, 행정적으로나 문화적으로 긴밀히 연관되어 있음을 충분히 가늠할 수 있다. 재일코리안의 역사와 존재를 은폐시킨 오사카부의 사천왕사왔소 축제는 진정성의 여부를 떠나서, 평화와 교류, 공생을 궁극적으로 지향한다 할 터인데, 이러한 오사카부의 문화적 흐름, 즉 드러나는 공생, 은폐되는 식민은 이쿠노의 작은 문화 흐름의 방향마저 바꾸어놓을 가능성이 충분히 존재한다 할 수 있을 것이다.[40]

한편 상기 축제의 공생 표방이 진정성이 있는가 없는가 그 여부를 떠나, 사이버 공간에서는 익명성을 무기로 이쿠노를 공생의 가치도 없는 대상으로 재현, 유포하고 있다. 사이버공간에서 부정적 이미지로 유포되고 있는 이쿠노의 이미지들을 살펴보면, 사이버 공간인 2채널에는 '在日朝鮮人の歷史(재일조선인의 역사)'를 주제로 2004년 6월 14일부터 2011년 1월 7일(현재) 1,709개의 답글이 달린 상태이다.[41] 이들 답글은 대부분 재일코리안을 폄하하는 글들인데, 이들 중에서 이쿠노와 관련된 답글을 추출하여 분류하면 다음과 같다.

    1) 이카이노의 역사적 존재성을 부인.[42]

---

40 이런 점에서 '이쿠노코리아타운공생축제 2010(生野コリアタウン共生まつり2010)'를 진정성이라는 관점에서 그 진위를 고찰할 필요성이 있을 것이다.
41 2채널은 2ちゃんねる(2채널 http://www2.2ch.net/)을 줄여서 2ch(2channel)이라 하며, 일본의 익명 게시판 웹사이트이다. 1999년 개설하였으며, 2000년 5월 3일 서철버스하이잭西鐵バスジャック사건 이후로 지명도를 높였다. 관리시스템은 관리자가 관련주제 이외의 것은 차단하는 시스템으로, IP를 추적할 수 있으므로, 소수의 인원이 사이트를 점유할 수는 없다. 이용자수는 1,170만 명(2009년 현재)으로, 세계 웹사이트 액세스 랭킹 294위(야후재팬 17위, 구글 일본 58위)이며, 사용연령대는 10대 20.0%, 20대 15.0%, 30대 30.7%, 40대 21.9%, 50대 이상이 12.5%로 극우적 성향을 가진 젊은 남성이 많이 사용한다.

2) 불결하며, 부도덕한 곳으로 다음과 같은 단어와 내용을 담는다. 쓰레기, 악취, 냄새, 방해, 날조, 납치, 음란, 범죄, 열악한 주택 상황으로 비위생적 생활, 부도덕함.

3) 지역과 지역으로 제주와 오사카를 잇는 기미가요마루선을 타고 오사카로 대거 밀항하여, 일본 전국으로 확산했다. 그래서 재일코리안 중에는 제주출신이 많다.

4) 불법경제시장이 난립하는 곳으로, 암시장, 판자촌으로 불법점거, 주가조작(손정의 건)

5) 폭력이 난무하는 곳으로 성인 폭력단, 범법자, 소년 폭력단, 소년원과 같은 단어가 나타난다.

6) 음란한 곳으로 민족끼리 강간하며 일본인 소녀 앞에서 모친을 강간하였다고 기술한다.

7) 적대 관계를 나타내는 것으로 재일코리안이 패전국이라 일본을 조롱하였다고 언급한다.

사이버 공간에서 일본인들에 의한 재일코리안의 재현양상은 일본인들이 가지는 재일코리안에 대한 뿌리깊은 부정적 의식 또는 무의식의 발로라고 볼 수 있을 것이다. 다문화 공생을 내세우고 있는 현재 일본 사회 내에서도 한편으로는 여전히 재일코리안 집주지역으로서의 이쿠노에 대한 재현은 위의 자료에서 확인할 수 있는 것처럼 부정적

---

42 "日本國猪飼野←이것이 글로벌 네임! / 大阪市生野區따위 로컬한 지명은 필요없다." (번역-인용자)

이미지로 재현된다. 사이버공간에서 유포되는 재일코리안의 부정적 이미지들은 흡수·통합되면서 강력한 실재처럼 자리 잡는다. 이상에서 알 수 있는 것처럼 재일코리안의 흔적과 기억이 내재된 이쿠노는 세계-국가-지역의 질서들이 교차되면서 선택과 배제, 전시와 은폐의 길항에 놓여있다.

4. 이카이노의 기억과 재현

4절에서는 이카이노 출신의 재일코리안 작가들의 발화를 중심으로 이카이노의 기억과 재현을 살펴보고자 한다. 이를 위해 '이카이노'에 거주하(했)거나 이를 배경으로 작품활동을 해온 작가들을 중심으로 고찰할 것이다. 특히 작가적 운명이라는 것이 '일어난' 일에 관심을 갖는 것이 아니라, '일어날 수 있는' 일에 관심을 갖고 있으며, 그래서 결과로서 제시되는 '무엇'보다 개연성의 법칙에 더욱 충실하다. 한편, 골드만에 의하면 작가란 사회의 문제성을 포착하고 저항하는 '예외적 개인'으로서 개인을 넘어 집단적 주체임을 강조한다. 개인적 세계관을 그려내는 것이 아니라 개인적 세계관을 넘어 집단의 세계관을 그려낼 수 있는 통찰력과 예지력이 요구되는 계층으로 작가를 상정한다. 이러한 전제를 두고 작가들에 의해 생성되는 이카이노의 경험적 서사는 개인의 삶을 넘어선다고 볼 수 있다. 말하자면, 목소리가 될 수 없었던 계급적 한계에도 불구하고, 재현의 주체로서 이카이노의 삶을 재구성하고자 했던 작가적 욕망이 도달하고 있는 지점에 다가설 때, 재일코리안들의 문학적 기록은 이미 정치성을 내재화하고 있음을 알 수 있다. 여기서 문학의 정치란 시간들과 공간들, 말과 소음, 가시적인 것과 비가시적인 것 등의 구획 안에 문학으로서 개입하는 것을 의미한다. 다시 말해 문학은 단순한 말과 글쓰기 기교의 생산물의 총체를 지칭하는 탈역사적인 용어가 아니라[43] 당대적 경험과 욕망의 서사를 의식적, 무의식적으로 중층결정하고 있는 텍스트로 볼 수 있다.

1) 공간의 외부 : "보이지 않는 동네"

재일코리안 시인 김시종은[44] 「보이지 않는 동네」에서 이카이노는 어느날 '와르르 달려들어 지워버린' 동네라고 전제하면서도 '없어도 있는 동네'임을 강조한다. 그러니까 이 시에는 지우고 추방하는 쪽과 다시 이것을 지키려고 하는 이분법적 공간구도가 재현된다. '보이지 않는 동네'라는 시적 진술은 그러니까 역설적이다.

> 없어도 있는 동네. / 그대로 고스란히 사라져 버린 동네. / 전차는 애써 먼발치서 달리고 / 화장터만 잽싸게 / 눌러앉은 동네. / 누구나 다 알지만 / 지도엔 없고 / 지도에 없으니까 / 일본이 아니고 / 일본이 아니고 / 일본이

---

43 자크 랑시에르, 유재홍 역, 『문학의 정치』, 인간사랑, 2009, 9~57면 참조.
44 김시종(1929~)은 제주도에서 1949년 일본으로 건너간 재일코리안 1세대. 그는 1953년 시동인지 『진달래チンダレ』를 창간했으며, 본인이 밝히고 있는 것처럼 '일본어와의 갈등' 속에서 시작詩作을 하고 있다. 이 글에서는 김시종 시선집 『경계의 시』에 포함된 시집 『猪飼野 詩集』(1978)의 일부이다.

아니니까 / 사라져도 상관없고 / 아무래도 좋으니 / 마음 편하다네. // (…
중략…) 어때, 와 보지 않을텐가? / 물론 표지판 같은 건 있을 리 없고 / 더
듬어 찾아오는 게 조건. / 이름 따위 / 언제였던가 / 와르르 달려들어 지워
버렸지. / 그래서 '이카이노'는 마음 속. / 쫓겨나 자리잡은 원망도 아니고 /
지워져 고집하는 호칭도 아니라네. / 바꿔 부르건 덧칠하건 / 猪飼野는 /
이카이노 / 예민한 코라야 찾아오기 수월해. //

－김시종, 「보이지 않는 동네」

시적화자는 이카이노에 대해 한마디로 '있어도 없는 동네'라고 진술
한다. '지도에도 없고', 일본이 아니면서 일본에 있고, 사라져도 상관이
없는 방식으로 존재하는 동네이다. 그래서 화자는 '오사카의 어디냐
구? / 그럼, 이쿠노라면 알아듣겠나?' 라며 청자들에게 반문한다. 이처
럼 보이지 않는 동네에 대한 기억은 세대를 이어간다.

　서방은 뒤돌아보았다. 지금 막 빠져 나온 민가 사이의 골목길이 함석지붕 차
양 밑으로 끝이 막힌 좁은 동굴처럼 보이는 것이 신선하게 느껴졌다. 여기서 보
면, 그 깊은 동굴 속에 이천오백 평의 대지가 펼쳐지고, 튼튼하게 세운 기둥에
판자를 붙여 만든 바라크가 이백여 채나 된다는 것, 그리고 그 사이로 골목길이
혈관처럼 이어져 있다는 것은 상상조차 할 수 없다. 서방의 아버지 세대 사람들
이 습지대였던 이곳에 처음 오두막집을 지은 것은 약 칠십 년 전, 거의 지금의
규모가 되고도 오십 년, 그후부터는 그 모습 그대로, 민가가 빽빽이 들어선 오
사카 시 동부 지역의 한 자락에 폭 감싸 안기듯 조용히 존재하고 있다.

－현월, 『그늘의 집』, 13면

현월이 묘사하고 있는 오사카시 동부 지역 역시 김시종의 이카이노와 다르지 않다. 오사카 시 동부지역의 한 자락에 폭 싸여 있는 이 동네는 외부에서 보면 '골목길이 혈관처럼 이어져 있다는 것을 상상조차 할 수 없'는 곳이다. 그런데 이 작품에서는 김시종이 '와르르 무너졌지만' 그래도 화자가 주눅들지 않고 큰소리쳤던 호기는 없다. 특히 아버지로부터 물려받은 '민족'과 생활하면서 스스로 체득한 '재일' 사이에서 위태로운 줄타기를 해야 했던 재일 2세, 3세들은 '민족'을 표상하는 이카이노를 바라보는 시선도 1세와는 다르다.[45] 이 동네를 열면서 팠던 우물이 백 년도 끄덕없을 거라는 아버지의 예언은 빗나가고 지금은 우물도 말라 폐쇄되어 있고, 동네가 시끌벅적 하지도 않고, 무당의 효력도 없다. 주인공 서방은 아들세대와 단절되어 있으며, 있는 듯 없는 듯 살아가고 있다. 이 소설에서는 동일 공간 안에서도 개인적 삶의 기반에 따라 상이한 생활공간을 형성하고 있음을 보여준다. 서방과 같은 세대인 나카무라는 동포를 이용해 돈을 모았고, 현재 중국 노동자들을 이용해 부를 축적하고 있다. 서방의 아들은 아버지와 대립하며 집을 떠나 사회운동을 하다가 목숨을 잃었고, 아들의 친구인 다케시는 구세대의 짐을 청산해달라고 요청한다. 과거 조선, 민족 이러한 기표 아래 모두가 하나의 시선을 정지시킨 채 나아가던 공동체의 표상과는 사뭇 다른 지점이다. 이는 재일 1세와 2세가 경험하는 삶 방식의 차이에서도 기인하는 부분에서 비롯될 수도 있다.

---

45 문학사에서 세대의 차이는 문재원, 「재일코리안 디아스포라 문학사의 경계와 해체」, 『동북아문화연구』 26, 동북아시아문화학회, 2011, 5~21면 참조.

『그늘의 집』에서 서방의 아버지, 서방의 세대에서 통했던 공동체의 불문율은 이제 더 이상 효력을 상실했고, 아들 세대는 아버지 세대의 몫과 자신들의 몫을 분리시키며, 중국 노동자를 이용하는 설정을 통해 '재일'에도 다시 자본으로 위계가 형성되고 있음을 보여준다. 또한 일본인 자원봉사자 세이코와 치안경찰 준이치를 동시에 등장시킨다. 이러한 다양한 사건의 제시는 재일코리안 공동체의 종적·횡적 변화 양상을 드러내기 위한 장치로 볼 수 있다. 그러나 여전히 이 모든 것 위에 존재하는 것은 일본의 치안임을 작품의 결말은 시사한다.

> "영감, 영감이 여기, 일본에 사는 건 역사적으로도 이해할 수 있어. 하지만 내가 보는 앞에서 백 명이나 되는 불법 체류자들이 자기들끼리 커뮤니티를 만드는 건 절대 용납할 수 없다구. 이 지역은 신주쿠도 미나미도 아닌, 그저 재일 조선인들이 조금 많이 사는 정도의 보통 동네란 말이야. 이제 외국인들은 필요가 없어. <u>이건 이 지역에 사는 사람 모두가 다 바라는 일이야.</u> 알겠어? 오늘이라도 여길 부숴버리겠어."
>
> ―현월, 『그늘의 집』, 88면(밑줄―인용자)

'당장 이곳을 부수겠다'는 경찰의 말에 서방은 혼신을 다해 막아보지만 역부족임을 암시한다. 여기서 지키려고 하는 편과 부수려고 하는 편의 대결이 발생하는데, 서사의 결말이 어느 쪽을 향하고 있는지는 충분히 짐작할 수 있다. '그저 재일 조선인들이 조금 많이 사는 동네'에 불과하다는 작중인물인 일본 경찰의 발언에서 재일코리안 시인 김시종이 노래했던 이카이노의 역사성, 장소성은 찾아보기 어렵다. 또한 경찰이 말하고 있는 "이 지역에 사는 사람" 안에는 '재일 조선인'이 포함되어 있지 않음을 알 수 있다. 재일 조선인은 여전히 치안의 대상일 뿐, 정치의 대상은 아닌 존재로 인식되고 있음을 알 수 있다.

오사카 아파치족의 생활을 그려내고 있는 양석일의 『밤을 걸고』에서도 안과 밖의 이원화된 공간을 보여준다. "넘어지면 코닿을 데 있는" 공원에 왜 한 번 오지 않았느냐고 묻는 지인에게 "이쿠노에 살고 있는 조선인은 밖으로 나올 일이 없다"(『밤을 걸고』 2, 226면)고 말하는 주인공 재일코리안의 발화는 바로 이러한 인식적 지점을 보여준다. 그러나 이러한 인식의 이분법적 경계의 틈을 벌리면서 이카이노의 현재를 역설하고 있는 것은 일상의 풍경이다.

닭장에서 해방되어 유유히 산책을 즐기는 닭들을 발견하고서는 휘몰아치는 개구쟁이들의 함성, 짐차의 큰 박스 속에 내던져진 채 실려있는 햅번샌들 반제품을 부업하는 곳으로 운반해 가려는 오토바이의 배기음, 수작업한 목재 쓰레기통과 간이 건조대, 부서진 가구나 헝겊, 뗏목에 실려 히라노 운하를 내려온 목재를 제재하고 있는 기계음과 나무냄새, 손자를 달래는 할망의 제주도 자장가, 수동식 플라스틱 사출 성형기의 완만한 음, 원시적인 재단기의 위험스런 음 등이 난무하여 봄볕이 깃든 운하 옆길은 '혼돈' 그 자체였다. 이러한 '혼돈'으로 가득 찬 히라노 운하 길을 거슬러 왼손편의 슌토구교, 만자이교, 오쿠다교, 고세이교를 지나 미유키교까지 와 이 다리만 건너면 조선시장이다. (…중략…) 명태, 김치, 마늘 콩나물, 고추를 멍석에 늘어놓은 '건어물상', 삶은 돼지고기, 내장, 족발 등의 육류 특유의 냄새를 풍기는 '돼지고기 집' 화려한 색채의 한복용 감을 가게 앞에 늘어놓은 '민족의상 집', 제사에 사용할

놋그릇의 제수용품이나 병풍, 장구, 조선인형이 잡다하게 놓여있는 '한국물
산점', 제주도 직송이란 선전문구의 신선한 생선이 손님을 기다리는 '생선가
게', 이 모든 가게를 알고 있는 영춘이지만 오늘만큼은 인사도 하는 둥 마는
둥 지나, '한약방'과 '다방' 사이에 위치한 골목길로 조용히 들어선다.

─원수일, 「재생」, 『이카이노 이야기』, 174~175면

위의 인용은 압축된 이카이노의 지도를 보는 듯하다. 이러한 풍경은
이카이노의 일상을 사실적이면서도 객관적 시선으로 재현해 내고 있
다. 이러한 일상의 공간으로 들어오면 '이카이노'의 일상은 시끌벅적
하다. '지방 사투리가 활개치고', '호르몬도 먹고', '시끌벅적 툭 터놓고',
'일본어 아닌 일본어로 소리치는' 통에 오히려 '니혼이 줄행랑을 치'게
만드는 호기가 있는 동네의 모습에 대해 한마디로 '길들여지지 않는 야
인野人의 들녘'으로 표현한다. 이러한 양상은 추방에 대한 역설적 의지
로 볼 수 있다. 이러한 동네는 본다 / 보인다로 그 형상을 온전히 알 수
없는, 그래서 작가는 만지고, 느끼고, 냄새맡아 온 몸으로 이 동네를 체
험하라고 주문한다.

2) 폭력과 오염의 공간, 혹은 역습逆襲의 가능성

한편으로 이러한 공간의 내부로 들어가 보면 '이카이노'는 가난, 악
취, 폐허, 괴물의 이미지가 덮고 있다. 이러한 공간은 철저히 일본인들
의 삶과는 분리가 되어 있다.

오물 홍건한 / 닭장 주택

(…중략…)

히로뽕, 상해와 전과가 쌓이고

―김시종, 「노래 하나」

그리고는 그 칼로 미화의 희고 고운 엉덩이 살을 얇게 도려냈다. 비명을
지르는 미화의 눈앞에서 김준평은 그 얇게 저민 살을 입에 넣고 먹어버렸다.

―양석일, 『피와 뼈』 2, 99면

느닷없이 김준평은 신문지를 기요코의 얼굴에 덮어 씌우더니 그 위에 털
썩 주저앉았다. 우지끈! 무언가가 찌부러지는 소리가 나고, 윽! 하는 비명
이 들렸다.

―『피와 뼈』 3, 197면

뼈다귀의 음경이 소문으로 듣던 새끼손가락 둘째 마디보다는 컸고, 불알
째 잘라내니 꽤 볼만했다고 말했다. (…중략…) 쌍둥이 동생이 뼈다귀의 여
동생을 비닐 테이프로 칭칭 감아서 엉덩이가 천장을 향한 상태로 고정시키
기 시작했을 때에는 앞으로 일어날 일을 상상하다가 시선을 돌린 사람이
많았고……

―현월, 『나쁜 소문』, 159~160면

재일코리안에 대한 이러한 표상은 일차적으로는 사실성fact에 근거
한다고 볼 수 있다. 당시 재일 코리안들은 "불쾌하고 불결한 곳에서 격

한 노동'을 하고 '전혀 햇볕이 들어오지 않는 작은 집에 남녀 십 수 명이 우글거리며 살고 있고, 한 번 비가 오면 하수가 마루 밑까지 흘러들어 나막신과 대야가 둥둥 떠"다녔다. 1932년 당시 오사카 거주 조선인 주거 형태는, 자기 집이 3.24%, 셋집이 57.32%, 셋방 30.34%. 한 세대당 1실 50.2%, 2실 31.2%, 3실 10.5%였다. 이러한 자료들을 근거할 때, 돼지우리를 연상시키는 집에서, 형편없는 음식에, 누더기를 걸치고, 비참한 밑바닥 수준의 삶을 살았던 당시 재일 조선인의 실상을 대강 짐작할 수 있다.[46] 이러한 생활방식은 세대를 지나면서도 상대적으로 여전히 교육정도나 직업, 생활수준에서 일본과 상당한 격차가 존재했고, 사회적 상승을 달성한 사람이 소수에 그쳤다.[47] 이러한 재일코리안에 대한 기억 바탕이 오물, 가난, 악취, 폐허, 괴물 등의 이미지로 이카이노를 재현한다.[48] 이러한 오염, 오물의 기록은 재일코리안 고난을 한 마디로 드러낼 수 있는 상징이 될 수 있다.

그러나 한편으로는 국가폭력이 재생산되는 이면적 기록을 삭제한 채 표상적으로 제시되는 공간재현은, 단순하게 결국 '더러운 조센징'의 이미지를 고착시키고 유포하는 데 기여하게 되어 제국의 식민지 표상과 이어 내면화된 내부 식민지화된 자기 표상과도 이어질 수 있다는 비판적 지적도 가능하다. 재일코리안 작가 양석일의 공간재현에서 논란 많은 부분이 이곳이다. 양석일의 『피와 뼈』는 이카이노를 주무대로

---

46 박경식, 박경옥 역, 『조선인 강제연행의 기록』, 고즈윈, 2008, 40~41면

47 도노무라 마사루, 신유원 · 김인덕 역, 『재일조선인 사회의 역사학적 연구』, 논형, 496~500면 참조.

48 사진은 더욱 직접적인 형상을 전달한다. 이카이노 일상을 사진으로 기록하고 있는 재일 1세 曺智鉉의 작품들을 참조할 것. 曺智鉉寫眞集, 『猪飼野 : 追憶の1960年代』, 新幹社, 2003.

설정하고, 주인공 김준평 일가一家를 중심으로 재일코리안의 생활상을 그려내고 있다. 이 작품이 일본사회 내에서도 대중성을 확보하고 뿐만 아니라, 영화로도 개봉되면서 이 작품을 통한 재일코리안의 재현이미 지는 다른 작품들보다 훨씬 더 파장력이 크다. 이 영화에서 보여준 김 준평의 엽기스러운 공포성은 그가 살고 있는 조선인 부락을 장악하고 있다. 이처럼 어둠과 폭력과 관능이 지배하는 이카이노는 자기폭로를 넘어 일본의 주류사회에서 암묵적으로 유통되고 있는 코리안에 대한 타자 이미지를 충실하게, 더 과장해서 재현하고 있는 측면도 존재한다 는 것이다.[49] 앞에서 살펴본 사이버공간에서 재현되는 이쿠노에 대한 이미지와 소문의 유포는 이러한 맥락과 연결된다.

그러나 한편 더럽고 폭력적인 괴물의 역습은 상상할 수 없을까. 비록 역사적, 현실적 조건들이 침묵을 강요하거나 '밖으로 나올 일이 없는'(양 석일, 『밤을 걸고』) 존재들이 포진해 있는 공간이나, 이들은 어디까지나 주 류사회의 내부를 불편하게 하는 외부적 존재로서 의의를 갖는다. 이 외 부적 존재들은 목소리를 내고, 보이는 순간 일국 내 주류사회의 금기들 과 맞닥뜨린다. 이러한 위반은 금기의 거울로서, 금기의 현재를 되비추 고 있다. 즉, 중심부의 모순을 되비추임으로 중심의 내적논리가 적나라 하게 드러나게 된다는 것이다. 오물과 같은 비체들이 중심을 해체하거 나 전복시킬 수 없다 하더라도 중심을 불편하게 하거나 균열을 일으킬 수 있는 잠재적 역능성을 기대할 수 있는 지점을 상정할 수 있다.

---

49 여기에 대해서는 윤상인, 『문학과 근대와 일본』, 문학과지성사, 2009, 327면 참조.

3) 지역과 지역의 이동 : 제주도와 이카이노

「운하」, 「희락원」, 「물맞이」, 「귀향」, 「이군의 우울」, 「뱀과 개구리」, 「재생」 7편의 단편을 묶어 놓은 원수일의 소설집 『이카이노 이야기』는[50] 특히 제주도와 연관성을 많이 발견할 수 있다. 이러한 부분은 역사적 사료뿐만 아니라, 제주도에서 건너온 김준평과 고신일 등 주변 사람(『피와 뼈』), 아버지의 고향 제주도에 대한 동경을 가지고 있는 세자매(「세자매」), 제주도에서 건너온 여성의 고난을 그려내는 이야기(「이카이노의 느긋한 안경」), 이카이노에 있는 다양한 제주도 사람들 이야기(『이카이노이야기』), 제주도에서 4 · 3사건 이후 건너온 할머니이야기(『이쿠노 아리랑』), 제주도에서 건너와 세대가 바뀌도록 이카이노를 지키는 '서방'의 이야기(『그늘의 집』), 할아버지의 고향인 제주도를 '무덤덤하게' 방문한 제일 3세의 이야기(『GO』)에까지 제주도를 연결하고 있는 재일코리안 작가들의 작품은 다수이다. 이러한 재현 양상은, 오사카 지역에 거주하고 있는 재일코리안 중에서 제주도를 본적으로 하는 사람이 53,588명으로 가장 많다는[51] 것과 무관하지 않다. 도일 제주도민들은 민족차별,

---

50　작가는 이 작품에 대해, 소설은 허구이지만, 이카이노 이야기에 투영된 인물이나 거리에는 리얼리티가 있다고 하면서 자신의 유년기, 소년기에 각인된 이카이노 풍경 그 자체를 담고 있음을 밝히고 있다. 원수일, 「서문」, 『이카이노 이야기』, 새미, 2006.

51　제주인의 이동에 대해서는 이미 문화인류학, 사회학 등의 분과학문에서 선행연구들이 진행되었다. 대표적으로 이문웅, 「재일 제주인의 의례생활과 사회조직」, 『제주도연구』 5, 제주도연구회, 1988; 유철인, 「在日 제주인과 제주도」, 『동아시아연구논총』 9, 제주대 동아시아연구소, 1995; 이준식, 앞의 글; 안미정, 「오사카 재일 제주인 여성의 이주와 귀향」, 『탐라문화』 32, 역사문화학회, 2008; 김창민, 「재일교포 사회와 제주 마을 간의 관계 변화 : 1930~2000」, 『비교문화연구』 9(2), 서울대 비교문화연구소, 2003; 조성윤, 「제주도에 들어온 일본종교와 재일교포의 역할」, 『탐라문화』 27, 제주대 탐라문화연구소, 2005. 제주인의 삶과 재일 제주인의 이동에 관해 초기에는 주로 일본으로의 이주와 정착에 초

계급차별, 지역차별이라는 3중의 차별에 맞서 싸우면서 일본에서 '작은 제주'를[52] 만들면서 현지화하고자 했다. 다른 지역에서 이동해 간 사람들이 그들의 문화적 양식을 오히려 제주도의 것으로 변형해야 생업에 별 지장이 없다고[53] 할 정도로 이들의 언어, 먹거리, 제사, 계, 신방(무속) 등 일상생활공간에서 제주도와의 관련성이 짙게 나타난다.

> 왼발을 일출봉에 오른발을 우도에 '으랏차' 하고 걸친 채 쪼그려 앉은 설문대 할망이 오줌을 한껏 내갈긴 탓으로 지금도 바닷물이 급류한다고 전해지는 제주도. 그곳에서 건너 온 제주도 사람들은 이카이노에 조선시장을 열었다.
>
> —「운하」, 『이카이노 이야기』, 11면[54]

「운하」의 첫 장면을 제주도의 신화가 지배하고 있다는 점에서부터 이미 제주도와의 많은 상관성을 암시한다. 특히 물리적 공간이동은 했지만, 세대를 이어가는 제주도의 언어, 풍습 등의 서사화가 많이 전개된다.

① 제주도 말이 한라산 현무암같이 응고된 선희는 혀를 아무리 놀려대도

점이 맞추어진 반면, 최근에는 제주도와의 관계성, 즉 지역과 지역의 이동과 네트워크에 초점이 맞추어진 연구들이 진행되고 있다.

52 이준식, 앞의 글, 30면. 그러나 장안순은 이카이노의 제주사람들은 정치적인 이데올로기에 대한 피해의식과 중앙정부의 차별 때문에 민족에서 자신의 정체성을 찾으려는 의지가 타 지방 사람들에 비해 희박하다고 지적한다. 장안순, 「이카이노이야기猪飼野物語의 제주여성」, 『일어일문학연구』 67(2), 한국일어일문학회, 2008, 314면.

53 〈이쿠노쿠 아리랑〉, 제주 mbc, 2010.1.23 방영.

54 이하 「운하」, 「물맞이」, 「재생」, 「희락원」은 원수일, 김정혜 · 박정이 역, 『이카이노 이야기』, 새미, 2006에서 인용.

'히데카스'라고 밖에 발음하지 못한다. 그래서 애칭인 '히테카쨩'은 '히테카스쨩'의 준말이 되었다. 선희의 젖을 먹고 자란 히데카쨩이 부모를 부를 때 '오토오상', '오카아상'이라 하지 않고 오토상, 오카상이라 발음하게 된 것은 어쩜 당연한 일이었다.

—「운하」, 11~12면

　　② 더욱 흥미있는 현상으로 이쿠노生野를 중심으로 제주출신이 많이 사는 지역에서는 멩지루라는 사투리가 일반화되고 있었지만 다른 지역에서는 멩지루라는 사투리는 고사하고 명절이라는 단어마저 사어死語가 되어 일본어로 호오지法事라는 단어로 통용되고 있었다.

—김길호, 『이쿠노 아리랑』, 319면

　　①은 운하의 한 장면이고, ②는 김길호의 『이쿠노 아리랑』의 한 장면이다. 제주도에서 건너온 선희의 발음이 완전 일본화되지 못하고 제주도의 흔적이 남아있어, 그의 아들 역시 일본에서 태어났다고 하나 그의 모어母語는 국적이 불분명한 채 정체가 되고 만다.[55] 『이쿠노 아리랑』에서는 '멩지루 할머니'라는 별명이 붙은 '제주도' 할머니가 등장한다. '명절'의 제주도 방언은 '멩질', 오사카에서는 '멩지루' 그래서 제주도에서 건너온 할머니는 멩질과 멩지루를 섞어 사용한다. 더욱이 눈여겨볼 것은 다른 지역에서는 이미 '멩질'은 사어死語가 되어 있다는 점

---

[55] 박정이는 특히 '이카이노 화법'이라고 명명하면서 오사카의 언어문화인 '만자이'와 제주도의 언어문화가 공존하는 공간을 주목하고 있다. 박정이, 「재일문학공간 이카이노의 상징성 : 원수일 『이카이노 이야기』를 중심으로」, 『일본어문학』 43, 일본어문학회, 2008, 446면.

이다. 이는 이쿠노에서 저곳(제주도)의 언어문화를 기억하고 전승할 수 있는 사회문화적 여건을 내포하고 있다는 것을 암시하는데, 이를 통해 이쿠노와 제주도와의 밀접한 지역적 상관성을 읽어낼 수 있다.

이러한 혼용에 대한 태도를 주목해 볼 수 있다. 일반적으로 특히 재일 코리안에 내장된 식민 / 피식민의 관계에서 혼용의 문제는 자칫 민족의 문제로 승화되기 쉽고, 이럴 경우 '혼용'에 대한 태도 역시 부정적으로 나타나는 것이 일반적이다. 그러나 원수일의 『이카이노 이야기』에는 이와는 사뭇 다른 태도가 나타난다.

> 이카이노를 남북으로 흐르는 운하를 따라 일찍이 '독토나리'라 불렸던 판자집들이 죽 늘어서 있었다. 물론 '독토나리'는 제주도 사람들이 만든 조어이다. '독토나리'는 '독'과 '토나리'로 분절할 수 있다. '독'은 제주말로 표준어로는 '닭'이고 발음은 '닥'이다. '토나리'는 일본어로 '이웃'이란 말이다. 즉, '독토나리'는 '닭'장 같은 집들이 '이웃'해서 길게 이어진 집들을 말한다. 말하자면, 달랑 몸뚱이 하나만 가지고 이카이노에 흘러들어 온 제주도 사람들의 유머스러한 언어감각의 소산이라고 할 수도 있겠다.
>
> —「재생」, 169면

이주지와 거주지의 혼용을 언어의 섞임을 통해 제시하되, 이러한 혼용을 '유머스러하게', '활기차게' 재현하고 있음을 볼 수 있다. "유머스러한 언어감각"이라는 서술자의 표현은 무엇을 의미하는가. 여기서 김시종의 '호기'와 맞닥뜨릴 수 있다. 원수일은 언어표상에서 제주도의 흔적은 민족적 차별로 전환시키지 않고 이러한 혼용은 이들이 생활을 끌고 나가는 바탕적 자질이 되도록 배치하고 있다. 원수일이 여성을 주인공으로 내세워 강한 생활력을 그려내는 것은 이러한 바탕 위에서 가능해진다.[56] 즉, 이들은 이러한 '유머스러한 감각'을 통해 이곳과 저곳의 구별을 해체하고 새로운 생활습속을 만들어 나가는 생활적 주체인 셈이다. 한편, 이들의 일상에서 제주도와 연결되어 있는 대표적인 것이 민간속신이다. 새로운 정주지에서 위험과 불안이 닥칠 때, 이들의 내면을 잇고 있는 것은 여전히 저곳의 '신앙'이 된다.

> 액막이 부적으로 화약을 몸에 지니는 것은 액을 쫓는 신앙의 하나로, 어머니가 제주도에서 일본으로 가지고 온 신앙이었다.
> ─「이카이노의 느긋한 안경猪飼野のんき眼鏡」, 211면(이하 번역─인용자)

> 일본식으로 장의를 마친 밤에, 이 마을 여자들은 무녀가 무덤까지 가는 의식을 치루지만, 그 집 남자들을 쫓아내고 행해지는 의식은 무녀가 영매가 되어 사자의 금생에 대한 미련을 남겨진 자들에게 전하는 것이기도 했다.
> ─「이카이노의 느긋한 안경」, 223~224면(밑줄─인용자)

> 제주도 바다에 사는 용왕이 온다고 믿고 있는 '용궁'에서 6·25가 발발한 이듬해 바다에서익사한 시아방과 시어망의 혼을 위로하기 위해 굿을 올린 것은 1955년의 일이었다.
> ─「재생」, 234면

---

56 여기에 대해서는 장안순, 앞의 글 참조.

「이카이노의 느긋한 안경」, 「재생」에서는 '심방', '용궁' 등의 제주 민속 등을 구체적으로 제시되면서 오사카에 사는 제주도민의 생활상을 일부 엿볼 수 있는 부분이다. 제주도의 민속이 제재화되었다는 것보다, 여기에서는 이러한 플롯이 이후의 서사적 사건에 자기위안이나 새로운 의지를 마련하는 계기로 작용된다는 점을 주목하고자 한다. 「재생」, 「이카이노의 느긋한 안경」의 경우도 타향에서의 고난과 역경을 고향 제주도의 심상을 통하여 '재생'의 의지를 확인한다는 플롯을 제시하고 있다. 이 경우 제주도가 단순한 떠나온 그곳, 과거의 시공간으로 존재하는 것이 아니라, 이카이노 사람들의 지금 일상을 구성하는 주요한 요소로 작동되고 있음을 말해 준다.[57] 여기에서 작동되는 노스탤지어는 단지 특정한 시공간에 대한 그리움만이 아니라 그 시공간 속에서 충만했던 자아에 대한 그리움이라고 할 수 있다. 이러한 노스탤지어로 나타나는 과거에 대한 동경은 대안적 미래를 건설하려는 적극적인 시도를 낳기도 하고 현재를 비난하고 변화시키려는 동력이 되기도 한다. 『이카이노 이야기』(원수일), 「이카이노의 느긋한 안경」(종추월)에서는 고향 제주도의 시공간이 현재의 고통을 넘어설 수 있는 기제로 작용되고 있음을 알 수 있다. 그렇다고 이 작품들에서 '저곳'의 질서가 이곳을 전적으로 장악하고 있다는 것은 아니다.

반면, 『이쿠노 아리랑』의 경우 제주 4 · 3사건으로 시아버지와 남편이 죽고 어린 아들을 시어머니에게 맡기고 일본으로 건너온 터라 고향 제주도가 위안이나 희망의 공간으로 제시되지 못하고, 오히려 恨과 원

---

57 리타 펠스키, 김영찬 심진경 역, 『근대성과 페미니즘』, 거름, 1999, 103면.

망의 공간으로 설정된다. 원수일의 「물맞이」역시 이와 유사한 플롯이다. 또한 『피와 뼈』의 김준평 역시 '제주도 사람들이 많이 모이는 곳을 피하거나', 시장에서 고향 사람을 만났을 때 '고개를 돌리는' 것은 고향 제주도가 현재의 시공간에 긍정적으로 기여하고 있지 못함을 보여준다. 뿐만 아니다. 제주도에 대한 재현은 세대를 이어오면서 달라진다. 다만, 『이카이노 이야기』나 「이카이노의 느긋한 안경」처럼 이곳의 현실적 고통에 대한 위로의 한 방편으로 작용하고 있는 고향의 향수 역시 여러 고향 중 하나의 방식이다. 이는 다시 이곳의 질서들과 결합되면서 변용과 생성의 회로를 통과한다. 즉, 구체적 일상이 다시 시작되는 자리에서 지금 여기의 사람들과 장소를 매개로 구체화됨을 보여준다.

비록 거주지에서 이주민과 원주민들이 갈등하고 타협하면서 혼종의 생활문화를 만들면서 어떻게 공간을 재편해 나가는가에 초점이 두어진다하더라도 이주민의 근원적인 정체성을 형성하고 있는 저곳과의 관계성을 도외시 할 수 없다. 그러므로 재일코리안의 표상은 거주국인 일본 내의 문제만이 아니다. 디아스포라의 위치점 자체가 이곳과 저곳의 관계성에서 출발되기 때문이다. 그래서 지역과 지역의 이동을 통해 새로운 제3의 공간의 탄생을 그려볼 수 있다. 이 자리에서 혼종의 주체가 탄생된다. 이러한 혼종적 주체들의 이야기로 재구성되는 재일코리안 디아스포라 공간은 동일성의 담론에 환원되는 체제에서 드러나지 않았던(혹은 드러날 수 없었던) 것들이 발현되며, 그것들로 디아스포라 공간의 로컬리티에 개입할 수 있다.

5. 전시되는 에스닉을 넘어

　오늘날 이카이노의 재현은 일본 사회 내의 관광담론 안에서 활발하다. 이쿠노에 있는 한국 음식점들이 텔레비전에 소개되면서 조선시장에는 일본 방송국의 카메라가 빈번하게 출입하기 시작했다. 코리아타운을 소개한 잡지를 한 손에 들고 츠루하시 부근의 불고기집 거리나 코리아타운 조선시장의 김칫집, 민족의상 가게를 찾아오는 사람들이 늘어나고 있다. 특히 2003년 〈겨울연가〉가 NHK에서 방송된 것을 계기로 한류 붐이 일본에서 일기 시작했다. 일본 안의 '작은 한국', 이쿠노의 코리아타운에도 관광객이 몰려들고, 한류 전문 상점이 생기기 시작했다. 코리아타운을 방문한 관광객들은 조선시장의 상점가를 거닐면서 한국 요리를 먹거나 배용준 '욘사마'의 포스터나 관련 상품을 사면서 한국을 방문한 듯한 만족감을 느낀다. 이런 한류 붐으로 코리아타운도 새롭게 단장을 하였고, 이곳을 찾은 관광객들은 마치 테마파크처럼 느낀다. 이처럼 과거 접근하기 어려웠던 무서운 거리 '코리아타운'이 일본 사회 내에서 일본을 상징하는 국제명소가 되고 있는[58] 것은 일본의 대중매체나 관광경로 안에서 이곳이 재발견되고 있음을 알 수 있다. 그러나 이러한 재발견에서 나타나는 경계의 이중성은 예의 주시해야 한다.
　이카이노란 굳이 오사카 이쿠노쿠에 있는 이카이노가 아니라도 좋으며 일본에 있는 조선인 취락으로 '우리말이 오가는 일상 공간이 있고 이웃 간의 정이 살아있는 장소라면 이카이노라고 생각'할[59] 정도의 상

58　김남일 외, 앞의 책, 250~252면.
59　金蒼生, 座談會,「在日文學はこれでいいのか」,『民濤』, 1987.11, 78면.

징성을 지니고 있는 장소이다. 이렇게 재일코리안의 표상으로 자리잡은 이카이노는 오랜 시간 초국가적 네트워크와 이주민들의 활동과 그들 간의, 그리고 그들과 토착민들 사이의 상호작용을 통해 장소화된[60] 결과로 형성된 디아스포라 공간이다. 현재 지도상에 없어진 이 공간을 누가, 어떻게 말할 수 있는가. 혹은 누가 어떻게 말하는 것이 이 공간의 진정성을 담보할 수 있는가의 문제들을 고민해볼 때, 재일코리안 디아스포라 주체들에 의한 기억과 재현이야말로 '생활터전'으로서의 삶 공간이 무화되는 것을 막아내고, '그 자리'의 현재성을 역설할 수 있다. 그러므로 정주민으로서의 '공간적 뿌리내림'과 '보이지 않는 동네'의 역설의 효력이 발생하는 곳, '이카이노'에 대한 재일코리안들의 기억과 재현은 곧 '이카이노'를 둘러싼 장소정치이자, 제3의 영역을 확보하고자 하는 재일코리안의 정체성의 정치이다.

　세계질서의 변화와 다문화 공생 안에서[61] 관광으로 호출되거나 여전히 배제의 공간에 배치하고자 하는 근대 주체의 욕망 안에서, 이카이노 작가들의 문학적 기록은 국가의 집단적 기록에 대항하는 대항기억,[62] 즉, 하위의 서사들subnarratives인 셈이다. 다시 말해, "재일 조선인

60 　박배균, 「초국가적 이주와 정착을 바라보는 공간적 관점에 대한 연구 : 장소, 영역, 네트워크, 스케일의 4가지 공간적 차원을 중심으로」, 『한국지역지리학회지』 15(5), 한국지역지리학회, 2009, 625면.

61 　여기에서 일본의 다문화공생 정책이 놓여 있는 세계사적, 국가적, 지역적 질서들을 검토하는 것이 요구된다. 최병두는 현재 일본의 '다문화공생' 정책은 단지 문화적 인종적 측면에서 대등한 관계와 상호 인정을 강조하는 정도이고 실제 경제적 지원이나 정치적 권리 보장을 위한 제도적 기반을 제공하기 위한 것은 아니라는 점을 밝히고 있는데, 이에 대해서는 최병두, 「일본 "다문화공생" 정책과 지역사회의 지원활동 : (2) 지역사회 다문화공생 거버넌스 : 오사카 히로시마의 사례를 중심으로」, 『지리학연구』 44(2), 국토지리학회, 2010, 147면 참조.

62 　오미일・배윤기, 「한국 개항장도시의 기념사업과 기억의 정치 : 인천의 집단기억과 장

들이 조금 많이 사는 정도"의 "보통 동네"를 만들려고 하는 일본의 치안에 맞서, "이카이노가 이카이노 아닌 것"에 대항하며, 이카이노의 역사와 사람들을 기억하고 재현하고자 하는 재일코리안 작가들의 작업은 '특별한' 재일코리안 디아스포라 공간을 구성해 내고자 하는 의지의 발현으로 볼 수 있다.

소성을 중심으로」, 『사회와 역사』 83, 한국사회사학회, 2009, 48면.

참고문헌

김길호, 『이쿠노 아리랑』, 제주문화, 2006.

김시종, 박숙자 역, 『경계(境界)의 시』, 소화, 2008.

양석일, 김석희 역, 『피와 뼈』 1 · 2 · 3, 자유포럼, 1998.

_____, 김성기 역, 『밤을 걸고』 1 · 2, 태동출판사, 2001.

원수일, 김정혜, 박정이 역, 『이카이노 이야기』, 새미, 2006.

현　월, 신은주 · 홍순애 역, 『그늘의 집』, 문학동네, 2000.

_____, 신은주 역, 『나쁜 소문』, 문학동네, 2002.

宗秋月, 「猪飼野のんき眼鏡」, 『民濤』 1호, 1987.11.

〈이쿠노쿠 아리랑〉, 제주 mbc, 2010.1.23 방영.

『每日新聞』, 1973.2.1.

『民団新聞』, 2007.4.11 · 2007.7.25 · 2009.11.6 · 2010.4.14 · 2010.5.19 · 2010.10.27.

김겨레, 「다문화공생 일본과 은폐되는 식민 : 재일조선인 청년단체 KEY의 활동을 사
　　　례로」, 서울대 석사논문, 2009.

김남일 외, 『분단의 경계를 허무는 두 자이니치의 망향가』, 현실문화연구, 2007.

김부자, 「HARUKO : 재일여성 · 디아스포라 · 젠더」, 『황해문화』 57, 새얼문화재단, 2007.

김창민, 「재일교포 사회와 제주 마을 간의 관계변화 : 1930~2000」, 『비교문화연구』
　　　9(2), 서울대 비교문화연구소, 2003.

도노무라 마사루, 신유원 · 김인덕 역, 『재일조선인 사회의 역사학적 연구』, 논형, 2010.

리타 펠스키, 김영찬 · 심진경 역, 『근대성과 페미니즘』, 거름, 1999.

문경수, 「재일 한국인 문제의 기원」, 『동아시아연구총서』 9, 제주대 동아시아연구소, 1998.

문재원, 「재일코리안 디아스포라 문학사의 경계와 해체」, 『동북아문화연구』 26, 동
　　　북아시아문화학회, 2011.

박경식, 박경옥 역, 『조선인 강제연행의 기록』, 고즈윈, 2008.

박수경, 「재일 코리안 축제와 마당극의 의의 : 生野民族文化祭를 중심으로」, 『일본문
　　　화학보』 45, 한국일본문화학회, 2010.

박정이, 「재일문학공간 이카이노의 상징성 : 원수일 『이카이노 이야기』를 중심으로」,
　　　『일본어문학』 43, 일본어문학회, 2008.

안미정, 「국경에 놓인 재일한인 여성의 가족과 친족」, 『지방사와 지방문화』 13(1), 역사문화학회, 2010.

유철인, 「在日 제주인과 제주도」, 『동아시아연구논총』 9, 제주대 동아시아연구소, 1995.

윤상인, 『문학과 근대와 일본』, 문학과지성사, 2009.

윤인진, 『코리아 디아스포라』(2판), 고려대 출판부, 2005.

이문웅, 「재일 제주인의 의례생활과 사회조직」, 『제주도연구』 5, 제주도연구회, 1988.

이붕언, 윤상인 역, 『재일동포 1세, 기억의 저편』, 동아시아, 2009.

이상봉, 「디아스포라와 로컬리티 연구 : 재일코리안을 보는 새로운 시각」, 『한일민족문제연구』 18, 한일민족문제학회, 2010.

이준식, 「日帝 强占期 濟州道民의 오사카大阪 移住」, 『한일민족문제연구』 3, 한일민족문제학회, 2002.

임승연, 「재일한인타운의 사회 : 공간적 재구성과 정체성의 정치 : 오사카 이쿠노를 사례로」, 이화여대 석사논문, 2010.

조성윤, 「제주도에 들어온 일본종교와 재일교포의 역할」, 『탐라문화』 27, 제주대 탐라문화연구소, 2005.

자크 랑시에르, 유재홍 역, 『문학의 정치』, 인간사랑, 2009.

장안순, 「이카이노이야기猪飼野物語의 제주여성」, 『일어일문학연구』 67(2), 한국일어일문학회, 2008.

장윤수, 『코리안 디아스포라와 문화네트워크』, 북코리아, 2010.

최종환, 「재일제주인 시 연구」, 『한국문학이론과 비평』 45, 한국문학이론과비평학회, 2009.

피에르 마슈레, 배영달 역, 『문학생산이론을 위하여』, 백의, 1994.

飯田剛史, 「第12章在日コリアンの祭りと「民族」 : 民族文化運動の自己組織化」, 『在日コリアンの宗教と祭り : 民族と宗教の社會學』, 世界思想社, 2002.

猪飼野保存會, 『猪飼野鄕土誌 つるのはし跡公園完成記念』, 松下, 1997.

NPO法人大阪ワッソ文化交流協會, 『NPO法人大阪ワッソ文化交流協會 會報誌』 16, 2009.

大阪ガスエネルギ文化研究所, 『大阪再發見』 2, 表紙, 2001.

かわさきのハルモニ・ハラボジと結ぶ2000人ネットワーク生活史聞き書き`編集委員會編, 『在日コリアン 女性 20人の 軌跡』, 明石書店, 2009.

金蒼生, 座談會 「在日文學はこれいいのか」, 『民濤』, 1987.11.

曺智鉉, 『猪飼野 : 追憶の1960年代』(寫眞集), 新幹社, 2003.

千野境子, 『大阪の扉』, 産経新聞, 2005.

福本拓, 「1920年代から1950年代初頭の大阪市における在日朝鮮人集中地の變遷」, 『人文地理』56(2), 人文地理學界, 2005.

NPO法人大阪ワッソ文化交流協會, 〈팸플릿 : 國際交流のお祭り四天王寺ワッソのご紹介〉, 2009.

_____, 〈ちらし : 四天王寺ワッソ活動狀況〉, 年度不明.

_____, 〈ちらし : 「四天王寺ワッソ」について〉, 年度不明.

http://www.city.osaka.lg.jp/keikakuchosei/page/0000015530.html(검색일 : 2011.2.1)

http://www.mindan.org/shinbun/shinbun_index.php(검색일 : 2011.1.29)

http://www2.2ch.net(검색일 : 2011.1.7)

한국 텔레비전의 글로벌 로컬리티 재현[*]

〈러브 인 아시아〉와 〈지구촌 네트워크 한국인〉의 초국적 이주를 중심으로

김명혜

1. 미디어정경mediascape과 로컬리티의 재편

언제부터인가 우리나라의 텔레비전 화면에는 지구촌 곳곳의 모습이 그 어느 때보다 자주 보이고 있다. 드라마의 일부분을 해외에서 촬영하는 것이 제작관행처럼 되었고 오락 프로그램에서도 해외 원정 촬영하는 것을 심심치 않게 볼 수 있다. 뉴스는 세계에서 활약하고 있는 특파원들을 종종 스크린으로 불러내기도 한다. 또한 해외여행에 대한 관심 증가는 각종 여행 프로그램들을 양산하고 이를 통해 미지로의 여행이 수반하는 위험이나 힘듦 그리고 경제적인 부담은 생략한 채 시청

* 이 글은 부산대 한국민족문화연구소 로컬리티의 인문학 연구단 국내학술심포지움(2010)에서 발표하고, 『언론과학연구』 12(2)(한국지역언론학연합회, 2012.6)에 게재된 글을 수정한 것이다.

자들이 이국적인 풍광과 신기한 풍습을 눈으로 즐길 수 있게 만들고 있다. 뿐만 아니라 케이블 방송은 CNN, BBC World, NHK, CCTV 등의 해외 채널을 통해 지구촌의 소식을 현재 진행형으로 듣고 볼 수 있게 한다. 이와 같이 텔레비전은 우리에게 세계를 자기 품 안으로 끌어들일 수 있게 한다. 텔레비전은 지구촌 곳곳의 모습을 화면 위에 현실적으로 전시하며 시청자들은 텔레비전 화면 위에 나열된 이미지들의 핍진성 때문에 이를 사실적인 것으로 받아들인다. 혹여 그 이미지들이 현실이 아니라고 의심하는 시청자들도 텔레비전에 의해 매개된 현실을 일일이 검증할 수 없기에 미디어 현실을 실재의 현실보다 더 신봉하게 되는 과잉현실 속에 살아간다.

이 글이 재현된 미디어 현실을 총체적으로 검증할 수는 없지만 특정 프로그램에 한정한다면 그 재현의 메커니즘과 적실성을 따져 볼 수 있으리라 생각한다. 이 글은 텔레비전에서 재현된 한국의 로컬리티와 전 세계를 유목하는 카메라에 의해 포착된 지구촌의 로컬리티 이면에 작동되는 한국 텔레비전의 문화정치학이 어떤가를 살펴보고자 한다. 이 글은 로컬리티 자체에 대한 조망이 아닌 텔레비전이라는 미디어가 로컬리티를 재현하는 방식에 초점을 맞추고 있다. 미디어의 재현이 현실 구성 효과를 가진다는 점을 감안할 때 재현의 문제는 결코 가볍게 취급할 사안이 아니다. 특히 최근 들어 전 세계로 그 영역이 확장되고 있는 한국의 미디어정경mediascape 속에서 한국이라는 장소 그리고 세계 곳곳의 장소들 속에서 살아가는 사람들을 텔레비전이 어떤 방식으로 재현해내고 있는지, 그리고 그 재현의 메커니즘 속에서 작동하고 있는 이데올로기가 무엇인지를 살펴보고자 한다. 좀 더 구체적으로는 지구촌의 여러 장소를 배경으로 하는 〈러브 인 아시아〉와 〈지구촌 네트워크 한국인〉(이하 〈지구촌〉)이 재현하는 여러 형태의 로컬리티를 중앙과 지방, 세계와 한국이라는 다양한 층위에서 살펴보고자 한다. 특히 글로벌 시대의 한국 텔레비전이 국경 너머의 글로벌 로컬리티의 모습을 어떤 방식으로 재현하고 전유하고 있는지, 그리고 그렇게 설정된 타자와의 관계에서 한국 텔레비전은 한국인의 정체성을 어떻게 재구성하는지를 점검하고자 한다.

2. (글로벌) 로컬리티 대두와 재현관행

1) 로컬리티에서 글로벌 로컬리티로

1960년대부터 급속히 진행되었던 한국의 근대화는 여타 다른 나라들의 근대화 경험과 마찬가지로 자본주의 경제체제를 확고히 함과 동시에 중앙중심적인 사회로 재편하며 중앙과 지방의[1] 간극을 벌려 놓

---

1   로컬리티 / 지방 / 지역의 용어는 다 같이 장소를 지칭하거나 장소의 의미를 내포하는 단어들이지만 각각의 용어가 내포하는 의미와 목적하는 방향은 다르다고 생각된다. 서울과 대비하여 주변화되고 식민화된 개념으로 폄하된 용어가 '지방'이었다면, '지역'은 주변성이나 식민성에 대한 저항의 일환으로 서울과 지방을 같은 공간의 단위로 인식하고자 하는 의도가 있다고 하겠다. 그러나 '지역'이라는 용어의 사용은 여전히 위계화된 공간질서에 의해 식민지 상태를 면하고 있지 못하는 지방의 현실을 간과할 위험이 있다는 의미에서 '지방'이라는 용어를 사용하기를 주장하는 이들도 있다. 지방 / 지역이 민족국가적 경계 안에서 형성된 개념이라면 로컬리티는 그 경계가 전지구적으로 확장됨을 의미한다고 하겠다. 그런 의미에서 볼 때 로컬리티는 이미 글로벌의 개념을 내포하고 있다고 볼 수 있다. 한편 로컬리티는 지역과 중앙, 그리고 세계로 그 경계가 확장된 다층적이고 다차원적인 개념이면서 글로벌 시대의 로컬이 글로벌화의 횡포 앞에 굴복하지 않고

왔다. 그 결과 물적 / 인적 자원들이 중앙으로 몰리게 되면서 지방은 낙후되고 근대화가 완성되지 않은 주변부로 폄하되고 중앙의 내부식 민지가 되어갔다. 그러나 1990년대 지방자치제가[2] 도입되고 기존의 경계를 허무는 포스트모던적 정서가 팽배한 탈근대적인 사회로 변화 하면서 중앙에 의존하고 통제 당하던 지방이 자생적이고 발전의 가능 성이 있는 장소로 변화하기 위해 다각적으로 노력하고 있다. 하지만 그 변화의 속도가 중앙과 지방을 동등한 것으로 자리매김하기에는 아 직 역부족이고 그동안 고착되어 온 중앙과 지방에 대한 차별적인 인식 도 크게 변화하지 않은 것도 사실이다. 또한 1990년대 이후 심화된 글 로벌화는 지방 / 지역의 문제가 더 이상 국경이라는 경계 안에서 해결 될 수 없음을 보여주고 있다.

지방자치제 도입과 더불어 등장한 글로벌화는 지역이 국경의 경계 를 넘어 전지구적인 장소로서의 로컬적 성격을 가지게 되었음을 시사 한다. 글로벌화가 가속화되면서 로컬은 이제 중앙뿐만 아니라 다른 지 역, 그리고 세계와의 관계 속에서 자신의 위치를 사고하도록 요구 받고 있다. 그 예로 캐나다 벤쿠버와 러시아 소치와 경쟁하던 평창이 2018년 동계 올림픽 개최지로 선정되자 2020년 하계 올림픽 유치를 추진하던 부산은 유치계획을 당분간 보류할 수밖에 없게 되었다. 대륙별 개최지 를 안배하는 올림픽위원회의 관행에 따라 부산은 하계 올림픽 후보지

스스로 힘을 돋우는 공간으로 탄생하기를 바라는 문화정치학적 의미가 있다고 하겠다.

2 김용규는 로컬리티의 문제가 첨예하게 대두된 시기를 지방자치제가 시행된 1990년대부 터라고 지적하고 있다. 김용규, 「로컬리티의 문화정치학과 비판적 로컬리티 연구」, 『한 국민족문화』 32, 부산대 한국민족문화연구소, 2008, 31~69면 참조.

로 당분간은 적절하지 않기 때문이다. 평창과 부산의 경우에서 보다시피 지역은 중앙에 의해 지배되던 내부식민지의 모습에서 탈피해 스스로의 생존과 발전을 위해 중앙과 협상하고 세계를 대상으로 자신을 홍보하고 마케팅해야 하는 입장이 되었다. 이와 같이 로컬은 국내의 다른 로컬, 여전히 영향력을 행사하고 있는 중앙, 그리고 전지구적 차원의 다른 로컬들과의 관계에 대해 매우 다층적이고 복잡하게 자신의 위치에 대해서 인식적 지도그리기를 할 수밖에 없는 상황에 놓여 있다.

이와 더불어 로컬 / 글로벌의 문제를 더욱 복잡하게 만드는 것은 로컬 내부가 지닌 차이이다. 1960년대에 시작된 우리나라의 산업화는 이촌향도 현상을 유발하였고 1990년대의 신자유주의의 글로벌화가 시작되는 시점에서 그 과정이 완결되고 농촌을 노인들만이 남아서 지키는 노후하고 공허한 공간으로 피폐하게 만들었다.[3] 농촌의 결혼인구와 도시의 노동력 부족으로 인해 유입된 해외노동자와 결혼이민자들로 구성된 전입인구와 근래에 급증한 한국 거주 외국 유학생들, 그리고 글로벌 시대의 경쟁력을 갖추기 위해서 해외로 떠나는 한국 유학생들과 해외의 문화적 경험에 목말라하는 여행객, 미국을 비롯한 호주, 캐나다 등으로 새로운 삶의 터전을 찾아 떠나는 전출인구의 증가는 로컬을 매우 유동적인 장소로 바꾸고 있다. 최근 들어 전 세계적으로 주요학문분야로 떠오른 디아스포라 연구나 초국적주의에 대한 연구는 문화적 경계를 넘는 이주민들과 지구촌을 부유하는 신유목민의 정체

---

3 임옥희, 「욕망의 민주화는 가족을 어떻게 변화시켰나」, 『광장의 문화에서 현실의 정치로』, 산책자, 2008, 82~100면.

성에 대한 고민과 삶의 모습을 담아내기 위한 것이다. 토착민과 이주민, 그리고 초국적 신유목민의 상호작용의 결과가 초래한 로컬 내부의 변화는 새로운 계급질서로 인한 갈등과 투쟁, 이주민들에 대한 타자화와 이에 대한 반성이 동시에 목격되는 와중에 이들 사이의 혼종적 정체성과 문화가 새롭게 탄생되기도 한다. 또한 글로벌 무대에서의 반복되는 이동으로 '포스트 내셔널' 시민권[4] 또는 '흐름의 시민권'이[5] 국가적 시민권의 개념을 대체하기도 한다.[6]

로컬로 유입되는 부류는 초국적 자본가들과 자본의 흐름을 주도하는 전문가들, 기업가들로 구성된 '상층 회로upper circuit'형과 생존을 위해 자신의 노동력을 필요로 하는 곳을 찾아다니는 노동자들, 서비스직이나 유흥업종, 그리고 국제결혼을 목적으로 하는 여성들로 구성된 '생존 회로survival circuit'형[7] 등으로 크게 나눌 수 있다. 하지만 각각의 회로 안에서도 내부적 차이를[8] 보이고 있어 로컬의 문제를 더욱 난해하게 만들고 있다. 민족국가 또는 국민국가의 틀을 벗어나고 있는 로컬의 문제는 이산인들의 디아스포라 형성과 혼종적 정체성의 문제, 또 초국적 이주의 구간 반복 현상과 노동시장을 찾아 유랑하는 신유목민 형태까지 추가되면서 더욱 복잡해진 양상을 보인다. 이제 로컬의 문제는 중앙과

---

4 요시하라 나오키, 이상봉·신나경 역, 『모빌리티와 장소』, 심산, 2010.
5 Sassen, S, *Cities in a World Economy*, Thousand Oaks, California : Pine Forge Press, 2006.
6 요시하라 나오키, 앞의 책.
7 Sassen, S, *op cit*.
8 결혼 이주여성들의 경우만 보더라도 출신지 국가별, 학력별, 언어 구사능력별, 경제적 위치, 그리고 출신국가의 젠더역학별로 무수한 변수가 존재하고 있다. 이런 모든 변수를 무시한 채 결혼 이주여성이라는 집단적 정체성으로 뭉뚱그린다면 이들이 구성해가는 로컬의 현실을 제대로 이해할 수 없다.

지방의 관계 설정의 문제가 아니라 중앙-지방 / 지역 / 로컬-세계로 단위공간의 확장과, 그리고 그 공간 안에서 살아가는 정주민-이주민-부유하는 초국적 유목민들의 관계, 그리고 각각의 그룹들이 펼치는 정체성의 정치학, 문화적 실천과 갈등 등을 생각하지 않을 수 없게 되었다.

로컬리티의 가장 핵심적이고 중요한 과제는 세계의 구조적 변화와 개편을 맞아 로컬이 과거의 피지배와 식민의 공간에서 탈피하여 자생적인 역능의 공간으로 탈바꿈하도록 하는 것이다. 이를 위해서 복잡해진 로컬 내부의 차이를 이해하고 이를 억압의 근거가 아니라 로컬의 자원으로 전유하는 인식틀과 운동을 필요로 하게 된다. 그렇다면 어떤 문제들이 해결되어야 하는가를 묻지 않을 수 없다. 우선 그동안 로컬을 주변화하고 식민화했던 서구적 발전개념에 토대를 둔 근대와 이를 적극적으로 수용하고 활용했던 민족국가의 담론과 시선에서 탈피해 시선의 주체로 거듭나고 자신을 당당하게 표현하는 목소리의 담지자로 위치를 전환할 필요가 있다. 이를 위해서는 주변화 / 식민화된 과정에 대한 비판적 성찰을 필요로 하며 로컬 스스로가 내면화한 중앙의 시선과 정체성을 폐기하고 새로운 시선과 언어로 자신의 정체성을 규정해 나가는 작업이 필요하다.

2) 한국 텔레비전의 (글로벌) 로컬리티 재현관행

그동안 수도권에서 장악해 온 한국 텔레비전에서 지역은 대개 부재하는 공간이었거나, '지방'이라는 용어가 의미하듯이 주변으로 밀려나 있던 공간이라도 해도 과언이 아니다. 서울이 아닌 지역은 모두 '촌'으로 표현되는 기형적인 상상적 지형도의 형성에는 서울 중심적 미디어의 역할이 크게 작용했다고 해도 틀린 말이 아니다. 이와 같은 상황은 미디어가 폭발적으로 증가하고 있는 지금에도 별반 달라지지 않고 있다. 지역이 스스로 자신을 재현하는 수단을 장악하지 못하는 상황에서 지역민들은 중앙의 시선으로 재현되고 중앙의 목소리로 말해지는 자신의 주변화된 모습을 자신도 모르게 내면화하고 있다. 최근 개그콘서트에서 인기를 끌고 있는 '서울메이트' 코너에서도 사투리를 쓰는 지방 출신들이 서울 말투를 흉내지만 은연중에 드러나는 사투리로 통해 자신의 주변화된 정체성, 열등감, 사투리 사용자간의 내부적 갈등 등을 희화화하고 있다.

전규찬은 일찍이 지역이 한국 사회의 중요한 변수임에도 불구하고 핵심적 문화연구의 의제가 되지 못했으며 "부재의 공간"으로 표상되고 있음을 지적했다. 또한 대중매체들은 지역을 '자연'과 반복적으로 등치시킴으로써 고정된 이미지를 생산하고 있음을 지적하고 있다. 그는 지역과의 직접적 접촉이 결여된 시청자들에게 TV는 '서울 사람'으로서의 '나 / 우리'라는 상상적 정체성 형성에 필요한 '촌사람'의 이미지를 제공하는 거울로 기능함을 밝히고 있다.[9] 그에 따르면 대중매체에서 지역적 표상은 서울 / 중심의 표준적 이미지들로 채워지며 지역적 표상은 '상징적 멸종'의 상태이다. 이와 유사하게 전규찬, 송준영은 지역

---

9 전규찬, 「지역의 문제설정과 미디어 · 문화연구」, 『언론과 정보』 5, 부산대 언론정보연구소, 1999, 155면.

의 이미지를 무조건 시골과 자연의 이미지로 압축, 환원함으로써 서울이 아닌 곳은 모두 시골이라는 등식을 성립하게 만들면서 서울 이외의 다른 도시에 불공정한 인식을 심어준다는 것을 지적한 바 있다.[10] 〈좋은 세상 만들기〉의 프로그램 분석을 통해서 보다 구체적으로 텔레비전에서 재현되고 있는 지역 정체성을 살피고 있는 임영호는 지역 정체성이 구성되는 방식이 국가 내에서 구현되는 내부 오리엔탈리즘 방식과 유사하다는 것을 지적하고 있다.[11] 중앙의 텔레비전에서 지역 / 시골과 서울 / 도시는 무지와 비합리, 합리와 세련이라는 이분법적인 차별화가 일어나며 지역은 시골과 고향, 감성과 촌스러움, 자연 상태의 공간으로 재현되고 있었다. 이와 같은 차이는 서울과 지역 간의 불균등한 권력관계를 상상적으로 해결하거나 통합하는 담론으로 작용하는 이중성을 띤다는 것이다.

이경숙은 〈러브 인 아시아〉의 분석에서 결혼이주여성의 이산인으로서의 삶 속에서 드러난 로컬의 모습을 보여주고 있다.[12] 〈러브 인 아시아〉는 이주여성들의 이야기를 낭만적으로 포장하고 가부장적 질서에 포섭함으로써 이들이 이산인으로서 정착하게 되는 장소인 농촌이 디아스포라의 공간이라는 것을 은폐하고 있음을 지적하고 있다. 또한 혼종성보다는 한국이라는 민족정체성이 강조되고 또 각각의 이주여성들의 개별적 출신지에 대한 차이에 대한 인식보다는 아시아의 이주

---

10 전규찬·송준영, 『TV 프로그램의 지역 이미지 분석 연구』, 한국방송개발원, 1994.
11 임영호, 「텔레비전 오락물에 나타난 내부 오리엔탈리즘과 지역 정체성 구성 : 〈서세원의 좋은 세상 만들기〉의 텍스트 분석」, 『한국언론학보』 46(2), 한국언론학회, 2002, 576~605면.
12 이경숙, 「혼종적 리얼리티 프로그램에 포섭된 '이산인'의 정체성 : 〈러브 人 아시아〉의 텍스트 분석」, 『한국방송학보』 20(3), 한국방송학회, 2006, 239~276면.

여성으로 일괄적으로 범주화됨을 비판하였다. 한편 김명혜는 드라마 〈황금신부〉의 분석에서 미국은 한국인의 욕망의 대상이자 자기 비하의 경험 공간으로, 베트남은 헐벗고 낙후된 공간이지만 좌절된 욕망을 치유해주는 장소로 재현되고 있음을 지적했다.[13] 이 두 공간은 한국인의 이율배반적 욕망의 공간들로 대비, 호명되고 있으며 각기 다른 이유로 한국인의 욕망을 충족시키지 못하는 것으로 재현되고 있었다. 그리고 김예란, 유단비, 김지윤도 우리나라의 다문화적 드라마에서 발견되는 공간의 재현에서 인종적이고 계급적인 질서가 개입하고 있음을 밝히고 있다.[14] 이들은 디지털 테크놀로지와 세련된 혼종적 스타일로 꾸며진 거주와 소비의 공간은 부상하는 세계시민의 주체로서 개인(주로 백인 남성)에 의해 점유되고 있으며 전근대적 공간은 아시아 농촌 및 도시의 뒷골목으로 표상되고 이 공간에서는 주로 아시아 여성이 과거의 시간성에 화석화된 존재로 재현되고 있음을 지적하고 있다.

한편 1990년대 이후 급증하는 드라마 속의 해외 촬영지들에 대한 재현은 한국인들이 일반적으로 지니고 있는 심상지리에서 크게 벗어나지 못하고 정형화된 이미지와 장소들의 위계화된 상징질서를 반복 재생산하고 있다. 〈러브스토리 인 하버드〉, 〈발리에서 생긴 일〉, 〈홍콩 익스프레스〉, 〈황금신부〉, 〈미안하다 사랑한다〉, 〈파리의 연인〉, 〈아일랜드〉, 〈내 이름은 김삼순〉, 〈달콤한 스파이〉, 〈슬픈 연가〉, 〈겨울 연가〉 등등

---

13 김명혜, 「〈황금신부〉를 통해 본 한국의 민족적 정경ethnoscape」, 『프로그램 / 텍스트』17, 한국방송영상진흥원, 2008, 125~141면.
14 김예란·유단비·김지윤, 「인종, 젠더, 계급의 다문화적 역학 : TV '다문화적 드라마'의 초국적 사랑 내러티브와 자본주의 담론을 중심으로」, 『언론과 사회』17(1), 성곡언론문화재단, 2009, 2~41면.

의 무수히 많은 드라마들은 서사적 장치를 통해서 지구촌의 로컬들을 호명하거나 영상적으로 재현하고 있다. 하지만 이들 드라마에서 재현되는 장소들이 지니는 서사적 의미들은 한국인들이 일반적으로 지니는 심상지리에서 크게 벗어나지 않는다. 예를 들면 남자 주인공이 경영학도로서 승부하기 위해서는 하버드를 가야만 하고 김삼순이 파티쉐가 되기 위해라면 파리에 다녀오는 것 같은 매우 상식적이고 식상한 드라마적 상상력(?)을 발휘하고 있는 것이다. 몇 년 전 인기리에 종영된 〈꽃보다 남자〉에서는 한두 군데의 국외 장소를 호출하는 것이 아니라 뉴욕, 홍콩, 마카오, 일본, 뉴칼레도니아, 파리 등등의 초超상층 회로를 거침없이 이동하고 있는 초국적 자본계급의 모습을 보여주었다. 이 드라마는 평범한 사람들은 상상할 수조차 없는 초현실적인 소비문화를 보여주는 환타지 드라마로 명명되어 비상식적인 스토리 전개나 인물 설정에 대한 면죄부도 얻었지만 실제로는 많은 신혼부부들이 뉴칼레도니아로 신혼여행을 떠나는 매우 현실적인 광고효과를 가져오기도 해 드라마 속의 재현이 결코 현실과 무관할 수 없음을 역설적으로 증명하기도 하였다.

한편 최근 방송의 초국적 제작이 빈번해지고 있는데 이에 대한 학문적 관심이 필요하다고 생각된다. 최근 제작 방영된 KBS 1TV의 〈누들 로드〉나 MBC의 〈공룡의 땅〉, 〈북극의 눈물〉, 〈남극의 눈물〉, 〈아마존의 눈물〉 같은 프로그램은 초국적 제작의 관행을 보여주는 대표적인 예이다. 〈누들 로드〉는 영국 BBC의 유명 요리프로그램 진행자인 켄 홈을 진행자로 내세우고 한국에서 영국까지 총 11개국을 취재하며 만든 초국적 다큐멘터리이다. 뿐만 아니라 〈공룡의 땅〉과 같이 초국적 협업시스템을 통해 만들어진 다큐멘터리가 담고 있는 의미는 한반도 공룡의 존재에 대한 고고학적 발굴 성과 이상으로 확대된다. 이 프로그램의 내연적 의미는 엄청난 거리의 경로를 추적해가면서 연구를 수행할 수 있게 하는 경제적 지원, 국제적 구성의 발굴팀을 진두지휘할 수 있는 고고학적 학술적 / 인적 자원, 그리고 이를 카메라로 세밀히 기록하고 멸종된 공룡의 모습을 실감나도록 정교한 그래픽을 만들 수 있는 방송 기술을 보유하고 있는 한국의 강한 위상인 것이다. 이와 관련해 아파두라이는 미디어를 통해 전달되는 모든 이미지, 매체를 통틀어 미디어정경 mediascape이라고 지칭하며 이것은 특유의 이미지와 이야기들, 민족적정경ethnoscape의 목록들을 담고 있는 거대한 레퍼토리를 전 세계 시청자들에게 제공함을 지적하였다.[15]

중앙의 미디어들이 지방 / 지역을 '상징적 멸종'의 상태로 '부재'하거나 '주변화'된 존재로 몰아가거나 현대 생활에 지친 도시인들에게 안식을 줄 수 있는 '영원한 자연'으로 재현하며 다른 한편으로는 초국적 제작으로 미디어 영토를 넓혀가는 동안 지역의 미디어들이 지역을 어떻게 재현하는지 알아볼 필요가 있다. 지역방송이 지역성을 구현해야 하는 것은 당위적인 이야기이지만 현재 한국의 지역방송의 상대적으로 열악한 방송환경을 감안하더라도 지방 / 지역은 지역방송에서조차 정당하게 재현되고 있지 못하다고 생각된다. 이는 부산, 울산, 경상남도를 대표하는 지역방송인 KNN이 자체제작하는 프로그램인 〈촌티콤 가오리〉에서도 드러난다. 현재 부산의 일부지역이 서울을 능가하는 소

---

15 Appadurai, Arjun, *Modernity at large : Cultural dimensions of Globalization,* Twin Cities : University of Minnesota Press, 1996(차원현 · 채호석 · 배개화 역, 『고삐 풀린 현대성』, 현실문화연구, 2004).

336 이주와 로컬리티의 재구성

비지향적 초국적 공간으로 탈바꿈하고 있음에도 불구하고 여전히 스스로의 정체성의 지표로 '촌스러움', '농촌', '자연', 그리고 '트롯트'로 상정하고 있다는 문제를 안고 있다.

3. 초국적 이주 재현의 미디어 공간과 방식

1) 글로벌 로컬리티 재현의 미디어 공간

한국 텔레비전에서 방영되고 있는 많은 프로그램들 중에서 한국과 해외의 로컬리티를 지속적으로 재현한 프로그램을 분석대상으로 선정하였다. KBS 1TV에서 방영되었던 〈러브 인 아시아〉와 〈지구촌〉을 선정한 이유는 서로 다른 이주의 궤적이기는 하지만 모든 방영분에서 한국과 해외의 여러 장소—특히 로컬리티의 개념에 부합하는—또 그 안에서 살아가는 사람들의 모습을 보여주고 있었기 때문이다. 특히 〈러브 인 아시아〉는 국내에 유입된 결혼이주자의 국내의 삶과 출신국의 로컬 풍경을 보여주고 있어 한국 텔레비전이 재현하는 글로벌 로컬리티를 관찰할 수 있기에 선정하였다. 마찬가지로 〈지구촌〉은 세계 곳곳에서 진출하여 활동하고 있는 한국인들의 이야기 속에 그들이 현재 거주하고 있는 로컬의 모습이 보여지고 있기에 선정하였다.

〈지구촌〉은 2009년 4월 19일에 종영하였고 〈러브 인 아시아〉는 현재에도 계속 방영되고 있다. 비교분석을 위해 〈지구촌〉이 방영되던 시기인 2008년 11월 20일부터 2009년 4월 19일까지의 〈러브 인 아시아〉를 분석대상으로 선정하였다. 분석대상인 〈러브 인 아시아〉 22회분의 방송분에서 아시아 국가는 총 11회, 중남미 5회, 동유럽 4회(러시아, 루마니아, 헝가리, 우크라이나 각 1회씩), 서유럽 1회, 그리고 아프리카가 1회 등장하였다.

〈지구촌〉은 〈러브 인 아시아〉와는 반대 방향으로 일어나는 이주의 현상을 재현하고 있었다. 이 프로그램은 재외 한국인들의 활약상을 보여주는 것이 주된 목적이지만 글로벌 로컬리티라는 맥락 안에서 이들이 재현되고 있었다. 프로그램의 주요 내용은 '도전과 비즈니스', '한민족 이슈와 현재', 그리고 '봉사와 교류'의 세 영역으로 구성되어 있다. 출연진의 면면을 분석해 보면 '도전과 비즈니스' 부문에 출연자가 35명으로 가장 많고 '봉사와 교류'가 10명, 그리고 '한민족 이슈와 현재' 부문은 6명으로 나타났다. 이와 같이 이 프로그램은 해외 한국인의 활약상 중에서 기업과 새로운 영역 개척 부문에 가장 큰 역점을 두고 있다는 것을 알 수 있다. 특히 사업에 성공한 기업인들에 대한 집중조명이 15회나 된다. 〈지구촌〉에서는 미국이 14회로 가장 많이 방송되었으며 중국이 5회, 일본과 인도네시아 각 3회, 영국, 라오스, 태국, 캄보디아, 에티오피아, 호주가 각 2회, 그리고 독일, 벨기에, 불가리아, 리투아니아, 카자흐스탄, 홍콩, 싱가포르, 네팔, 말레이시아, 몽골, 가나, 이집트, 페루, 바누아투, 바레인, 카타르, 아랍 에미레이트가 각 1회 방송되었다.

〈지구촌〉에서는 미국의 비중이 가장 크기는 하지만 다양한 글로벌 로컬리티를 배경으로 하고 있는 반면에 〈러브 인 아시아〉에서는 1990년대 이후 한국사회에 새롭게 등장한 다문화 가정의 현주소를 반영하듯 북미의 국가들과 대부분의 서유럽 국가, 호주, 뉴질랜드 그리고 중동지역 등은 방송에 포함되지 않았다. 이 두 프로그램은 한국 사회의 다문화 정착과 글로벌 시대의 한민족 네트워크 진단이라는 각기 다른 제작 목적이 있지만 프로그램 전체에서 상당한 비중을 차지하는 해외 촬영 분에서 글로벌 로컬리티가 재현되고 있다는 공통점을 지니고 있다. 이 두 프로그램은 각기 한국으로 이주해 온 이주민, 그리고 해외로 진출한 한국인의 상반되는 이주의 궤적 속에서 글로벌 로컬리티를 재현하고 있어 한국 텔레비전의 재현의 문화정치학이 지니고 있는 의미를 더 분 명하게 드러내 주리라 생각되어 비교 분석 대상으로 선정하였다.

2) 글로벌 로컬리티 재현의 방식

분석 대상이 된 두 프로그램에서 재현하고 있는 글로벌 로컬리티의 모습을 알아보기 위해 두 프로그램에 대한 텍스트 분석을 시도하였다. 텍스트 분석을 위해 각 프로그램의 서사분석을 시도하여 프로그램별 로 공통되는 서사구조를 찾아내고자 하였다. 또한 에피소드에 등장하 는 출연자의 인적사항, 출신지와 거주지가 재현되는 방식, 한국과 출 신지에서 출연자들이 맺고 있는 인간관계, 출연자들이 자신들의 삶을 영위하는 생활과 업무 공간, 그리고 이들의 출신지가 영상적 기호로 재현되는 방식, 그리고 각각의 장소들이 서사구성에서 어떤 분량을 차 지하고 있는지 등을 살펴보았다. 이를 통해 텔레비전의 의도적 또는 무의식적으로 작동하고 있는 정치 지리학적 시선을 밝히고자 하였다.

〈러브 인 아시아〉와 〈지구촌〉의 세부적인 텍스트 분석에 앞서 각각 의 프로그램이 반복적으로 취하고 있는 내러티브구조를 분석했다. 〈러브 인 아시아〉는 프로그램 시작 초기부터 일관된 내러티브 양식을 보여 주고 있는데 스튜디오 촬영의 내러티브와 국내외 로컬 장소들에서의 ENG촬영에서 드러나는 내러티브가 교차되는 상호텍스트성을 보여주고 있다. 〈러브 인 아시아〉의 일반적인 내러티브 양식은 대개 다음과 같이 구조화되어 있다.

(1) 스튜디오에서 진행자가 출연자를 소개하며 출연자 부부가 결혼하게 된 사연을 묻고 듣는다.

(2) ENG 촬영으로 출연자 가족의 소소한 일상을 보여준다. 출연자 부부가 나름대로 행복하게 살아가지만 결혼 이주여성인 부인이 고향을 그리워하고 있음을 보여주며 이야기 장소의 전환을 준비한다.

(3) 스튜디오로 돌아와 출연자 부인의 출신지의 풍습이나 고향에 두고 온 가족 이야기로 전환시킨다. 다국적 패널들도 자신들의 경험이나 의견을 내놓는다.

(4) 가장 극적인 흥미를 유발하는 현지촬영 내러티브로 부인의 출신지에 부부가 직접 방문하는 모습을 보여주거나 직접 방문하지 못할 때는 현장에 파견된 카메라로 출신국 친정집의 일상을 담아온다.

(5) 다시 스튜디오로 돌아와 방문 후일담을 이야기하거나 영상편지를 교환하는 형식으로 진행된다. 앞으로 더욱 행복하게 잘 살겠다는 다짐으로 내러티브는 종결된다.

극적인 클라이맥스가 있는 〈러브 인 아시아〉에 비해 〈지구촌〉의 내러티브는 성공과정이나 일상생활의 모습보다는 현재의 성공한 모습과 활약상을 주로 보여주기 때문에 다분히 나열적인 서사구조로 되어 있다. 〈지구촌〉에서는 스튜디오 장면은 없고 보이스 오버 내레이션으로 글로벌 로컬리티에 대한 설명과 출연자의 활동에 대해 부연설명하고 있다.

(1) 출연자가 활동하는 장소를 축약적으로 설명하고 현지의 다양한 장소 (현장, 사무실 등)에서 활동하는 출연자의 모습을 보여준다.

(2) 출연자에 대한 현지인들과 동료들의 칭찬, 인정 등의 증언을 보여준다.

(3) 출연자가 현 위치에 서기까지의 과정을 축약해서 보여주거나 말해준다.

(4) 출연자의 성공을 위한 고군분투를 다시 한 번 보여준다.

(5) 가족이 등장하여 한국문화와 한국인성을 강조한다.

(6) 현지에 있는 다른 한국인과의 교류를 통해 한국인성을 다시 한번 강화한다.

(7) 현지인이나 재외한국인들을 위해 봉사하는 출연자의 모습을 보여주기도 한다.

이 두 프로그램의 내러티브는 출연자를 중심으로 전개되지만 출연자가 존재하는 또는 존재했던 장소들이 내러티브의 배경으로 등장한다. 이 글의 연구의 대상은 객관적으로 존재하는 장소라기보다는 카메라 시선에 의해 매개되고 재현된 장소이다. 이러한 장소들의 재현방식을 살펴보면 한국의 텔레비전이 (무)의식적으로 지니고 있는 전지구적 공간에 대한 심상지리와 글로벌 로컬리티를 어떤 방식으로 인식하고 있는지를 엿볼 수 있다.

4. 한국 텔레비전의 글로벌 로컬리티 재현

1) 한민족 신화 구축에 동원되는 글로벌 로컬리티

〈러브 인 아시아〉에서 무의식적이며 무비판적으로 반복되고 있는 재현은 이주여성이 몸담았던 출신지가 한국 텔레비전의 타자화된 시선으로 재생산되고 있다는 것이다. 이 프로그램에서 이주여성의 고향을 찾아가기 위한 여정의 모습은 대개는 비행기 차창 밖으로 비친 날개의 모습으로 시작한다. 다섯 시간 또는 열두 시간 등으로 말해지는 이주여성의 출신국까지의 비행시간은 한국의 시청자들이 느끼는 지리적 / 심리적 거리감을 수치로 나타내고 있다. 한국인 시청자들의 이해를 돕기 위해 텔레비전 화면 위로 출신국의 지도가 호출되며 비행경로는 한국에서 목적지 공항(주로 수도권에 있는)까지 화살표로 표시된다. 이 프로그램의 시청자들이 대부분 대한민국 국민임을 감안할 때 이와 같은 재현 방식은 상식적으로 받아들여졌고 또 이에 대해서 큰 이의가 제기되지 않았다. 그러나 공간이나 거리의 재현 방식은 객관적인 것이 아니라 주관적인 것이며 정치적인 것이다. 우리가 객관적인 지리적 좌표로 사용하는 경도와 위도도 그리니치를 세계의 중심으로 만든 영국 제국주의의 산물이라는 것을 상기해 봐도 그렇다. 이에 대해 할리는 지도제작자들이 대개는 지배적인 담론과 제도 안에서 활동하며 이들이 만든 지도에는 지배적인 사회적 권력이 각인되어 있음을 지적한 바 있다.[16] 또한 우리가 일상적으로 사용하는 북반구 중심의 세계지도도 남반구를 식민화하려는 북반구의 정치적 의도에서 기인한 것이다. 북

반구 중심의 세계지도에 대한 저항으로 파푸아뉴기니의 원주민 독립
운동 단체들은 남반구가 위로 가 있는 거꾸로 된 세계지도를 걸어 놓
고 있는데 이는 공간의 재현물인 지도가 매우 정치적이라는 것을 말해
준다.[17] 이들 원주민들의 거꾸로 된 세계지도는 북반구 중심의 세계지
도가 정확하거나 절대적인 지구의 모습이 아니라는 것을 강변하고 있
는 것이다. 마찬가지로 결혼 이주여성들의 출신국의 공간적 위치를 표
현할 때 항상 대한민국을 기준으로 삼으면서 멀고 가까움을 표시하고
또 한국적인 삶의 모습과 견주어 낯설거나 익숙한 것으로 표현하고 있
는 것은 한국의 지배적인 토착세력이 이주민들을 타자화하는 가장 보
편적이며 기본적인 방식들이다. 하름 데 블레이의 주장처럼 지도는
"힘이 있으며" 매우 정치적인 것이다.[18]

　한국에서부터의 이동경로를 보여준 후 텔레비전은 그 나라의 보편
화된 풍경이나 역사를 압축적으로 설명한다. 그리고 이주여성의 고향
이 주로 수도권에서 먼 곳에 위치하고 있을 때는 수도권 공항에 착륙
해 거기서부터 다시 비행기, 버스, 배 또는 자동차로 이동하는 모습을
보여주고 또 부연 설명을 한다. 국내 로컬리티의 재현에 있어서 중앙
을 중심으로 지방을 주변으로 재현해 내었듯이 이주여성들의 출신국
에서도 같은 중앙과 지방의 재현 방식이 반복된다. 시청자들은 방문지
국가의 수도권에서 멀리 떨어질수록 문명에서 멀어지고 낙후됨의 지

16　Harley, J.B, "Deconstructing the map", *Cartographica* 26, 1989, pp.1~20.
17　이태주, 『문명과 야만을 넘어서 문화 읽기』, 프로네시스, 2006.
18　Harvey, D, *Spaces of Global Capitalism : Towards a Theory of Uneven Geographical Development*, London : Verson, 2006.

한국 텔레비전의 글로벌 로컬리티 재현　343

표로 읽혀진다는 것을 경험적으로 알아차린다. 이주 여성의 출신 지방이 수도권이나 대도시 주변에서 멀어질수록 원시적 자연 상태로 남아있는 경우가 많으며 이로 인해 이국성과 타자성은 극대화된다. 한국의 시청자들에게 이국성과 타자성은 낙후된 물질문명과 자연적 무질서(다시 말하자면 인공적 질서의 부재) 등으로 다가온다. ENG 카메라는 로컬지역의 이국적이고 신기한 문화와 풍물을 담기에 여념이 없다.

한국의 카메라에 의해 포착된 로컬지역의 모습은 진행자의 언표에 의해 다시 한 번 한국과의 차별성, 유사성 등이 시청자들을 위해 요약된다. 한국과 같은 풍습이나 지형이 나오면 "풍속이나 가족애가 한국이랑 똑같애요"(152회에서 필리핀의 풍속에 대한 진행자의 말)라던가 "마늘, 고추 먹는 거는 한국이랑 똑같다"(150회에서 헝가리를 방문한 참가자의 시어머니의 말)고 하며 생소하거나 낯선 모습이 나오면 "참 신기하네요"라고 말하는 진행자들의 자연스러운 감상과 감탄 섞인 말투가 ENG 화면 위로 보이스 오버되며 시청자들도 이에 공감하도록 요구된다. 이주여성이 떠나온 출신 로컬지역에 대한 비슷함과 신기함, 낯익음과 낯섦, 그리고 지리적 원근성의 비교 근거는 모두 대한민국이다. 149회(코스타리카)에 등장했던 나이가 지긋한 출연자의 친정어머니가 춤을 추는 모습에 대해 화면 밖 내레이터는 "누구보다 가장 열정적으로 기뻐하는 사람은 예순이 넘은 어머니"라고 언급하고 있다. 노인들이 감정표현에 점잖은 한국의 문화적 풍토로 보자면 노년기 여성이 정열적으로 춤을 추는 것은 다소 생경한 풍경이겠지만 감정을 춤으로 표현하는 것이 일상적인 도미니카의 풍습에서는 전혀 이상한 것이 아닐 것이다. 가족들은 어머니의 '열정적'인 춤에 자연스레 동참하고 있지만 한국 텔레비전의 카메라는 그들의 춤을 "30분 이상 지속되는" 것으로 특이한 듯 표현하고 있다.

〈지구촌〉에서도 자민족 중심적 재현 성향은 두드러진다. 〈지구촌〉에서는 지구촌 곳곳에 흩어져 있는 한국인의 성공담이나 미담을 통해서 한민족 신화를 구축하며 이 신화의 배경으로 글로벌 로컬리티를 동원하고 있다. 〈지구촌 네트워크 한국인〉이라는 프로그램 명칭에서 가장 중요하게 재현되고 있는 부분은 "지구촌"이 아닌 "한국인"이었다. 〈지구촌〉에서는 출연한 한국인들이 몸담고 있는 글로벌 로컬리티를 이들이 성공을 일구는 공간으로 재현하고 있다. 한국인들의 성공에 동원되는 글로벌 로컬리티는 종종 "가장 기회가 풍부한 땅(가나)", "열려 있는 가능성의 땅(호주)", "한국 청년에게 기회의 땅(중국 청도)", "떠오르는 틈새 시장(컴튼·LA)", "새로운 도약과 눈부신 성장(인도네시아)"으로 호명되며 성공에 목마른 한국인들이 자신들의 열정과 도전을 펼치는 장소로 묘사된다. 글로벌 로컬리티의 다양하고 복합적인 모습은 한국인성을 강조하는 재현의 메커니즘에 의해 축소되거나 특정한 부분만이 강조되고 있었다.

〈지구촌〉에 출연하는 재외한국인들은 크게 세 부류로 나눌 수 있는데 첫 번째는 미국이나 유럽 등지에서 활약하는 한국인들이고, 두 번째는 비서구 국가에서 활동하고 있는 한국인들, 세 번째는 제3세계 국가나 경제적으로 낙후된 지역에서 활동하는 한국인들이다. 주로 서구에서 활약하는 첫 번째 부류로는 주로 전문적인 영역에서 성공한 한국인이다. 이들은 미국이나 유럽과 같이 제1세계의 전문적인 영역에서 두각을 나타내는 사람들로서 할리우드에 진출한 영화감독(1회), 런던의 셀러브리티 담당 사진작가(2회), 미국의 흑인 패션업계 진출자(4회),

런던의 금융계에서 일하는 헤지펀드 이사(5회), 미국 캘리포니아 어바인시 시장(5회), 할리우드에서 인정받는 린넨 디자이너(9회), 벨기에의 유명한 셰프(20회), 뉴욕의 패션 디자이너(26회), 미국의 스카이다이빙 코스디렉터(23회), 유학 1세대 재미 경제학자(17회), 홍콩의 동양 최초의 와인마스터(27회), 독일 현대음악 교수(16회), 하버드대 출신으로 한국계 최초로 장성을 꿈꾸는 미군장교(29회) 등이다. 이들을 다루는 프로그램에서는 이들이 글로벌 무대의 전문업계에서 인정받기까지 얼마나 열심히 노력해왔는가를 설명하고 그들의 성공에 대해 같은 한국인으로서 자부심을 느끼도록 유도한다. 카메라는 이들의 성공에 이르기까지의 치열한 삶의 궤적을 추적하고 또 자신의 영역에 속해 있는 제1세계 동료나 상사들로부터 찬사나 인정을 받는 모습을 담아내고 있다. 카메라는 이들이 세계 유수의 전문가 집단으로 구성된 초국적 로컬리티의 일부분이 된 자랑스런 한국인 또는 한국계라는 것을 강조한다. 그리고 이들의 성공 뒤에는 한국인의 재능과 근면하고 성실한 자세가 있다는 것을 거듭 강조한다. 예를 들면 벨기에로 입양된 셰프인 상훈 드장브르(20회)는 한국문화에 익숙치 않지만 자신의 뿌리를 잊지 않기 위해 "ㅅ"자를 자신의 메뉴에 써넣거나 자신의 레스토랑 곳곳에 "ㅅ" 문양을 사용하고 있다는 것을 카메라는 반복적으로 포착한다. 한국적 정체성을 조금이라도 확인하려는 그의 노력은 미쉐린에서 별 두 개를 받은 요리사로서의 그의 바쁜 일상만큼 중요한 것으로 재현된다. 또한 할리우드의 린넨 디자이너로 일하는 마틴 영송(9회)의 뛰어난 색감은 한국의 색동저고리에서 기인한 것으로 설명한다. 카메라는 마틴 영송이 일하는 모습을 보여주지만 이는 그녀가 일하는 현지의 풍경을 보여주기 위함보다는 그녀가 말하는 것처럼 "세상에서 가장 똑똑하고 열심히 일하는 한국인"의 뛰어난 작업솜씨와 이에 찬사를 보내는 미국인들을 보이기 위함이다. 스카이다이빙 코스 디렉터인 김영선 씨(23회)의 경우 그녀를 성공으로 이끈 요인이 김치와 밥의 힘으로 이루어진 것처럼 재현하고 있었다.

두 번째 부류인 제1세계 이외의 장소에서 성공한 한국인의 모습에서는 한국인의 근성으로 성공을 일구어내고 현지인들과 격의 없이 어울리며 존경 받고 있음을 강조한다. 가나에서 통신업으로 성공한 최승업 씨의 경우(8회) 현지인들과 스스럼없이 어울리며 고용인으로부터 존경 받는 모습을 보여준다. 최승업 씨 편에 재현된 가나는 풍부한 기회가 있는 땅, 자동차가 다니는 길 옆으로 소떼가 다니며 바나나를 파는 노점상이 있고 엄청난 속도로 무선통신의 수요가 증가하는 나라로 그려진다. 최승업의 성공을 취재하는 한국의 카메라 앞에서 그와 거래를 하는 가나인은 "한국인은 아주 열심히 일하고 믿을 수 있다"고 증언한다. 여기서 최승업 개인의 자질은 한국인을 대표하는 것으로 재현된다. 태국 새우왕 오유현 씨에 대한 에피소드(25회)에서는 "외국인에게 벽이 높았던 태국"에서 "한국인의 도전정신"으로 성공하였으며 "언어와 문화의 차이로 고생하였지만 한국인의 불굴의 투지와 강한 의지"로 이겨냈다는 내레이션으로 보이스 오버된다. 이들의 재현에서 개인적인 노력과 성공은 한국인의 근성과 우수성으로 중첩된다.

최빈국으로 분류되는 바누아투에서 목축업으로 성공한 이창훈 씨(28회)의 경우 카메라는 그의 목장 사무실에 붙어 있는 태극기를 비추면서 그가 항상 한국인임을 잊지 않는다는 것을 상기시킨다. 그의 목장 사무실에는 그가 한국인임을 나타내주는 태극기가 걸려 있는데 태극기 아래로 미래 목장의 로고, 그리고 그 아래 바누아투의 국기가 자리하고 있다. 이를 비추는 카메라는 이창훈 사장이 자신이 한국인임을 최우선으로 내세우고 있음을 강조한다. 에티오피아 아디스아바바에서 의료 봉사활동을 펼치는 한국인 의사들을 소개하는 1회는 에티오피아의 건조한 대지의 풍경과 더불어 "메마른 땅을 삶의 터전으로 잡고 살아가는 이들에게 단비가 되는 사람들이 있다. 그들의 이름은 바로 한국인"이라는 오프닝 내레이션으로 시작된다. 의료 봉사를 하는 의사 개인의 이름보다도 중요하게 부각되는 것은 한국인이라는 민족적 정체성이고 로컬리티는 이를 강조하는 배경으로만 등장한다. 이처럼 모든 에피소드에서 공통적으로 나타나는 것은 개인적인 활약과 성공이 민족의 우수성과 성취로 치환되고 있었고 이들이 활동하는 글로벌 로컬리티는 한국인의 성취에 묻혀 정당하게 재현되지 못하고 있다.

2) 대칭적 글로벌 로컬리티 vs 위계화된 글로벌 로컬리티

연구대상 시기(2008.11~2009.4)의 〈러브 인 아시아〉를 살펴보면 방영 초기에 농촌 일색이었던 글로벌 로컬리티의 재현이 중소도시, 수도권으로 이동하고 있지만 대칭적 초국적 로컬리티를 재생산하고 있다는 점에서는 크게 달라진 점이 없다. 초기 〈러브 인 아시아〉가 국제결혼에 대한 이미지를 농촌의 노총각과 어린 신부, 그리고 매매혼적 성격으로 고정되는 것에 대한 비판을 의식해서인지 연구대상 시기의 방영분을 보면 초기처럼 농촌에 거주하는 출연진들은 소수의 동남아시아 출신 출연자 가족(148 · 152 · 162 · 163회)으로 국한되고 있었다. 그 이외 출연자들의 국내 거주지는 대부분 지방의 중소도시이거나 서울의 소시민 거주지역으로 이동하고 있었다. 초기 출연자들의 남편이 대부분 농촌 출신이었다면 최근 출연자들의 남편들은 사무직(151 · 154 · 155 · 158 · 162회), 바텐더(157회), 경마 기수(160회), 무술도장 운영(167회), 건축업(159회), 제과공장 근무(164회) 등 농업 이외의 다양한 직종에 종사하고 있었다. 계층적으로도 초기 출연자들이 소규모 영농인들이 많았다면 최근에는 도시거주 소시민으로 분류될 수 있는 가족들이 많은 것을 알 수 있다. 또한 초기 여성출연자들은 대부분 가정생활에 전념하고 사회활동을 하고 있지 않았던 데 비해 최근 여성출연자들은 여러 가지 사회활동을 하고 있는 점이 특기할 만한 점이다. 필리핀(168회), 콜롬비아(161회), 가이아나(159회) 등에서 이주한 여성들은 주로 영어교사로 활약하고 있었고 한국어를 먼저 익힌 여성은 보건소에서 자국출신 이주여성을 위해 통역으로 일하는 여성(154회)도 있었다. 또한 언어를 활용할 수 없는 여성인 경우에도 시어머니를 도와 국밥집을 운영하기도 하였다(163회).

한편 이들이 결혼한 상대들은 초기 결혼상대 남성들에 비해서 경제적, 사회적 위치가 높고 학력이 높다는 특징을 보이며 결혼과정도 결혼중개업체를 통한 국제결혼보다는 현지나 한국에서 연애과정을 거친 경우가 많았다. 다문화가정을 이루는 데 있어서도 한국 남편들은 과거의 매매혼의 성격보다는 배우자의 문화적 배경을 언젠가 활용할 수 있는 가족의 자원으로 생각하는 경우도 늘고 있었다. 이주여성들의 결혼 상대 남성들은 부인들보다 상대적으로 높은 사회적, 경제적 위치를 점하

고 있으며 이들의 거주 / 활동 공간도 농촌에서 중소도시로, 서울시 외
곽지역으로 이동하고 있었다(146 · 150~151 · 153~161 · 165~166회). 이와 마
찬가지로 한국 남성들과 결혼한 이주여성 출연자들의 출신 지역도 초
기 농촌이나 오지마을과는 달리 소도시나 수도권 지역인 경우가 많았
다(146~147 · 149~151 · 153 · 158 · 160~162 · 165 · 167회). 〈러브 인 아시아〉 초
기에는 동남아시아 농촌에서 한국 농촌으로 이동하는 대칭적 초국적
로컬리티를 보여주었다면 연구 대상기간 중의 방영분에서는 한국의 중
소도시나 대도시 주변부와 동남아시아, 중남미 등의 소도시나 대도시
주변부로 글로벌 로컬리티의 재현장소가 변하고 있었다. 그러나 초기
의 농촌에서 연구대상기간 중의 중소도시나 대도시의 주변부로 글로벌
로컬리티의 재현장소는 이동하고 있지만 한국 텔레비전에서 재현되고
있는 초국적 로컬리티는 여전히 대칭적인 양상을 보이고 있었다.

〈러브 인 아시아〉에서 소시민적 삶에 근거한 대칭적 글로벌 로컬리
티의 재현에 초점을 맞추고 있다면 〈지구촌〉에서 보여지는 글로벌 로
컬리티는 위계적 질서를 보이고 있다. 이를 대략적으로 세 부류로 나눈
다면 백인중심 선진자본주의 국가, 동남아시아 또는 중동의 자본주의
국가, 그리고 경제적으로 낙후된 개발도상국이나 지역 등으로 구분된
다. 선진자본주의 사회는 "전 세계 영화산업의 메카(할리우드, 1회)", "금
융중심지, 국제정치의 각축장(뉴욕, 17회)", "세계적 금융도시(시카고, 17
회), "세계 금융의 중심지(런던, 5회)", "세계적인 음악도시(브레멘, 독일, 16
회)"라고 소개되고 있었다. 이들 지역들을 수식하는 단어들은 "세계적",
"중심", "메카" 등과 같이 최상과 최고를 지칭하는 용어들이었다. 반면
중동의 국가들이나 아시아의 국가들은 "빠른 경제성장을 보이는 땅(중

국 청도, 1회)”, “작지만 다민족이 더불어 살고 있는 나라(싱가폴, 2회)”, “이 슬람, 인도, 중국문화가 뒤섞인 말레이시아, 쌍둥이 빌딩으로 유명한 쿠알라룸프르(18회)”, “동남아시아 관광의 중심지(태국, 25회)” 등과 같이 설명되고 있었는데 이들 국가나 도시들에 대해서는 서구 자본주의 국가나 도시에 붙여졌던 최상급 수식어는 사용되고 있지 않았고 잠재력과 문화적 특성을 보여주는 용어를 사용하고 있었다. 그리고 경제적으로 상대적으로 열악한 상황에 있는 국가들은 “메마른 땅(에티오피아, 1회)”, “척박한 땅에서 삶을 일구어 가는(에티오피아, 27회)”, “사회주의를 탈피하여 변화의 급물결을 타는(라오스, 13회)”, “남태평양의 작은 섬나라(바누아투, 28회)”, “찬란했던 과거의 영광(페루, 3회)”, “얼어붙은 몽골 벌판(몽골, 13회)”, “험난한 삶(네팔, 6회)” 등으로 소개하고 있어 이들이 경제적으로 열악하고, 세계무대에서 존재감이 미미하며, 과거보다 못한 현실 속에서 살아가는 것으로 재현하였다.

〈지구촌〉의 미국, 영국, 독일, 호주, 뉴질랜드 등 백인중심 선진자본주의 국가의 경우 로컬이라고 이름 붙이기 힘든 초국적 자본주의 사회의 단면을 보여준다. 이와 같은 현상은 이들 장소가 탈영토화, 재영토화를 거듭하는 가운데 혼종적인 모습과 국민국가의 양상이 점차 희미해지고 있으며 점점 더 이미지에 의존하게 되는 “비장소성”이 가속화되고 있다고 할 수 있다. 특히 미국과 같이 다인종, 다민족 국가의 경우 백인사회가 우세를 보이고 있지만 무국적성과 혼종성이 점차 증가하고 있으며 글로벌 자본을 중심으로 로컬리티가 재편되고 있다는 느낌이 든다. 그런 의미에서 “국민국가의 시대 그 자체가 종언을 맞고 있으며 장소는 이미 ‘비장소’로 존재할 수밖에 없다”는 아파두라이의 말이

의미심장하게 들린다.[19]

그와 같은 경향에도 불구하고 미국, 영국, 독일, 호주, 뉴질랜드의 경우 국가마다 다문화의 정도가 차이가 있지만 백인들이 주류를 이루는 사회로 〈지구촌〉은 묘사하고 있었다. 이들 국가에서 〈지구촌〉의 한국인들은 백인 상사, 동료로부터 인정받는 것으로 묘사되지만 이들이 로컬의 일원으로 완전히 받아들여지고 있다는 재현은 보이지 않는다. 이들은 로컬 주류사회의 일원으로 그려지기 보다는 코리언 디아스포라를 형성하고 있는 재외 한국인으로 재현된다. 프로그램의 목적이 이들의 한국인성을 강조하는 데 방점을 찍다보니 이들의 혼종적 정체성과 현지화된 문화적 실천은 상대적으로 적게 부각되고 있었다. 이러한 재현이 오히려 출연자들을 주류사회에 완전히 동화되지 못한 소수자의 위치에 놓이게끔 하는 결과를 가져오고 있었다. 그 예로 린넨 디자이너 마틴 영송(9회)은 업계에서 인정받고 있지만 한국봉제사와 동료들, 부하직원들과 일하는 것을 반복적으로 보여줌으로써 과연 그녀가 진정 미국의 주류 사회의 일원이 되었는가를 다시 생각해 보게 만든다. 런던에서 유명인사들의 사진작가로 일하는 김명중 씨(3회)나 헤지펀드 이사로 일하는 오수현 씨(5회)의 경우 백인사회에서 인정받기 위해 받은 스트레스를 한국인 지인들과의 모임으로 풀어내는 모습을 보여주고 있다. 한편 〈지구촌〉에서 보이스 오버되는 내레이션은 종종 백인 중심 선진자본주의 사회를 한국인들이 도전하고 극복해야 할 거대한 산으로 묘사한다. 1회에 출연하였던 할리우드에서 영화감독으로 활동

---

19 요시하라 나오키, 앞의 책, 50면.

하는 한인 3세 크리스틴 류에 대한 묘사는 "초다국적 거대산업 현장(할리우드), 그들만의 성역에 도전장을 내민 작고 평범한 동양인 여성"으로 내레이션된다. 이와 유사하게 뉴질랜드에서 한인 최초 경찰로 활동하고 있는 정혜인(3회)의 경우에도 스스로 "덩치 큰 서양인 틈바구니에서 동양인인 자신은 기초체력이 튼튼해야 한다"고 고백한다. 이와 같은 출연자들의 행동과 언술, 그리고 보이스 오버되는 내레이션은 자신들이 몸담고 있는 제1세계 장소들에 대해 느끼는 열등감, 동경, 소외감, 소수자성 등을 표출하고 있었다. 이와 같은 이들의 언술에서 엿볼 수 있는 것은 비록 제1세계의 로컬리티가 무국적성이 강하고 혼종적인 '비장소'적으로 변화하고 있지만 여전히 도전해야 할 목표, 한국인에게 는 넘기가 힘겨운 거대한 산, 주변부에 머무는 자신의 존재를 증명해야 할 장소로 재현되고 있다는 것이다.

반면 아시아나 중동의 국가나 제3세계 국가에 진출한 한국인들은 상대적으로 열등감과 동경, 소외감을 덜 느끼고 있으며 자신이 현재 살고 있는 로컬지역에서 소속감을 느끼는 것으로 재현되는 경우가 적지 않았다. 말레이시아에서 건설업을 하는 권병하 씨(18회)의 경우 말레이시아 왕실로부터 백작작위를 받을 정도로 말레이시아 내에서 중요한 위치를 차지하는 모습을 보여주며 앞으로도 그곳에서 계속 살 것임을 보여주었다. 권병하 씨(18회)를 비롯해 인도네시아의 김은미 씨(12회), 태국의 오유현 씨(25회), 불가리아의 박종태 씨(12회) 등의 경우 현지에서 성공한 사업가로 자리매김하고 있었으며 또 사업 이외에도 현지에서 장학사업, 봉사활동을 하는 것으로 재현되고 있었다. 이와 같은 현지인을 대상으로 한 봉사활동은 미국 등과 같은 서구에서 성공하였거나 활동하고 있는 한국인들이 현지인을 대상으로 한 봉사활동을 전혀 하지 않고 있다는 점에서 대비된다. 현지인들을 대상으로 봉사활동을 하는 재외한국인의 경우 성공한 사람으로서의 자긍심과 자신의 성공의 무대가 된 로컬지역에 보답하는 마음을 표현하고 있었다. 불가리아에서 라면사업으로 성공한 박종태 씨(12회)는 "불가리아에서 성공하여 늘 마음의 빚을 진 느낌이었다. 내가 여기서 받은 만큼 되돌려 주자는 생각이다"고 말하며 무료급식 봉사를 하고 있었다. 동남아시아나 중동, 동구권에서 성공한 한국인들은 비교적 오랫동안 이주지역에 거주해왔으며 한국인성을 유지하면서 현지인들과 동등한 위치에서 활동하며 로컬지역에 대해 강한 유대감, 소속감을 보이고 있었다.

제3세계에 진출한 한국인들은 현지인들로부터 존경 받거나 지배적인 위치를 점하는 것으로 재현됨으로써 상대적으로 이들이 거주하고 있는 로컬지역은 도움이 필요하거나 열등한 것으로 재현되고 있었다. 상대적으로 열악한 경제적 위치를 점하고 있는 제3세계 로컬리티는 베푸는 한국인의 존재에 대해 존경과 감사를 표하는 현지인들이 살아가는 장소로 재현된다. 에피오피아에서 의료봉사하는 조성권 씨(1회), 페루에서 한국 도예기술을 전파하는 봉사활동을 하는 길동수 씨(3회), 캄보디아에서 디자인교육을 하는 오은경 씨(6회)와 천연염색 교육을 하는 한정민 씨(21회), 그리고 네팔에서 의료봉사를 하는 이용만 씨 부부(6회), 가나에서 통신업을 하며 거리의 아이들에게 교육과 삶터를 제공하고 있는 최승업 씨(8회) 등등의 경우 열악한 환경에 놓인 현지인들에게 봉사와 교육을 행하고 있었다. 이들의 비영리 봉사활동은 베푸는 한국인과 수혜자인 로컬의 모습으로 대비되게 재현된다. 이들 한국인들은 현지인과 잘 어울리기는 하지만 동등한 입장에서라기보다 전수할 기술이나 전문적인 의료지식 등을 갖춘 인물들로 자신의 시간과 지식을 나누어주는 상대적으로 높은 지위를 가진 이타적인 외국인으로 재현된다. 또한 미국, 영국 등 선진 자본국가나 동남아시아나 중동에서 성공한 한국인들이 지속적으로 현지에서 거주할 의향을 가지고 있는 반면 이들은 대개는 자신의 활동이 끝나면 현지를 떠나는 것으로 재현되었다. 가나에서 통신업을 하는 최승업 씨의 경우만 예외였는데 그는 중학교 시절부터 가나에서 거주해왔으며 가나에서 고등학교, 대학교를 마친 현지화된 모습을 보여주었다. 그는 한국국적을 유지하고 있지만 가나의 상류층과 하류층을 두루 아우르는 폭넓은 사회생활을 하고 있으며 현지인들로부터 명예 가나인으로 대접 받고 있었다. 최승업 씨가 로컬의 삶과 두루 동화된 모습을 보여주었다면 바누아투의 이창훈 씨(28회)의 경우 자신은 바누아투에서 목축업을 하고 있고 자녀들은 선진국에 유학을 시키고 있었다. 이창훈 씨는 자신의 목장에서 일하는 현지인들이 식민지 시절의 관습으로 "주인님(매스터)"이라고 자신을 부르는 것을 금지하고 덜 위계적인 관계를 만들고자 하는 모습을 보이고 있기는 하지만 그와 같은 호칭이 공공연하게 사용되었다는 사실이 헐벗은 현지 고용인들이 자본으로 무장한 외국인 이주자를 바라다보는 식민주의적 시선을 엿볼 수 있게 한다.

이와 같은 분석을 통해 우리가 알 수 있는 것은 한국 텔레비전에 의해 재현된 글로벌 로컬리티는 재외 한국인과의 관계를 통해 위계화되고 있다는 것이다. 선진자본주의의 로컬리티는 재외한국인과의 관계 속에서 상대적으로 우월하고 도전해야 할 대상으로 재현되었으며 동남아시아 및 중동, 동유럽 등은 한국인을 동등한 위치에 놓으며 많은 기회가 있는 곳으로, 그리고 제3세계로 일컬어지는 낙후된 글로벌 로컬리티는 한국인들이 우위를 점하는 재현을 통해 상대적으로 열등한 것을 재현되고 있었다. 이와 같은 재현은 일반적인 한국인들이 가지고 있는 위계화된 지구촌의 심상지리를 다시 한 번 재생산하고 있다.

3) 글로벌 로컬리티 재현 장소로서 사적 공간과 공적 공간

김석수는[20] 로컬리티가 갖추어야 하는 요소를 일터, 쉼터, 놀이터로 나누고 있는데 이와 같은 요소를 〈러브 인 아시아〉에서 찾자면 사적 영역인 쉼터(가정)과 놀이터(문화와 여가)를 중심으로 글로벌 로컬리티을 재현하고 있다는 것을 알 수 있다. 〈러브 인 아시아〉가 시청자들에게 보여주는 공간은 출연자가 현재 거주하고 있는 한국의 집과 직장, 출신국 고향의 집, 그리고 과거의 흔적을 엿볼 수 있는 학교나 직장, 재래시장과 그 지역의 관광명소 등이다. 〈러브 인 아시아〉에서 재현되는 공간을 분류해 보면 출연자들의 일터보다는 가정을 중심으로 하여 글로벌 로컬리티를 재현하고 있었다. 이는 프로그램의 목적이 다문화 가정의 삶의 모습을 재현하고 결혼이주여성의 출신문화에 대한 이해를 도모하는 데 있기 때문이라 하겠다. 따라서 일터인 공적 공간보다 쉼터인 사적 공간에 비중을 많이 둔 글로벌 로컬리티의 재현은 당연하

---

20 김석수, 「로컬리티의 안과 밖, 소통의 확장」, 『로컬리티 인문학』 1, 부산대 한국민족문화연구소, 2009, 5~38면.

게 느껴진다. 예를 들면 151회 세쌍둥이를 낳은 몽골출신의 오르나 가족의 이야기는 총 40분 15초에 걸쳐 소개가 되고 있는데 이 가운데 직장에서 일하는 남편의 모습은 채 1분이 안 된다. 전체 방송 시간 중 한국의 가정에서의 삶은 11분 55초, 출신국인 몽골 가족의 모습이 14분 30초, 그리고 스튜디오 장면이 7분 21초 정도 보여졌다. 다른 에피소드들도 조금씩의 차이는 있지만 이와 같은 비율로 방송이 구성되고 있었다. 방송분량으로 보더라도 결혼이주여성의 출신국의 로컬리티가 이 프로그램의 가장 중요하게 재현되고 있다는 것을 알 수 있다. 이 부분은 앞서 서사구조에서도 언급했지만 시청자들에게 이국적인 풍경과 풍습을 제공하고 그리고 가족 간의 상봉과 이별과 같은 감정적인 반응을 끌어내는 데 초점을 맞추고 있기 때문이다.

〈러브 인 아시아〉는 이주여성의 출신국 친정의 모습을 중심으로 재현되고 있었다. 결혼이주여성의 출신국을 재현할 때 빠지지 않고 등장하는 것이 친정집과 가족, 친지들, 장난감이나 책과 같은 결혼이주여성이 남기고 온 삶의 흔적들, 전통 음식, 재래시장, 전통문화, 그리고 그지역의 유명한 관광지 등이다. 163회 베트남에서 이주해온 호앙티앙 가족의 경우 베트남 재래시장, 베트남 지역축제, 묘지, 절, 유명 관광지인 하롱베이, 동네 미용실 등이 베트남의 로컬리티를 재현하는 장소로 등장하였다. 특히 〈러브 인 아시아〉에서는 지역적 경계를 허물며 점점 닮아가고 있는 전지구화되고 혼종화된 삶의 모습보다는 결혼이주여성 출신국의 이국적인 전통적 문화와 삶의 모습을 재현하는 데 주력하고 있다. 이러한 재현 방식에서 빠지지 않고 등장하는 것이 전통 음식, 풍습, 악기, 과거의 유품 등이다. 한국과 다른 음식, 의상, 가옥구조, 축제 등은 이국적 볼거리로 재현되고 결혼이주여성은 혼종적인 정체성에도 불구하고 다시 한 번 타자로 재현된다. 〈러브 인 아시아〉는 전통적인 삶의 모습이 상대적으로 많이 남아있는 지역사회를 중심으로 그리고 일터보다는 쉼터인 가정을 중점적으로 재현하고 있어 결혼이주여성의 타자성과 생활인으로서의 평범한 모습을 부각시키고 있다.

이에 반해 〈지구촌〉에서 로컬의 구성은 출연자의 일터를 중심으로 구성된다. 이 프로그램은 세계 각국에 진출해 있는 한국인들의 성공담과 활약상을 통해서 한국인의 재능, 노력, 희생정신 등을 보여준다. 따라서 출연자들은 가정생활, 여가나 휴식을 취하는 모습보다는 열심히 일하고 봉사하는 모습을 보여주고 있다. 예를 들면 25회에 출연하였던 태국의 새우왕 오유현 씨의 경우 총 23분 11초의 방송 분량 중에 2분 17초만이 가정과 관련된 이야기였고 나머지는 그가 일하는 새우 양식장, 새우가 팔리는 시장, 사무실, 그가 봉사활동을 하는 짠타부리 교육대학과 산호초 보호구역 등으로 이루어져 있었다. 가정과 관련된 이야기도 가족이 이국생활에서 오는 외로움과 역경을 이겨내고 사업에 성공할 수 있도록 버팀목이 되었다는 것이 주를 이룬다. 이와 같은 재현 속에서 글로벌 로컬리티는 재외 한국인들이 로컬리티의 일부분이 되어 일상생활을 영위하는 공간이라기보다는 한국인의 성공담을 펼쳐 놓는 장소로 재현된다.

한편 〈지구촌〉에서 일터를 중심으로 재현되는 글로벌 로컬리티는 로컬 고유의 전통과 풍습이 사라져 버린 글로벌 자본에 의해서 재영토화되고 비장소화된 무국적인 공간으로 재현된다. 〈지구촌〉에서 재현하고 있는 글로벌 로컬리티는 〈러브 인 아시아〉에서처럼 이국적이거나 흥미롭지 않다. 세계 어디를 가나 비슷한 구조를 보이고 있는 회사의 사무실, 공장, 학교 등이 보일 뿐이다. 뿐만 아니라 그렇게 재현된 글로벌 로컬리티 안에서 보여지는 한국적 광경은 더욱 도드라져 보인다. 상훈 드장브르의 시옷자를 강조한 벨기에의 레스토랑, 바누아투에서 이창훈 씨 목장에 새겨진 태극기, 할리우드 영화 촬영 현장에서 돼지머리를 놓고 고사를 지내는 크리스틴 류 감독 등의 경우를 보면 평준화되어가고 있는 글로벌 로컬리티에 오히려 한국의 고유한 문화적 특성을 가미하는 한국인과 한국문화의 영향력이 강조되고 있다.

〈러브 인 아시아〉가 가정이라는 공간을 중심으로 이주여성과 그의 가족들, 또 출신국에 남겨진 가족들을 재현하는 반면 〈지구촌〉의 재외 한국인들은 일터와 직장을 중심으로 재현되고 있다. 물론 이 두 프로그램이 각각 다른 목적으로 제작 방영이 되고 있어 〈러브 인 아시아〉와 〈지구촌〉의 재현방식을 직접적으로 비교하는 것은 무리가 있을 수도 있으나 쉼터와 가족 로맨스가 중심인 〈러브 인 아시아〉와 재외 한국인들의 일터와 성공이 중심으로 구성된 〈지구촌〉에서 재현된 글로벌 로컬리티는 다른 의미를 가질 수밖에 없다. 쉼터를 중심으로 재현되는 〈러브 인 아시아〉의 로컬의 모습은 전지구화로 인한 혼종성보다는 이국성과 토속성이, 일보다는 가족관계가 강조되고 있어 소시민적 삶의 모습과 저발전을 등치시킨다. 반면 다양한 지구촌의 공간에서 맹활약하고 성공하는 재외한국인의 모습을 보여주는 〈지구촌〉은 로컬의 장벽과 제약을 극복하는 한국인의 우수성과 이를 수용하고 칭송하는 글로벌 로컬리티를 대조적으로 보여주고 있다. 이 두 프로그램이 의도적으로 일터나 쉼터를 강조하는 것은 아닐 것이다. 하지만 결과적으로 일터를 강조하는 〈지구촌〉의 글로벌 로컬리티는 한국인의 우수성을 강조하는 재현의 메커니즘 속에서 고유한 장소적 특성이 탈색되어 비장소적으로 재현되고 반면 쉼터를 중심으로 재현되는 〈러브 인 아시아〉의 글로벌 로컬리티는 전통과 이국성으로 고착화되고 타자화되는 경향이 두드러진다.

5. 타자화된 이주민 표상을 넘어

글로벌 시대의 한국 텔레비전은 전 세계에 흩어져 있는 한민족을 호명하는 초국적 이데올로기적 국가기구가 되어야 할 필요성을 느끼고 있는 것 같다. 초국적 이데올로기적 국가기구로서 한국 텔레비전은 공동화가 되어가는 한국의 농촌을 유지하고 한국인들이 기피하는 '하인계급serving class'을[21] 충원하기 위해 한국의 국경 안으로 유입된 이주여성들을 낭만적 사랑과 가족 이데올로기로 포장해내고 이들을 '잠재적' 한국인으로 호명한다. 그러나 그와 같은 호명 행위 뒤에는 이주여성 출신국의 로컬지역을 한국이라는 렌즈를 통해 위계화하고 타자화하는 재현의 메커니즘을 암암리에 작동시키고 있다. 〈러브 인 아시아〉에서 보듯이 이주 여성의 출신국가와의 거리는 항상 한국이라는 지리적 기준에서 측정되고 한국문화라는 거울에 비추어 낯설음과 익숙함, 발전과 저발전이 규정되고 있다. 또한 한국의 농촌과 이주여성 출신국

---

21 Parrenas, R.S, *Servants of Globalization : Women, Migration and Domestic Work*, Alterity Press, 2001;
문현아, 『세계화의 하녀들 : 여성, 이주, 가사노동』, 여이연, 2009.

가의 농촌을, 또 한국의 소도시와 타국의 소도시를 연결시키는 재현방식을 통해 대칭적으로 초국적 로컬리티를 재현하고 있다. 이와 같은 현상은 사센의[22] 지적처럼 전지구적인 이주가 '상층 회로'나 '생존 회로'를 따라 이동하는 것이지 회로들 간의 이동은 거의 일어나는 것은 아니라는 것을 확인시켜준다. 김현미도[23] 전지구적 이동이 증가하고 있지만 이동으로 인한 기존의 계급구조가 바뀌기 보다는 전지구적인 차원에서(특히 젠더를 매개로 한) 계급이 반복 재생산되고 있다고 지적하고 있다. 쉼터를 중심으로 재현되는 결혼이주여성의 삶은 목표지향적이거나 상향적이지 않고 소시민적 일상성으로 축약되고 있다.

한국 텔레비전은 전지구적인 이주로 인해 민족 간의 경계가 흔들리고 혼종화가 일어나며 이로 인해 민족의 정체성이 변화의 기로에 있다는 것에 대해서는 상대적으로 주의를 덜 기울이고 있다. 한국 내로 유입된 이주인들은 자신들의 몸에 각인된 출신국 문화와 언어를 한국의 로컬지역에 풀어 놓고, 혼종화된 정체성과 문화를 보이며, 자신들이 몸담고 있는 한국의 로컬지역과 출신국 지역의 초국적 네트워크를 형성하면서 또 언젠가는 다시 새로운 장소로의 이주를 꿈꾸기도 한다. 하지만 한국 텔레비전은 이와 같은 혼종적인 정체성과 유동적인 삶의 방식에 초점을 맞추기 보다는 이들의 출신지역의 이국성을 극대화하면서 타자화된 한국인으로 재현하고 있다.

한편 〈지구촌〉은 해외의 한국인 / 한국인 후예들을 글로벌 시대의

---

22 Sassen, S, *Cities in a World Economy,* Thousand Oaks, California : Pine Forge Press, 2006.
23 김현미, 『글로벌 시대의 문화번역』, 또하나의문화, 2005.

해외자원으로 활용하기 위해 이들을 연결하는 초국적 네트워크를 형성하고자 한다. 또한 이들의 한국인성을 강조하면서 이들을 한국인으로 호명하는 역할도 담당하고 있다. 글로벌 무대에서 활약하는 재외한국인들의 성공과 도전 이야기, 해외 봉사, 그리고 민족정신의 유지, 강화에 대한 반복적인 재현은 한국인 시청자들로 하여금 한국 민족의 우수성을 인식하게 하고 한국인이라는 것에 대해 자부심을 가지도록 한다. 한국의 텔레비전은 글로벌 시대에 더욱 확장된 민족주의 이데올로기와 이를 위한 재현의 방식을 강력하게 작동시키고 있다. 또한 〈지구촌〉에서 재현된 글로벌 로컬리티는 재외한국인과의 관계 설정을 통해서 위계화된 모습을 보이고 있었다. 백인이 주도적인 제1세계 글로벌 로컬리티의 재현에는 한국인의 열등감이, 경제적으로 낙후된 제3세계의 글로벌 로컬리티의 재현에서는 한국인의 이타적 모습과 우월감이 묻어 있었다. 또한 재외한국인의 일터를 중심으로 재현된 〈지구촌〉의 글로벌 로컬리티의 지역적 특성과 고유함은 한국인의 근면함과 도전정신 뒤에 가려지고 있다.

한편 한국 텔레비전이 재외 한국인들이 각자가 선택한 전 세계의 로컬지역에서 사업, 봉사, 새로운 영역 개척 등으로 성공하는 모습을 재현하고 있을 동안, 좀 더 나은 삶을 위해 어쩔 수 없이 자신의 노동, 서비스, 그리고 육체마저도 상품으로 내놓아야 하는 '생존 회로'를 이동하는 많은 재외 한국인과 한국인 후예들이 있다는 사실은 무시되고 있다. 이는 최근 정부가 재외 한국인 동포 가운데 성공한 사람들에 한해서 한국 국적을 부여하겠다는 '상층 회로' 지향적인 정책을 기획하고 있다는 것을 상기하게 한다. 이는 한국이라는 국가가 상층회로에 속해 있는 한인 이산인들을 기꺼이 포섭하지만 '생존 회로'를 이동하고 있는 한인 이산인들에 대해서는 별다른 관심을 두고 있지 않다는 징표이다.

〈러브 인 아시아〉와 〈지구촌〉을 통해서 본 한국의 텔레비전은 초국적 이데올로기적 국가기구로서 상층 회로의 재외 한인들을 한국인으로 재차 호명하고 또 생존 회로를 이동하는 이주여성들을 '잠재적 한국인'으로 포섭한다. 하지만 출신국 로컬지역에 대한 자민족중심적 재현으로 이주여성들을 타자화하고 한국인과 이주여성들 사이의 관계를 위계화고 있다. 한국의 미디어정경은 공식적으로 다문화주의를 표방하는 현재에도 아파두라이의 주장처럼 민족정경ethnoscape을 강화하는 주요한 기제로 작동하고 있다. 자민족 중심적인 재현 방식은 한국의 로컬지역에서 살아가는 이주 여성들의 다양한 삶의 활동을 보여주기보다는 한국의 가족이라는 제도 안에서만 그 존재가 의미 있도록 만들며 그들의 이국성을 재차 환기시킨다. 마찬가지로 한국 텔레비전이 성공한 한국인들의 이야기에만 관심을 보이고 있을 때 한국인의 성공에 동참하거나 그의 성공의 기반이 된 로컬의 이야기들은 재현의 영역 밖으로 사라져 버린다. 이와 같은 현재의 텔레비전 재현은 각각의 로컬이 지니고 있는 다양한 이야기, 관점, 그리고 문화적 실천들을 대화적으로dialogic 담아내지 못하고 있다. 한국 텔레비전의 재현은 한국인의 일방적인 시선에 의해서 이루어지고 타자의 목소리를 있는 그대로 듣기보다는 자신이 원하는 방식대로 듣고 있다. 로컬리티의 연구는 우리 영토 내의 로컬, 로컬리티만을 위한 편협한 것이 아니라 전지구의 로컬지역에 존재하는 모든 소수자, 그리고 주변화된 로컬과 로컬 주민들을 위해 존재하는 것이 되어야 한다. 그래서 우리는 한국 텔레비전에서 무엇이 재현되는가뿐만 아니라 어떻게 재현되는가에 대해 좀 더 자기 반영적self-reflexive이고 비판적인 관심을 기울여야 한다.

참고문헌

김경학, 「인도인 디아스포라와 초국가주의」, 『문화역사지리』 19(3), 한국문화역사지
　　리학회, 2007.

김석수, 「로컬리티의 안과 밖, 소통의 확장」, 『로컬리티 인문학』 1, 부산대 한국민족
　　문화연구소, 2009.

김명혜, 「〈황금신부〉를 통해 본 한국의 민족적 정경ethnoscape」, 『프로그램 / 텍스트』
　　17, 한국방송영상진흥원, 2008.

김예란 · 유단비 · 김지윤, 「인종, 젠더, 계급의 다문화적 역학 : TV '다문화적 드라마'
　　의 초국적 사랑 내러티브와 자본주의 담론을 중심으로」, 『언론과 사회』 17(1),
　　성곡언론문화재단, 2009.

김용규, 「로컬리티의 문화정치학과 비판적 로컬리티 연구」, 『한국민족문화』 32, 부
　　산대 한국민족문화연구소, 2008.

김현미, 『글로벌 시대의 문화번역』, 또하나의문화, 2005.

＿＿＿, 「국제결혼의 전지구적 젠더 정치학」, 『경제와 사회』 70, 한국산업사학회, 2006.

문재원, 「문학담론에서 로컬리티 구성과 전략」, 『한국민족문화』 32, 부산대 한국민
　　족문화연구소, 2008.

박경환, 「디아스포라라는 거울, 민족이라는 담론, 그리고 초국적주의의 부상」, 『문화
　　역사지리』 18(3), 한국문화역사지리학회, 2006.

윤혜린, 「지구지역시대 아시아 여성주의 공간의 모색」, 『한국여성철학』 8, 한국여성
　　철학회, 2007.

이경숙, 「혼종적 리얼리티 프로그램에 포섭된 '이산인'의 정체성 : 〈러브 人 아시아〉
　　의 텍스트 분석」, 『한국방송학보』 20(3), 한국방송학회, 2006.

이동후, 「한일 합작드라마의 '초국적 상상력transnational imaginations' : 그 가능성과 한
　　계」, 『한국방송학보』 18(4), 한국방송학회, 2005.

이상봉, 「탈근대, 공간의 재영역화와 로컬 · 로컬리티」, 『한국민족문화』 32, 부산대
　　한국민족문화연구소, 2008.

이해영, 「한국 이주 경험을 통해 본 중국 조선족 기혼여성의 정체성 변화」, 『여성학
　　논집』 22(2), 이화여대 한국여성연구원, 2005.

이혜경 · 정기선 · 유명기 · 김민정, 「이주의 여성화와 초국가적 가족 : 조선족 사례를

중심으로」, 『한국사회학』 40(5), 한국사회학회, 2006.

임영호, 「텔레비전 오락물에 나타난 내부 오리엔탈리즘과 지역 정체성 구성 : 〈서세원의 좋은 세상 만들기〉의 텍스트 분석」, 『한국언론학보』 46(2), 한국언론학회, 2002.

임옥희, 「욕망의 민주화는 가족을 어떻게 변화시켰나」, 『광장의 문화에서 현실의 정치로』, 산책자, 2008.

임채완, 「세계화 시대 '디아스포라 현상' 접근 : 초국가네트워크사례를 중심으로」, 『한국동북아논총』 49, 한국동북아학회, 2008.

장희권, 「문화연구와 로컬리티 : 실천과 소통의 지역인문학 모색」, 『비교문학』 47, 한국비교문화학회, 2009.

전규찬, 「지역의 문제설정과 미디어 · 문화연구」, 『언론과 정보』 5, 부산대 언론정보연구소, 1999.

전규찬 · 송준영, 『TV 프로그램의 지역 이미지 분석 연구』, 한국방송개발원, 1994.

정성호, 「코리안 디아스포라 : 공동체에서 네트워크로」, 『한국인구학』 31(3), 한국인구학회, 2008.

조   은, 「세계화의 최첨단에 선 한국의 가족 : 신글로벌 모자녀 가족 사례 연구」, 『경제와 사회』 64, 한국산업사회학회, 2004.

천정환, 「지역성과 문화정치의 구조―근대화 연대의 문화정책과 지역성의 재편」, 『사이』 4, 국제한국문학문화학회, 2008.

이숙진, 『글로벌 자본과 로컬 여성』, 푸른 사상, 2004.

이태주, 『문명과 야만을 넘어서 문화 읽기』, 프로네시스, 2006.

태혜숙, 『대항지구화와 '아시아' 여성주의』, 울력, 2008.

요시하라 나오키, 이상봉 · 신나경 역, 『모빌리티와 장소』, 심산, 2010.

Anderson, Benedict, *Imagined Communities : Reflections on the Origins and Spread of Nationalism*, London : Verso, 1983(윤형숙 역, 『상상의 공동체 : 민족주의의 기원과 전파에 대한 성찰』, 나남, 2002).

Appadurai, Arjun, *Modernity at large : Cultural dimensions of Globalization*, Twin Cities : University of Minnesota Press, 1996(차원현 · 채호석 · 배개화 역, 『고삐 풀린 현대성』, 현실문화연구, 2004).

Edenser, Tim, *National Identity : Popular Culture and Everyday Life,* Oxford Press : London, 2002(박성일 역, 『대중문화와 일상, 그리고 민족 정체성』, 이후, 2008).

Escobar, A, "Culture sits in places : Reflections on globalism and subaltern strategies of localization", *Political Geography* 20, 2001.

Casino, V. J. Jr. and Hanna, S, "Representations and identities in tourism map spaces", *Progress in Human Geography* 24(1), 2000.

Harley, J.B, "Deconstructing the map", *Cartographica* 26, 1989.

Harvey, D, *Spaces of Global Capitalism : Towards a Theory of Uneven Geographical Development,* London : Verson, 2006.

Lewellen, T.C, *The Anthropology of Globalization : Cultural Anthropology Enters the 21st Century,* Westport, Connecticut : Bergin and Garvey, 2002.

Parrenas, R.S, *Servants of Globalization : Women, Migration and Domestic Work,* Alterity Press, 2001(문현아, 『세계화의 하녀들 : 여성, 이주, 가사노동』, 여이연, 2009).

Rees, M. and Smart. J. eds., *Plural Globalities in Multiple Localities,* Lanham : University Press of America, 2001.

Sassen, S, *Cities in a World Economy,* Thousand Oaks, California : Pine Forge Press, 2006.

Urry, J, *Sociology beyond societies : Mobilities for the Twenty-first Century,* London : Routledge, 2000.

필자 소개

장세용 張世龍 Jang, Se-yong은 부산대학교 한국민족문화연구소 HK교수이다. 서양 근현대사상사와 역사이론 전공이며, 영남대학교에서 문학박사학위를 받았다. 서양 근현대사상의 한국적 변용과 지역적 변용에 관심을 가지고 있다. 주요 논문으로 「이동성과 이주공간의 변화 그리고 로컬리티의 생성」(2012), 「다문화주의적 한국사회를 위한 전망」(2007) 등이 있다.

이영민 李永閔 Lee, Young-min은 이화여자대학교 사회과교육과 교수이다. 인문지리학 전공이며, 포스트주의 이론들을 통해 문화와 지리의 관계를 밝히고 그 속에서 인간의 삶의 문제를 고민하고 있다. 주요 논저로 「한국인의 교육이주와 트랜스로컬 주체성」(2012), 『문화·장소·흔적 : 문화지리로 세상 읽기』(2013, 공역) 등이 있다.

박규택 朴奎澤 Park, Kyu-taeg은 부산대학교 한국민족문화연구소 HK교수이다. 인문지리학 전공이며, 하와이 주립대학 지리학박사학위를 받았다. 사회·경제 공간, 지리사상, 질적 방법론으로의 생애구술사에 관심을 갖고 있다. 주요 논문으로 「이질적 인식과 실천의 장으로서의 로컬, 부산 차이나타운」(2011), 「간판 기호의 맥락성, 다층성, 다의성」(2011) 등이 있다.

신명직 申明直 Shin, Myoung-jik은 구마모토가쿠엔대학 熊本学園大学 동아시아학과 교수이다. 한국 현대문학 전공이며, 동아시아 지역에 있어서의 이주 문제에 관심을 갖고, 영토와 주권의 문제 특히 다국가 시티즌십 등에 관한 연구하고 있다. 주요 논문으로는 「主權の脱領土化と東アジア市民-韓國小說『ナマステ』を中心に」(2011), 「韓國ガリボンの朝鮮族集団居住地空間に關する研究」(2012) 등이 있다.

박정희朴貞姬 Bark, Jeong-hee는 부산대학교 한국민족문화연구소 전前 HK전임연구원이다. 중국문학 전공이며, 중국 대중문화, 중국 지역연구에 관심을 갖고 연구하고 있다. 최근에는 중국 미디어콘텐츠와 아시아문화산업으로 관심영역을 점차 넓히고 있다. 주요 논문으로 「공간재생과 주체갈등」(2012), 「베이징, 공간배치를 통한 문화정치」(2011) 등이 있다.

조명기曹鳴基 Cho, Myung-ki는 부산대학교 한국민족문화연구소 HK교수이다. 한국 현대소설 전공이며, 부산대학교 문학박사학위를 받았다. 문화 텍스트가 재현하는 공간 인식들의 층위와 관계 양상, 대안적 공간 기호체계의 가능성 등에 관심을 두고 있다. 주요 논문으로 「장뤼張律와 영화 〈두만강〉의 공간 위상」(2011), 「일상적 장소성과 관계적 공간성의 두 변증법」(2012) 등이 있다.

이상봉李尙峰 Lee, Sang-bong은 부산대학교 한국민족문화연구소 HK교수이다. 지역정치 전공이며, 부산대학교 정치학박사학위를 받았다. 문화정치, 공공성 등의 키워드를 중심으로 로컬리티의 의미와 가능성에 대해서 연구하고 있다. 주요 논문으로 「디아스포라적 空間으로서의 오사카大阪 코리안타운의 로컬리티」(2012), 「디아스포라와 로컬리티 硏究」(2010) 등이 있다.

문재원文載媛 Mun, Jae-won은 부산대학교 한국민족문화연구소 HK교수이다. 한국 현대문학 전공이며, 로컬리티와 문화연구에 관심을 갖고 있다. 지역문학, 다문화, 공간의 문화정치 등을 주요 테마로 연구하고 있다. 주요 논문으로 「이주의 서사와 로컬리티」(2010), 「재일코리안 디아스포라 공간의 정체성 정치」(2011) 등이 있다.

박수경朴修鏡 Park, Su-kyung은 부산대학교 한국민족문화연구소 HK교수이다. 일본어학 전공이며, 재일코리안의 언어권리와 다문화 공생에 관심을 갖고 연구하고 있다. 주요 논문으로 「재일 코리안 축제와 장소성에 대한 고찰」(2010), 「재일코리안 디아스포라 공간과 정체성의 정치」(2011) 등이 있다.

김명혜金明蕙 Kim, Myoung-hye는 동의대학교 신문방송학과 교수이다. 커뮤니케이션 전공이며, 젠더와 문화연구에 관심을 갖고 미디어, 젠더, 문화 등을 연구하고 있다. 주요 논문으로 「한국 텔레비전의 글로벌 로컬리티 재현」(2012), 「Some questions on the concepts of "multiculturalism" in Korea」(2009) 등이 있다.